Antje M. Warthorst

WALTER TRIER

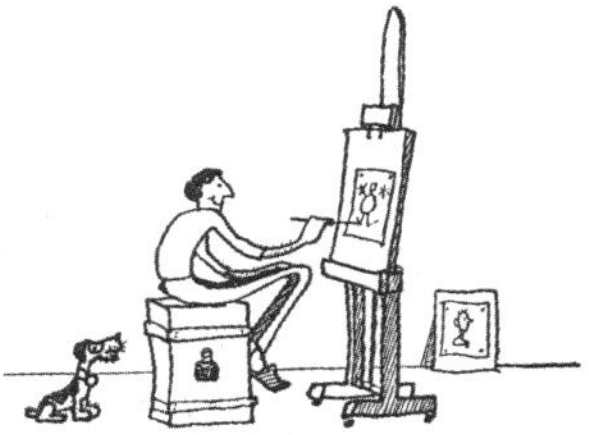

Die Biografie

FAVORITEN PRESSE

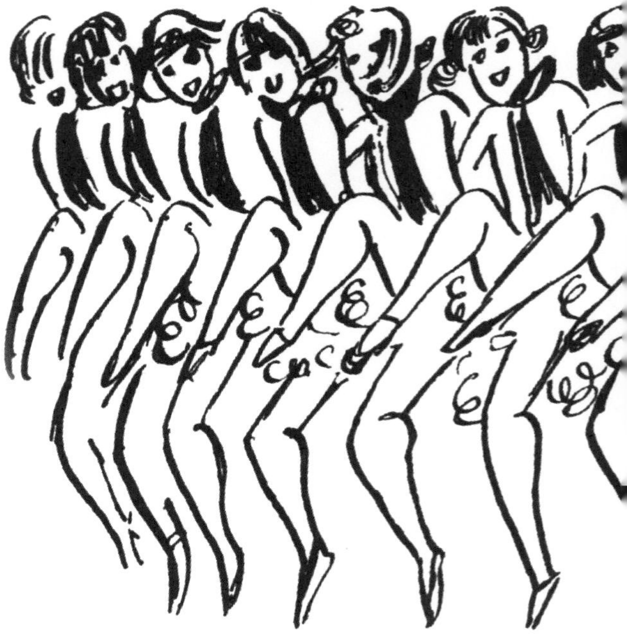

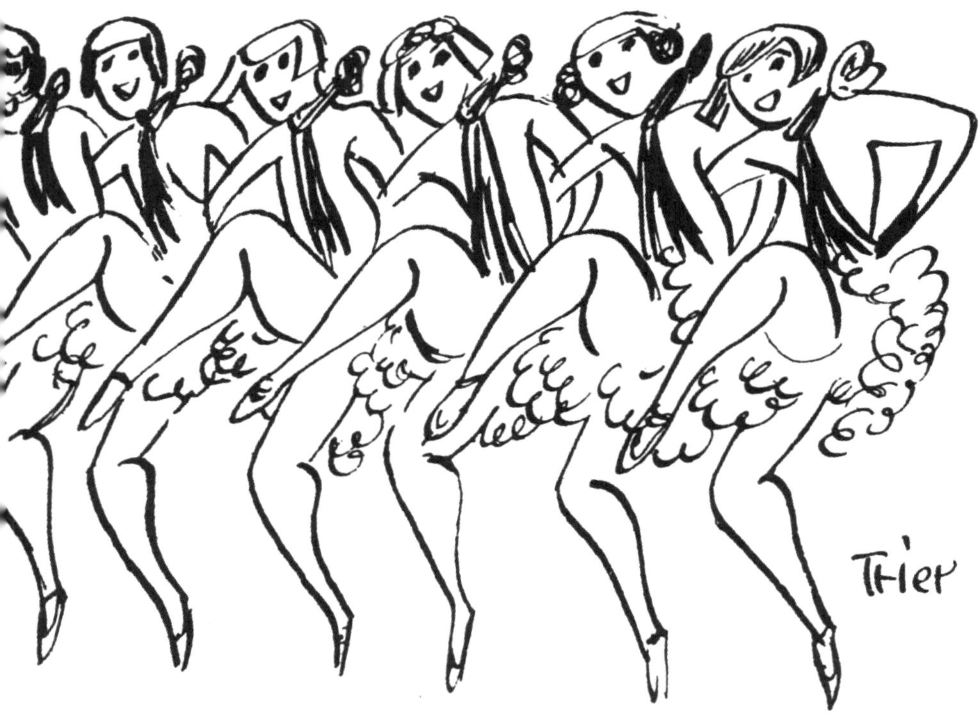
Thier

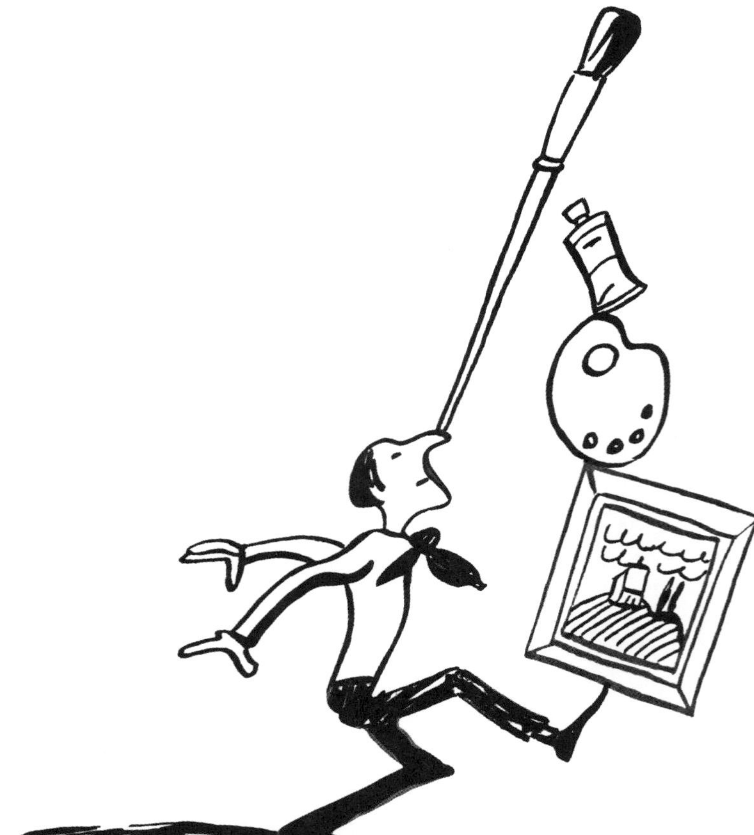

Inhalt

Mann auf Bücherturm. Buchillustration, 1950.

Einleitung

Mit dem Cover für Erich Kästners *Emil und die Detektive* schuf Walter Trier eine echte Ikone der modernen Buchmalerei. Zahllose deutsche wie internationale Kritiker betonen dies unisono und konstant seit über einem Dreivierteljahrhundert. Schreiben Zeitungen heute über Walter Trier, dann beginnen sie fast zwangsläufig noch immer mit dem »berühmtesten Kinderbuchcover der Welt«.

Hatte sich Walter Trier spätestens 1929 mit diesem einen Buchumschlag nachhaltig und bis heute wirksam in das kollektive kulturelle Gedächtnis hineingezeichnet, so gehörten auch seine übrigen Illustrationen für Kästners Kinderbücher schon immer zu den ganz wenigen, lange über den Tod des Künstlers hinaus bekannt gebliebenen Zeichnungen. Auch in den verschiedenen Generationen nachfolgender Grafiker galt er immer als hochgeschätzter Vorläufer, vielen sogar als Vollender dieser Kunst.

Leider sind nahezu alle anderen Werke dieses unvergleichlichen Künstlers, die vor, während und nach den weltberühmten Kinderbuchklassikern entstanden sind, nur mehr wenigen präsent. Und aufgrund fehlender öffentlicher Stellungnahmen und schriftlicher Quellen ist die Person Walter Trier beinahe vergessen, sind sein Leben und seine Künstlerkarriere nach siebzig Jahren, die seit seinem Tod 1951 verstrichen sind, kaum mehr nachvollziehbar.

Das ist nicht nur wegen seiner zahlreichen wunderbaren Bilder bedauerlich, sondern auch, weil Walter Trier ein überaus vielfältig interessierter und vielseitig beschäftigter Zeichner war – also ganz Kind des aufregenden frühen 20. Jahrhunderts –, und ein höchst eigenwilliger Künstler obendrein, der der europäischen Malerei der Moderne mit seinem einzigartigen, grotesk-komischen Stil seinen Stempel aufgedrückt hat. Sein Leben lang hat er unermüdlich und über alle Länder- und Sprachgrenzen hinweg erfolgreich gearbeitet; seine Ideen und sein Können werden in unzähligen Pressegrafiken, Karikaturen, Bildergeschichten, Buchillustrationen, Reklameplakaten, Werbeanzeigen, Bühnendekorationen, Collagen und Trickfilmen mit spielerischer Leichtigkeit vorgeführt.

»Ich bin im Jahre 1890 zu Prag geboren, und zwar bei einem Kursstand von 85 Pfennig für die Krone. Mein Vater war von Beruf Misanthrop. Er sagte zu mir: ›Acht Tage zu spät! Das sieht dir wieder mal ähnlich!‹ Danach ging er auf einen Kaffee.«

So begann Walter Trier 1922 in einem autobiografischen Vorwort über sich zu erzählen. Was mag wohl aus solch traurigem Anfang geworden sein?

Er schrieb damals weiter: »Während seiner Abwesenheit machte ich eine Reihe wertvoller Bekanntschaften. Es waren schon fünf Geschwister da. Wir unterhielten uns angeregt und ich erfuhr allerhand Neues. So insbesondere den Sieg WAC Wien gegen DFC Prag mit 3:0. Die Sache regte mich furchtbar auf. Man reichte mir Baldrian und Fenchel. Es half aber nichts. Erst als mir einer meiner Brüder einen Fußball vor den Magen warf, beruhigte ich mich. Auf diese Weise wurde mein Interesse für den Fußballsport geweckt, dem ich fünfzehn Jahre lang meine besten Kräfte opferte. Ich wäre zweifelsohne eine internationale Größe auf dem Gebiet geworden, wenn mir nicht die Schule einen Dolchstoß in den Rücken versetzt hätte. Sie wollte partout einen Gelehrten aus mir machen und brachte mir das Einmaleins bei. Einiges davon haftet noch jetzt in meiner Erinnerung. Später wurde ich Kunststudent. Als der Sekretär bei der Einschreibung in die Prager Kunst-Akademie mein Abgangszeugnis aus der Realschule durchsah und das ›Genügend‹ im Zeichnen und ›Vorzüglich‹ im Turnen entdeckte, äußerte er verweinten Auges: ›Warum werden Sie nicht lieber Akrobat?‹«

Das klingt nicht gerade vielversprechend.

Da diese Zeilen 1924 in den *Künstlerbekenntnissen* des Kunstkritikers Paul Westheim zwischen hochseriösen Beiträgen von George Grosz, Charles Chaplin, Max Pechstein, Pablo Picasso und vielen anderen respektierten Persönlichkeiten erschienen, fand diese unglaublich verdrehte Selbsteinschätzung Triers dann auch tatsächlich Eingang in diverse anerkannte Lexika und Kurzbiografien. Beabsichtigt war es so wohl nicht, doch Walter Trier hätte es ganz gewiss gefallen.

»Meine abgrundtiefe Talentlosigkeit ließ sich auf die Dauer nicht verheimlichen. Mit einem Riesenschwung flog ich aus Kunstgewerbeschule und Akademie heraus. Bis nach München! Dort wurde ich Schüler von Stuck. Mit neunzehn Jahren arbeitete ich an ›Jugend‹, ›Simplizissimus‹ und ›Lustigen Blättern‹. Der Verleger der letztgenannten kam 1910 zu mir und sagte, er wüßte ein Land, wo Milch und Honig fließt. Ich folgte seinen Sirenenklängen nach Berlin. Seitdem wiege ich bloß noch hundertfünfzehn Pfund. Am 1. April 1912, 9.15 vormittags, lernte ich meine Frau kennen und lieben. Im Laufe des Tages beantragte sie unsere Vermählung. Da kein Widerspruch erfolgte, wurde der Antrag angenommen. Heut steht sie mir Modell für alles, was ich zeichne, egal ob es sich um Männer oder Weiber, Greise oder Säuglinge, um Architektur, Automobile oder Baumschlag handelt. Unsere Ehe blieb nicht ohne Folgen. Es stellte sich ein Hund ein, ein Scotch Terrier von ekelerregender Schönheit. Wir nannten ihn Zottel, und so ist er am ganzen Körper. Von weit her kommen die Leute, um Zottel anzusehen. Ich muß sagen, daß noch niemand enttäuscht weggegangen ist. Zottel übertrifft die kühnsten Erwartungen. Er ist mutig wie Sokrates und weise wie Achilles. Sollte es je hierzulande ein Pantheon geben, so werde ich einen Sockel für diesen Hund beanspruchen. Als nicht unerheblich wäre noch zu erwähnen, daß mir meine Frau nach und nach ein Kind schenkte. Ihm gehört mein Streben Tag und Nacht. In einigen Jahren, so Gott will, hab' ich meine erste Milliarde zusammen. Dann werde ich dem Mädchen einen versilberten Kaffeelöffel dafür kaufen oder sonstwas Gediegenes für die Ausstattung.«

Mit etwas Feingefühl spürt man bei der Lektüre dieser Zeilen sehr wohl die Zufriedenheit mit der Ausbildung in München und den Stolz auf den schnellen beruflichen Erfolg, aber auch etwas von der Verachtung für die als kleinkariert und pingelig empfundene Prager Kunstakademie.

Leider gibt es aus dem weiteren Leben von Walter Trier kaum schriftliche Zeugnisse oder private Dokumente. Vermutlich traf auch auf ihn das zu, was die 2004 verstorbene Witwe Mariana Frenk-Westheim über ihren Mann Paul – ein Freund Walter Triers mit einer vergleichbaren Lebensgeschichte – geschrieben hat: Westheim, der ebenfalls »außer gelegentlichen feuilletonistischen Erinnerungen keine Autobiographie, nicht einmal Fragmente dazu hinterlassen hat«, habe nie sehr in der Vergangenheit gelebt. Gegenwart und Zukunft seien ihm immer wichtiger gewesen.

Anlässlich des Todes von Walter Trier fand eine Handvoll berühmter und befreundeter Schriftsteller und Journalisten die liebevollsten Worte über den Menschen Walter Trier. Sie alle bestätigen den Eindruck, den man beim Anblick seiner Bilder längst gewinnen konnte: »Ein Zauberer war am Werk; ein Mann, der Zeichenstift und Feder, Pinsel und Farben ganz offenbar aus dem Märchenland bezog.«

Welcher Meister seines Faches da verloren gegangen und welch große Schätze verschüttet worden waren, wurde erst deutlich, als sein Werk Ende des vergangenen Jahrhunderts endlich aus seinem Dornröschenschlaf befreit werden konnte.

Zwar hatte sich bereits 1969 mit Max Brod ein Freund aus Kindertagen zu Wort gemeldet, der fest davon überzeugt war, dass ein neu erscheinendes *Walter-Trier-Album* nicht nur von ihm stürmisch begrüßt werden würde. Doch er irrte sich, zumindest damals. Denn die Vertreibung des Künstlers bis nach Übersee und wohl auch die ebenso humorlosen wie wenig selbstreflexiven Nachkriegsjahrzehnte waren nicht gerade der optimale Nährboden für eine Renaissance von Triers Groteskem Realismus. Außerdem schien es einigermaßen schwierig gewesen zu sein, sich ein Bild von einem Menschen zu machen, dem man persönlich nie begegnet war und dessen Freunde und Weggefährten ebenfalls von Vertreibung betroffen waren. Viele von ihnen hatten nach ihrer Flucht mit Deutschland abgeschlossen und sich woanders eine neue Zukunft aufgebaut. So fehlte es an kultureller Kontinuität und an lebendig erzählten Erinnerungen.

Doch die zahllosen Bilder, die Walter Trier im Lauf seines Lebens geschaffen hat, sprechen eine deutliche Sprache. Sie sind ein wertvolles und beredtes Erbe, vertraut man nur auf die Kraft der visuellen Botschaft und weiß sie richtig zu lesen. In ihnen kann man erkennen, dass Walter Trier, im Leben als zurückhaltend, bescheiden und ernsthaft geschildert, in seiner Bildwelt selten ernst war. Nichts war ihm heilig, über alle und alles ergoss sich sein Bild- und Wortwitz.

Diese vielen tausend Zeichnungen und Bilder legen jedoch nicht nur von der kritischen Weltsicht seines Schöpfers Zeugnis ab, sondern können auch die bewegte Geschichte in der ersten Hälfte des 20. Jahrhunderts lebendig werden lassen. Sie gewähren einen ganz besonderen Blick in die deutsche Vergangenheit und lassen die neuere Geschichte einmal ganz anders erleben: Mit augenzwinkernden Pointen statt trockener Fakten.

1890

/

PRAG UND MÜNCHEN

/

1910

Kindheit und Schule in Prag

Die Geschichte sowohl des bekanntesten Titelbildes der deutschen Buchgeschichte als auch des Grotesken Realismus beginnt am 25. Juni 1890 in der Prager Gemeinde Weinberge, in dem am rechten Moldauufer gelegenen II. Stadtteil von Prag. An diesem Tag wurde Walter Trier als das jüngste von insgesamt sieben Kindern der Eheleute Heinrich und Luzie Trier geboren. Die von seiner glanzvollen Geschichte und düsterem Okkultismus getränkte, aber zugleich sehr moderne Heimatstadt sowie das außergewöhnlich liberale Elternhaus haben dazu ganz Entscheidendes beigetragen.

Prag zur Jahrhundertwende

Prag, die ehemalige Hauptstadt des Königreichs Böhmen und angeblich hunderttürmige Stadt an der Moldau, liegt – heute wie damals – malerisch an den Abhängen grün belaubter Berge. Schon zur Jahrhundertwende war sie mit ihren 219 553 Einwohnern nach Wien und Budapest die drittgrößte Stadt der österreichisch-ungarischen Monarchie. Die Besonderheit dieser Stadt waren die Zweisprachigkeit und die religiöse Ausrichtung seiner Bevölkerung, ungeachtet der tatsächlichen Mehrheitsverhältnisse und ethnischen Zugehörigkeiten.

Um 1900 war Prag nicht nur ein wichtiger Verkehrsknotenpunkt und bedeutender Handelsplatz, sondern auch Sitz zweier Universitäten und zweier technischer Hochschulen mit insgesamt über 9 000 Hörern, sowie zweier Handelsakademien. Jeweils ein Institut für die Tschechen und eines für die Deutschen. Und das, obwohl Prag, gemäß einer Volkszählung kurz nach der Jahrhundertwende, mehrheitlich von Tschechen bewohnt wurde, nämlich von exakt 90,7 %. Nur der verschwindend kleine Rest von 9,3 % der Bevölkerung waren Deutsche. Dennoch aber beherrschten die allermeisten seiner Bewohner, namentlich in den Handelskreisen, zum großen Teil beide Sprachen. »In besseren Gasthäusern und Restaurationen, ebenso in größeren Verkaufsläden wird der Deutsche allenthalben verstanden«, versicherte *Griebens Reiseführer* von 1911.

Allerdings darf man auch nicht übersehen, dass die letzten Jahrzehnte des vorvergangenen Jahrhunderts durch ein – wie es dieser Reiseführer nannte – »immer weiter fortgesetztes Zurückdrängen des deutschen Elements gekennzeichnet« waren. 1897 hatte der Deutschenhass einen Höhepunkt erreicht und zu Gewalttätigkeiten in den Straßen Prags geführt, welche die Regierung zu behördlichem Einschreiten veranlassten und zeitweilig zur Verhängung des Standrechts zwangen. Doch trotz dieser Kämpfe prosperierte Prag wirtschaftlich vor allem aufgrund der Mitwirkung der Deutschen beziehungsweise deren nicht unerheblicher Steuerkraft.

Der Religion nach war die Bevölkerung damals vorwiegend katholisch. Die größte religiöse Minderheit bildeten zur Zeit der Jahrhundertwende die Protestanten, was man für das Zentrum der Hussiten eigentlich kaum glauben mag. Im Vergleich dazu betrug die Zahl der gemeldeten Juden hingegen ein Vielfaches. Und obwohl Prag die letzte europäische Stadt war, die noch Mitte des 19. Jahrhunderts über ein Ghetto für seine jüdische Bevölkerung verfügte, hatte die Stadt zu Walter Triers Zeiten mit dem von Gustav Meyrink 1915 im *Golem* beschriebenen verwinkelten und mystischen Prag überhaupt nichts mehr gemeinsam, auch wenn dieses Buch von Walter Triers Schulkameraden Hugo Steiner-Prag mit kongenial düsteren Kreidelithografien wundervoll illustriert worden war. Es war der Blick zurück in eine schaurige, aber vergangene Epoche Prags – nicht lange, bevor sich die Zeiten unter dem Hakenkreuz endgültig verfinstern sollten.

So wenig die zu Walter Triers Kindheit beinahe komplett sanierte und modernisierte Prager Altstadt mit ihren vielen neuen Parkanlagen und Monumentalgebäuden diesem unheimlichen Klischee entsprechen mag, ebenso wenig passt sein als ausgesprochen fröhlich und offen geschildertes, wohlhabendes deutsch-jüdisches Elternhaus in das Bild der Zeit.

Als Walter Trier geboren wurde, gehörten die zahllosen Reglementierungen der jüdischen Bevölkerung der Vergangenheit an. Zwar blitzte im Beruf des Vaters noch die Verankerung in der Tradition der Prager Juden auf, doch in seiner gesellschaftlichen Stellung war von den Restriktionen vergangener Jahrhunderte nicht mehr viel übrig geblieben. Heinrich Trier war Handschuhmacher und besaß eine Fabrik, die neben dem österreichisch-ungarischen Hochadel auch andere europäische Adelshäuser belieferte.

Innerhalb der zahlreichen Beschränkungen, denen Juden im Laufe der Jahrhunderte unterworfen waren, hatten sich ganz bestimmte Berufszweige herausgebildet, die bevorzugt oder ausschließlich von Juden ausgeübt wurden, wie etwa der Handel mit Stoffen, Kleidung und Pelzen. Und war in den Jahrhunderten zuvor – wie aus Prager Gerichtsprotokollen bekannt ist – Juden nur der Handel mit diesen Waren erlaubt, so hatte sich dieses Verbot, wie einige andere auch, im Laufe des 18. Jahrhunderts unter der Regentschaft von Maria Theresia und Joseph II. gelockert. Seither lag die Herstellung nicht mehr ausschließlich bei den christlichen Handwerkern.

Insofern scheint es rückblickend schwer, zu erkennen, welcher Wille und welch enorme Anstrengung sich allein in der Biografie des Vaters widerspiegeln. Weder seine gesellschaftliche Stellung noch sein Wohlstand waren über Generationen hinweg vererbt, also keinesfalls selbstverständlich, und schon gar keine Pfründe, auf denen es sich gemütlich ausruhen ließ oder die zu irgendwelchen Standesdünkeln verführen konnten. Völlig berechtigt dürfte er stolz auf die eigene Leistung gewesen sein und die Freiheit gepriesen haben, wobei es davon selbstverständlich keine Berichte gibt. Einzig die im Elternhaus Trier praktizierten Erziehungsideale lassen auf diese Geisteshaltung schließen.

Die Familie Trier galt als vermögend, was sich nicht nur in einem geräumigen Haus, sondern auch in dessen vielfältigem Innenleben widerspiegelte. Höchst bemerkenswert und zu dieser Zeit eher ungewöhnlich ist die Tatsache, dass die Eltern ihre Kinder nicht zur Vorsicht im Umgang mit dem reichhaltigen Mobiliar ermahnten, sondern sie ihnen dieses zum schonungslosen Gebrauch darboten. Sie sollten spielerisch lernen, ihre Kräfte daran messen und die eigene Fantasie ausloten können, um für das spätere Leben gewappnet zu sein.

Rein gesellschaftlich betrachtet, lebte die deutsch-jüdische Familie Trier, obwohl gleich zwei Minderheiten angehörend, im Prag der Jahrhundertwende in einem nie zuvor gekannten unbeschwerten und von Einschränkungen freien Klima; außerdem in einem Umfeld, das sich stark nach der deutschsprachigen Hauptstadt Wien orientierte. Mit »deutsch« wurden weniger der preußische Militarismus und seine Tugenden Drill, Fleiß und Pünktlichkeit konnotiert, sondern vielmehr der Prunk des kaiserlichen Hofes, das Durcheinander in einem Vielvölkerstaat und vermutlich auch eine große Portion Wiener Schmäh.

Der Verleger und Kunstmäzen Robert Freund fasste die besondere Herkunft in seinem Nachruf auf Walter Trier wie folgt zusammen: »Er wurde in Prag geboren und wuchs auf in der Prager Generation von Werfel, Kafka, Rilke, Brod, Kisch, Roeldt, Torberg und so vielen anderen, die von Prag herkamen. Die deutsche Literatur der letzten 40 Jahre ist ohne den Beitrag der Prager Juden undenkbar. Und auch Trier war als Zeichner immer Dichter, ein Märchenerzähler.«

Kindheit im Olymp

Die Familie Trier bewohnte ein helles, großräumiges Patrizierhaus in der Langen Gasse. Diese führte durch die Josefstadt, das war die ehemalige »Judenstadt«, im Zentrum der Prager Altstadt. Zu den Nachbarn in der Langen Gasse wird kurzzeitig Franz Kafka gehören – er wohnte von 1915 bis 1917 im *Haus zum Goldenen Hecht* –, zu Walter Triers Zeiten wohnte im *Stempelamt* in der Dlouhá die Familie Orlik. Deren 1870 geborener Sohn Emil war 1891 zum Kunststudium nach München gegangen und 1904 als Professor an die *Unterrichtsanstalt des Königlichen Gewerbe-Museums* nach Berlin berufen worden. In seiner Freizeit trug der erwachsene und renommierte Künstler Emil Orlik, übrigens wie Walter Trier, eine seinerzeit beachtete Sammlung böhmischen Spielzeugs zusammen. Zu den Kindern der Familie Brod, die in einem anderen Stadtteil Prags wohnte, sollte sich ungeachtet der räumlichen Distanz eine begeisterte Kinderfreundschaft entwickeln, von der gleich noch die Rede sein wird.

Gemäß den Erinnerungen eines Jugendfreundes war das Haus Trier so gar kein düsteres, schiefwinkliges und geheimnisvolles Gemäuer, wie es etwa für Meyrinks Hahnpaßgasse beschrieben ist, sondern ein weitläufiges, freundliches Gebäude aus dem Vormärz. Die Familie Trier bewohnte aber nur einen Teil des großen Stadthauses, der Rest war an andere Bewohner vermietet. Bei der Wohnung der

Familie Trier handelte es sich um eine ganze Zimmerflucht aus fünf oder sechs großen, sehr behaglichen Räumen, dazu gab es ein dunkles Vorzimmer, eine Art Magazin, mittendrin.

In seinen Memoiren von 1969 schrieb Max Brod, dass es in diesem Wohnhaus viel leeren und übermütig verschwendeten Raum gab – »wie um die Sorglosigkeit und Behaglichkeit früherer Zeiten anzudeuten, in denen Sparsamkeit nur von schlechtem Geschmack zeugte«. Jede der breiten Steinstufen in dem stillen, grauen Stiegenhaus war an der Vorderkante gestumpft, von der Last der Jahrzehnte gerundet, ganz wie es einem rechten Alt-Prager Patrizierhaus geziemt.

Aber nicht nur der umbaute Raum war großzügig bemessen, zu allem Überfluss gab es nicht nur einen, sondern gleich mehrere Innenhöfe, die natürlich alle von den Trier-Kindern und ihren Freunden im Sturm erobert worden waren.

Als der große Innenhof für die ersten Fußballturniere der Kinder nicht mehr groß genug war, zogen sie zusammen mit anderen Kindern auf den Exerzierplatz am Prager *Invalidenhaus* hinaus. Die Mieter werden es dankbar registriert haben, denn zuvor hatten die Trier-Buben den Ball mehrfach im eigenen Hof ausprobiert und dabei mehr als eins der Hoffenster erwischt, was natürlich für Ärger mit dem Vater sorgte – doch nur bis zu dem Zeitpunkt, als dieser an einem schönen Sonntag selbst mitgespielt hatte und den Ball, zum großen Hallo der Kinder, höchstpersönlich in einer Straßenlaterne vor der Hauseinfahrt versenkt hatte.

Mit einigen Gleichgesinnten bildeten die Trier-Buben schließlich eine ganze Fußballmannschaft, teilten eine Ecke der riesigen Fläche des Exerzierplatzes ab und begannen zu kicken – zu einer Zeit, als der Fußball auf dem europäischen Kontinent gerade erst im Entstehen begriffen und so mancher noch heute aktive Traditionsclub noch nicht einmal gegründet worden war.

Kamen die Kinder von diesen Ausflügen heim, so gefiel es ihnen – wie Max Brod nachdrücklich versichert – in der vor Unordnung starrenden Wohnung doppelt gut. Denn alle Wohnräume waren, bis auf zwei Ausnahmen, dem ausschließlichen Walten der Kinder überlassen worden. So wie der große Innenhof selbstverständlich zum Spielplatz für die Kinder umfunktioniert worden war, schien

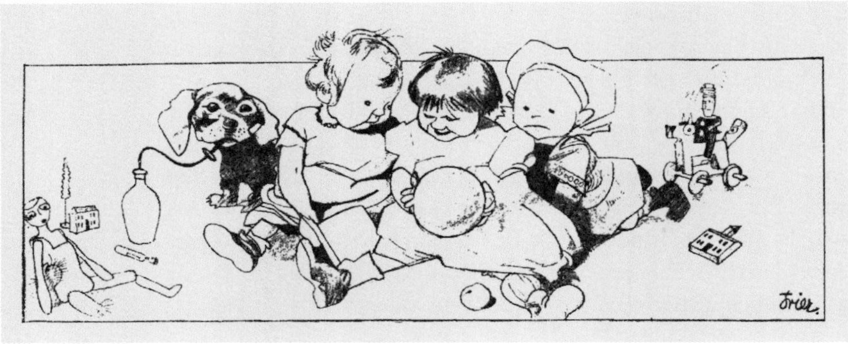

Kinderidyll. Buchillustration, 1912.

auch in der Wohnung weder Platz noch passendes Mobiliar für Erwachsene vorhanden zu sein.

Die zwei für die Kinder verbotenen Räume waren das Zimmer der einzigen, beinahe schon erwachsenen Tochter Grete und das Schlafzimmer der Eltern. Alle anderen Räume erschienen durch Spielsachen der entlegensten Art und Größe, auch der verschiedensten Grade von Neu und Alt, in Ansammlungen von Trödelwaren verwandelt. Selbst brandfrische oder besonders ansehnliche Stücke blieben mit ausdrücklicher Billigung der Eltern rücksichtslosem Gebrauch ausgesetzt.

Wenn die Kinder Besuch erwarteten, wurde der große Speisetisch eilig in das Vorzimmer geschoben, um nur ja Platz für die wilden Ritte der Tartaren oder aber für die Theateraufführungen – mal mit Marionetten, mal mit lebendigem Personal – zu schaffen. Max Brod erinnerte sich später, dass »bald nach Eröffnung des Festes nicht bloß das Magazin, sondern die ganze Wohnung wie eine Rumpelkammer aussah, in der nebst anderen Ruinen auch die einer Theatergarderobe untergebracht sind. Man stürmte über die Betten hinweg, von den Plattformen der Schränke aus wurde ein Pfeilschießen oder eine Seeschlacht veranstaltet.«

Auch wusste er, dass in dieser ungewöhnlichen Familie immerfort Neues hinzugekauft wurde. Alles war in ununterbrochener Bewegung begriffen, so auch die Sammlungen der Kinder: Schmetterlinge und Käfer unter Glas oder Mineralien, Letztere über alle Möbel hin verstreut. Es gab Dinge zur Unterhaltung der Kinder, wie sie in anderen Wohnungen gewiss zu den Seltenheiten gehörten, zum Beispiel einen riesigen Globus, alte Münzen, Alben, mehrere Puppentheater, eines davon so groß, dass sie selbst darauf agieren konnten – andere wirklich nur für Puppen geeignet, die in ganzen Heeren an Drähten einige Zimmerecken überschwemmten –, ferner ein Billard, auf dem sich die tobenden Kinder mit ihren Freunden zu Virtuosen des edlen Spiels ausbildeten. Eines Tages aber kamen sie wohl auf die grandiose Idee, diesen Billard-Tisch lieber als Festung zu benützen, die von den einen verteidigt, von den anderen gestürmt wurde.

Alle Neuerungen wurden von den Familienmitgliedern sofort ausprobiert und bei Gefallen anschließend leidenschaftlich ausgeübt. Ohne sich im Geringsten etwas darauf einzubilden, waren diese Kinder in allem die Ersten, egal ob es sich um Fußball, Tennis oder den Ruder- und Schwimmsport handelte. »Dies geschah ohne jede Prätention, ohne Ehrgeiz und Pedanterie. Es ging wie alles, was in diesem Hause stattfand, im Sturmwind, im Lachen vor sich«, erinnert sich Max Brod. Und auch, dass die Familie Trier zu den ersten Pragern gehörte, die die moderne weiße Tenniskluft trugen; und selbstverständlich besaßen die Kinder einen echten englischen Lederfußball mit aufblasbarer Gummi-Seele – außerhalb der großen Prager Fußballvereine eine Sensation.

Für die damalige Zeit völlig außergewöhnlich war auch der Umstand, dass die Trier-Kinder ihre Eltern einfach beim Vornamen riefen. Eine Umgangsform, die Max Brod zuvor nicht kennengelernt hatte und der seinen Ohren kaum trauen wollte, als er zum ersten Mal hörte, dass die Trier-Kinder ihren Vater nicht als Papa anredeten. »Es war wie auf einem anderen Planeten!«

Und die Eltern? »Es machte den Eindruck, daß sie sich freuten, wenn die Kinder nur recht keck waren und immer neue, immer kühnere Selbständigkeitsausbrüche wagten. Die Eltern lachten über solche Dinge wie über einen guten Witz. Und da die Trier-Kinder durchaus gutartig waren und ihre Eltern über alles liebten, ja vergötterten, kam es dabei nie zu einem Exzeß.«

Die Kinder genossen bedingungslose Ungebundenheit und Freiheit. Die Hausaufgaben wurden nach eigenem Plan und Verantwor-

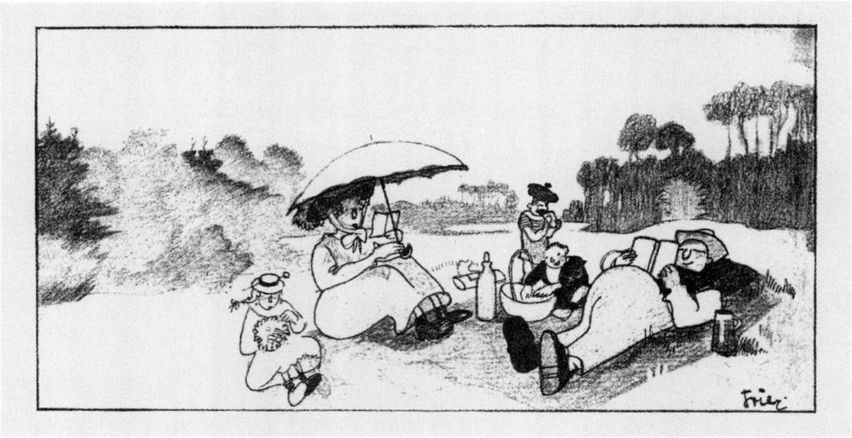

Sonntagsausflug. Buchillustration, 1910.

tungsgefühl erledigt. Oberste Prämissen der elterlichen Erziehung waren Eigenständigkeit und Lebenslust, daher wurden die Eltern in die Entscheidungen ihrer Kinder nicht unbedingt eingebunden.

Auch strenge und unsinnige Vorschriften sowie alles, was nur von fern an »gute Manieren« und »Gesellschaft« erinnerte, wiesen die Trier-Kinder – laut Max Brod – »mit grimmigem Hohne von sich, im Bewußtsein, daß nur das breite, behagliche Leben, wie sie es führten, amüsant und recht eigentlich lebenswert war«.

Sucht man nach den philosophischen Wurzeln dieser außerordentlich liberalen Pädagogik, dann reichen diese bis weit in die französische Renaissance hinein, bis in die Anfänge der humanistischen Weltanschauung im 16. Jahrhundert. Der ehemalige Minoritenbruder François Rabelais schildert genau dieses Erziehungsideal, wie es in der Familie Trier Realität geworden war. Und so verwundert es kaum, dass Walter Trier die Hauptfiguren aus Rabelais' mehrbändiger Groteske *Gargantua und Pantagruel* später in seinem humoristischen Olymp festgehalten hat.

Musisch veranlagt waren wohl alle Kinder der Familie und wurden hierin, soweit es ging, gefördert und gefordert, hauptsächlich im literarisch-künstlerischen Bereich. Die Familie war bekannt für ihre

Eltern und Geschwister

Der Vater **Heinrich Trier** war am 6. Februar 1856 als Sohn des Berman Trier und seiner Frau Elisabeth, geborene Treuer, in Libeň geboren worden. Libeň war damals noch ein selbstständiger Ort, am rechten Ufer der Moldau und östlich von Prag gelegen, der erst 1901 als VIII. Stadtteil Prag angegliedert worden war. Aus Libeňstammte auch **Luzie Schack**, die am 22. Juli 1858 als Tochter des Salomon Schack, der wohl Synagogendiener war, und seiner Frau Rosalia, geborene Ederer, zur Welt gekommen war.

Heinrich und Luzie heirateten am 22. Februar 1880 und zogen nach Prag, wo innerhalb von neun Jahren sieben Kinder geboren werden sollten. Obwohl die Mutter Luzie von einem Zeitgenossen als klein und etwas verwachsen beschrieben worden war, »der man die Geburt so vieler, vor allem aber so großer und lebensvoller Sprößlinge kaum zugetraut hat«. Doch die Daten in der Prager Einwohnermeldekartei sprechen für sich, auch wenn die Angaben in den verschiedenen Registern nicht immer ganz zuverlässig waren. Das eine Mal fehlte die Tochter in der Aufzählung der Kinder, andere Male waren die Listen der geborenen Söhne unvollständig, schließlich wurden gar zwei Kinder verwechselt, als es um den Eintrag des Todesdatums ging. Doch der Abgleich aller greifbaren Dokumente förderte schließlich die folgende Liste zu Tage: Am 29. Januar 1881 wurde der älteste Sohn Ernst geboren, am 9. Januar 1882 Tochter Margarete und am 26. März 1883 Hugo. Diese drei Kinder wurden in Praha I/35 angemeldet – also im I. Stadtteil, das heißt in der Altstadt. Am 7. Juli 1884 wurde Georg geboren, am 9. September 1885 folgte Oskar, am 20. März 1888 Paul und am 25. Juni 1890 schließlich Walter. Die drei älteren Brüder sind melderechtlich in Praha II erfasst, einzig das jüngste Kind der Familie Trier, Walter, in Vinohrady, Karlova 17. Allerdings umfasste der II. Stadtteil von Prag neben der Neustadt auch die Königlichen Weinberge.

Macht summa summarum sieben Kinder. Bislang wurde allerdings immer von sechs Trier-Kindern ausgegangen. Eine Zahl, die von Max Brod, dem Schulfreund aus Kindertagen, kolportiert worden war. Zwar erinnerte er sich, dass eines der Trier'schen Kinder schon im Kindesalter verstorben war, irrte sich jedoch im Namen. Anstatt des von ihm genannten Oskar dürfte es sich vielmehr um das dritte Kind, Hugo, gehandelt haben, denn von ihm gibt es keine späteren Einträge oder weitere Meldekarten.

Der Vater wurde von Max Brod als ein großer, schöner, breitschultriger Mann geschildert, mit einem braun gebrannten, schlichten Indianergesicht. Die Kinder sollen ihn angeschwärmt haben, vor allem weil er in seiner Freizeit gern dazu aufgelegt gewesen sein soll, mit ihnen herumzutollen.

Von der Mutter wird berichtet, dass sie eine sehr zierliche Person gewesen war, dazu recht gescheit und liebenswürdig, und manchmal sogar fast etwas schüchtern gewirkt hat. Es war wohl öfter vorgekommen, dass sie, während die Kinder mit ihren Freunden die Wohnung auf den Kopf stellten, unverhofft aufgetaucht war – nur um eine Schüssel mit Kuchen oder Äpfeln auf den Billard-Tisch zu stellen und sogleich wieder, vergnüglich lächelnd, verschwunden war.

Ernst, der älteste der Trier-Buben, interessierte sich sehr für Literatur. Laut der Erinnerung von Max Brod soll er an einer reichsdeutschen Universität studiert haben, wobei bislang noch nicht herauszubekommen war, was und wo genau er studiert hat. Auch ist kein Text oder Vers von ihm überliefert, sodass man in ihm eher einen Kenner und Kunstfreund als einen Mitschaffenden sehen muss. Dem »eleganten Herrn Ernst« – angeblich sollen die frechen Brüder nie das neckende Herr vor seinem

Namen vergessen haben – waren die jüngeren Kinder, wie sich Max Brod erinnerte, immer mit scheuer Achtung begegnet. Es hieß nämlich, er sei ein Dichter und er soll einer neuen Bewegung angehört haben, einer modernen und rumorenden Poetengilde, die sich *Jung-Prag* nannte. Zu seinen Vorbildern gehörten Paul Leppin, Oskar Wiener und Victor Hadwiger. Schon damals tuschelte man, dass diese jungen Leute nichts anderes im Sinn hatten, als aufzufallen. Nur deswegen trügen sie vorzugsweise diese ausladenden Kalabreserhüte und dunkelblaue oder braune Biedermeierröcke mit langer Taille und Stehkragen aus Samt. Da sie der festen Überzeugung waren, dass alle modernen Dichter so oder so ähnlich gekleidet sein müssten, pflegte auch Ernst diese Mode. Er kleidete sich in eine fast bis an den Hals hochgeschlossene Weste aus brauner Moiréseide, an der ein langes, dünnes Goldkettchen herabhing, mit dem er manchmal nervös spielte. Und im Gesicht trug er den Ansatz eines fremdartig chic wirkenden Knebelbärtchens. Wenn er an Weihnachten oder in den Sommerferien nach Hause kam, »dann unterhielt er sich wohlwollend, aber unheimlich mit uns vorlauten Fratzen«, schrieb Max Brod viele Jahre später. Auch wenn seine Freiheit noch um einige Grade stärker schien als die der anderen Kinder, kam sie diesen nicht recht beneidenswert vor. Allerdings las Ernst lauter Bücher zeitgenössischer Schriftsteller und kannte all die neuartig gestalteten Zeitschriften und Buchreihen, wie den *Pan* oder die von Otto Julius Bierbaum und Alfred Walter Heymel herausgegebene *Insel*. In diesen erstaunlichen Provokationen lag, wie Max Brod es ausdrückte, etwas »Romantisches, Jugendfrisches, Brausendes, Lebendiges und dabei Ausgewählt-Vornehmes«, etwas, wovon er vordem keine Ahnung gehabt hatte. Doch nicht nur deren Inhalt war neuartig, sondern auch das äußere Erscheinungsbild: »Das Besondere war auf den ersten Blick schon den Ornamenten anzumerken, schon dem eigentümlich rauhen, dicken Papier, dessen Ränder nicht so glatt abgeschnitten waren wie an den gewohnten Büchern.« Lauter sinnliche Eindrücke, die auch an dem jüngsten der Brüder, an dem ungestümen Walter, gewiss nicht spurlos vorüber gegangen waren.

Den Meldeakten der Stadt Prag war zu entnehmen, dass Ernst Markéta Reischiesová geheiratet und mit ihr 1922 eine Reise nach Brasilien unternommen hat. 1924 wird als Wohnanschrift von Ernst eine Adresse in Godesberg bei Bonn angegeben. Was mit ihm und seiner Familie passierte, ist nicht bekannt.

Die vornehme und große Schwester **Margarete** lebte zwar in derselben Wohnung, doch beinahe für sich allein in einem eigenen Zimmer an der fernsten Ecke des Korridors. Ihr feines, sauberes Mädchenzimmer, in dem es angeblich schon nach Parfüm roch, lag neben dem Schlafzimmer der Eltern und sah ganz anders aus als die übrigen von der Jungenbande mit Genuss verwahrlosten Räume. Sie war das zweitälteste Kind der Familie und schon fast eine erwachsene Frau, als die Brüder in die Flegeljahre kamen. Zum Glück für sie, denn sie hätte in der Rotte der wilden Buben als einziges Mädchen vermutlich auf verlorenem Posten gestanden. Den frechen Brüdern galt sie als sehr schön – mehr aber auch nicht. Für sie und ihre Freunde trat sie einfach nicht in Erscheinung und – davon kann man ausgehen – vice versa.

Am 1. Juli 1902 hatte Grethe den Ingenieur und Farbenfabrikanten Ernst Klein aus Prag geheiratet und mit ihm zwei Kinder zur Welt gebracht (Josef *1903 und Eva *1918). Sie starb im Alter von nur 54 Jahren am 21. Dezember 1936. Tochte Eva brachte 1937 den Sohn Jírí zur Welt, im selben Jahr heiratete ihr Bruder Josef, der 1938 seinen Sohn Petr bekam. Das war der glückliche Teil dieser Familiengeschichte, denn nur kurze Zeit später wurden alle Nachkommen Gretes von den Nazis ausgelöscht. Ihr Mann Ernst Klein wurde im Mai 1942 nach Theresienstadt deportiert, ebenso wie die beiden Kinder Josef und Eva samt deren Kinder im Juli 1942 bzw. März 1943 zunächst nach Theresienstadt und im Mai 1944 bzw. Oktober 1944 weiter nach Auschwitz, wo sich ihre Spuren verlieren. Vermutlich hat Ernst Klein den Holocaust überlebt, denn von ihm gibt es einen amtlichen Eintrag in Prag vom Mai 1945, ebenso wie von Jiřiho Ebela, das war der katholische Ehemann der Tochter Eva, der nicht deportiert worden war und im Januar 1947 ein zweites Mal geheiratet hat.

Hugo, das dritte Kind der Familie Trier, wurde von Max Brod als blasser, manchmal still in sich gekehrter Junge geschildert, der »zuweilen aber auch etwas herrisch sein konnte und doppelt heftig, fast krampfartig losbrach. Er sah mit einer gewissen Strenge darauf, daß seine Wünsche als Befehle betrachtet und pünktlich befolgt würden. Alle taten ihm gern diesen Gefallen, denn alle hatten ihn lieb.« Vermutlich ahnten alle, wie er selbst auch, dass er nicht lange zu leben hatte, denn er war lungenkrank und hatte öfters Fieber. »Wenn ihn seine Schmerzen nicht allzu sehr plagten, war er anmutig und von blühender Laune; manchmal freilich konnte er in seiner Satire recht spitz werden.« Obwohl dieser Bruder von allen verwöhnt und umsorgt wurde, erlag er noch im Kindesalter seiner Krankheit.

Georg, das vierte Kind, wurde als körperlich sehr geschickt beschrieben. Er soll der Erfinder und Tonangebende innerhalb der Jungengruppe gewesen sein. Seinen Freunden galt er als gutmütiger Witzbold, als verlässlicher, energischer und lustiger Kamerad mit einer unermüdlichen Ausdauer, der gerne von seinen technischen Erfindungen redete, dabei schon seine Modelle vorführte und die Gesamtstimmung der kleinen Gesellschaft prägte.

Mit dieser praktischen Begabung war er der ideale Redakteur der Familienzeitung.

Georg war wohl nicht nur körperlich geschickt, sondern ganz allgemein. Denn trotz seiner guten physischen Verfassung war es ihm gelungen, sich im Ersten Weltkrieg dem Militärdienst zu entziehen. Es hat sich eine Nachricht vom *K.u.K. Österreichisch-ungarischen Generalkonsulat* in Zürich vom Februar 1916 erhalten, bezüglich seiner »am 7. Juli v. Js. vorgenommenen Nachmusterung« zur »militärischen Einberufung«, die ihn als nicht geeignet klassifizierte; gleichzeitig hatte man ihm die Ausreise in die Schweiz bewilligt. Später machte Georg seine Erfindungsgabe zum Beruf. Er promovierte in Chemie und arbeitete während des Zweiten Weltkriegs bei dem Basler Konzern *Hoffmann-La Roche*. Leider gibt es bei seinem ehemaligen Arbeitgeber in der Schweiz keinerlei Unterlagen mehr, ebenso wenig gibt es irgendwelche amtliche Unterlagen von einer Familiengründung oder über sein Ableben.

Von **Oskar**, dem fünften Kind, gibt es aus Kindertagen leider so gut wie gar keine Berichte. Max Brod erwähnt nur knapp die »Regiewunder«, die Oskar bei familieninternen Theateraufführungen vollführt haben soll. Dieses Fehlen von Informationen liegt an einem fatalen Irrtum in den Erinnerungen des Max Brod. Er verwechselte den putzmunteren Oskar mit dem kränkelnden und früh verstorbenen Hugo. Nach seiner Schulzeit lebte Oskar kurzzeitig in Tirol, bis er im Sommersemester 1911 in Heidelberg sein Jura-Studium begann. Wie bei Georg konnten bislang keine Hinweise auf eine Ehefrau, Kinder oder seinen späteren Wohnort gefunden werden.

Paul, der vorletzte der Brüder, wurde von Max Brod als handwerklich begabt geschildert und mit einer robusten Gesundheit gesegnet. Er sei der Typus des »geraden Michels« gewesen und das technische Genie der Bande, das lauter kunstreiche Einrichtungen fabrizierte. Viel bestaunt wurden auch Pauls Fotografien, »besonders wenn er bald in diesem, bald in jenem Farbton aus dem berühmten Buch jene Szene des Sancho Pansa aufnahm, in der dieser sein verloren geglaubtes Eseltier wiedergefunden hat und es unter dicken Tränen zärtlich umarmt«. Ein Motiv, das von der gesamten Familie auch als Ansichtskartenmotiv verwendet wor-

den war. Später ging Paul dann auch zu Holzschnitten und anderen grafischen Techniken über und wetteiferte darin mit dem jüngsten der Trier-Buben, mit Walterchen.
Am 25. Juni 1911 hat Paul Emma Fojtová geheiratet, die am 18. März 1912 in Lund/Trelleborg den Sohn Pavel zur Welt brachte. 1915 war die Familie wieder zurück in Prag, denn sie hat sich ganz offiziell am 15. April im VIII. Bezirk angemeldet. Aufgrund dieser Anmeldung ist sein Beruf bekannt: »Ing. Chem.« Paul verstarb am 5. Dezember 1924, im Alter von nur 36 Jahren. Die Todesumstände sind nicht bekannt. Was mit der Witwe Emma Trierová geschah, ist gleichfalls nicht überliefert. Unterlagen fanden sich hingegen zu Pauls Sohn Pavel und dessen Ehefrau Anna. Sie wurden beide am 10. August 1942 zunächst nach Theresienstadt und am 29. September (Pavel) bzw. 19. Oktober (Anna) 1944 weiter nach Auschwitz deportiert, wo sie wahrscheinlich umgebracht wurden.
Das eigentliche Nesthäkchen der kinderreichen Familie war der jüngste Sohn, **Walter**. Da war sich Max Brod ganz sicher. Auch dass er geradezu verzärtelt wurde, was er sich des Öfteren energisch verbat, woraufhin man ihn dann umso mehr verzärtelte, nur um ihn zu ärgern. »Doch das lag nur an der Oberschicht, in Wirklichkeit waren alle in den zarten, kleinen, etwas schwächlichen Jungen mit den großen sanften, schönen braunen Augen geradezu verliebt – man sprach nie von ihm oder zu ihm, ohne den Mund zu spitzen, wie um anzudeuten, daß man ihn, das liebe Kind, jetzt, sofort und immerdar küssen wolle. ›Ist er nicht fabelhaft, unser Walterchen‹, riefen Georg und Oskar mit Stolz, wobei sie das ›Kind‹ wie ein Paket in die Luft warfen, einander wie im Zirkus zuschleuderten. Dabei aber waren sie ebenso ernstlich wie wortlos überzeugt (es lag in ihrem ganzen respektlos-respektvollen Benehmen), daß die Familienbegabung, die in jedem der Brüder schöpferisch-künstlerisch rumorte, gerade in Walter zur entscheidenden Konzentration ansetzte. Und dieser Instinkt ging nicht fehl: Wirklich ist Walter Trier einer der besten Zeichner und Karikaturisten geworden. Das ahnten wir schon damals, als er die Kulissen und Kostüme unseres Marionettentheaters zeichnete und die Puppen schnitt, die Oskar von ihm einforderte. Aus der einzigartig beschwingten, frohgemuten Jugendzeit ist wohl mancher Wesenszug seiner gestalterischen Kunst zu erklären. – Unter dem Namen Walter Speyer treibt er in meinem Buch aus der Knabenprovinz ›Der Sommer, den man zurückwünscht‹ sein tapferes Wesen, eine Art Puck aus dem ›Sommernachtstraum‹, voll von neckender Laune, doch immer gutartig. Immer gibt es altmodische Fahrräder und brave Hündchen in seinen Bildern, die mit komischen blaßblauen Halsschleifen heran gesaust kommen. Etwas in dem feinen Kinderkosmos, den wir unserem lieben Erich Kästner danken, und etwas von dem linearen Spottgeschnatter, das der Zeichner Flora zusammenbraut, ist als lebendiges Erbteil Walter Triers auf uns gekommen. Ihn selbst habe ich nachher einmal in Berlin gesehen und kurz gesprochen. Dies ist mein einziges Verbindungsband mit der Nachjugendzeit der Familie Trier. So flüchtig und unstet geht unser Leben dahin, wichtige Bezirke rücken an die Ränder und verschwinden.«

grafischen und literarischen Experimente; nicht zuletzt produzierte sie allwöchentlich eine eigene Familienzeitung, die *Chronik der Woche* – ein kleines Heft, aus dem auf Wunsch dem Besuch vorgetragen wurde. Dabei kam jedem der Kinder eine ihm gemäße Aufgabe zu: Oskar lieferte witzige Verse, Georg war für das Feuilleton zuständig, Paul steuerte seine neuesten Fotografien bei, und Walter fertigte pointierte Farbskizzen für die Rubrik *Aus dem häuslichen Leben*, Karikaturen, in denen alle Familienmitglieder, die Eltern nicht ausgenommen, schonungslos verspottet wurden. »Immer war es der Clou, den er beitrug, das, worüber man am herzlichsten lachte«, wusste Max Brod zu berichten. Und er ergänzte: »Kamen wir zu Triers, so war jedesmal eine ›Festzeitung‹ vorbereitet, von Georg redigiert, mit vielen spaßhaften Beiträgen von uns allen ausgestattet, deren Anspielungen nur wir verstanden. Und die Art, wie Georg das bunte Zeug vorlas und kommentierte, war noch lustiger als die Beiträge selbst.«

Eine musikalische Ausbildung hingegen wurde – mangels musikalischer Neigungen – im Hause Trier nicht gepflegt; Konzerte oder Musikinstrumente spielten keine Rolle.

Ganz anders bewertet wurde die Leibesertüchtigung. Hier lag ein weiterer Schwerpunkt der Trier'schen Erziehung – vermutlich wegen der körperlichen Anfälligkeit mancher Familienmitglieder. Mit Hilfe des Sports haben die Trier-Kinder vor allem ihre Gesundheit gepflegt und waren nebenbei alle zu vorzüglichen Turnern, Schwimmern, Wettläufern und Billardvirtuosen geworden.

Freundschaft mit den Brod-Kindern

An der fernen Ostsee, während eines Urlaubs in Misdroy, hatten sich die beiden Prager Familien Brod und Trier kennengelernt. Der Kontakt zwischen den Eltern war äußerst distanziert, doch die Kinder konnten einander gar nicht oft genug sehen.

In Prag wohnten beide Familien in verschiedenen Stadtvierteln ziemlich weit entfernt voneinander, und die Kinder gingen nicht in die gleichen Schulen, daher wurde »ein Nachmittag in der Woche, lieber noch zwei Nachmittage, für die gegenseitigen Besuche offengehalten. Es gab nichts, worauf sich die Brod-Kinder die ganze Woche über mehr gefreut hätten als auf dieses Zusammentreffen. Die Liebe zu den Triers wuchs sich bald zu einer Leidenschaft aus; gerade im Zwielichtschein unausgesprochener elterlicher Mißbilligung gedieh sie mit üppiger Kraft.«

Schnell einigte man sich auf das lebenslustige Haus Trier als festen Treffpunkt, denn hier hatten die Kinder genügend Platz und konnten sich freier bewegen als im strengen Elternhaus Brod, wo sich die ordnungsliebende Frau Mama der Gäste wegen zwar ein Lächeln abzwang, das aber »rasch erfror und seine eigentliche Natur einbüßte«.

An den Besuchsnachmittagen war die gesamte Wohnung schon bald nach Ankunft der Gäste in ein heilloses Durcheinander verwandelt, was die Eltern Trier jedoch kaum gestört hat. Wenn sie abends heimkamen, wurde das Chaos von ihnen bewundert und belacht, als kämen sie in das Atelier eines für seine schlampigen Manieren bekannten Bohemien. Max Brod schwärmte weiter: »In diesem Lebenskreis wurde mit anderen Maßen gemessen als in der übrigen, vergleichsweise kalten und gleichgültigen Welt. Wer den anderen am meisten Freude machte, sie am heitersten stimmte: der war hier der König. Alle Reiche der Wirklichkeit wie der Phantasie wurden herangezogen, um den Kindern diese Freude zu liefern. Bald waren wir Matrosen, bald Botaniker, bald historische Gestalten aus Böhmens Vorzeit – genug, daß Freude immer mit dabei war. Spiel, immer nur herrlich reiches, manchmal tolles Spiel, bis die Wangen feuerglühten – das etwa war die den erregten Sinnen deutlich sichtbare Parole, die über der Trier-Wohnung schwebte. Lebte man hier in diesem glückseligen Lande, durch gültigen Schicksalsbeschluß aufgenommen, so konnte man sich nicht vorstellen, daß es irgend etwas Wichtigeres auf der Welt gab als Spiel – ja, daß es überhaupt etwas anderes gab. Spiel, göttlich freies, an keine zwecke gebundenes Spiel der Kinder! […] Wir drei Geschwister Brod taten, was wir konnten, um so viel auf uns einstürmenden Geist und Übermut auszugleichen. Wir hatten nicht eben viel einzusetzen. Aber man ließ es treuherzig gelten.

Übrigens war all diese Nachsicht in den Augen der Trier-Kinder gar nichts Besonderes, sie waren nun einmal so aufgewachsen, hatten es zu Hause nie anders gesehen, und in begreiflichem Familienstolz hatten sie für andere Erziehungsmethoden in anderen Häusern nur mitleidigen Spott.

Die drei Kinder Brod erholten sich hier von Mamas finsterer Zucht und Papas allzu nachgiebiger Weichheit wie in einem Lichtbad, sie atmeten auf und konnten des Staunens und der Anerkennung kein Ende finden – diese Art zu leben, wie sie in der Familie Trier üblich war, schien ihnen ein Leben höherer Menschen, die es verstehen, dem Dasein immer die eigentliche, die humoristische Seite abzugewinnen, in einem ewigen unauslöschlichen Lachen, wie es den Olympiern Homers eigen ist, in unbeschwerter Sorglosigkeit und in Freude ohne Grenzen.«

Die derart intensiv zwischen den Brod- und Trier-Kindern gepflegte Freundschaft ging allerdings noch während des ersten Jahrzehnts des 20. Jahrhunderts ohne ersichtlichen oder besonderen Grund zu Ende. Die beruflichen Entwicklungen liefen einfach in verschiedene Richtungen auseinander.

Sich jedoch an die glücklichen Tage seiner Kindheit im Hause Trier erinnernd, rief Max Brod kurz vor seinem Lebensende nach diesen alten Freunden: »Wo seid ihr denn nun, ihr Brüder, mit denen ich jahrelang, so wundervoll erfüllt und keiner weiteren Wunschgewährung bedürftig, in großen Freuden lebte! Auf langen Strecken lebte ich froh, wie später niemals mehr!«

Sommerurlaube an der Ostsee

Auch in der Urlaubsgestaltung war die Familie Trier außergewöhnlich, da sie einige Sommerurlaube im Ostseebad Misdroy verbrachte, wo sie zu den ältesten Ferienstammgästen gehörte. Damals war es noch nicht üblich, »Expeditionen von der Mitte des europäischen Kontinents aus an die Meeresküste zu veranstalten«. Ihren guten wirtschaftlichen Verhältnissen entsprechend, führten sie dort keine eigene Wirtschaft, sondern waren in einem der noblen Hotels am Strand untergebracht.

Am Strand von Misdroy waren, wie wir aus den Erinnerungen von Max Brod wissen, die beiden Prager Familien das erste Mal aufeinandergetroffen. »Aber im Gegensatz zu anderen Sommerbekanntschaften, die man nachher rasch, wie angeekelt, vergaß, hielt man diese Verbindung aufrecht – und zwar, wie es schien, aus beiderseitigem Bedürfnis. Ja, der Verkehr zwischen den beiden Häusern,

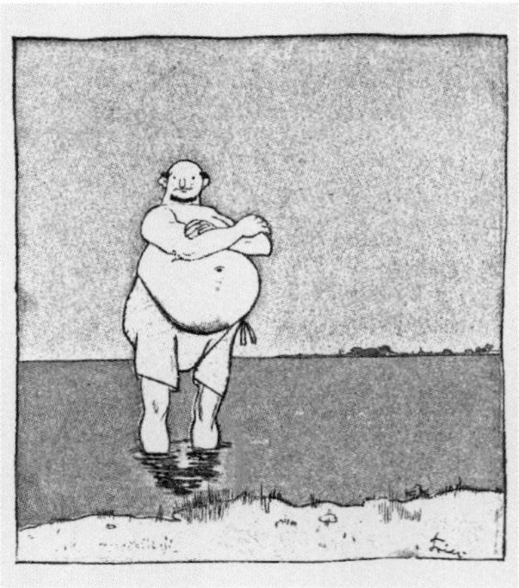

Im kalten Wasser. Pressegrafik, 1910.

die einander vor diesem Sommer fremd gewesen waren, entwickelte sich rasch zu heißer Freundschaft. Hierbei ist freilich nur von den Kindern die Rede, denn die Erwachsenen fanden wenig Geschmack aneinander, was bei ihren entgegengesetzten Naturellen ohne weiteres zu verstehen ist.« Die strengen Brod-Eltern blieben auf Abstand, doch die Kinder konnten gar nicht oft genug zu Besuch kommen.

Anders als die Familie Brod besuchten die Triers nicht die morgendlichen klassischen Kurkonzerte, sie pflegten dann Tennis zu spielen. Die Kinder trafen erst gegen zwölf Uhr beim Baden am Strand aufeinander und verbrachten die Mittagsstunden gemeinsam plantschend und schwimmend im Wasser. Es sei denn, die Jungen entschieden sich, Fußball zu spielen. Dafür war der volle Strand, an dem man allenthalben über andere Mitmenschen stolperte, wenig geeignet, und so zogen sie bald aus, einen passenden Platz zum Kicken zu finden. Am Westende des Ortes, hinter den letzten Häusern wurden sie fündig. Dort gab es ein kleines Wiesengelände zwischen Dünen und Wald, das sich trotz Wurzeln und Schlaglöchern ganz passabel als Fußballfeld eignete. Während sich die Erwachsenen nach dem Mittagessen ihrem Mittagsschlaf hingaben, trabten die Kinder zu ihrer Wiese und kamen erst in den späten Nachmittagsstunden, manchmal auch erst gegen Abend an den Strand zurück.

Besonders eng war die Freundschaft zwischen den zwei Brod-Jungen – Otto und Max – und den drei jüngsten Trier-Buben: Oskar, Georg und Walter. Das gefiel den restriktiven Eltern Brod so gar nicht, und so bestimmte Vater Brod eines Tages, den Sohn des benachbarten, reichsdeutschen Hofschauspielers Dünnwald zum Kameraden für seine Kinder. Dieser Junge, Bodo Dünnwald, lernte zu seinem Privatvergnügen exotische Sprachen und war wenig unterhaltsam. Mit den tausend lustigen Anregungen, die das Haus Trier bot, war das für die Brod-Buben jedenfalls nicht zu vergleichen.

Aber sie waren schon erleichtert, dass es leichter gegangen war als befürchtet, die Trier-Kinder mit Bodo bekannt zu machen. Doch die Triers waren neugierig und ahnten in Bodo einen äußerst passenden Gegenstand für ihren Spott. Es dauerte auch nicht lange, da schlugen sie vor, Bodo solle mit Fu-tschan – ein in Misdroy ansässiger Händler und würdiger alter Herr, der aus China stammte – ein Gespräch führen. Doch Bodo versuchte sich der Situation zu entziehen und behauptete, dass die Chinesen unzählige, miteinander gar nicht verwandte Dialekte redeten. Nur die Schriftzeichen, nicht die Worte, seien den so unterschiedlich sprechenden Chinesen gemeinsam. Aber die Trier-Kinder blieben hartnäckig. »Versuchen kannst du es doch einmal!«, soll Oskar gerufen und aufgestampft haben, wie immer, wenn er seinem Willen Nachdruck verleihen wollte. Doch Bodo blieb genauso stur bei seiner Absage. »Dann sollen sie wenigstens die Nasen aneinander reiben, wie es die Chinesen zur Begrüßung tun«, versuchte es Oskar erneut. Daraufhin setzte ihm Bodo in abgeklärter Ruhe auseinander, dass auch dies, wie so vieles, was man über die Chinesen in die Welt trage, nur ein folkloristisches Missverständnis sei, eine jener geschmacklosen Erfindungen, mit denen die Völker einander das Leben verleiden.

Dann hatte Otto die rettende Idee: »Schreib ihm doch einen Brief – die Schriftzeichen, das sagst du doch selbst, sind in allen Dialekten die gleichen.« Dagegen konnte Bodo nun keinen Einwand mehr erheben, sonst wäre er mit seiner Behauptung, des Chinesischen mächtig zu sein, völlig unglaubwürdig geworden. Folglich malte Bodo zum Beweis seiner Kenntnisse höchst ordentlich einige von Dächlein überkrönte Strichgruppen und kleine Dolche auf ein Blatt Papier, das er dann Herrn Fu-tschan überreichte. Da der Chinese kurzsichtig war, hob er das Blatt vor die Augen, nickte mehrmals eifrig, lächelte noch etwas beflissener als sonst und gab das Blatt mit einer Verbeugung wieder zurück. Die Kinder riefen sofort: »Er soll dir antworten, er soll auch etwas schreiben!« Aber daraus sollte nichts mehr werden, sei es, dass Fu-tschan überhaupt nicht verstand, was man von ihm wollte, oder dass er überhaupt nicht lesen und schreiben konnte und nur aus Höflichkeit den Buchstaben zugenickt hatte, oder dass er, was ja an sich auch möglich war, auf Bodos Botschaft nichts zu erwidern hatte. Als den Kindern dies dämmerte, fragten sie Bodo: »Was hast du ihm denn geschrieben?« Die Antwort, mit der Bodo wieder erst nach mehrmaligem Fragen herausrückte, sollte nicht nur Anlass weiterer Neckereien durch die Trier-Buben werden, sondern sich zur Ursache einer unheilvollen Verwicklung entpuppen. »Nun, was war's?« – »Herzliche Glückwünsche zum Jahreswechsel Ihnen und den geehrten Angehörigen«, stammelte Bodo. Daraufhin brach unter den anderen Kindern unaufhaltsam das Lachen los: »Aber er hat doch gar keine Angehörigen da – das hast du wirklich sehr gut gemacht – eine große Weisheit – darauf hat er dir natürlich nicht antworten können!« Und kurz darauf weiter: »Nein, du mußt etwas schreiben, einen wirklichen Brief, eine Mitteilung, die ihn interessiert, zum Beispiel, daß du für hundert Mark Zahnstocher bei ihm kaufst!« Aber dazu kam es dann nicht mehr. Bodo war tief gekränkt. Die Trier-Buben aber konnten den Vorfall gar nicht gründlich genug ausschroten. »Herzliche Glückwünsche« hieß es nun immer zur Begrüßung, wenn Bodo erschien – und der Chor fiel ein: »zum Jahreswechsel«. Und der Kleinste, Walter, »zeichnete Bodo, wie er an einem meterlangen Schreiben für Fu-tschan pinselte, Schweiß auf der Stirn und ein großes Blumenbukett in der linken Hand, an dem natürlich auch wieder eine Visitenkarte mit den ominösen Worten pendelte«. Das Schlimmste aber war, dass man Bodo in jenem Sommer überhaupt nicht mehr in Ruhe ließ. »Jeden Tag brachte man neue Einfälle für diesen Brief in Vorschlag, mit denen man Bodo aufzog. Kindereien – und man kann nicht sagen, daß Bodo irgendwelche nennenswerte Energien an ihre Abwehr verschwendete. Es wirkte wie eine Mischung aus Hochmut und elefantenhäutiger Gleichgültigkeit. Das Phlegma, zu dem der Vater sich als Grandseigneur erzogen hatte, schien in der zweiten Generation Natur geworden zu sein.«

Im nächsten Jahr trafen sich wieder alle Kinder in Misdroy. Als neues Spiel hatten sie nun das Sammeln von Bernstein entdeckt. Dabei entstand ein Wettbewerb unter den Kindern, wer am meisten und die größten Splitter fand. Es gab auch schon Streit um die besten Jagdplätze und eine kleine Schlägerei. Während eines dieser erregenden Tage ereignete sich am Strand ein ans verbrecherische grenzende Vorfall – zumindest erschien er so den Kindern, die noch niemals aus der Nähe einen veritablen Betrug erlebt hatten.

Im Zentrum des Geschehens stand wieder einmal Bodo. Er hatte nämlich ein riesiges Stück Bernstein gefunden, wofür er zunächst mächtig bestaunt wurde. Sein Prestige, das unter der Briefaffäre des Vorjahres sehr gelitten hatte, stieg im Nu, und die Kinder machten Pläne, welchem Museum man das Naturwunder schenken solle. Vielleicht wäre alles im Sande verlaufen, hätte nicht am nächsten Tag das einzige Mädchen der Kinderschar, Sofie Brod, das Kleinod als Geschenk gefordert. Je mehr sich Bodo nun dagegen sträubte, das Stück auch nur aus seiner Tasche zu holen, desto stutziger machte dies die anderen. Schließlich gelang es, ihm das Stück zu entreißen, und Georg Trier, der Techniker der Truppe, untersuchte das Corpus delicti. Erst machte er nur ein bedenkliches Gesicht, dann aber schrie er: »Du Schwindler! Das ist ja gar kein Bernstein! Das hat er aus seinem Violinkasten genommen. Es ist ganz ordinäres Kolophonium!«

Nun waren alle entrüstet und wollten Bodo auf der Stelle verprügeln, doch dann besannen sie sich eines Besseren: »Er muß ordnungsgemäß verurteilt werden. Wir werden Gericht halten.« Man versammelte sich in einem Kreis, der Angeklagte hingegen wurde, nach Wildwestmanier, an einen Baumstamm gebunden. Bodo ließ alles, »ganz gebrochen vom Gefühl seiner Schuld«, mit sich geschehen. Oskar hatte sich unterwegs eine scharfsinnige Anklagerede vorbereitet, die unmerklich vom Ernst in den Stil der ulkigen Familienzeitung der Triers überging. Und Walter hatte bereits sein Skizzenbuch gezückt, den Delinquenten gemalt und ihm den Spitznamen ›Kalafuni-Bernstein‹ verpasst, der Bodo von nun an bleiben sollte. Auf der von Walter gefertigten Visitenkarte »dieses Monstrums im Wachsfigurenkabinett modernen Verbrechertums« hieß es auf der Vorderseite: »Mr. Kalafuni-Bernstein. Zeitgemäße alchimistische Werkstätte«, darunter waren die Misdroyer und Berliner Adresse angegeben. Im Bild sah man Bodo mit seiner Kartoffelnase über Tiegel und dampfende Retorten gebeugt. Auf der Rückseite stand als weitere Erklärung: »Verfertigt nicht bloß chinesische Neujahrsgratulationen, sondern jetzt auch allerlei Mineralien, Gold, Silber, das berühmte Elektron des klassischen Altertums, das Perpetuum mobile und jedes gewünschte Gaunerrequisit.«

In dieser Art ging die Verhandlung gegen Bodo weiter. Die Kinder übertrumpften einander in fantastischen Großsprechereien.

Bodo war jedoch weit davon entfernt, solche Witze zu verstehen; er nahm das Ganze vollkommen ernst. Er verteidigte sich nicht und nahm schließlich – zum Erstaunen aller Beteiligten – die beschlossene Strafe wehrlos an. Er sollte mittäglich die Brüder Brod zum Fußballspielen begleiten und den jeweils fortgekickten Ball aus den Gebüschen zurückholen. Schließlich flehte Bodo, nach der ersten Erleichterung, die Kinder an, nur ja nichts seinem Vater zu erzählen, da ihn dieser sonst windelweich prügele. Ein derartig devotes Verhalten kannten die Trier-Buben nicht und konnten damit auch nicht umgehen. Plötzlich hatten sie den Jungen in der Hand, und dieses Bewusstsein unumschränkter Macht wirkte auf sie vermutlich völlig demoralisierend. Da sie sich nicht wohl dabei fühlten, hätten sie gern eingelenkt, wussten aber nicht wie.

Zunächst versuchten es die Trier-Kinder auf ihre Art; indem sie das Ganze auf eine absurd-komische Spitze trieben, hofften sie Bodo endlich aus der Reserve zu locken und seine aktive Gegenwehr zu provozieren. Doch der war in einem humorlosen Elternhaus zum Kuschen erzogen. Nach drei Tagen hatte schließlich Otto die rettende Idee. Er nahm die Betrugssituation auf seine Kappe, behauptete plötzlich, dass er Bodo angestiftet hätte und beschimpfte die übrigen Kinder. »Will jemand durchgeboxt werden? Es erübrigt nur, daß ihr euch blamiert und zu dem alten Dünnwald petzen geht, der wirft euch dann alle Stiegen hinunter. Und ich – ich habe keine Angst vor ihm, vor niemandem in der Welt.« Daraufhin erscholl ein Murmeln des Beifalls. Alle waren im Grunde ihres Herzens froh, dass nun die leidige Angelegenheit begraben werden konnte. Langsam schien auch Bodo zu begreifen, dass sich das Damoklesschwert über ihm in Luft aufgelöst hatte. Da grinste er, »erhob sich und begann sich langsam über den Feldrain hin zu entfernen. Er hatte genug von all dem, was man ja durchaus begreiflich finden konnte. Aber wie er so dahinstapfte, schien ihm etwas Entscheidendes einzufallen. Plötzlich blieb er stehen. Sein Gesicht war verwandelt. In den grauen Augen flammte das Gefühl von selbstbewußter Unschuld auf, aber auch eine wie aus Urweltzeiten heraufströmende Wut. Er begann zu schimpfen und zu schreien. ›Ein schmutziges Judengesindel seid ihr alle zusammen.‹ Er hob die geballte Faust. ›Aber man wird es euch schon zeigen!‹ Damit sprang er über den Alleegraben und verschwand hinter den Bäumen.«

Dieser eigentlich aus einer enormen Erziehungs-Diskrepanz heraus entstandene Konflikt unter den Kindern wirkt beinahe wie eine Vorschau auf das, was sich dreißig Jahre später in Deutschland unter der Herrschaft der Nationalsozialisten zutragen wird.

Wie alle liberal und zum Widerspruch erzogenen Trier-Kinder stand auch Walter Trier lange Zeit dem unsäglichen Kadaver-Gehorsam, den die Nazis in ihrer Ideologie pflegten, verständnislos gegenüber. Unterdrückung eines Schwächeren und Angst als erzieherisches Druckmittel war diesen Kindern gänzlich unbekannt. Und Walter musste als Kind nie Sorge tragen, für seinen Übermut bestraft zu werden, eher im Gegenteil – die foppenden Geschwister sowie die unerschütterliche Autorität und Zuneigung der Eltern förderten geradezu dieses Talent. Folglich diente bei Walter Trier der Spott nicht dazu, eine unerträgliche Übermacht in Frage zu stellen oder Distanz zu einem viel zu engen Elternhaus herzustellen, sondern war Ausdruck purer Lebensfreude. Dieses positive Grundgefühl spürt man in allen seinen Bildern.

Schuljahre in Prag

Als Junge war Walter Trier ein durchaus passabler Schüler, auch wenn er wohl nicht gerne zur Schule ging und später einen anderen Eindruck zu erwecken versuchte. Schul- oder Hausaufgaben störten ihn nicht wirklich, sondern wurden nebenher erledigt. Generell hat sich bei ihm die Schuldisziplin nicht besonders bemerkbar gemacht. In seiner Freizeit spielte er viel lieber mit Freunden als zu lernen. Während der Schulzeit interessierte ihn übrigens das Turnen weit mehr als der Zeichenunterricht.

Nach der Volksschule, bei der es sich um eine *Piaristen*-Schule gehandelt haben soll, also um eine strenge katholische Einrichtung, in der es in seinem Fall wohl hin und wieder auch merkwürdige Bestrafungen gegeben hat, besuchte er von 1900 bis 1904 die *Nikolander-Realschule.* Diese Schule war nicht irgendeine höhere Pauk- und Bildungsanstalt, sondern passt gut in das Bild des realitätsliebenden, praxisorientierten Elternhauses Trier. Das Konzept der Realschule, bei dem es vor allem um die Vermittlung praktischer Kenntnisse und Fertigkeiten ging, war als bewusstes Gegengewicht zu den Lateinschulen und Gymnasien ins Leben gerufen worden. Und als die älteste Realschule Österreich-Ungarns war die *k. k. deutsche Nikolander-Realschule* in Prag eine berühmte Schule mit glänzendem Ruf, deren Bedeutung weit über Böhmen hinausreichte. Es gab ein strenges Auswahlverfahren, das viele Antragsteller aussortierte. Selbstverständlich wurde auch in dieser Schule die Disziplin groß geschrieben, doch es ging nicht um sinnlosen Drill. Ebenso bemühte man sich um eine solide, umfassende Ausbildung der Kinder, nicht um die Befriedigung elitärer elterlicher Bildungsdünkel.

Unbeschwert von Theorie war diese Schule bestrebt, ihre Schüler sattelfest zu machen im Schreiben und Rechnen, in deutscher, französischer und italienischer Sprache, in allgemeiner und Handelskorrespondenz, sie auszurüsten mit dem Allernotwendigsten aus Geometrie, Mechanik, Physik, Logik, Moral, philosophischer und positiver Rechtswissenschaft, sie auszubilden in der Buchhaltung und im Zeichnen, ihnen Kenntnisse beizubringen aus dem Handels- und Seerecht, und aus der Handlungswissenschaft im Besonderen. Der Kreis der ehemaligen Schüler war groß, zu ihnen gehörten Schriftsteller und Journalisten – darunter Egon Erwin Kisch –, Politiker, Volkswirtschaftler, Kunstkritiker, Architekten, Musiker und bildende Künstler – wie etwa Hugo Steiner und Walter Trier.

Durch die späteren Erinnerungen der Schulkameraden Egon Erwin Kisch und Hugo Steiner-Prag erfährt man etwas von den Lehrern, die auch Walter Trier unterrichtet haben sowie ihn durch ihr Vorbild und ihre Marotten geprägt haben. Sie erzählten von der Tabelle mit den Sprechstunden, von dem Stundenplan, dem großen und dem kleinen Klassenbuch, erinnerten sich voll Wehmut an das Warten im Schulhof, bis die große Uhr drei Viertel acht oder drei Viertel zwei zeigte, und die Tür geöffnet wurde, an die Buttersemmeln für drei Kreuzer, an die Schinkensemmeln für fünf, an die Schülerbibliothek, an die Pumpe im Hof, an die Jugendspiele, Kneipzeitungen, Versetzungsprüfungen, an die Kommerskasse mit zehn Hellern Wochenbeitrag und besonderen Taxen für bewilligtes Abschreiben und Abzeichnen und für ein von Laienrichtern festgestelltes »vorzüglich« und für das ausgestellte Maturatableau, auf dem ihre Fotografien zu sehen waren. An die alljährlichen *Schlusskneipen*, zu denen mit traurigem Gesicht die Durchgefallenen kamen und mit zweifelnd-verzweifeltem jene, die immerhin doch noch zur sogenannten *Reparatur* verurteilt waren, das war die Wiederholungsprüfung nach den Ferien.

Egon Erwin Kisch rief die Erinnerung an einige der Lehrer wach, etwa an den Naturgeschichtslehrer Tiesel, der ihm im Rückblick als ein »Held von tausend Schülerwitzen, Gesamtbild aller Fehlleistungen im psychoanalytischen Sinne« vorkam. Er entsann sich daran, wie dieser Lehrer einmal vortrug, dass der Löwe in »Kanada« vorkomme. »Kenede«, besserte die Klasse durch Zwischenrufe aus, denn sie hatte kurz zuvor gelernt, dass im Englischen das ›a‹ wie ›e‹ auszusprechen sei. »Na, ich bin da kein Englishman«, soll sich der Lehrer nervös entschuldigt haben und zur hellen Freude der Schüler von nun an nicht bloß von »Kenede« sprach, sondern auch »Peneme« und »Grenede«. Dieser Lehrer wurde auch für seine vielen, herrlich verdrehten Formulierungen geliebt, wie etwa »ich

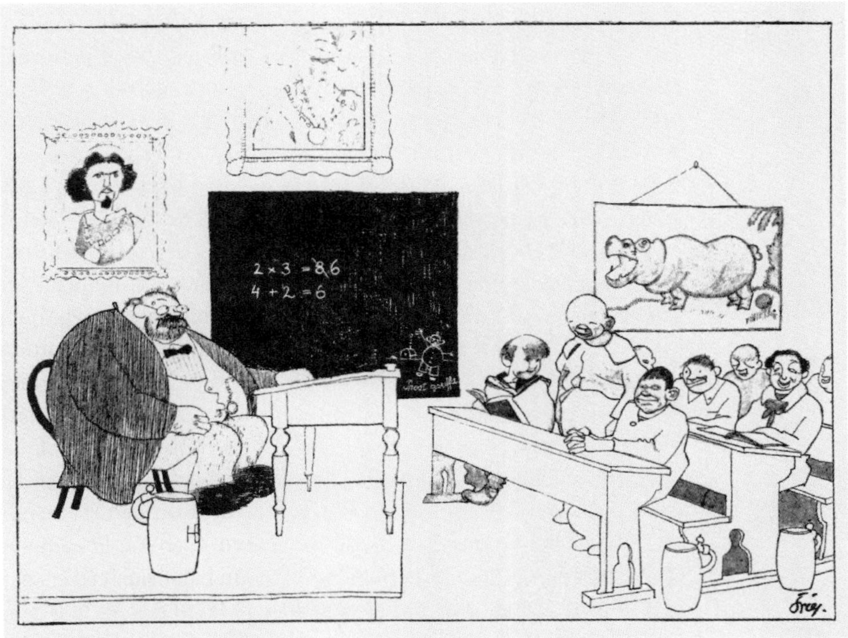

»Münchner Kindl«. Buchillustration, 1911.

will sehen, ob ich Lump werd' mit dir fertig werden«. Außerdem erinnerte sich Kisch an den knebelbärtigen, blonden Turnlehrer, dessen Anrede »Sie Flegel, Sie« und dessen Strafe »hintern Ofen, marsch!« hieß. Oder an den Professor der Physik, einen Herrn mit spitzigem, böhmischen Akzent, der häufig genug seinen geliebten *Tristan- und Isolde-Satz* sprach: »Sie, das hört sich ja recht trist an und i sollte Sie eigentlich durchfallen lassen.« Ein weiterer seiner Standardsätze – »Gehn S'zugrund« – klang ungeübten Ohren wie ein Fluch, war aber nur der Auftrag an einen seiner Schüler, beim Optiker Grund einen der physikalischen Apparate zu holen.

Und Hugo Steiner-Prag berichtet in seinen Memoiren über den Respekt, den, wenn nötig, selbst ein als Schultyrann gefürchteter Lehrer seinen ungehorsamen Zöglingen gegenüber zu zollen bereit war und zugleich über den unvermuteten Kunstsachverstand fachfremder Erzieher. Dies machte er deutlich an folgender eigenen Geschichte: Der junge Hugo zeichnete mit besonderer Vorliebe Fledermäuse und fantastische Hüte, die, je unmöglicher und ungewöhnlicher sie gerieten, ihm umso größere Befriedigung bereiteten. Dieses Zeichnen aber brachte ihm damals noch keinerlei Anerkennung, und auch für seine Leistungen im »Freihandzeichnen« hatte Lehrer Schieschneck nur ein mitleidiges Lächeln. »Na«, meinte er einmal gutmütig, die Hand im imponierend wallenden Vollbart, »mein lieber Steiner, Maler müssen Sie ja auch nicht werden«. Dieses vernichtende Urteil störte den Jungen insofern nicht im mindesten, da er damals dergleichen überhaupt noch nicht im Sinn und vom Bildermalen und Künstlerberuf noch völlig unklare Vorstellungen gehabt hatte. Geduldig bemühte er sich, Gipsreliefs mit Bleistift und obligatem Wischer nachzubilden, einmal Ornamentformen der Antike oder der Renaissance, ein andermal sogar Porträts. Die geringen zeichnerischen Leistungen im Schulunterricht kränkten ihn nicht, »denn das heimliche Zeichnen und Malen war das größere Glück, das ich noch immer wie etwas Unerlaubtes und Verbotenes barg. Ich zeichnete und malte in den dunklen Gassen des stürzenden Ghettos, in den grasbewachsenen der Adelsstadt auf dem Hradschin und in ihren verträumten herrlichen Gärten.«

In einer denkwürdigen Chemiestunde wollte der junge Hugo seinem Banknachbarn heimlich seinen ersten Versuch, eine nackte Frau darzustellen, zeigen. Dazu hatte er eine Nixe gezeichnet, die sehnsüchtig über mondbeglänztes Meer blickte. Der Übergabeversuch scheiterte kläglich, und das kleine Blättchen wurde ihm zum Verhängnis. Der gefürchtete Chemielehrer Garzarolli schwang »triumphierend das durch Überfall eroberte Blatt vor meinen Augen, als nicht abzuleugnendes und allein schon durch seinen Inhalt doppelt belastendes Corpus delicti maßloser Undisziplin und verächtlicher Gleichgültigkeit. Sein südlich-schwarzer, von Silberfäden durchzogener Bart rückte bedrohlich nah an mich heran, die grauenvoll funkelnden Brillengläser hypnotisierten mich zu absoluter Willenlosigkeit, wie gelähmt stand ich da und erwartete Entsetzliches. Und dieses Entsetzen verbreitete sich über die Klasse, ein jeder fühlte, nun mußte etwas Fürchterliches geschehen. Aber – es geschah nichts. Er besah das kleine Aquarell, er blickte prüfend nach mir, die Brillengläser hörten auf zu stechen, die Augen verloren den Ausdruck vernichtenden Zorns, er schnaubte noch ein paarmal, aber – er schwieg. Dann aber sah er mich höhnisch lächelnd an und meinte, indem er mir das Blättchen mit einer verächtlichen Gebärde zuwarf: ›Sie sind ja fast ein akademischer Schmierer – pardon– wollte sagen, ein akademischer Maler!‹« Diese spöttisch gemeinte Betitelung hatte ungeahnte Folgen, da sie bei dem inzwischen älter gewordenen Hugo Steiner nun auf äußerst fruchtbaren Boden fiel. Nach diesem Ereignis hatte sein Leben plötzlich und völlig unverhofft seine Bestimmung gefunden.

Lebenslauf und Kunstbegeisterung von Hugo Steiner und Walter Trier liefen auch nach der Schule erstaunlich parallel. Nach dem Besuch der Realschule lernten beide zuerst bei Alexander Jakesch, um dann an der Prager Kunstakademie bei Wenzel Brožík und Adalbert Hynais zu studieren, bevor sie – unabhängig voneinander – ihr Studium an der Münchner Akademie fortsetzten.

In allen Schulen war Walter Trier seinen Mitschülern in lebhafter Erinnerung geblieben. »Unseriös war er immer; als Mittelschüler, als Schüler der Kunstgewerbeschule und Kunstakademie, und als Schüler Stucks in München, wo ihm ein Pferderennen oder ein Fußballwettspiel viel wichtiger war als der Besuch einer Gemäldegalerie. Und unseriös ist er gottlob bis heute geblieben.«

Als seine besondere Stärke wurde ihm von seinen Mitschülern die Porträtkarikatur attestiert, bei der er alle Register, von der kindlichen

Naivität bis zum ätzenden Spott, beherrschte. Man kann sich gut denken, wie Walter Triers schulischer Unsinn aussah: Hastig und heimlich auf Zettel und Tafeln, in Hefte und Bücher geschmierte Spottbilder und Lehrerkarikaturen sowie als von allen ganz offen belachte Beiträge in den sogenannten *Kneipzeitungen* der höheren Klassen.

Mit Egon Erwin Kisch teilte Walter Trier nicht nur die Schulbank, sondern auch die Begeisterung für den Fußball. Beide gehörten einer echten Fußballmannschaft an, worum sie viele Gleichaltrige beneideten. Und wenn in Prag ein großes Fußballmatch stattfand, vor allem, wenn sich ein englisches Team angesagte hatte, konnte Walter vor Aufregung nichts essen.

Literatur im Hause Trier

Noch eine weitere Leidenschaft Walter Triers wurzelte in seiner Kindheit: Die große Wertschätzung für alle Arten von Literatur. Schon früh war in der Familie der Grundstock gelegt worden für seine spätere Mitarbeit im Berliner literarisch-politischen Kabarett sowie seine Vorliebe für gesellschaftskritische Kunst. Und noch im hohen Alter entnahm Walter Trier diesem in der Kindheit durch die häusliche Bibliothek angelegten reichen Fundus Themen und Vorbilder für seine Zeichnungen.

Wie alle anderen Gegenstände im Hause Trier waren auch die Bücher kein sorgsam gehüteter Schatz, sondern zum Gebrauch durch die Kinder bestimmt. Darüber hinaus war der Bestand des familiären Bücherschrankes nicht starr und unveränderlich, sondern wurde stets durch Neuerscheinungen ergänzt, darunter auch Bücher, die den besonderen Interessen und der Abenteuerlust der Jungen Rechnung trugen. Fridtjof Nansen war dort ebenso präsent wie Charles Dickens oder Jules Verne. Waren in vielen Prager Haushalten nur einzelne Bücher von Jules Verne verfügbar, teilweise sogar nur in Tschechisch, so stand bei der Familie Trier selbstverständlich in zwei langen Reihen die rot gebundene, mit Goldpressung versehene und prachtvoll illustrierte Gesamtausgabe seiner fantastischen Geschichten und exotischer Reiseerlebnisse.

Die jüngeren Mitglieder der Familie Trier lasen schon Karl May, und vor allem bei den Jüngsten trafen die Abenteuer im *Land der*

Skipetaren, die *Schluchten des Balkan* und auch *Winnetou, der rote Gentleman* auf offene Ohren. Nach der Lektüre spielten sie begeistert die wichtigsten Szenen und entscheidenden Schlachten nach und erzählten auch anderen Kindern die Geschichten immer wieder. Max Brod schwärmte noch nach Jahrzehnten: »Immer wieder ließen wir uns mit den respektierten Helden vor ganzen Bergen von Sandwiches und vor einem Ozean von Tee nieder. Wie gemütlich das war.«

Ausgesprochener Favorit im Hause Trier aber war Miguel de Cervantes. Ein besonderer Kult wurde mit einem Folianten getrieben, dem *Don Quijote* mit den Illustrationen von Gustave Doré. Doch weniger der magere, elende Ritter im Eisenkleid erregte das Entzücken der Kinder – er weckte mehr Staunen als Mitgefühl –, sondern vielmehr der treue Sancho Pansa samt seinem geliebten Esel. Max Brod ahnte dabei schon als Kind, dass hinter diesem Treiben, hinter mancher Bemerkung, die er nicht verstand, mehr stand; »es schien, daß diese Rituale zum innersten Lebenskreis einer einzelnen Familie gehörten«.

Waren es zuerst die aufregenden Abenteuer, die die Jungen verschlangen, so folgten ihnen später mit der gleichen Unbekümmertheit die Werke der modernen Literatur. Nicht zuletzt gefördert durch das literarische Engagement des ältesten Bruders Ernst.

Wie tief sich diese erste Lektüre im Unterbewusstsein festgesetzt hat, davon schrieb Walter Trier rund dreißig Jahre später: »Wer kannte in seiner Jugend nicht Helden, die er sich zum Vorbild genommen hätte? Das Vorbild muß immer heldenhaft erscheinen, denn Menschen, die in ihrem Leben weit über das Durchschnittsmaß hinausgekommen sind, äußerten, daß der Traum ihrer Jugend in Erfüllung gegangen sei. Träumen und Denken sind die Triebfedern allen Wollens, sind die Motoren, die ein Schicksal an sein Ziel geleiten. Sehnsucht! Wer hätte sie nicht? Da stehen Jungens und Mädels mit blitzenden Augen vor den Bücherschränken der Eltern, drücken die Nasen an die Schaufenster der Buchauslagen heran, um zu erhaschen, was begehrenswert, ja lesenswert erscheint. Lesen hebt über den Alltag hinweg. Helden der Jugend, sie mögen nun lächerlich oder erhaben sein, haben sie wirklich gelebt oder sind sie nur in der Dichtung entstanden? Hatten sie Vorbilder oder entsprangen sie jenem Traum, der uns weiter träumen läßt und geträumt vielleicht einmal an der nicht immer schönen Wirklichkeit zerschellt?«

Als strahlende *Helden der Jugend* galten für ihn »Jung Siegfried, Robinson, Lederstrumpf, Winnetou, edle Menschen, edle Charaktere, die uns ein herrliches Stück unserer Jugendjahre mitbegleitet haben! Werden wir sie je vergessen? Niemals, weil ihr Wirken der Inhalt unserer kühnsten Gedanken gewesen, aber immer wieder klingend das Bild des köstlichsten Lebensabschnittes der freien Jugend, unserer Jugend, formen.«

Laut dem Schriftsteller, Literaturkritiker und Kabarettleiter Hans Reimann war Walter Trier in einer »vom Mittelalter und Okkultismus und Fußball-Bakterien gesättigten Atmosphäre« Prags herangewachsen. »Egon Erwin Kisch, Franz Werfel und Ernst Deutsch waren seine Kollegen. Den Juli verbrachte er, von Brüdern umringt, an der Ostsee. Doch nicht das Schwimmen war Walters Leidenschaft, sondern das Fußballern. Es hat sich, platonisch eingeschrumpft, bis heute erhalten.«

Von Kindesbeinen an hat er sich darin geübt, seine Gedanken im Bild festzuhalten, seinen Spott in Bildform zu gießen. Gefördert wurde diese Leidenschaft zweifellos durch die provozierende Zustimmung, die er damit stets in seiner Familie bekommen hat. Lehrer und andere außenstehende Autoritätspersonen hingegen waren diesem Spott wohl nicht immer gewachsen, wie einige drastische Sanktionen, von Züchtigungen durch katholische Patres in der Volksschule bis hin zu Hochschulverweisen, belegen.

Ausbildung in Prag und München

Nach dieser glücklichen und spannenden Kindheit gab es für den jungen Walter Trier, unmittelbar nach dem Ende der Realschulzeit, nur ein einziges Lebensziel: die Kunst. Da sich die Kunst um 1900 in allen Bereichen dem Leben zu öffnen begann, war dieser Wunsch damals keine Flucht aus der Welt, sondern der Versuch, die Zukunft aktiv und so kreativ wie nur irgend möglich zu gestalten.

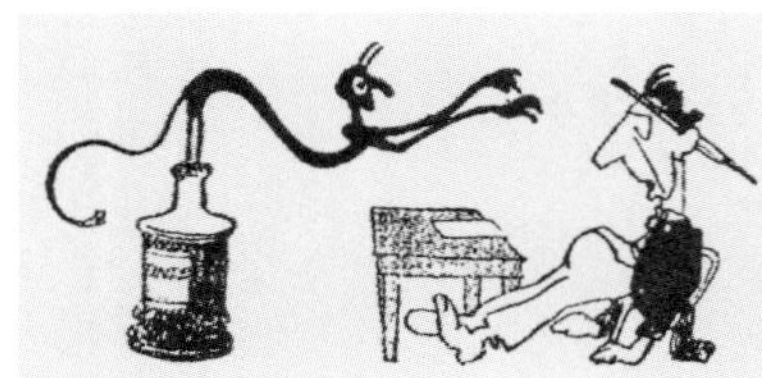

Tintenteufel. Buchillustration, 1910.

Um dieses Ziel zu erreichen, bemühte sich Walter Trier sofort nach Schulabschluss erfolgreich um die Aufnahme an der Prager *Kunstgewerbeschule*. Ab 1905 lernte er dort zunächst in der Klasse des Malers und Bildhauers Alexander Jakesch. Außerdem nahm er zusätzlichen Unterricht bei dem Porträtmaler Alois Wierer. Doch schon bald verließ er diese Lehranstalt wieder – mehr oder weniger freiwillig. Nicht wegen einer vorgeblichen Unfähigkeit musste er gehen, sondern weil er sich geweigert hatte, widerspruchslos das zu zeichnen, was man ihm vorgegeben hatte, und weil er seine Lehrer karikiert hatte. Dieser Abgang war Walter Trier, der ohnehin nach Höherem strebte, jedoch nicht sonderlich schwer gefallen.

Unmittelbar darauf bemühte er sich um die Aufnahme an der Prager *Kunstakademie*, was ihm ohne große Probleme gelang. Doch auch dort hielt es ihn nicht lange. Der akademische Naturalismus, in dem ihn Professor Bohumír Roubalík unterrichtete, fesselte und interessierte Walter Trier nicht wirklich. Außerdem waren von Seiten der Unterrichtsanstalt schon bald wieder dieselben Vorwürfe gegen den jungen Studenten erhoben worden: Eigensinn, Widerspruch und Verspottung der Lehrer.

An der Münchner *»Kunstakademie«*

Nun beschloss der Familienrat, dass Walter sein Studium in Deutschland fortsetzen solle. Dort gab es zu dieser Zeit für einen

Kunststudenten nur ein erstrebenswertes Ziel: die Aufnahme an der Münchner *Kunstakademie*. Diese galt um 1900 als die wohl wichtigste Ausbildungsstätte in Deutschland. Nicht nur eine ganze Reihe von Studenten, sondern – was vermutlich viel wichtiger war – auch ihre Väter und Förderer waren davon überzeugt, dass eine akademische Ausbildung in München noch immer die besten Aussichten auf eine erfolgreiche Karriere versprach. Durch eine von den bayerischen Königen im 19. Jahrhundert betriebene konsequente Kunstpolitik war die Residenzstadt zu einer Metropole geworden, die Künstler aus ganz Europa anzog, um hier ihre Ausbildung zu betreiben oder sich um Ausstellungsmöglichkeiten und Aufträge zu bemühen. Um die Jahrhundertwende galt ihre *Secession* als ausschlaggebend, vor allem für die grafischen Künste. Von dem in Berlin ansässigen Adolf Menzel soll das provokante Bonmot stammen: »Es ist unglaublich, wie herrlich in München gezeichnet und wie miserabel gemalt wird.«

Da Walter Trier vor allem ein guter Zeichner werden wollte, war es nur folgerichtig, dass er sich München als Studienort ausgesucht hatte. Zumal bereits zwei andere Prager Jungen vor ihm diesen Weg erfolgreich eingeschlagen hatten: mit Emil Orlik ein ehemaliger Nachbarsjunge und mit Hugo Steiner sogar ein Schulkamerad.

Am 3. Oktober 1907 traf Walter Trier von Prag kommend in München ein, und fünf Tage später meldete er sich bei der Stadtverwaltung offiziell als neuer Bewohner an. Doch die Immatrikulation an der *Kunstakademie* war nicht selbstverständlich und bedurfte der Vorbereitung. Außerdem war Walter Trier nicht mit irgendeiner der Mal- und Zeichenklassen zufrieden, sondern hatte sich das höchste aller möglichen Ziele gesteckt: die Aufnahme in die Klasse des Franz von Stuck.

Die Münchner Akademie verzeichnete damals einen ungebrochen starken Ansturm von Bewerbern, im Wintersemester konnten es um die 400 sein, im Sommer etwas weniger, aber mit etwa 300 Anwärtern auch noch genug. Knapp ein Drittel der Bewerber waren Ausländer, vornehmlich aus Ost-, Südost- und Nordeuropa sowie aus den Vereinigten Staaten. Da die Studienplätze nicht beliebig vermehrbar waren, galt es mittels eines scharfen Aufnahmeverfahrens die nur ehrgeizige Spreu vom talentierten Weizen zu trennen.

Der erste Schritt des Kunststudenten für die Zulassung zur Aufnahmeprüfung war der Gang zu einem Professor mit der Vorlagenmappe unter dem Arm, aufgrund derer er einer der folgenden Klassenstufen – Zeichen-, technische Mal- oder Bildhauerklasse oder Komponierschule – zugeteilt wurde, wobei über die Aufnahme in eine Klasse dann der jeweilige Lehrer entschied.

Von dieser Vorlagenmappe hing quasi die ganze weitere berufliche Zukunft ab. So besuchte Walter Trier zur Erarbeitung seiner Mappe zunächst eine der renommiertesten Privatmalschulen in München, die, wie es damals hieß, »sehr besuchte und geschätzte Knirrschule«, an der zuvor auch schon Emil Orlik und Paul Klee gelernt hatten. Ihr Leiter war der 1862 in Ungarn geborene Heinrich Knirr, Mitglied der *Münchner* sowie der *Wiener Secession*. Lehrer und Schule wurden besonders wegen der Spezialisierung auf die Bildnismalerei geschätzt.

Fast genau ein Jahr nach seiner Ankunft in München hatte Walter Trier seine Mappe fertig und konnte sich an der Akademie vorstellen gehen. Mit Erfolg! Am 14. Oktober 1908 wurde er unter der Matrikelnummer 3520 an der Münchner Akademie in der »Malschule v. Stuck« immatrikuliert.

In Franz von Stuck hatte Walter Trier endlich den richtigen Lehrmeister gefunden. Der als exzentrisch geltende Münchner Malerfürst war ein ausgesprochen progressiver Lehrer, der nicht auf die sinnlose Einhaltung alter Tugenden pochte, sondern selbst 1892 zu den Begründern der *Münchner Secession* gehört hatte und als Mitarbeiter der Zeitschrift *Jugend* sowie als Zeichner von Karikaturen mit dem Wesen der kritischen Grafik bestens vertraut war. Aufgrund der eigenen Persönlichkeit war er sehr viel besser als seine Vorgänger dem kritischen Geist und Spott seines Schülers aus Prag gewachsen. Außerdem genügte er den hohen künstlerischen Ansprüchen seines ehrgeizigen Schülers.

Walter Trier studierte ein Jahr lang fleißig beim damals anerkannt besten Zeichen- und Mallehrer, denn Stucks Klasse galt als die attraktivste und bedeutendste Talentschmiede jener Jahre. Er wurde als der modernste Lehrer an der Akademie gehandelt und zog folglich die fortschrittlichsten Schüler an. Seine Kritik soll ernst, sachlich und treffend gewesen sein und nie habe er in Schüler-

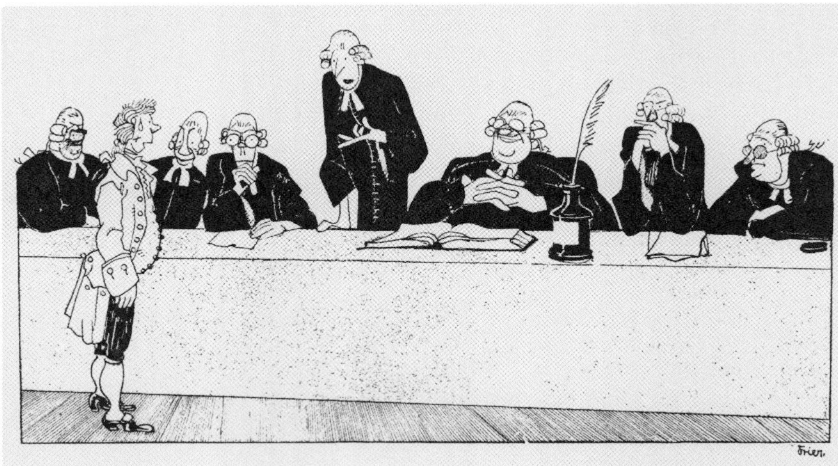

»Das Examen«. Buchillustration, 1912.

arbeiten hinein gemalt. Die Förderung individueller Begabungen hatte er höher geschätzt als ein enges Lehrer-Schüler-Verhältnis. Dabei war diese Distanz zu seinen Schülern nicht nur Programm, sondern entsprach wohl auch seiner persönlichen Eigenart, denn er vermied außerhalb der wöchentlichen Korrektur jeglichen Kontakt zu ihnen. Außerdem lag ihm die Förderung individueller Begabungen am Herzen, was zur Folge hatte, dass seine Schüler später nicht am Vorbild ihres Lehrers kleben geblieben waren und sich ganz unterschiedlich weiterentwickelt haben.

Viel ist gegen Stuck ins Feld geführt worden, »gegen seine bengalische Koloristik, gegen sein livides Grau, gegen die plakatierte Klassik seines Formbegriffs, gegen seine primitive Allegoristik«, aber abgesehen von einigen schwächeren Schülern hielten sich seine Zöglinge nicht an seine Bilderwelt. Viele Schüler kritisierten seine Farbe, aber die meisten schätzten, was sie bei Stuck für die Form gelernt hatten. Anderen vermittelte er eine »Verpflichtung gegenüber dem Ideal einer ästhetisch gestalteten Umwelt«. So passte es in dieses Bild, wenn einige Jahre später ein enger Freund über Trier schrieb: »Stuck war es auch, der Walter Trier klar gemacht hatte, daß hinter jeder guten Karikatur eine Menge Arbeit steckt« und der ihm den Stellenwert malerischer Qualitäten vermittelt hat.

Über den Unterricht an der Münchner Akademie heißt es in einem Katalog über *Kunst und Leben in Schwabing um 1900*: »Gearbeitet wurde in der Akademie an allen Werktagen im Sommer von 7–12 und 13–18 Uhr, im Winter von 8–12 und 13–16 Uhr. An den Nachmittagen fanden darüberhinaus Vorlesungen über Geschichte, Kunstgeschichte, Architektur, Anatomie, Schattenlehre und Perspektive statt. Die Professoren der oberen Klassen erschienen ein bis zwei Mal wöchentlich zur Korrektur, die Überwachung des Betriebs oblag dem Inspektor. Nur manche Professoren waren auch in einem eigenen Atelier an der Akademie ansprechbar. Im Wintersemester wurde für alle Studierenden von 17–19 Uhr ein zusätzlicher Abendakt gestellt, den jeweils zwei Lehrkräfte korrigierten.«

Abgesehen von dem interessanten Einblick in Walter Triers Münchner Studienalltag wird ein winziges Detail in dieser Beschreibung vermutlich schnell überlesen: die Erwähnung eines zusätzlichen Abendaktes. Heute sind wir derart an den Anblick von nacktem Fleisch gewöhnt, dass sich kaum mehr jemand wirklich darüber aufregt. Aufgrund der damaligen prüden Moral entwickelte diese liberale Praxis jedoch eine enorme gesellschaftliche Sprengkraft, die die Politik und Justiz auf den Plan rief. Heraus kam die damals bereits hochumstrittene und bis heute legendäre *Lex Heinze*; umstritten vor allem in Kunstkreisen, weil sie die Freiheit der Kunst ganz empfindlich beschnitt und jedweder Zensur später Tür und Tor öffnete, und legendär, weil sie zu kuriosen Einschränkungen und Sanktionen führte. Gerade Walter Trier, der als Künstler enorm von den anatomischen Studien profitiert hatte, die er als Student im kunstsinnigen München über mehrere Stunden am Tag am lebenden Objekt hatte anstellen können, hat als Karikaturist derart moralinsaure Anfeindungen und fadenscheinige Zensur kritisiert.

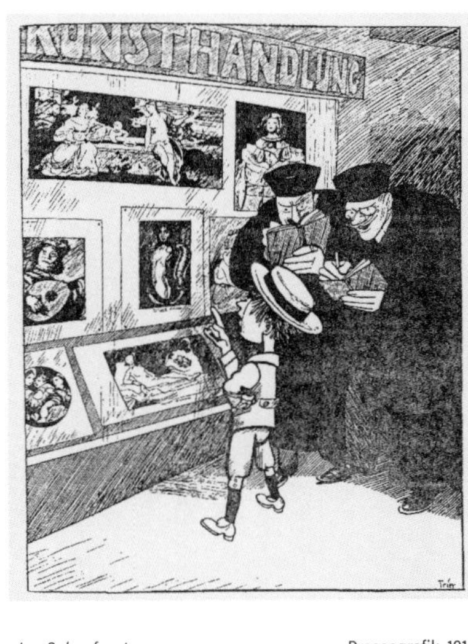

»Lex Schaufenster«. Pressegrafik, 1914.

An der Münchner Akademie wurden jedoch nicht nur die Grundlagen für Triers Selbstverständnis als Künstler gelegt, sondern dort hat er auch den Umgang mit den verschiedenen modernsten grafischen Methoden kennengelernt, wie etwa die Verwendung von Fotovorlagen. Viele Künstler nutzten dieses neue Medium, wobei sie die Vorlagen unterschiedlich verarbeiteten. Stuck beispielsweise pauste für seine Porträts die Konturen von vorhandenen Fotografien mittels Karbonpapier auf die Leinwand, und der berühmte Münchner Plakatkünstler Ludwig Hohlwein ließ sich von den starken Lichtreflexen und Kontrasten, wie sie gerade für Fotos typisch waren, inspirieren – auch wenn er nachträglich die Verwendung von Fotovorlagen konsequent geleugnet hat.

Auch außerhalb des akademischen Betriebs fand Walter Trier interessante Vorbilder, wie ein Freund berichtete: »[...] außer mir und George Grosz und Walter Mehring beschäftigte sich der junge Trier damit, die Technik einzelner Illustratoren (nach Verdecken der Unterschrift) zu erraten. [Trier] verehrte den gräßlichen Hermann Vogel (der die niedlich gestrichelten Kohle-Zeichnungen für die ›Fliegenden [Blätter]‹ schuf) und den wertvollen Adolf Hengeler (den Gulbransson mit zernuppelter Zigarre festgehalten hat). Verehrte beide bis zur Kleptomanie. Den seligen Oberländer lernte er erst später schätzen, und Triers zweitgrößtes Erlebnis hieß Wilhelm Busch. ›Kuck dir doch mal Raffaels Madonna an!‹ riet ein Freund dem emportalentierenden Trier. Aber Trier guckte sich den Hermann Vogel an und spielte Fußball und gondelte nordwärts, nach Schweden.«

Auf der Meldekartei der Stadt München vom 8. Oktober 1907 sind folgende Angaben zu Person, Stand und Religion nachzulesen: »Trier, Walter. Kunstmaler. led[ig] mos[aisch]; Heimatgemeinde: Prag, Zweck des Aufenthaltes: unbest.; seit wann hier: 3.10.1907.«

Als Wohnadressen werden aufgeführt: Kaulbachstr. 69/i II. Zimmer, und ab 1. Mai 1908 Augustenstr. 41/i, wo er bis zum 1. April 1910 gewohnt hat. Die erste Anschrift befand sich hinter der heutigen *Staatsbibliothek*, zwischen Ludwigstraße und *Englischem Garten*, die zweite direkt bei der *Technischen Universität*, nahe Königsplatz und Mensa. Verkehrstechnisch waren beide Adressen zur *Kunstakademie* am *Siegestor* recht günstig gelegen, und – was beinahe noch wichtiger war –, beide Adressen befanden sich im Münchner Künstlerviertel. So lag etwa die 1903 von der Kellnerin Kati Kobus eröffnete Schwabinger Kneipe *Simplicissimus* in der Türkenstraße 57 für Walter Trier quasi auf dem täglichen Heimweg. Das nach der Münchner Satirezeitschrift benannte Lokal war damals Treffpunkt zahlreicher Intellektueller und Künstler wie Erich Mühsam, Joachim Ringelnatz, Frank Wedekind, Hugo Ball oder Oskar Maria Graf – alles Weggefährten, die Walter Trier später in Berlin wiedertreffen sollte.

Ein Freund wird später die prägenden Studienjahre wie folgt zusammenfassen: »Der lange, stille Trier lebte damals in München. Sein Atelier lag im katholischen Kasino der Max-Vorstadt, und nebenan war eine Schneider-Werkstatt, mit deren Insassen er den Lokus teilte. Das hatte zur Folge, daß sich Trier für die Kehrseite der Menschen mehr und mehr zu interessieren begann und dadurch notwendigerweise Karikaturist wurde.«

Noch während seiner Münchner Zeit hatte sich Walter Trier einer Reihe kritischer Studenten angeschlossen, die in bester kabarettistischer Tradition eigene Texte und Bilder in *Kneip-Zeitungen* unter die Leute brachten. Im Dezember 1909 kursierte eine Spezialnummer, in der Walter Trier alle Würdenträger der Münchner Akademie genüsslich durch den Kakao gezogen hatte. Aufs Korn hat er sowohl deren physiognomischen Eigenheiten wie auch persönlichen Eigenarten und künstlerischen Ambitionen genommen.

Ein dreiviertel Jahr zuvor hatte er am 13. Mai 1909 an einem ganz außergewöhnlichen Ereignis teilgenommen. Die *Königlich Bayerische Akademie der Bildenden Künste* beging eine rauschende Jubiläumsfeier anlässlich ihres einhundertjährigen Bestehens. Zur Feier des Tages hatten sich die Studenten unter freiem Himmel auf den Stufen des Akademiegebäudes postiert, um fotografiert zu werden: ausnahmslos moderne junge Männer in flotten Anzügen. Die ehrfurchtsgebietenden und zumeist bärtigen Professoren hingegen reihten sich für ihr Erinnerungsfoto in repräsentativen Beamtenuniformen vor der lorbeerbekränzten Athena-Statue im Foyer der Akademie auf.

Im Zuge der damaligen Erhebung der Akademie zur Hochschule verfassten ausgewählte Akademieschüler ein mit eigenen Entwürfen reich dekoriertes Buch.

In diesem Umfeld entstand auch die *Kneip-Zeitung D.St.A.D.B.K.* [d.h. die Studenten der Akademie der Bildenden Künste], für die Walter Trier die Karikaturen von sieben Akademielehrern beigesteuert hat. Seine insgesamt 16 veröffentlichten Blätter tragen Titel wie *Der Stuckschüler, Der Feuersteinschüler, Herderichschüler* [sic], *Der Seitzschüler, Der Bildhauer, Zoologisches* oder *Wie ein schöner Pelz entsteht.* Abschließend gab er in *Schrecklicher Unfall eines Componierschülers* einen Einblick in den aufregenden Alltag an der Kunstakademie. Außerdem gestaltete Walter Trier das Plakat der frechen studentischen Jubiläumsveranstaltung. Darauf sieht man, wie ein Kunststudent der altehrwürdigen Pallas Athene aus dem Eingangsbereich der Akademie – bei Trier trägt sie ein bayrisches Gewand – respektlos unter den Rock greift.

Mit solchen Arbeiten und anderen Serien »höllisch scharf gesehener Charakterköpfe« hatte Walter Trier seine damaligen Mitmenschen mehr als überrascht. Denn es handelte sich, wie ein Zeitgenosse befand, um »ziemlich knifflige Arbeiten: Rowdies, deren einem ein griffestes Messer im Gesäß stak, und sonstige Eigentümlinge, auf deren Schultern sich kahlgerupfte Vögelchen niedergelassen hatten. Und dann Blätter mit weltweitem Hintergrund und fast bruegelischer Perspektive. Meist Bleistift und die Détails [sic] mit dünner Feder betont.«

Erste Arbeiten

Derart auffällig geworden ist es nicht verwunderlich, dass Walter Trier bereits unmittelbar nach dem erfolgreichen Abschluss seines Studiums im Sommersemester 1909 noch im August 1909 mit seiner ersten Zeichnung im *Simplicissimus* gegen Honorar gedruckt worden war. Der Titel seines Erstlings lautete passenderweise *Stolz.* Denn »von der stolzen Freude, um 1915 als 20-Jähriger ein Bild, ein Gedicht in der ›Jugend‹ stehen zu haben. Wer macht sich heute eine Vorstellung?« Dieser Satz stammt aus den Erinnerungen Eugen Roths und beschreibt sicher ganz genau Triers damaligen Zustand. Doch damit war noch lange nicht genug. Der ersten Zeichnung sollte jeden Monat regelmäßig eine weitere Karikatur folgen. Natürlich handelte es sich bei diesen ersten Arbeiten noch um verhältnismäßig kleine Aufträge, aber sie wurden nicht ausschließlich im Anzeigenteil der Zeitschrift veröffentlicht, sondern bereits auf den anspruchsvolleren Seiten vorne im Heft beziehungsweise auf der durchaus begehrten vorletzten Seite.

Ab Februar 1910 veröffentlichte dann auch Deutschlands damals wichtigste Kunstzeitschrift *Jugend* einige kleinere Zeichnungen von ihm. Für nahezu alle Künstler des Münchner Jugendstils bildete die Mitarbeit bei der *Jugend* den Beginn ihrer künstlerischen Karriere, und nicht ohne Grund gab diese im äußeren Erscheinungsbild so freie Zeitschrift schließlich einer ganzen Stilrichtung seinen Namen: dem Jugendstil.

Man weiß aber auch, dass sich Franz von Stuck für eine ganze Reihe seiner Schüler stark machte, um sie als Zeichner bei einem der Münchner Kunst- und Satireblätter unterzubringen, doch nicht bei allen war die Vermittlung so erfolgreich wie im Falle Trier. Von Paul Klee etwa heißt es, dass er sich dort vergeblich als Karikaturist beworben hat.

Zur Herausbildung von Walter Triers eigenem Stil sollte die Arbeit für diese beiden Zeitschriften sehr wichtig werden. Sie prägten sein Gespür für eine reduzierte, aber effektvolle Figurencharakterisierung sowie für eine sparsame, aber höchst wirkungsvolle Verwendung und Verteilung der Farben innerhalb einer Komposition, beziehungsweise für das Einfärben ganzer Seiten mit kräftigen Farben. Von der *Jugend* übernahm er die Freude an der anspruchsvollen typografischen Gestaltung von Texten, den spielerischen, aber grafisch höchst perfekten Umgang mit Schrift, Textumbruch, Bildplatzierung und Seitengestaltung. All diese damals gefundenen Stilmittel wird Trier sein Künstlerleben lang beibehalten und immer weiter perfektionieren. Anders als die formale Behandlung von Figuren und Kompositionen, die sich im Frühwerk noch stark an den damals prominenten Münchner Zeichnern orientierte, wie etwa an Thomas Theodor Heine, Bruno Paul, Karl Arnold, Erich Wilke oder Lyonel Feininger. Triers frühe Figuren charakterisiert eine reiche Binnenzeichnung und weiche Schwarz-Weiß-Modellierung, die Konturen sind weniger scharf gezogen und geschlossen, die Farbigkeit ist vorwiegend weich, hell, pastellfarben mit wenigen kräftigen Akzenten. Erst mit zunehmendem räumlichem und zeitlichem Abstand zu

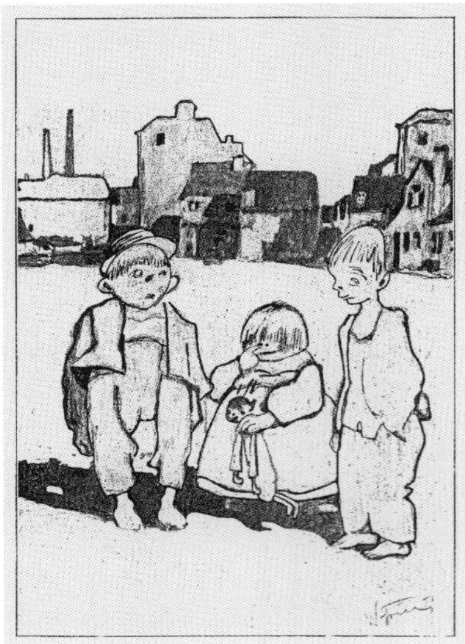

»Stolz«. Pressegrafik, 1909

diesen Vorbildern festigte sich sein eigener und unverwechselbarer Stil: Kleinteiliger Bildaufbau, klare Konturen, Detailverliebtheit und eine besonders kräftige und dennoch harmonische Farbigkeit.

In seinem Nachruf auf den verstorbenen Walter Trier fasste der Verleger und Kunstmäzen Robert Freund die Münchner Anfangsjahre wie folgt zusammen: »Trier war als Zeichner immer ein Dichter, ein Märchenerzähler. Darum war auch der ›Simplicissimus‹ nicht das richtige Feld für ihn, wo er zuerst die allgemeine Aufmerksamkeit auf sich zog. Aber es war die Zeit des Kampfes gegen das alte junkerliche Deutschland Wilhelms II., und gegenüber dem beißenden, sarkastischen Th. Heine, dem ätzenden Olaf Gulbransson und Karl Arnold war Trier zu friedfertig, denn er war kein politischer Kämpfer.«

Dieser berufliche Einstieg in München war geradezu perfekt und sollte rasch eine weitreichende Konsequenz bedeuten: Walter Trier wurde prompt nach Berlin abgeworben. Auf der Münchner Meldekartei ist das genaue Umzugsdatum festgehalten: Es war der 1. April 1910.

1910 / Berlin / 1936

Familie und Alltag

Nach der dritten Zeichnung, die Walter Trier im *Simplicissimus* veröffentlicht hatte, erhielt er vermutlich im Oktober 1909 sein erstes Angebot aus Berlin. Hermann Ullstein, einer der berühmten fünf Berliner Verlegerbrüder, bemühte sich um den jungen Zeichner. Der *Ullstein*-Reporter Egon Jacobsohn erinnerte sich in seinem Nachruf, dass Hermann Ullstein immer wieder gern die Depesche vorgezeigt hat, die er dem 19-jährigen Trier nach München geschickt hatte. Darin hatte er ihm einen »Fünf-Jahres-Vertrag mit Anfangsgehalt zweimal so hoch wie in München« angeboten. »Dreimal«, soll Walter Triers kabelwendende lapidare Antwort gelautet haben. Der Deal war perfekt, denn wie so oft galt wohl auch hier: Triers unbekümmerte Frechheit hatte gesiegt!

Der Kabarettist Hans Reimann hatte 1928 rückblickend festgehalten, dass Hermann Ullstein nicht der Einzige gewesen war, »dem Trier aufgefallen war. Der Dr. Eysler in Berlin roch den keimenden Braten, eilte im Geschwindschritt gen München und schlug den jungen, betamten [d.i. jiddisch und bedeutet so viel wie: geschmackvoll, charmant, fein] Menschen mit einem mehrjährigen Vertrag breit. Und Trier kehrte der bajuwarischen Metropole den Rücken und siedelte nach Berlin über, als Mitarbeiter der ›Lustigen Blätter‹. Und begann seine Tätigkeit beim Dr. Eysler mit Landschaften, in denen viel Schweden und viel Meeresküste und viel Horizont abgespiegelt war. Und entdeckte an sich immer stärker die Fähigkeit, Physiognomien und Gesamteindrücke von Zeitgenossen zu karikieren. Porträt-Karikaturen sind heute noch seine Stärke. In der ›Fürstenberg-Klause‹ hangt [sic] eine permanente Trier-Galerie.«

Tatsächlich hatte Walter Trier – ebenfalls nach nicht einmal einer Handvoll publizierten, kleinen Zeichnungen – Anfang 1910 auch von Dr. Otto Eysler, dem Herausgeber der *Lustigen Blätter* in Berlin, telegrafisch das Angebot erhalten, für ein damals unglaublich hohes Monatsgehalt von 1 000 Mark als Pressezeichner zu arbeiten. Wie hätte da Walter Trier als junger Maler Nein sagen können? Doch Eysler hatte Trier nicht nur ein regelmäßiges Einkommen versprochen, sondern zusätzlich versichert, er käme auch in ein »Land, wo Milch und Honig fließt«. Und da Walter Trier in Berlin dann sehr schnell »allgemein bekannt und beliebt« wurde, sollte für ihn aus dieser vollmundigen Versprechung tatsächlich Realität werden.

Zwar publizierten die beiden Münchner Kunst- und Satireblätter *Jugend* und *Simplicissimus* noch bis 1911 beziehungsweise 1913 einige Karikaturen von ihm, doch ab dem Frühjahr 1910 lag Triers Fokus ganz auf seiner neuen Heimatstadt. Der Blick in die diversen Berliner Blätter zeigt, dass Walter Trier schon vor seinem offiziellen Umzug nach Berlin im April 1910 für die Berliner Presse arbeitete, denn die erste nachweisbare Veröffentlichung fand sich in Eyslers *Lustigen Blättern* aus dem Januar 1910.

Walter Triers erster Eintrag im Berliner Adressbuch der »Haushaltsvorstände und Firmen« aus dem Jahr 1911 lautete: »Walter Trier: Gervinusstraße 17 Gh IV«, was vermutlich so viel bedeutet wie: Gartenhaus, vierte Etage oder vierter Hof. Auch in *Dresslers Kunstjahrbuch* desselben Jahres erschien er erstmals, dort mit der zusätzlichen Angabe: »Illustrator, Mitgl. d. VDI.« VDI war die Abkürzung für den *Verband deutscher Illustratoren.*

Die Gervinusstraße, wo Trier bis 1913 gemeldet war, lag direkt an der Fern- und S-Bahnhofstation Charlottenburg. Anders als heute, war Charlottenburg damals noch eine selbstständige Großstadt, die aber bereits als der moderne, stark expandierende westliche Teil Berlins erlebt wurde. Berlin galt mit dem höfischen Zentrum als konservative und verkrustete Beamtenmetropole mit zahlreichen sozialen Brennpunkten.

Privates Glück

Angeblich auf den Tag genau zwei Jahre nach dem Umzug nach Berlin war neben dem beruflichen auch das private Glück perfekt, denn Walter Trier war auf Helene Mathews getroffen. Bei ihr handelte es sich um eine aus Polen stammende Jüdin, deren Eltern Wert auf Bildung gelegt haben – damals bei einem Mädchen nicht selbstverständlich. Ihre Erziehung soll Helene Mathews in einem katholischen Nonnenkloster genossen haben, was zu jener Zeit nicht unüblich war. Der Schulbesuch von Helene Mathews belegt, dass ihren Eltern Kultur und Geistesbildung wichtiger waren als religiösen Traditionen oder Standesdünkel. Insofern passte sie wohl sehr gut zu dem liberal erzogenen Walter Trier.

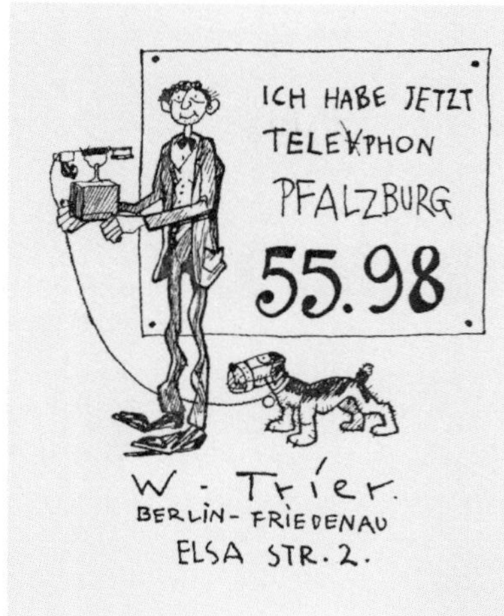

Visitenkarte Trier. Gebrauchsgrafik, 1913.

Von der Hochzeit im April 1912 erfuhren alle Freunde, Bekannte und Geschäftspartner des Paares per handgemalter Karte mit dem Titel: »Als Vermählte empfehlen sich Walter und Lene Trier.« Darüber hatte Walter Trier ein Gruppenporträt des jungen Paars mit Hund gezeichnet: Sie in einem schicken, eng geschnittenen schwarzen Kleid mit breitem blauen Kragen, auf dem Kopf ein schöner schwarzer Hut mit Riesenfeder – und er gleichfalls mit modischem Hut, dazu aber noch ein riesiger Mantel, in dem der hagere Mann ganz zu ertrinken droht. Zu Füßen liegt ein braun gefleckter, struppiger Mischling, der in diesen Jahren auch auf Walter Triers Visitenkarten und Briefpapier stets als treuer Begleiter erscheint. Name und Schicksal dieses ersten Familienhundes sind allerdings unbekannt.

Die erste gemeinsame Wohnung bezogen die beiden Frischvermählten 1913 im Süden von Berlin, in Friedenau – Elsastraße 2. Auf dem persönlichen Briefpapier hat Walter Trier das neue *Atelier Trier* festgehalten – eine chaotische Dachstube mit Kisten als Möbel, einer Staffelei sowie einer Wäscheleine. Doch es ging stetig bergauf, denn im September 1913 vermeldete der Künstler stolz auf einer Visitenkarte: »Ich habe jetzt Tele^{k}phon: [Amt] Pfalzburg 55.98« Ein Jahr später bezog die junge Familie eine neue Wohnung in der Denkstraße 5, in der sie bis Sommer 1925 bleiben wird.

Wie sich Hans Reimann später erinnerte, war Lene ein echter Glücksgriff. Denn »ohne die Frau wäre Trier schon längst unter den Schlitten des hastigen Alltags geraten. Denn ohne die Frau hätte er keine Ellbogen. Denn ohne die Frau wäre er aufgeschmissen, buddelte zu Hause an seinem Aquarium und an seiner Spielzeug-Sammlung oder mit seinem Töchterchen herum und übte sich im

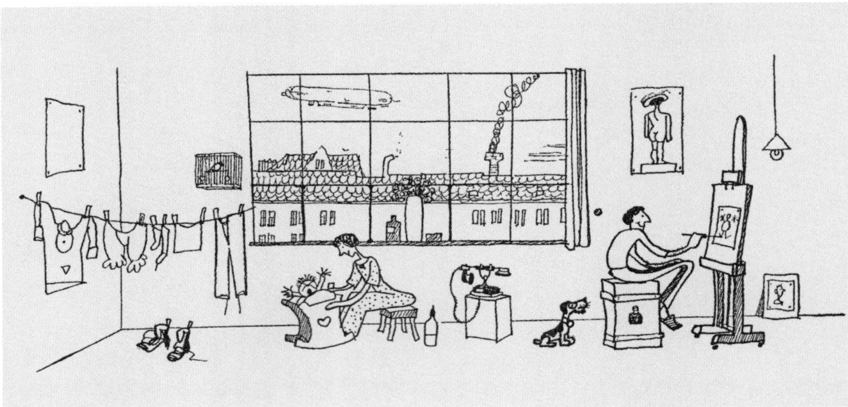

Atelier Trier. Gebrauchsgrafik, 1913.

Verhungern.« Kurz und gut: Sie war der praktische Teil, oder auch der eigentliche Dreh- und Angelpunkt der Familie.

Aber Lene war wohl auch als Muse tauglich, denn »als Modell verwendet er unablässig die eigene Frau, die sowohl als Kohlentrimmer wie als Aphrodite wie als junger Mann im Frack von hinten benutzt wird.« Das klingt weniger charmant, als es vermutlich gemeint war, denn glaubt man anderen Karikaturisten, so darf man diesen hemmungslosen Gebrauch der Partnerin getrost als Ausdruck höchster Zuneigung und größten Vertrauens ansehen.

Von Freunden wurde Lene Trier als »liebe, blonde Frau mit Gretchenfrisur« geschildert. Dabei divergieren die damaligen und heutigen Vorstellungen von einer Gretchenfrisur: Heute denkt man eher an dicke geflochtene Zöpfe und große Haarschleifen, doch die Fotos, die von Lene Trier erhalten sind, zeigen einen ganz anderen, höchst modernen und burschikosen Frauentypus.

Im Frühjahr 1920 erschien in Berlins mondänem Frauenmagazin *Die Dame* ein erstes Foto von ihr, bei dem sie ihr dunkles Haar schon modisch kurz trug. Ihr zweiteiliges Kleid war glockenförmig weit geschnitten und dürfte, wie der Faltenwurf zeigt, aus Seide bestanden haben. Unter dem wadenlangen Rock kamen ihre modernen, dunklen Pumps gut zur Geltung.

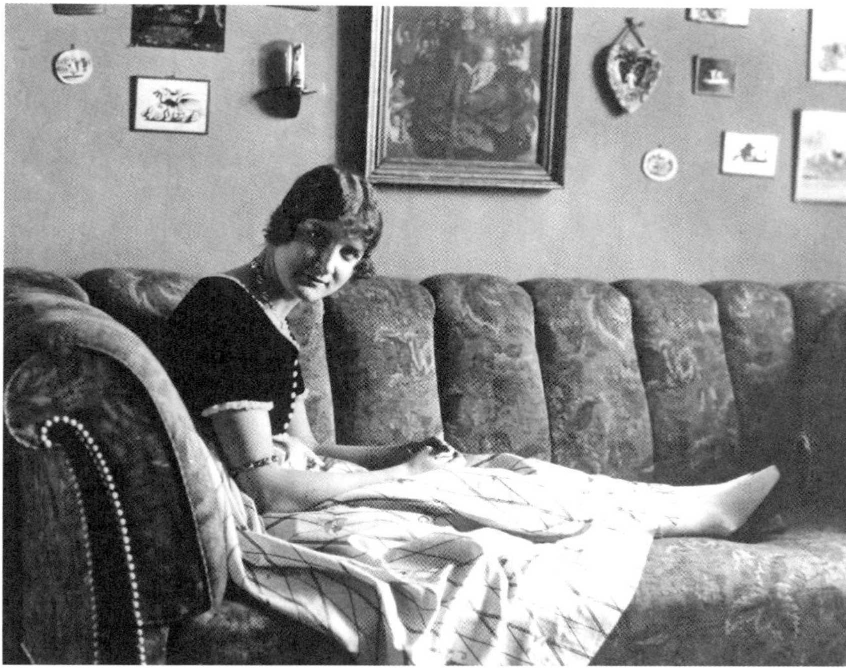

Lene Trier. Foto, 1920.

Für den Fotografen hatte sich die Frau des Hauses auf einem geräumigen Sofa gelagert, die Wand dahinter schmückten zahlreiche Arbeiten ihres Mannes sowie kunstvolle Scherenschnitte und Handarbeiten. Auffällig zentral über dem Sofa platziert war allerdings ein Gemälde altdeutscher Prägung – man denkt an einen oberrheinischen Meister des 15. Jahrhunderts, vielleicht an Martin Schongauer. Ob es sich hierbei um eine geschickte Kopie des malenden Hausherrn oder sogar um ein wertvolles Original aus dem späten Mittelalter handelte, war leider beim besten Willen nicht mehr zu erkennen.

Auf einem anderen Foto, das im Herbst desselben Jahres in der *Berliner Illustrirten Zeitung* veröffentlicht worden war, zeigte sich Lene Trier in einem etwas konservativer geschnittenen Kleid, vielleicht ein Trachtenkleid. Der lässig an einem Buffet lehnende

Familienvater hatte nicht etwa einen Anzug oder eine Weste mit gestärktem Hemd an, sondern bequeme weite Hosen und einen modernen Pullover. Das Foto trug den Untertitel »Unsere Mitarbeiter: Der Maler Walter Trier mit seiner Familie in seinem Heim« und zeigte einen Blick in das Wohnzimmer der Familie. Der Ohrensessel, in dem Lene Platz genommen hatte, passte zu dem gegenüberstehenden Sofa, das auf dem anderen Foto abgebildet worden war. Das moderne, geräumige Buffet samt Vitrinenaufbau beherbergte einen Teil von Walter Triers dritter Leidenschaft: neben Malerei und Familie war dies altes Spielzeug. Tochter Gretl, die gleichfalls ein modisches Dirndl trägt, war kurzerhand auf das Buffet gesetzt worden und blickte von dort gebannt auf Vaters Sammlung.

Insgesamt sprechen Garderobe wie Wohnungseinrichtung deutlich vom beginnenden Wohlstand der jungen Familie sowie von einer konsequenten Vorliebe für die sachliche Moderne.

Neben der ehrenvollen und wichtigen Aufgabe des Modellstehens – damit er »trotz aller Unwirklichkeit in seinen Bildern weiß, wie sich jemand z. B. den Kopf kratzt« – beschäftigte sich Helene Trier mit Handarbeiten, schneiderte gern und widmete sich leidenschaftlich ihren Pflanzen, später ihrem Garten.

Auch das heißgeliebte Töchterlein hatte zu verschiedenen Zeiten ihrem Vater Modell gestanden, zuweilen war sie sogar zum Prototypen eines modernen Großstadtmädchens geworden – wie etwa bei Pony Hütchen, das bei Kästner etwas hausbacken geratene Mädchen, dem Trier mit der frechen Pagenfrisur und dem flotten Fahrrad deutlich mehr Pepp verpasst hatte.

Dieses einzige Kind, Tochter Margarete – kurz: Gretl – war 1914 geboren worden. Über das blendende Vater-Tochter-Verhältnis schrieb einige Jahre später ein Journalist, nachdem er die Familie besucht hatte: »Und wie gut muß es seine schöne, jetzt 15jährige Tochter gehabt haben, einen Papa zu haben, der richtig mit ihr gespielt hat, da wundert man sich gar nicht, daß beide aufeinander mächtig stolz sind.«

Leider sollte Tochter Margarete als Einzelkind aufwachsen, denn weitere Kinder blieben dem Ehepaar Trier versagt. Der Grund dafür wird das Geheimnis der kleinen Familie bleiben. Als einzig plausible Erklärung kommt wohl nur eine medizinische Ursache in Frage, denn Walter Trier hatte sich noch eine ganze Menge mehr Kinder gewünscht, wie er in verschiedenen Zeichnungen offenbart hat.

Vor allem bei einem der damals so beliebten Zeichnerwettbewerbe des *Uhu* wird dieser Wunsch erkennbar. Wie alle zeichnenden Mitarbeiter des Hauses *Ullstein* war er aufgefordert worden, zu einer bestimmten Überschrift einen passenden Bildbeitrag einzureichen. Im Sommer 1926 stand dieser Wettbewerb unter dem Motto *Mein Paradies*. Während die Gedanken der Kollegen um ihre berufliche Situation beziehungsweise ihre künstlerischen Fähigkeiten kreisten, zeigte »Triers Paradies: Viele, viele Kinder! (Ich sage gerade zu meinem Jüngsten: Benjamin, mein Sohn, tue den Finger aus der Nase ---)«. Im Bild zu sehen war der Zeichner, der als Oberhaupt der Familie am Kopfende einer langen gedeckten Tafel sitzt, an der fast fünfzig Kleinkinder Platz gefunden haben, darunter übrigens auch ein schwarzes Kind. Der Hausherr wird flankiert von zwei schwarz-weißen, brav vor ihren Schüsseln wartenden Hunden, und auf dem freien Boden rechts schlabbern zwei weiß-schwarze Katzen ihre Milch. Die so farb- und inhaltlich symmetrisch austarierte Komposition wird durch eine Anrichte für Essen und Getränke ergänzt, desweiteren steht an der gegenüberliegenden Zimmerwand eine Staffelei samt Porträt der abwesenden holden Gattin, ein Fenster mit Grünpflanzen – man beachte die moderne Kakteenzucht – sowie hinter einem Gummibaum ein gemütliches Ruhesofa mit Beistelltischchen, auf dem die notwendigen Attribute Lampe, Buch und Telefon stehen. In diesem Tagtraum hat Walter Trier eine solch große Rasselbande zu betreuen, dass er sie nur mittels technischer Hilfsmittel – etwa einem Fernglas – unter Kontrolle halten kann.

Außer Eltern und Tochter gehörte immer noch mindestens ein Hund zur Familie. Nach der ersten namentlich unbekannt gebliebenen Promenadenmischung kamen nacheinander die Scotch-Terrier Zottel und Maggy ins Haus – zwei, wie Walter Trier selbst einmal despektierlich ausdrückte, eigentlich »schwarze Schweine«. Später in Kanada wird es ein Dackel sein.

Neben diesen festen Familienmitgliedern gab es immer wieder eine Reihe weiterer Haustiere wie etwa Vögel – belegt sind Hansi und Grauchen – sowie diverse namenlose Goldfische. Der schwarzen Hauskatze hatte man – leider zur wohl unbeabsichtigten Qual des

Tieres – eine Schelle um den Hals gebunden, damit man hörte, wenn sie auf Vögel Jagd machen sollte. Noch schlechter erging es allerdings den Schmetterlingen im Hause Trier; sie waren zwar hübsch bunt, aber nicht mehr ganz so lebensfroh, da sorgfältig aufgespießt unter Glas versammelt.

Der kleinen Familie Trier ging es bald wirtschaftlich so gut, dass sie sich eine Haushaltshilfe leisten konnte. Allerdings klagt Walter Trier 1919 in Versform und Selbstbildnis über den Unfrieden, den sie sich damit ins traute Heim geholt hatten:

»Die Vorhangstrippen.

Frühmorgens, wenn die Hähne krähn,
Pfleg' ich vom Bette aufzustehn,
Erst wasch' ich mich mit Seifenschaum,
Dann tret' ich in den Arbeitsraum.
Das Mädchen hat schon Staub gewischt,
Und was mir fehlt, ist bloß noch: L i c h t !
An jedem Fenster jeden Store
Zog nämlich unsre Lina v o r ,
Damit nur ja nicht um die Welt
Mein Schreibtisch zu viel Licht erhält!
Ich also ziehe Stück um Stück
Die vorgezognen Stores z u r ü c k ,
Die Strippen haben sich verheddert,
Doch wenn ich erst genug gewettert,
Gebastelt habe und gedreht
Dann wird die Sache. Aber spät!
Nun setz' ich mich und schreibe frisch,
Bis man mich ruft zum Frühstückstisch. –
Und wenn ich nach dem Frühkaffee
Gestärkt ins Arbeitszimmer geh',
Da steh' ich starr und ruf: Nanu?
Die Lina zog schon wieder zu!
Ich ziehe wieder Stück um Stück
Die vorgezognen Stores z u r ü c k ;
Die Strippen sind noch mehr verheddert.
Was hilft es da, wenn einer wettert,
Ich muß von neuem drehn und basteln
An sieben Schnüren, dreizehn Quasteln,
Doch endlich ist mein Schreibtisch helle.
Ich sitz' an meiner Arbeitsstelle
Schreib', daß die Federspitzen knarrten
Dann geh' ich etwas in den Garten. –
Wie ich mich trenn' vom Blumenflor,
Ist wieder jeder Vorhang vor,
Die Lina, diese blöde Kuh,
Zog sie schon wieder alle zu,
Und wieder hab' ich Bastelplage.
So geht's seit Mai schon alle Tage;
Jetzt aber reißt mir die Geduld,
Ich klettere auf Tisch und Pult
Und reiße – schwipp und schwupp und schwapp –
Die Vorhangstrippen alle ab.
Zwar hat, weil ich so frech gesündigt,
Die Lina gleichen Tags gekündigt,
Doch mir war's wurscht, jetzt hab' ich Ruh',
Jetzt zieht die Lina nicht mehr zu.«

Besuch in Lichterfelde

1925 war ein für die Familie Trier besonderes Jahr, denn Walter Trier konnte für die Familie ein eigenes Haus erwerben: den von seinem Freund und Architekten Otto Rudolf Salvisberg entworfenen *Landhausbau Oboussier* in der Herwarthstraße 10, Berlin-Lichterfelde.

Walter Trier hatte das Geld in den vorangegangenen Jahren zusammengespart, zusätzlich denkbar ist zu diesem Zeitpunkt auch eine vorgezogene Erbschaft, schließlich kam Walter aus einem vermögenden Elternhaus. Der Vater war damals gerade siebzig Jahre alt geworden.

Der Komponist und Musikschriftsteller Robert Oboussier hatte das Haus für sich und seine Frau Maria erst 1922 entwerfen und erbauen lassen. Doch schon bald sollte ihn die Karriere nach Florenz führen, so daß er das Haus in Berlin veräußern musste. In der Bauakte »betreffend Grundstück Herwarthstr. Nr. 10, Ortsteil: Lichterfelde, Baupolizeiamt Steglitz« ist das genaue Datum des Verkaufs festgehalten. Unter dem Datum vom 30. September 1925 steht der Zusatz: »Landhausbau Oboussier, jetzt im Besitz des Herrn Walter Trier, Kunstmaler.«

In diesem Haus wird sich die Familie Trier über zehn Jahre lang äußerst wohl fühlen. Unnötig zu betonen, dass sie dieses Zuhause erst in großer Not und dann sehr schweren Herzens 1936 unmittelbar vor der endgültigen Flucht vor den Nationalsozialisten aufgegeben hat.

Doch zunächst zurück in glücklichere Zeiten. 1925 also begann sich Walter Trier in Berlin-Lichterfelde einzurichten, einer insgesamt gutbürgerlichen Gegend, die jedoch nie durch besonderen Schick auffiel. Der Bezirk war eher ländlich geprägt und obwohl abseits vom Großstadtgetriebe gelegen, war er durch die S-Bahn verkehrsgünstig mit dem Stadtzentrum verbunden.

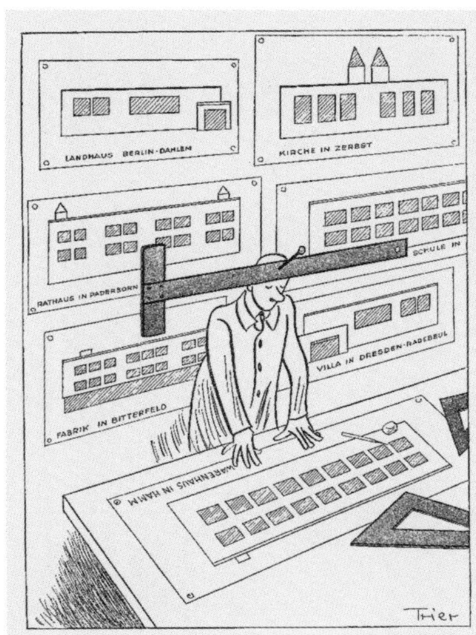

»Der Architekt des Neuen Bauens«. Pressegrafik, 1930.

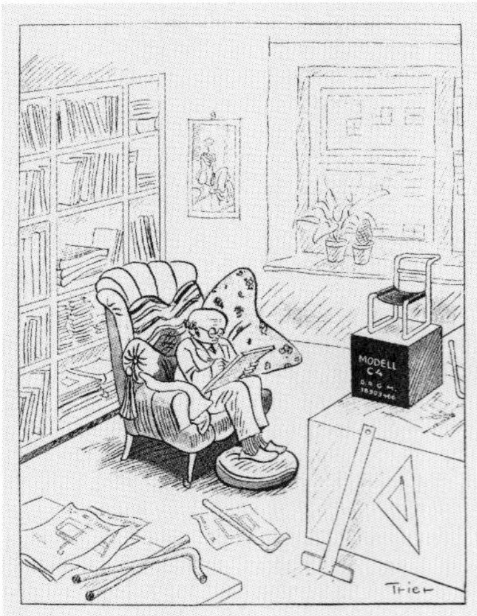

»Der Erfinder der Stahlmöbel«. Pressegrafik, 1930.

Gemäß den amtlichen Bauakten hatte Walter Trier einige kleine Umbauten am Haus vorgenommen, die besonders das Obergeschoss betrafen. Dort wurden Wände herausgebrochen und aus drei kleinen Räumen ein einziger großer Raum gemacht: Walter Triers Atelier.

Mit diesem Haus hatte Walter Trier übrigens genau solch ein Haus erworben, über dessen sachlichen Baustil er sich zur gleichen Zeit in mehreren Karikaturen köstlich amüsierte, wie etwa in einer Zeichnung vom August 1930, in der er über den *einzigen gemütlichen Raum im Haus* herzog: die chaotisch eingerichtete Dachkammer eines Hauses im reinen Bauhaus-Stil. Oder er zeigte im April 1930 den *Architekten des Neuen Bauens* statt mit dem sprichwörtlichen Brett mit einer Schieblehre vor dem Kopf. Vom *Erfinder der Stahlmöbel*, der damals Sitzmöbel im Stil des Bauhauses entwirft und dabei selbst in einem gemütlich gepolsterten Ohrensessel zu versinken droht, ganz zu schweigen.

Wie ein Pressefoto von 1930 belegt, übernahmen Triers ihre modernen, behaglichen Wohnzimmermöbel aus der Denkstraße ins neue Haus, wo sie sich glänzend in die sachliche Architektur einfügten. Auf zwei anderen Fotografien erkennt man hinter Walter Trier einmal eine prall gefüllte Bücherwand, ein anderes Mal dicht gehängte Originale des Hausherrn.

Das geliebte Haus stand inmitten eines großen Blumengartens und hatte auch einen Gartenteich. Angeblich vor allem des schönen Gartens wegen war das Haus Trier von Besuchern sehr geschätzt worden. Seine Gestaltung war Lene Triers ganzer Stolz. Dort wechselten sich ein schöner Baumbestand mit Zierrasenflächen und sauber geharkten Wegen ab, gestutzte Blumenrabatten mit farbenprächtigen Blumenstauden und einem hoch modernen Steingarten samt Natursteinwegen. In einem geräumigen Teich schwammen Goldfische und wuchsen Seerosen.

Das Gärtnern war ein gemeinsames Steckenpferd der Eheleute Trier, wobei die Pflege hauptsächlich in den Händen von Lene Trier lag. Und wenn der Hausherr hin und wieder für die gröberen Arbeiten wie das Bewässern oder Rasenmähen eingeteilt worden war, dann schrieb sein Gartenschlauch den Namen der geliebten Frau *Lene*, wie ein Selbstporträt im April 1933 belegt. Solcher Dienst war vor allem dann nötig, wenn Lene mit Gretl unterwegs war. Dann musste der Hausherr nach ihren Anweisungen gießen und aufpassen, dass nichts verkam. Dies aber kannte er schon aus den Wohnungen zuvor, wie uns ein Brief von 1922 belegt, in dem er unter »P.S.« folgenden Rapport gab: »Die Blumen pflege ich sehr brav. Leider leiden die Petunien sehr unter dem vielen Regen. Unser Kaktus hat ein neues Blatt bekommen.«

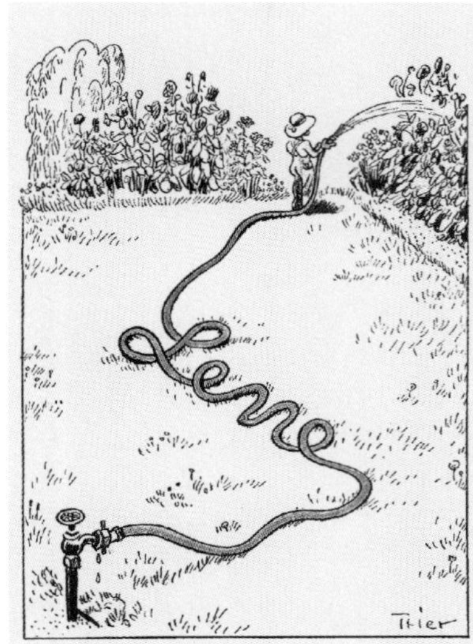

Der Gartenschlauch schreibt Lene. Pressegrafik, 1933.

In dem geschilderten farbenprächtigen Garten im Berliner Süden kam das, wie Freunde es nannten, »märchenhaft« hell getönte Haus – rosa Wände, tiefblaue Holzjalousien – besonders gut zur Geltung. Ein Journalist schwelgte nach seinem Besuch bei Trier: »Da saß ich nun in diesem Häuschen aus reinem Rosa, vom Grün eines weiten Gartens umgeben.« Walter Trier lebte so abgeschieden in dieser Idylle, dass es angeblich im *Ullsteinhaus* Hunderte von Kollegen gab, die ihn persönlich nie gesehen hatten, obwohl er zwei Jahrzehnte lang einer der erfolgreichsten Meister war. So sehr der Großstadtrummel und die turbulente Berliner Szene Walter Trier inspirierten und faszinierten, so war er doch eigentlich ein sehr ruhiger Mensch, der seine ganze Kraft aus der Familie und seinem liebevoll gestalteten Heim bezog.

Man charakterisierte ihn als einen Erwachsenen, der im Grunde ein Kind geblieben ist – verspielt, verträumt, unwirklich. Man nannte ihn auch »die blaue Blume unserer realen Zeit«. Und für einen kanadischen Kritiker stand fest: »Walter Trier may well become known to history as the Chaplin of our art world. The characters he drew, like himself, they were sometimes sad, sometimes satirical«, und er fügte hinzu, »yet whatever Trier was, he was always kind.«

Auch wenn er auf fremde Besucher wohl manchmal recht abweisend wirken konnte. Über solch eine Begegnung schrieb Fritz Gruber, der Walter Trier 1929 anlässlich einer längeren Reportage für *Das elegante Köln* aufgesucht hatte: »Es kostet ein kleines Vermögen, bis man von Berlin Mitte mit dem Taxi nach Lichterfelde hinausfährt, wo Walter Trier wohnt. Aber das ist die Sache schon wert. Man hatte mich auf Triers unzugängliche Sprödheit vorbereitet, wie jemanden, der in einen Tigerkäfig steigen will. [...] Und es kommt ein großer, hagerer Mann in bleuem [sic] Leichtathletiktrainingsanzug. Der Mann ist nicht recht rasiert. Kopf eines Geiers, der Mund, ein harter Strich, scharf, schweigt ablehnend. So sitzt der Mann neben mir auf der Bank. Ist das der Walter Trier, der, ein Philosoph des Humors, mit seinen Zeichnungen, die so gern und treffend ›naiv‹ genannt werden, aus dem eingefleischtesten Menschenfeind ein Lächeln zu locken vermag? Ist das der freundlich gefangen nehmende Schöpfer jener biedermeierlich anmutenden, immer liebenswürdig komischen, stets in die Wärme eine Herzens eingehüllten Bilderanekdoten? [...] Nun gut, es muß schon Walter Trier sein. Er bleibt stumm. Also spreche ich. Erzähle vom Rhein, von Köln (das er noch nie besuchte), von einer großen Reise, die ich machte, ich spreche überleitend von seinen Arbeiten – endlich. Zehn Minuten oder länger hat das gedauert. Und wie ich ihn ansehe, da ist dieses Gesicht auf einmal offen und mir zugewandt, verläßt die Reserve – der Mund spricht sympathisch, die Augen haben nichts Stechendes mehr. Dann zeigt er mir alles, was ihm lieb ist und was ihn augenblicklich beschäftigt. [...] Er stellt mich seiner netten Tochter vor, Herr Gruber will über uns schreiben (›über uns!‹), führt mich durch Haus und Garten wie ein stolzer Schloßherr. Zuerst und außen ist Walter Trier ein ernster, verschlossener Mensch, wie alle Humoristen, der es eigentlich gar nicht liebt, wenn man in sein Heiligtum eindringt. Aber, ist es einmal geschehen, so muß man eben mit der Waffe der Liebenswürdigkeit den Kampf mit dem Engel ausfechten. Man wird dann auch gesegnet. So ging es mir. Dann plötzlich ist er wirklich, ganz und gar, der feine, der lächelnde, nur runde, sanfte Linien kennende Humorist.«

Es war schon die Rede davon, dass Walter Trier vor allem seine Frau als Modell für alles Mögliche verwendete und dass er gern seine Tochter als Vorlage für freche Berliner Gören nutzte. Doch auch in Bezug auf sich selber war er wenig zimperlich, wie der schon häufiger zitierte Hans Reimann erinnerte: »Trier zeichnete sich selten in andere hinein. Er ist so zurückhaltend, daß er von seiner Wenigkeit absieht. Er absorbiert sich von seiner beachtlichen Nase.«

Er war überhaupt ein recht zurückhaltender Mensch. Daher gibt es leider so gut wie gar keine Informationen über sein Privatleben. Auch weiß man nichts über familiäre Kontakte, also ob und wie intensiv Walter Trier mit seiner in Prag verbliebenen Familie korrespondierte, telefonierte oder sie besuchte. Noch weniger weiß man über das Leben der restlichen Familienmitglieder – nur, dass bislang keines der allerengsten Familienmitglieder auf den Opferlisten des Dritten Reichs aufgetaucht ist. Schlechter sah es da für einige Schwager, Nichten und Neffen von Walter Trier aus, deren Namen sich auf den Transportlisten nach Theresienstadt befinden, denn mit nur einer Ausnahme wurden sie kurz darauf nach Auschwitz deportiert und umgebracht.

Übrigens genauso unbekannt wie Leben und Schicksal von Walter Triers Eltern und Geschwistern sind, bleiben zahlreiche konkrete Fragen zu der eigenen kleinen Familie Walter Triers und der seiner Frau Helene letztlich unbeantwortet. Denn leider gibt es so gut wie keine wirklichen Quellen – etwa Briefe, Fotos oder persönliche Aufzeichnungen –, auf die man seriöse Vermutungen über das Privatleben von Walter Trier stützen könnte; und doch kristallisiert sich bei längerer Beschäftigung mit der Biografie Walter Triers eine Vorstellung über den Privatmenschen und sein Umfeld heraus. Hierbei helfen die vielen Bilder aus seiner Feder, aber auch Fotos in der zeitgenössischen Presse oder kurze Stellungnahmen befreundeter Journalisten, die vor allem anlässlich des plötzlichen Todes von Walter Trier in der internationalen Presse erschienen sind.

Walter Trier ist – abgesehen von den wenigen ausgesprochenen Porträtaufnahmen – als stolzer Gartenteichbesitzer zu sehen, zumeist ließ er sich aber bei der zeichnerischen Arbeit oder mit seiner Spielzeugsammlung ablichten.

Diese Tendenz verstärkt sich noch während seines späteren Aufenthaltes in England und in Kanada, wo es nahezu ausschließlich nur noch Aufnahmen von dem arbeitenden oder spielenden Walter Trier gibt, und die Selbstbildnisse folgen ganz dieser Thematik. In Zeichnungen sieht man Walter Trier entweder an der Staffelei im Atelier, auf der Wiese mit dem Zeichenblock auf den Knien oder am Schreibtisch, mit der Lieblings-Kasperle-Puppe in der Hand oder den vielen kleinen, zerbrechlich wirkenden Spielzeugfigürchen in der Glasvitrine.

Außer der eigenen Familie, dem Häuschen, der Arbeit und dem Spielzeug galt Walter Triers Vorliebe dem Sport. Journalisten empfing der Künstler zu Hause zuweilen in einem Trainingsanzug. Von Kindesbeinen an war er ein leidenschaftlicher Sportler gewesen, vor allem ein exzellenter Skifahrer und Fußballer. In seinem Haus in Berlin sollen die Skier auf dem Flur immer einsatzbereit gestanden

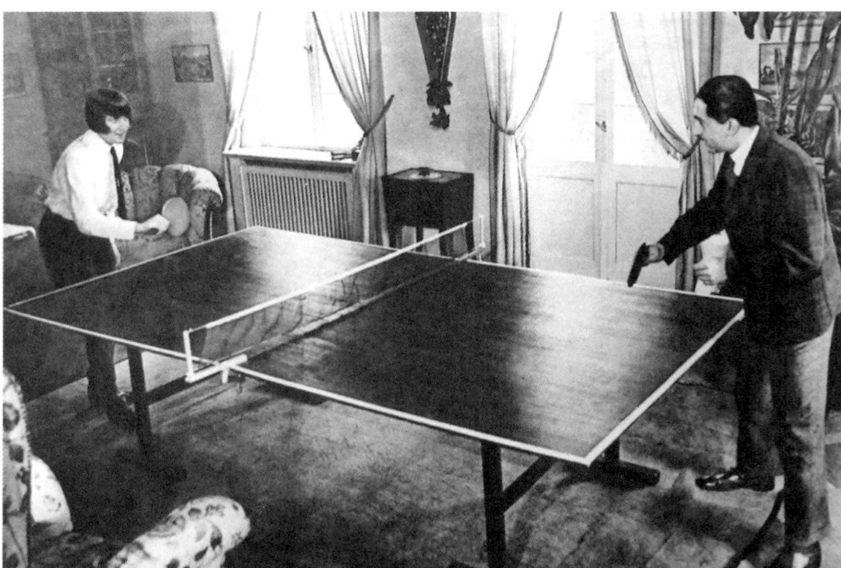

Ping-Pong-Tisch im Wohnzimmer. Foto, 1930.

haben, und in Kanada wird er sein Haus bewusst in die Nähe der Skipisten von Collingwood bauen. Noch als Erwachsener konnte er es nicht mitansehen, wenn auf der Straße jemand Fußball spielte und mit der Spitze in den Ball kickte, anstatt ihn von der Seite zu spielen.

Eine echte Attraktion im Hause Trier war ein großer Ping-Pong-Tisch im Wohnzimmer. Im Parterre, wo in jener Zeit normalerweise prachtvoll repräsentiert wurde, stand bei Triers ein professionelles Sportgerät. Beim Spielen galt es den Ball dann zwar oft mühsam unter den restlichen Möbeln hervorzuholen, doch in einer Zeichnung von 1927 wusste Walter Trier selbst dieser Mühsal eine angenehme Seite abzugewinnen. Gemeinsam mit seiner Frau unter dem Sofa liegend, gab er vor, nach dem verlorenen Ball zu angeln und betitelte das Blatt: *Ping-Pong, das beliebte Gesellschaftsspiel.*

Sofern diese unkonventionelle Art der Wohnungseinrichtung für Walter Trier nichts Neues war, er kannte es schließlich aus seinem Prager Elternhaus mit dem dortigen Billard-Tisch nicht anders, für selbst progressive Berliner Verhältnisse war sie damals nicht alltäglich. Diese Merkwürdigkeit ließ sich bei den vielen befreundeten Journalisten kaum verheimlichen, und so erschien im Mai 1930 in *Zeitbilder*, einer Beilage der *Vossischen Zeitung*, ein Foto mit der Unterschrift: »Walter Trier mit seiner Gattin beim Ping-Pong-Spiel«.

Schließlich musste die Familie Trier im Dezember 1932 gar für die Schlagzeile »Eine glückliche Familie« in der *Berliner Illustrirten Zeitung* herhalten. Was war geschehen? Der bekannte und beliebte *Ullstein*-Mitarbeiter hatte für seine sportlichen Leistungen das goldene Sportabzeichen erhalten. Doch damit nicht genug! »Am gleichen Tage bestanden auch Walter Triers Frau und Tochter die gleiche Prüfung!« Gold für den prominenten Vater, Gold für die elegante Gattin und Bronze für die heranwachsende Tochter – das wäre vermutlich auch heute noch eine Meldung wert.

Familie Trier im Urlaub

Der aus seiner Kindheit an regelmäßige Urlaube an der Ostsee gewohnte Walter Trier griff auf diese angenehme Tradition gerne zurück, als er es sich finanziell leisten konnte. In den wirtschaft-

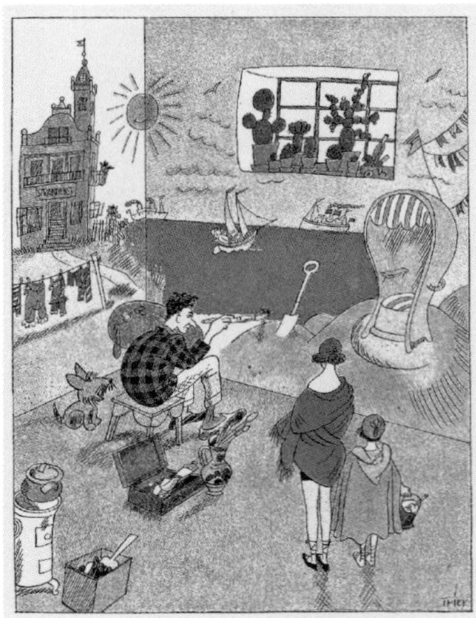

»Sommerurlaub«. Pressegrafik, 1922.

lich schwierigen Zeiten kurz nach dem Ersten Weltkrieg musste die Sommerreise zwar noch virtuell stattfinden, was aber bei einem illusionistisch begabten Maler und Entwerfer von Theaterdekorationen als Familienoberhaupt kein ernsthaftes Problem darstellte. In der *Sommerreise 1922* sehen wir den Familienvater in einer Zimmerecke sitzend, wie er gerade intensiv an einer Wandbemalung herumpinselt, die eine wahrhaft prächtige Strandidylle zeigt – mit Strandkorb, Hotel *Strandlust*, Segelboot und Dampfer.

Tatsächlich sind ab 1922 für die Familie Trier immer wieder Aufenthalte in Kloster auf Hiddensee überliefert, und ein Jahr später geht es regelmäßig zum Winterurlaub in die Berge. Fuhr man im Sommer zum Wandern und Kulturbummeln gerne nach Bayern, Österreich, in die Schweiz, oder zum Segeln an die Ostsee, so waren für den Winterurlaub nicht nur die Alpen, sondern auch das Riesengebirge in der tschechischen Heimat oder die Hohe Tatra gut geeignet.

Aber egal, ob Wasser oder Gebirge, die Familie Trier bemühte sich stets darum, das Angenehme mit dem Gesunden zu verbinden, wie eine Reihe Pressefotos und ein paar Postkarten dokumentieren. Sie belegen aber nicht nur die vielfältigen sportlichen Aktivitäten – Leichtathletik, Boccia, Fußball, Schwimm-, Segel- und Skisport –, sondern dokumentieren immer wie nebenbei auch die topmodischen Ambitionen von Lene und Gretl Trier, die mit Bubikopf-Frisur und in weiten Hosenanzügen jeweils ausgesprochen elegant wirken. Und auch das Familienoberhaupt ist immer dem Anlass gemäß lässig und schick gekleidet.

Der auch im Urlaub unermüdlich arbeitende Walter Trier nutzte selbstverständlich die vielfältigen landschaftlichen Eindrücke, ebenso wie die ereignisreichen Reisen dazu, seinen Fantasie-Fundus aufzustocken. Viele Motive, vor allem auf den Titelblättern der *Dame*, wären ohne die inspirierenden Urlaubsfahrten, zahllose spitzfindige

Zeichnungen über die Tücken des Urlauberalltags, speziell im *Uhu*, ohne eigens erlebte oder gesehene Pannen nicht derart realitätsnah und wirklichkeitsgetreu widerzugeben gewesen. Manche der Motive lassen sogar erkennen, wo die Familie Trier Urlaub gemacht hat. So hat Walter Trier etwa auf einem *Dame*-Titel von 1929 unverkennbar die Hauptstraße von Mittenwald festgehalten, 1931 den Hallstätter See, 1932 die Grand-Hotels von Davos, mehrere Male die Dolomiten und 1933 die Eiskunstläuferin Sonja Henie auf der Natureisbahn von St. Moritz.

Aber auch die eigene urlaubende Familie diente mehr als einmal als Covermotiv. So porträtierte der Vater die gesamte Familie im Januar 1931 in und vor einer verschneiten Skipension, und 1933 zeigte er seine Frau Lene beim Lösen ihrer Skibindung, während von hinten der schwarze Familienhund Maggy heranraste. Die wenigsten Leserinnen der *Dame*, auf deren Cover die beschriebenen Motive damals erschienen, werden geahnt haben, über wen sie tatsächlich herzhaft gelacht haben, denn sie werden eher ihre eigenen, ähnlich komischen Urlaubserinnerungen vor Augen gehabt haben.

Es klang schon an, dass Triers begeisterte Skifahrer waren. In den Zwanziger Jahren hat Walter Trier für den Fremdenverkehrsverband des Berner Oberlandes einen Prospekt mit den wichtigsten Skirouten gestaltet. Diese kannte er aus eigener Erfahrung, denn gemeinsam mit Freunden – etwa dem Ehepaar Salvisberg und der Familie Geyer – war man seit 1923 regelmäßig zum Skifahren nach Interlaken, Andermatt und auf den St. Gotthard gefahren. In einem Hotel am Jungfraujoch hängen bis heute Walter Triers gemalte Erinnerungen an alpine Touren, Skikurse und lauschige Hüttenabende an der Hotelbar.

Auch Robert Freund erinnerte sich daran, dass die Triers, so oft es nur ging, mit Freunden zu Skitouren aufbrachen. So hat sich von Silvester 1934 eine Bildpostkarte erhalten, die Walter Trier mit Otto Rudolf Salvisberg an den mittlerweile in London lebenden österreichischen Sportler und Sportjournalisten sowie *Ullstein*-Mitarbeiter Dr. Willy Meisl geschrieben hatte: »Lieber Meisl! Wir sind mit dem ›Prager Tagblatt‹ in die Hohe Tatra gefahren. Die Berge sind wundervoll weiß verschneit, doch müßte man die Skies noch mindestens 3 Stunden tragen um nur einigermaßen laufen zu können und so stehen die Bretteln halt wohl verpackt seit einer Woche im Skistall und man muß sich begnügen Ping-Pong Ehren einzuheimsen. Na, wer weiß wozu es gut ist. Das Knie ist zwar schon recht besser, doch ist es hier sehr felsig – steil und für mich nicht unbedenklich. – […] Für heute wünsche ich Ihnen und Peter alles Gute und Schöne für 1935 und grüße Sie in alter Freundschaft aufs herzlichste Trier.« Und Salvisberg sekundierte lapidar: »Prosit Neujahr! Otto«.

Aber auch von den Urlauben der Familie Trier an der Ostsee haben sich Dokumente erhalten. Dabei handelt es sich zumeist um Fotografien der wassersportelnden Triers, die in der Berliner Tagespresse abgedruckt wurden, sowie einige wenige Schriftstücke.

Nur durch einen besonders kuriosen Umstand (der Gewinn des ersten Preises bei einem von einer Briefpapierfabrik ausgelobten Wettbewerb für den schönsten Brief) hat sich ein Brief aus dem Sommer 1923 von Walter Trier erhalten, den er an Frau und Tochter auf Hiddensee geschrieben hat: »Meine Lieben! Ihr Glücklichen seid jetzt wieder auf der schönen Insel und ich muß zu Hause sitzen und arbeiten. Allein. Ihr könnt ganz ruhig die schönen Sommertage genießen, denn bei uns ist alles in bester Ordnung. Hansi und Grauchen sehen allerdings erbärmlich aus. Sie sind gerade in der Mauser. Dafür ist Zottel umso lustiger! Ihr könnt Euch denken, was er jetzt zu tun hat, alle Fliegen zu [erjagen]. Ein Glück, daß ich Euch Zottelchen nicht mitgegeben habe. Er ist ein lieber Freund für einen einsamen Strohwittwer. Ich hoffe Euch bald nachzukommen und bringe Zottel mit. Da wird Gretelein laufen, bis er auf der Wiese alle Viecher jagt. Ich [gehe] jetzt endlich meine Schmetterlinge in unsere roten Kästchen einzuordnen. Meine Spielzeugsammlung ist auch um ein lustiges Stück bereichert worden. Ihr seht es hier im Bilde. […] Anna kocht gut für mich. Ich könnte Euch

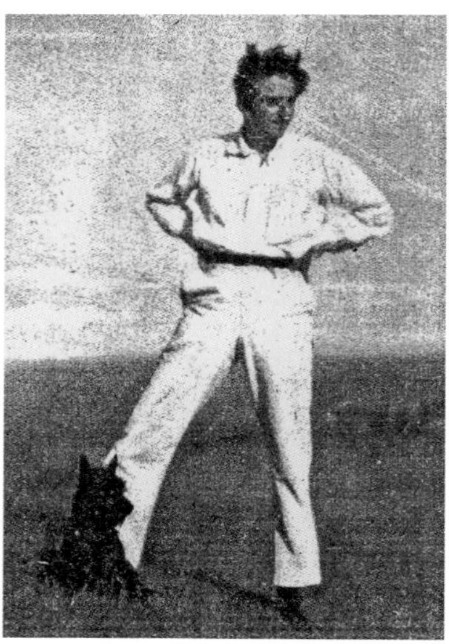

Walter Trier mit Hund. Foto, 1924.

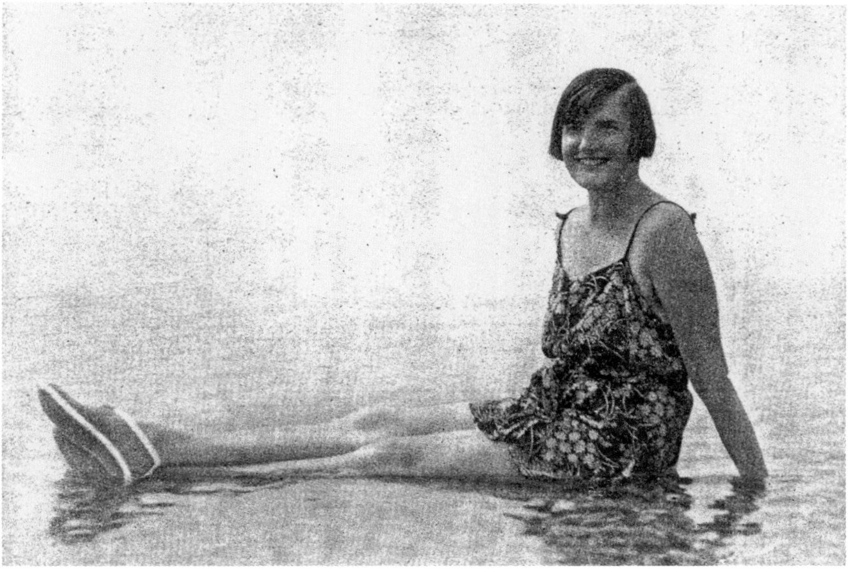

Lene Trier im Badeanzug. Foto, 1924.

natürlich viel von der Teurung vorjammern, doch hat dies Krause verboten. […] Seitdem Ihr weg seid, sind wieder viele lustige Bilder entstanden. Leider vermisse ich aber sehr mein Modell für all die Männlein und Weiblein, Kinder und Hunde, nämlich Dich liebe Lene. Ich hoffe bestimmt noch vor meiner Abreise zu Euch, einen lieben ausführlichen Brief zu bekommen, wie es Euch geht und was ihr den ganzen Tag treibt. Ich grüße und küsse dich liebe Lene und unser liebes kleines Gretelein vieltausendmal Eurer Walter.«

Bei diesen Urlauben auf Hiddensee war die Familie Trier regelmäßig im *Haus am Meer* abgestiegen, einer vornehmen Pension der aus Berlin stammenden Frau von Sydow, in der auch andere Künstler und Intellektuelle logierten, wie etwa Käthe Kollwitz, Eugen Spiro, Rudolf Steiner, Wilhelm Murnau, Conrad Veidt, Albert Einstein, Gerhart Hauptmann, Ernst Toller und die Familie von Thomas Mann. Doch trotz dieser prominenten und illustren Nachbarschaft pflegte Walter Trier bei diesen Urlauben auch den Kontakt zur einheimischen Bevölkerung. Überliefert haben sich die Zeichnungen von zwölf Tieren für die kleine Erika Hirsekorn sowie die Porträts zahlreicher schräger Insulaner, einige Blätter aus der Mappe für die Pensionswirtin, darunter ein Bild ihres Hundes, und die Bildnisse der beiden Gepäckesel der Insel.

Aber auch in Berlin musste die Familie Trier nicht auf Segeltörns verzichten. Von dem befreundeten Ehepaar Geyer wurden sie immer wieder zu Bootsausflügen auf der Havel eingeladen. Und über den Freund Salvisberg wurde Walter Trier zusammen mit weiteren Architekten zu zünftigen Boccia-Wochenenden in das Sommerhaus des Bauunternehmers Kyser in Werder an der Havel gebeten.

Im Sommer 1927 unternahm Walter Trier eine recht außergewöhnliche Studienreise in Begleitung zweier Malerkollegen, mit dem aus dem Elsass stammenden Impressionisten Lucien Adrion und dem Expressionisten Sigbert Marzinsky. Die Fahrt ging über Paris nach Lyon, Arles und Marseille, dann weiter nach Marrakesch, Bou Saada, Bistra und Tunis. Auch wenn sich bei Walter Trier keine Skizzen aus dieser Zeit haben finden lassen, so dachte er noch lange und gerne an diese Fahrt zurück, wie Lene Trier versicherte, und manche nordafrikanischen Motive fanden Eingang in Triers Bilderwelt.

Berliner Prominenz

1930 war Walter Trier schließlich so bekannt, dass er in die Jury »prominenter Persönlichkeiten« gerufen wurde, die im *Hotel Kaiserhof* die Wahl der *Miss Germany 1930* vorzunehmen hatte. Außer ihm saßen damals unter anderen in der Jury Prinz zu Sayn und Wittgenstein, die Theaterdirektoren Barnowsky und Saltenburg, die Künstlerkollegen Prof. Otto Arpke, Prof. Willy Jaeckel, Prof. Ludwig Kainer, Prof. Egon J. Kossuth, Prof. Dr. Hugo Lederer, Prof. Ernst Stern, Ernst Heilmann, Theo Matejko, Georg Mühlen-Schulte, Max Oppenheimer, Max Pechstein und Eugen Spiro sowie die Sängerlegende Richard Tauber und die Schauspieler Lil Dagover, Ernst Deutsch, Willy Fritsch, Emil Jannings und Henny Porten.

Folglich konnte Walter Trier zahlreichen gesellschaftlichen Verpflichtungen nicht ganz entgehen, und so tauchten hin und wieder Fotos von ihm und seiner Familie in der Tagespresse und in

Hochglanzmagazinen auf. Darunter befanden sich lustige »Foto-Amatör«-Aufnahmen ebenso wie Porträtaufnahmen von professionellen Fotografen. Zwischen den vielen erhaltenen Fotografien finden sich Aufnahmen von Lili Baruch, Ewald Hoinkis, Lotte Jacobi, Dr. Erich Salomon, Karl Schenker, Fritz Eschen, Ernst Schneider, Dr. Ernst Sittig, Alwin Steinitz, der Fotoateliers Josef Donderer, Badekow-Grosz und Binder – alle Berlin –, sowie Germaine Kahnova und Alfred Carlebach in London.

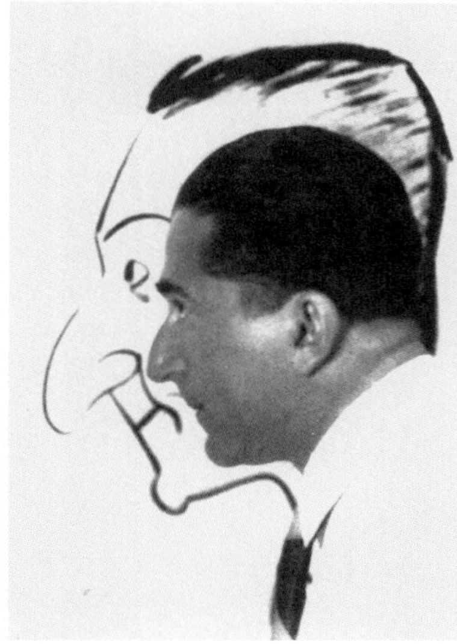

Walter Trier vor Karikatur. Foto, 1931.

Von besonderer Bedeutung sind fünf sorgfältig arrangierte und ausgeleuchtete Porträtaufnahmen aus den Zwanziger Jahren, die schwungvoll mit »A. Trier, Steglitz« signiert sind und wohl als Arbeiten des bis dato unbekannten *Atelier Trier* angesehen werden dürfen. Diese Zuschreibung dürfte der Fotobranche neu sein, verwundert aber den Trier-Kenner kaum, da zahlreiche Privatfotos von Walter und Lene Trier deutlich belegen, mit welch großem Spaß Walter Trier auch als Erwachsener mit der Fototechnik experimentierte. Zudem kannte er die wichtigsten Pressefotografen persönlich – oder auch Dora Rukser, die Schwester des für seine kunstvollen Fotografien berühmt gewordenen Dadaisten Hans Richter – und pflegte eine enge Freundschaft zu Karl Geyer, dem Besitzer des ersten europäischen Filmkopierwerks, der in Deutschland führend im Apparatebau sowie in Film- und Fototechnik war.

Der Erste Weltkrieg und seine Folgen

Während sich das Privatleben des Walter Trier von Anfang an in Berlin in geordneten und glücklichen Bahnen bewegte – einzig der Tod von Mutter Luzie, im Alter von nur 57 Jahren, dürfte 1915 einen Schatten auf diese glückliche Zeit geworfen haben –, und sich auch die berufliche Karriere sofort bestens entwickelte, geriet zur selben

Zeit die Weltpolitik aus den Fugen. Doch selbst in diesen schweren Zeiten hatte Walter Trier enormes Glück.

Anders als zahlreiche Künstlerkollegen und Landsleute, die vom Ausbruch des Ersten Weltkriegs direkt betroffen waren, erlebte Walter Trier als österreichischer Staatsbürger den Krieg in Berlin aus sicherer Distanz, da er – anders als einige seiner ebenfalls in Deutschland lebenden Künstlerkollegen – nicht zur Armee eingezogen worden war. Denn selbstverständlich wurden alle im Ausland lebenden Österreicher zur genauen Überprüfung ihrer Kriegstauglichkeit herangezogen. Es ist bislang noch nicht klar, ob er als Propagandazeichner »u.k.«, also unabkömmlich gestellt oder aufgrund gesundheitlicher Probleme ganz ausgemustert worden war. Denn schon als Kind galt Walter Trier als zart und eher schwächlich.

Wie auch immer, Walter Trier war während dieser schlimmen Zeit weder von seiner jungen Familie getrennt, noch musste er als Frontsoldat Zeuge oder Opfer brutaler und verstörender Kriegsereignisse werden. Sein Kriegsbeitrag beschränkte sich auf das Zeichnen von nationalistisch geprägter, kriegstauglicher Propaganda für die *Lustigen Blätter* und andere Unterhaltungsschriften für Soldaten.

Da mit Beginn des Ersten Weltkrieges der Bedarf an politischer Propaganda stieg, zeichnete Trier wie all seine Künstlerkollegen nationalistisch-patriotische Bilder, die in *Kriegsalben der Lustigen Blätter* oder *Tornister Humor*-Heftchen veröffentlicht wurden und teilweise auch als Motive für Feldpostkarten genutzt wurden.

Rückblickend befremdet die Kriegsfröhlichkeit selbst der bekanntesten Satireblätter, die, egal ob in München oder Berlin, redaktionell zu nationalistischen Propagandaorganen umfunktioniert worden waren, mit dem offensichtlichen Versuch der Einflussnahme und Meinungsbildung. Die Themen spiegelten deutlich die Umbruchsituation des Ersten Weltkrieges, denn neben den Karikaturen der traditionellen, berittenen Streitkräfte waren erstmals auch moderne Waffen und Strategien Bildgegenstand.

Wie viele technische Neuerungen, wurden diese kriegstechnischen Fortschritte von Walter Trier eher neugierig und spöttisch beurteilt. Doch noch während des Krieges spürt man auch bei ihm den Schrecken und das Entsetzen über die vielen Toten, die heimkehrenden Kriegskrüppel, die berüchtigten Hungerwinter. Lange vor

Kriegsende gab es nachdenkliche Zeichnungen von Walter Trier, und ohnmächtig gegenüber den aktuellen Gräueltaten vollzog sich ein grundlegender thematischer Wandel. Angesichts der zunehmenden Meldungen über die menschliche Grausamkeit malte er sich immer tiefer in ein privates Paradies hinein, arbeitete permanent an seinem idealen Gegenentwurf zur Welt. In seinem Utopia blieben alle Konflikte beherrschbar, und selbst Fressfeinde lagen friedlich beieinander. Nur indem er sich an die Kinder wandte und sie zu einem wichtigen Hoffnungsträger und Adressaten seiner Kunst gemacht hat, konnte er sein positives Menschenbild und seinen Grundoptimismus retten.

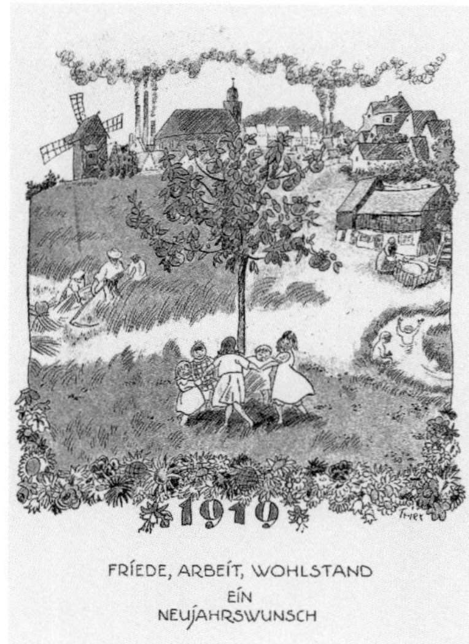

»Friedenswunsch«. Pressegrafik, 1919.

Nach dem Zerfall der österreich-ungarischen K. u. K.-Monarchie konstituierte sich Ende April 1918 der tschechoslowakische Staat, und Walter Trier wurde tschechischer Staatsbürger.

Als Konsequenz aus dem unheilvollen fanatischen Nationalismus während des Ersten Weltkrieges wurden für Walter Trier während der Weimarer Republik bestimmte Werte noch wichtiger als schon zuvor. Er plädierte offen für Menschlichkeit sowie Demokratie, später für den *Völkerbund*, auch wenn er sich parteipolitisch in keiner Weise festlegte. Zudem reduzierte er während der Weimarer Republik seine politischen Zeichnungen auf Karikaturen in der linksliberalen Tagespresse und für das Satireblatt *Lustige Blätter*. Allerdings mied er jede Form der Propaganda und äußerte in vielen Bildern die Sorge über die Radikalisierung der politischen Extreme.

In der Buchgrafik blieb er vordergründig apolitisch, auch wenn die Wahl der von ihm illustrierten Autoren und Bücher wieder in das bürgerliche, linksliberale Milieu weist. Eindeutiger war er hingegen in der Zielrichtung seiner kabarettistischen Arbeit. Gemeinsam mit Kurt Tucholsky, Walter Mehring, Klabund, Friedrich Hollaender,

Kurt Robitschek und Paul Morgan bestritt er politische Programme mit Attacken gegen Militarismus und Krieg. Mit diesen Kollegen, die wie er zu »einer literarisch und künstlerisch experimentierfreudigen Kriegsgeneration« gehörten, bildete er – so das *Metzler Kabarett Lexikon* – mit dem kurz nach dem Ersten Weltkrieg wiedereröffneten *Schall und Rauch* die »Keimzelle der neuen kabarettistischen Zeitsatire«; mit ihnen versuchte er das nach dem Ende der Inflation angesichts »der wiedererwachten Sorglosigkeit und Vergnügungssucht seines Publikums« zu Erliegen drohende politisch-literarische Kabarett am Leben zu erhalten. Spurenelemente davon erhielten sich in dem 1924 gegründeten *Kabarett der Komiker*, an dem Walter Trier maßgeblich mitgearbeitet hatte.

Nach dem tiefen Schockerlebnis, das der Erste Weltkrieg hinterlassen hatte, wurde die Gesellschaft während der Weimarer Republik immer wieder durch einzelne Ereignisse erschüttert: die Ermordung von Rosa Luxemburg, Karl Liebknecht und Walther Rathenau, der rechtsradikale Kapp-Putsch, Kämpfe zwischen Freikorps und polnischen Einheiten in Oberschlesien, Unruhen im Ruhrgebiet, das erste Auftreten des *Stahlhelms* und von SA-Kommandos zur Terrorisierung politischer Gegner.

Wohl war der Krieg vorbei, aber der Friede war noch nicht eingekehrt, politische und soziale Ruhelosigkeit, Staatsstreiche und politische Morde sollten die kommenden fünf Jahre kennzeichnen. Bereits 1921 war Walter Triers Freund Otto Rudolf Salvisberg über die rechten Gruppierungen in der deutschen Hauptstadt derart entsetzt – weil sie, wie er es einmal zurückhaltend formulierte, »allein in der Form ihres Auftretens ›schweizerisches Maß‹ vermissen ließen« –, dass er trotz ausgezeichneter Geschäftslage in Berlin in seiner schweizerischen Heimat ein zweites Architekturbüro eröffnete. Er rechnete schon damals fest damit, dass ihn die politische Lage eines Tages zur Rückkehr in die Schweiz zwingen könnte.

Die Zwanziger Jahre

Bei den Goldenen Zwanzigern denkt man gern an all die glamourösen Auswüchse, an Kunst und Boulevardkultur, an Ausstattungsrevuen, Tanztees, Jazzfieber und Neonreklamen – all das, was man

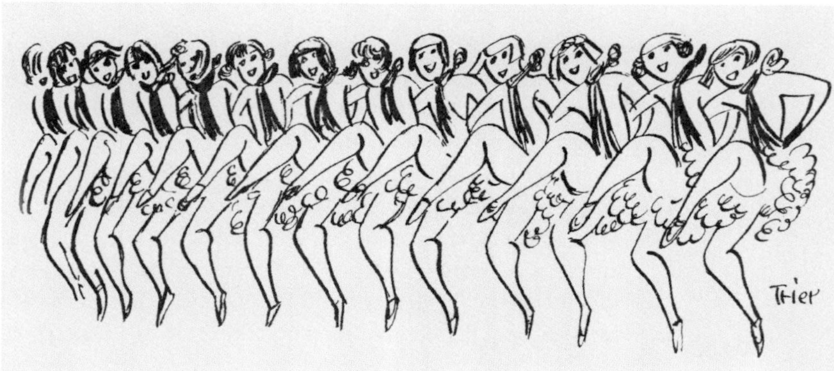

Tanztruppe. Pressegrafik, 1925.

sich unter dem sogenannten »Tanz auf dem Vulkan« vorstellen mag. Gern ausgeklammert bleibt der soziale und politische Sprengstoff jener Jahre, der sich besonders in der Hauptstadt artikulierte, in Streiks und Straßenschlachten, Massenarbeitslosigkeit und Verelendung ganzer Stadtviertel. Im Berlin der Zwanziger Jahre trafen die Extreme aufeinander, was vor allem die Kunst und Künstler motivierte und inspirierte.

Ganz entscheidend geprägt wurde das Tempo der Großstadt von den modernen Verkehrsmitteln und Reisemöglichkeiten sowie der damit verbundenen neuen Infrastruktur: Eisenbahn, Automobil, Omnibus, Straßen- und Untergrundbahn, Zeppelin, Flugzeug, Motorboot und Schiffe – sowie Schnelldampfer und Ozeanriesen, wenn auch nicht direkt vor den Toren der Hauptstadt, so doch durch die Eisenbahnanbindung zumindest in geografischer Reichweite.

Nach den langen entbehrungsreichen Jahren der Ungewissheit veränderte sich mit dem plötzlichen Ende der Inflation das Stadtbild ganz entscheidend. Hunger, Not und Elend verflüchtigten sich, ungewohnte Hektik breitete sich aus, vor allem in den neuen Stadtteilen im Westen. Zwar hatte es durchaus schon vor und während des Ersten Weltkrieges einige Autos in der Stadt gegeben, doch nun vermehrten sich die Privatautos und Taxen »kaninchenartig«. Die Hektik des Verkehrs übertrug sich schnell auf die Bevölkerung.

Auf ihre unnachahmliche Art beschrieb Irmgard Keun dieses Chaos in ihrem Roman *Das kunstseidene Mädchen* von 1932: »Und ich kam an auf dem Bahnhof Friedrichstraße, wo sich ungeheures Leben tummelte [...] Ich trieb in einem Strom auf der Friedrichstraße, die voll Leben war und bunt und was Kariertes hat. [...] und ich trieb weiter – es war spannende Luft. Und welche rasten und zogen mich mit – und wir standen vor einem vornehmen Hotel, das ›Adlon‹ heißt – und war alles bedeckt mit Menschen und Schupos, die drängten. [...] Jetzt bin ich auf der Tauentzien bei ›Zuntz‹, was ein Kaffee ist ohne Musik, aber billig – und viel eilige Leute wie rasender Staub, bei denen man merkt, daß Betrieb ist in der Welt. Ich habe den Feh an und wirke. Und gegenüber ist eine ›Gedächtniskirche‹, da kann aber niemand rein wegen der Autos drum rum, aber sie hat eine Bedeutung, und Tilli sagt, sie hält den Verkehr auf.«

Für avantgardistische Filmemacher, die 1927 dieses neue Lebensgefühl in den ersten Dokumentaraufnahmen zu *Berlin – Symphonie einer Großstadt* so realistisch wie möglich einfangen wollten, waren diese Neuerungen eine willkommene und reizvolle Gelegenheit für die Kamera. Allein schon die Straßen, vor allem nächtliche Aufnahmen mit glänzenden Autoscheinwerfern auf nassem Asphalt und den flankierenden beleuchteten Schaufenstern sowie flammenden Leuchtreklamen, waren ein verlockend progressives Motiv.

In den Zwanziger Jahren expandierte außerdem die Kinobranche. Während 1920 deutschlandweit ungefähr 2 000 Kinos in Betrieb waren, verzeichnete man 1929 in der Reichshauptstadt bereits rund 5 000 Lichtspieltheater, darunter Kinopaläste mit bis zu 60 Musikern im Orchester. Die Darbietungen reichten dabei von der Ouvertüre zum Varieté über das klassische Ballett, den Kulturfilm und die Wochenschau, bis schließlich der Hauptfilm gezeigt wurde. Parallel dazu entstand in Berlin ein neuer Industriezweig: die Filmindustrie. Es gab 37 Filmgesellschaften mit Sitz in Berlin, die etwa im Jahr 1928 rund 250 abendfüllende Spielfilme herstellten.

Walter Trier gehörte zu den ersten Menschen, die sich zu Hause ein Radiogerät installiert hatten. In den Anfängen der Radiotechnik war dazu noch so etwas wie echter Erfindergeist gefragt. Für das Jahr 1927 ist sogar schon ein ausführliches Interview mit ihm dokumentiert, das sich aber leider nicht erhalten hat.

Auch der Filmtechnik gegenüber war Walter Trier von der ersten Minute an aufgeschlossen. Von ihm stammte der allererste, je in einem Kabarett vorgeführte Trickfilm. In den folgenden Jahren wird von ihm über ein Dutzend Trickfilme bei der Filmzensurbehörde angemeldet und genehmigt. Auch für Filmdekorationen wurde der erfahrene Bühnenbildner schon Anfang der Zwanziger Jahre angefragt. Mit einer Mischung aus staunender Begeisterung und amüsierter Distanz erlebte er damals die Arbeit mit den Filmleuten. Außerdem finden sich in Walter Triers Werkverzeichnis schon früh effektvolle Schaufensterfiguren und beleuchtete Schaufensterdekorationen. Man sieht, dass alle neue Technik, sofern sie ihm sinnvoll nutzbar schien, vorurteilsfrei von ihm eingesetzt wurde.

So spannend diese Neuerungen auch waren, der Rundfunk diente in seinen Anfängen – wie seine medialen Geschwister Film und Schallplatte – eher der Unterhaltung als der Information. Unangefochtene Meinungsmacher waren und blieben die Zeitungen und Zeitschriften. Doch auch an ihnen ging die rasante technische Entwicklung nicht spurlos vorbei, und sie konnten sich nicht dem immer schneller werdenden Tempo der Großstadt entziehen: Immer mehr Zeitungen kamen auf den Markt, manche mehrmals mit neuen Ausgaben an einem Tag, und immer mehr Sonderausgaben.

Selbst die Sportereignisse machten Tempo, allen voran die Autorennen auf der *Avus* und die populären *Sechstagerennen*. Renntage gerieten ebenso zu wahren Volksfesten wie die Nächte der Rennen in den großen Radsportarenen. Nicht nur die Sportveranstaltungen wurden in der Metropole als großes Geschäft erkannt und gefördert, sondern auch Musik und Tanz. Dementsprechend waren solche Räumlichkeiten und Lokalitäten zur Vergnügungsmaschinerie ausgebaut und zuweilen meist mit viel Aufwand eingerichtet worden.

All diese Veränderungen faszinierten Walter Trier, der die Entwicklungen mit dem Zeichenstift festhielt, mal als Chronist, mal als kritischer Kommentator, der sich über die unausweichlichen Pannen und Entgleisungen prächtig lustig gemacht und seine Leser dabei köstlich amüsiert hat. Sportler und Artisten bereiteten ihm großes Vergnügen, und ihre Leistungen würdigte er mit großer Verehrung, wie zahllose Karikaturen und würdevolle Porträtskizzen belegen. Ebenso die Bühnenstars und Leinwandhelden, die Verleger und Theaterregisseure, die Schriftsteller- und Journalistenkollegen aus den diversen Redaktionsstuben.

Auch die neuesten technischen Entwicklungen im Transport- und Reisewesen verfolgte er aufmerksam. Deutschlands Renommierprojekt der Jahre 1928 und 1929, der Schnelldampfer *Bremen*, das seinerzeit modernste transatlantische Verkehrsmittel, konnte Walter Trier als Innenausstatter gar aus aller nächster Nähe erleben, hatte er doch den *Kinder-Spielsaal* ausgemalt und mit Rutsche und Schaukelpferd ausgestattet.

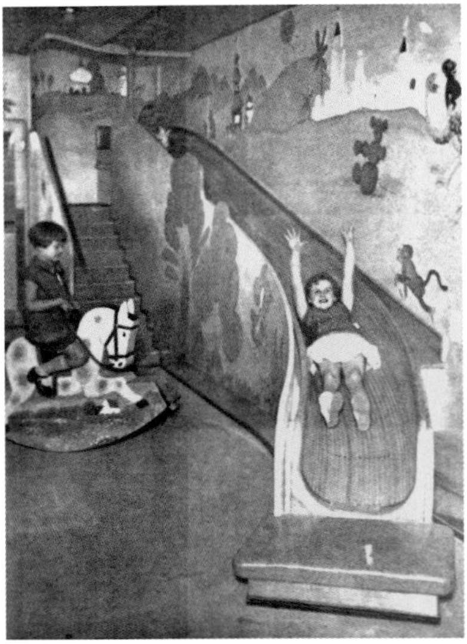

Kinderspielzimmer auf der *»Bremen«*. Foto, 1929.

Insgesamt entpuppte sich also die Abwerbung Walter Triers von München nach Berlin durch die Verleger Otto Eysler und Hermann Ullstein als echter Glücksfall – für alle Beteiligten. Denn für einen lebenslustigen Zwanzigjährigen und frischgebackenen Zeichner, wie Walter Trier es war, konnte es 1910 kein attraktiveres Umfeld als die Reichshauptstadt Berlin geben. Anregungen, Themen und Auftraggeber ohne Ende, und das bei einem regelmäßigen Monatsgehalt, das ihn jeder Sorgen enthob.

Insofern war das bunte Kaleidoskop der Großstadt für Walter Trier die bruchlose Fortsetzung seiner unbeschwerten Kindheit. Auch wenn ihm, anfangs in Charlottenburg wohnend, wohl ein ärmlicher Rummelplatz, eine heruntergekommene Kneipe im Wedding ebenso fremd blieben wie die düsteren Hinterhofwohnungen der Berliner Mietskasernen oder die Armut rund um den Alexanderplatz.

Freunde und Bekannte

Inmitten der Reichshauptstadt, dem Zentrum allen politischen und gesellschaftlichen Geschehens, hatte sich Walter Trier ganz bewusst für ein ruhiges Umfeld entschieden. Er hielt eine gesunde Distanz zum ärgsten Großstadttrubel, arbeitete fleißig, pflegte einen vielfältigen, auffallend unprätentiösen Freundeskreis und sammelte altes Spielzeug.

Seine allerersten Bekanntschaften hatte Walter Trier in der Redaktion der *Lustigen Blätter* geschlossen, die in einigen Fällen sogar in Freundschaft mündeten. Das geschah zwar nicht oft, doch wenn, dann sollte dieser Kontakt über viele Jahrzehnte bestehen und erst durch Verfolgung, Inhaftierung oder Vertreibung durch die Nationalsozialisten unsanft beendet werden. Dieses unfreiwillige Schicksal betraf insbesondere Bekanntschaften, die Walter Trier während seiner Berliner Jahre zu berufsfremden Mitmenschen aufgebaut hatte, wie etwa Bauunternehmer, Rechtsanwälte, Theatermacher, aber auch Schriftsteller, Bildhauer und Artisten. Denn zu seinen malenden und zeichnenden Kollegen pflegte er nur ausnahmsweise intensivere private Bande zu knüpfen; neben dem Zeichner Paul Simmel wären hier nur noch der expressionistische Grafiker Jakob Steinhardt und der elsässische Impressionist Lucien Adrion zu nennen. Die Mitgliedschaft Walter Triers in zwei bedeutenden Künstlerorganisationen – im *Verband deutscher Illustratoren*, später *Verband deutscher Pressezeichner*, und in der *Berliner Secession* – war wohl mehr der Tribut, den er dem gesellschaftlichen Leben zu zollen bereit war, als eine echte Herzensangelegenheit.

Paul Simmel

Eine der ersten langjährigen Freundschaften Walter Triers hat sich zu dem 1887 in Spandau geborenen Paul Simmel entwickelt. Aufeinandergetroffen waren die beiden Berufskomiker zu Beginn ihrer Karrieren bei den *Lustigen Blättern*.

Über diese unbeschwerte Zeit hatte Simmel in einer Berliner Tageszeitung geschrieben: »Ja, wir waren beide mal ein paar dolle

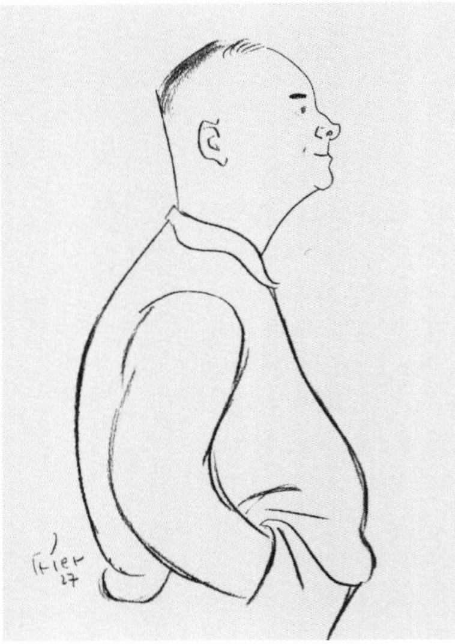

Porträt Paul Simmel. Buchillustration, 1927.

Jungens. Sonnabends machten wir uns mit Bleiweiß das Hemd und die Kragen sauber und zogen auf Abenteuer aus. Der Leser glaubt, daß bei uns im Atelier ein Riesenbetrieb herrscht, daß von morgens bis abends bildschöne Modelle, nur mit zwei Aspirin-Tabletten bekleidet, in unseren Buden herumtollen – ja Kuchen, das würden unsere Frauen nie zulassen. Was sind wir für brave Ehemänner geworden! Während Trier bei seiner Arbeit gern das Radio einschaltet, um seine lieben Wiener Walzer oder ›Ratschläge fürs Haus‹ zu hören, besitze ich ein Grammophon, das seit einundzwanzig Jahren mit derselben Nadel und Platte mit meinem Lieblingsmarsch: ›Alte Kameraden‹ meine Arbeitsfreude hebt. Zeichner sind oft auch große Musiker.«

1927 berichtete Helmut Jaro Jaretzki in einer einstündigen Rundfunk-Übertragung anlässlich seiner Vortragsreihe *In der Werkstatt der Lebenden* über die beiden damals enorm »populären Berliner Künstler Walter Trier und Paul Simmel«. Zwei Jahre später bestritten die beiden Freunde eine umfangreiche Ausstellung über Berliner Humor, die in Berlin und Breslau gastierte. Da ihre Zeichnungen um den dritten großen Berliner Zeichner, Altmeister Heinrich Zille, ergänzt worden waren, vereinigte diese Schau nach damaliger Kunstkritik die drei »besten Berliner Humoristen[...] deren zeichnerisches Können nie einen Fehlgriff tut, und deren Kunst leicht verständlich, ohne jede Problematik faßbar ist«. Walter Triers Bilder, deren Anzahl das Doppelte derer von Simmel und Zille zusammen betragen hatte, wurden damals als lyrisch, zart und feingliedrig erlebt, von Simmel und Zille hingegen »wird die Wahrheit robuster gesagt, darum aber nicht weniger humorvoll«, wie die damalige Presse befand.

Auch in seiner ganzen Physiognomie wirkte Simmel wesentlich handfester, fast derbe, und – wie es hieß – tat der Beinahe-Glatzkopf sein Übriges. Simmel hatte sich thematisch im Kielwasser von Zille auf »Berliner Jöhren in allen Lebenslagen, auf Eintänzer, Raffkes und Budiker« spezialisiert und hatte einen Riesenerfolg damit. Der berufliche Erfolg war aber nur die eine Seite der Medaille. Die andere, private Seite hingegen war weniger erfreulich, denn Simmel litt viele Jahre unter schwerem Diabetes. Lange vor seinem Freitod im März 1933 war er dadurch an seine Wohnung gebunden und musste, da er die vielen Aufträge nicht mehr selbst erledigen konnte, Hilfe von Mitarbeitern in Anspruch nehmen. Zu diesen Zeichnern, die Simmels Stil perfekt zu imitieren lernten, gehörte zeitweise etwa auch der spätere Comiczeichner Ferdinand Barlog.

Wohl weil sich trotz eines monatelangen Aufenthalts im Krankenhaus von Königs Wusterhausen und anschließend im Sanatorium *Schlachtensee* keine Linderung einstellte und schon gar keine Aussicht auf Heilung oder Besserung bestand, hatte Simmel, der zudem unter Depressionen litt, diesem scheinbar hoffnungslosen Zustand am Morgen des 23. März 1933 durch die Einnahme von Gift schließlich selbst ein Ende gesetzt. Diese Entscheidung kam offenbar selbst für die engsten Freunde unvorbereitet, für Walter Trier soll sie ein großer Schock gewesen sein.

Der Öffentlichkeit blieben die Gründe für diese Tat eines erfolgreichen Humoristen völlig unverständlich, und so hatten, aufgrund der Nähe des Todesdatums mit der »Machtergreifung« Hitlers, in der Presse schnell Gerüchte um eine politische Motivation die Runde gemacht. Doch auch wenn die braunen Horden gewiss so gar nicht dem Geschmack Simmels entsprachen, gibt es dafür keinen Anhaltspunkt.

Emmy und Otto Rudolf Salvisberg

Keine zehn Jahre später sollte eine zweite langjährige Freundschaft Walter Triers ähnlich abrupt enden, und zwar jene zu Emma Maria, genannt Emmy, und Otto Rudolf Salvisberg, mit denen Lene und Walter Trier seit 1923 eng befreundet waren.

Liest man Beschreibungen des in Berlin lebenden Schweizer Architekten, die sein Wesen und seine Arbeit umfassen, so gewinnt man den Eindruck, dass der acht Jahre ältere Berner ideal zu Walter Trier passte, denn trotz seines Fleißes und Ehrgeizes soll er sich so gar nicht um eine Außenwirkung bemüht haben. Aus seinem Erfolg sog er keinen gesellschaftlichen Glanz, sondern nahm ihn – wie Walter Trier – maximal als Bestätigung und Ansporn für weitere Arbeiten. Salvisberg, der sein Schaffen »als Architekt in Berlin ganz und gar ohne Orchester« ausgeübt und in seinem Leben »statt auf den Hintertreppen des Ruhms zu verbringen, gebaut und gearbeitet« hat, war 1928 dem *Deutschen Werkbund* beigetreten und ungefähr zur selben Zeit in den *Dreierrat* der Reichshauptstadt berufen worden, in jenes Gremium, »dem die abschließende Begutachtung und Entscheidung über große Berliner Bauvorhaben unterstand«. Eine damals »unerhörte Wertschätzung dieses Ausländers, dessen Sprache nie die Färbung durch Berner Mundart verloren hatte«.

Doch die Freundschaft der Ehepaare ging weit über eine vergleichbare Einstellung zu Arbeit, Erfolg und Ruhm der Ehemänner hinaus, denn auch die Frauen scheinen – vermutlich durch ähnliche Interessen – eng verbunden gewesen zu sein. In den ersten Jahren der Nazi-Herrschaft sollte dieses Ehepaar für die Triers von großer Bedeutung werden: 1935 stellten die bereits in weiser Voraussicht früh in die Schweiz zurückgekehrten Freunde der aus Deutschland flüchtenden Familie Trier zeitweise ihr Haus in Herrliberg bei Zürich zur Verfügung, und sie waren ihnen mittels geschickt vernähter Mantelsäume bei illegalen Vermögenstransfers aus Nazi-Deutschland behilflich.

Auch nachdem die Familie Trier nach England ausgewandert war, bestand – trotz der nun großen räumlichen Distanz – die Freundschaft weiter. 1938 verhalf Salvisberg, der mittlerweile zum Hausarchitekten der Schweizer Firma *Hoffmann-La Roche* avanciert war, seinem Freund zu einem lukrativen Auftrag, als der Basler Pharmakonzern nämlich unter seiner Federführung den englischen Firmensitz in Welwyn Garden City bei London ausbaute und ein Wandgemälde benötigte.

Erst als Salvisberg am 23. Dezember 1940 beim Skifahren einem Herzschlag erlag, erlebte diese intensive und aufrichtige Freundschaft ein jähes Ende. Trotz des traurigen Anlasses trösteten sich die Freunde mit dem Gedanken, dass er ganz so gestorben war, wie er es sich einmal in engstem Kreis gewünscht hatte: »Beim Anblick seiner geliebten, im Lichte der untergehenden Sonne erstrahlenden Berge«.

Familie Geyer

In den Zwanziger und Dreißiger Jahren pflegten die befreundeten Ehepaare Trier und Salvisberg auch noch die Freundschaft zu einem dritten Ehepaar, zu dem Filmfabrikanten Karl Geyer und seiner Frau. Gemeinsam verbrachten all diese Wahlberliner nicht nur zahlreiche Urlaube, sondern waren auch auf dem Boot der Geyers unterwegs, vor allem im Südosten Berlins, zur Großen Krampe, zum Hölzernen See, bis Köpenick oder etwa auf einem der vielen anderen Spreearme. Die beiden fast gleichalten Mädchen, Gretl Trier und Irmgard Geyer – genannt Imme – hatten nicht nur während regelmäßiger Ferienreisen mit den Eltern, sondern bis ins hohe Alter über diverse Kontinente und verschiedene Weltmeere postalischen Kontakt gehalten.

Das 1920 von Salvisberg in Zeuthen, südöstlich von Köpenick, erbaute *Landhaus Geyer*, in dem wohl nicht nur zu Fasching große Feste gefeiert worden waren, hatte zwar den Zweiten Weltkrieg und die DDR überdauert, wurde dann aber rasch nach der Wende abgerissen – vermutlich zur Optimierung eines attraktiven Seegrundstücks.

Es sollte hier nicht unerwähnt bleiben, dass die dauerhaften Bekanntschaften Karl Geyers eine enorm weite Bandbreite aufweisen. Sie reichte von dem Schweizer Skeptiker Salvisberg und dem jüdischstämmigen »Salon-Anarchisten« Trier auf der einen Seite bis hin zur unerträglich opportunistischen Hitler-Verehrerin Leni Riefenstahl, die ihre Filme während der Nazi-Zeit ganz bewusst von den *Geyer-Werken* kopieren ließ. Ob und vor allem wie sich solch ein politischer Spagat menschlich aushalten ließ, ist heute nur sehr schwer zu beurteilen. Tatsache ist jedoch, dass Imme Geyer den Kontakt zu der bis zum Tod ungebrochen regimenahen Filmemacherin aufrechterhalten hat.

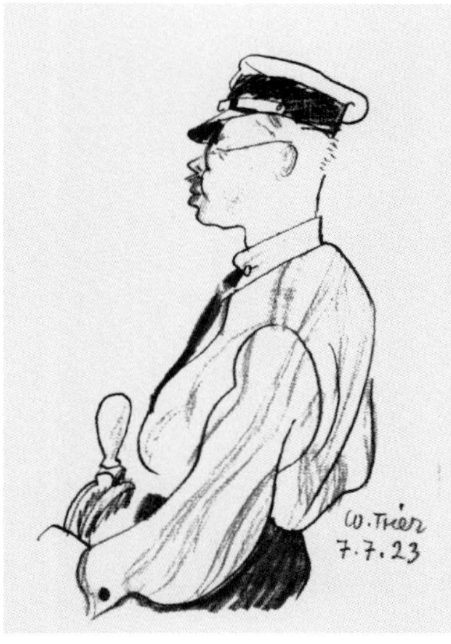

Porträt Karl Geyer. Kreidezeichnung, 1923.

Ein großer Bekanntenkreis

Über diese engen Freundschaften hinaus pflegten Lene und Walter Trier in Berlin einen recht großen Bekanntenkreis, mit dem man verschiedene Freizeitaktivitäten teilte und der Menschen ganz verschiedener Profession vereinigte. Es handelte sich um Rechtsanwälte, Naturwissenschaftler, Händler, Großfabrikanten, die Bauunternehmer Adolf Sommerfeld und Hermann Schäler sowie dessen Teilhaber Eugen Richter, aber auch einige wenige Kollegen, wie etwa der Bildhauer Paul Rudolf Henning, den jüdischen Musikschriftsteller und Dirigenten Werner Wolff, den promovierten Sportjournalisten Wilhelm Meisl samt Frau Rose sowie deren Kinder Peter, Emmy, Roland und Liselotte, die Kunstkritiker Paul Westheim und Walter Curt Behrendt, den Journalisten Georg Salmony sowie den Grafiker und *Ullstein*-Direktor Kurt Szafranski. Nicht wenige dieser Kontakte gingen über die normale, oberflächliche Herzlichkeit hinaus und beruhten auf tiefer menschlicher Zuneigung, die auch schwere Zeiten aushielt, etwa während der ersten Jahre der Nazi-Herrschaft, in der Emigration oder nach dem Zweiten Weltkrieg.

Paul Westheim

Als einen solchen besonders guten Bekannten kann man Paul Westheim bezeichnen, den wohl einflussreichsten Kunstkritiker in der Weimarer Republik. Während seiner Berliner Zeit hatte er als Herausgeber des meinungsbildenden Monatsheftes *Das Kunstblatt* den jungen expressionistischen Künstlern ein wichtiges Forum geboten, später war er im Ausland maßgeblich an den politisch motivierten Gegenaktionen zu Hitlers Ausstellung der *Entarteten Kunst* beteiligt. Für die 1938 in Paris stattgefundene Ausstellung *Freie deutsche Kunst*, zu der Walter Trier übrigens zwei Gemälde beigetragen hat, wird er sogar allein als für Inhalt und Organisation zuständig bezeichnet.

1933 war Westheim nach Marseille emigriert, wo er bis 1936 lebte. 1941 flüchtete er vor den Nazis aus Frankreich weiter nach Mexiko-Stadt, wo er bis zu seinem Tod 1963 blieb. Während dieser Zeit hatte er mehrere Briefe und Karten an Trier geschrieben, und auch Walter Trier hatte sich große Mühe gegeben, mit ihm in Kontakt zu bleiben. Doch man tauschte nicht nur die aktuellen Adressen und neuesten Gerüchte über sichere und lebenswerte Fluchtziele, sondern auch Informationen über auf der Flucht verloren gegangene Exemplare wichtiger Kunstzeitungen oder interessante Neuerscheinungen auf dem Kunstbuchmarkt.

Udo und Dora Rukser

Ebenfalls während der Flucht aus Nazi-Deutschland intensiviert wurde der Kontakt zu dem Ehepaar Rukser und Otto Blumenthal. Während unbeschwerter Zeiten hatte man sich in Berlin kennengelernt, doch schon unmittelbar nach der »Machtergreifung« Hitlers war der promovierte Jurist und Kunstsammler Udo Rukser mit seinem Sozius Blumenthal an den Bodensee gezogen. Rukser, der »arische« Spezialist für internationales Recht, hatte sich 1933 als Herausgeber der *Zeitschrift für Ostrecht* empört geweigert, all seine jüdischen Mitarbeiter zu entlassen. Außerdem machte er sich keine Illusionen über den drohenden Verlust seiner Unabhängigkeit als Rechtsanwalt. Gemeinsam mit seinem jüdischen Kollegen entschied er, die gutgehende Berliner Kanzlei zu verkaufen und einen kompletten beruflichen Neubeginn am Bodensee zu starten. So fern der deutschen Hauptstadt wie nur irgend möglich erwarb er 1934 den *Oberbühlhof*, der nur einen guten Kilometer von der Schweizer Grenze entfernt lag, machte sein Diplom als Obstbauer und verwandelte den ehemaligen Viehbetrieb »dank der Nutzung neuer Verfahren zur Obstsaftkonservierung innerhalb kurzer Zeit in ein florierendes Obstbauunternehmen«. Das Amt des Kellermeisters hatte der ehemalige Jurist und Mitbegründer der *Deutschen Liga für Unabhängigen Film* Otto Blumenthal übernommen.

Hatte Rukser in Berlin eine höchst beachtliche Sammlung der klassisch modernen Malerei zusammengetragen, so verkehrten in den ersten Jahren auf dem Gutshof nur noch wenige gleichgesinnte Kunstfreunde, wie etwa der seines Postens an der *Düsseldorfer Kunstakademie* enthobene Kunstwissenschaftler Walter Kaesbach, der Grafiker und Bildhauer Ewald Mataré, der Filmpionier und Dadaist Hans Richter und eben auch Walter Trier mit seiner Frau

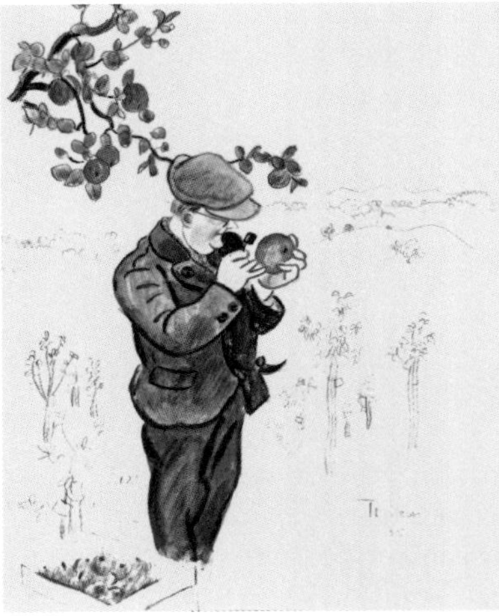

Porträt Dr. jur. Udo Ruckser. Gouache, 1935.

und Tochter. Bei Udo und Dora Rukser fand die jüdische Familie Trier in der schwierigen Zeit der Flucht 1935 und 1936 wiederholt für längere Zeit Unterschlupf. Während eines dieser Aufenthalte zeichnete Walter Trier einige für ihn ungewöhnliche, sehr lyrische Landschaftsbilder, aber auch liebevolle und einfühlsame Porträts von Vieh und Bewohnern, wie etwa Otto Blumenthal als *Mostereichef*.

Kurz nach der endgültigen Flucht der Familie Trier sah sich Udo Rukser – aufgrund einer ersten ergebnislosen Durchsuchung des *Oberbühlhofes* durch die Gestapo – veranlasst, seine jüdische Frau Dora ebenfalls in Sicherheit zu bringen. Er schickte sie zu Freunden nach Herrliberg bei Zürich. Dorthin, wo auch Triers eine erste Zwischenstation gemacht hatten. Als eine weitere Razzia, die »im Rahmen der Novemberprogrome 1938« stattgefunden hatte, »mit der Verhaftung und Verschleppung Blumenthals durch Angehörige der SS endete« und die »Rukser aufgrund einer Verwechslung fast das Leben gekostet hätte«, entschloss sich auch Rukser zur Auswanderung. Er konnte in die Schweiz entkommen und von dort den Verkauf des Hofes betreiben. Nachdem Otto Blumenthal Anfang 1939 die Flucht nach Palästina gelungen war, siedelten Udo und Dora Rukser Mitte desselben Jahres schließlich nach Chile über.

Nicht nur bei ihren Aufenthalten am Bodensee und in der Schweiz trafen Triers auf unerschrockene Freunde und hilfreiche Bekannte von früher, sondern auch auf Ibiza. Die spanische Insel war bis zum Ausbruch des spanischen Bürgerkriegs eines von mehreren erfolgversprechenden Fluchtzielen, das etwa von Raoul Hausmann genutzt worden war.

Der Kontakt zu der bereits seit Anfang der Dreißiger Jahre in London lebenden Familie des Sportjournalisten Wilhelm Meisl sollte sich gleichfalls als tragfähig erweisen, nämlich als die Flucht der Familie Trier nach England realisiert werden musste.

Abgesehen von den eben genannten Freunden waren in Berlin nahezu alle weiteren Bekanntschaften eher geschäftlicher Natur. Man traf bei den verschiedensten Aktivitäten aufeinander, wobei sich der Radius von Walter Trier mit einigen Kollegen erstaunlich oft überschnitt, egal ob es sich nun um Theaterleute, Schriftsteller, Journalisten oder Künstlerkollegen handelte. Manche dieser gesellschaftskritischen und kunstaffinen Geister kannte Trier sogar noch aus gemeinsamen Münchner Tagen.

Albert Schlopsnies

So wie den sieben Jahre älteren Kunstgewerbler Albert Schlopsnies. Der aus Ostpreußen stammende Schlopsnies hatte ebenfalls bei Franz von Stuck studiert und im Anschluss daran in der Münchner Klarastraße 12 die *PI-PE-RO-Werkstätte für feine Geschenke, Kleinkunst, Siluetten und Luxus-Papierwaren* eröffnet. Über einen seiner damaligen Kunden hatte er den an der *Stuttgarter Kunstgewerbeschule* ausgebildeten Richard Steiff kennengelernt, einen der neun Nichten und Neffen von Margarete Steiff. Seit 1897 war Richard Steiff in der *Giengener Filz-Spielwaren-Fabrik* tätig, ab 1906 sogar als einer von drei Geschäftsführern. In dieser Funktion hatte er Schlopsnies 1910 als künstlerischen Berater an die Giengener *Spielwarenfabrik Margarete Steiff GmbH* geholt, wo dieser dann bis 1923 Kataloge, Werbung und Schaustücke für Messen gestaltete. Genau in dieser Anfangszeit waren bei Walter Trier zwei Reklameplakate von *Steiff* in Auftrag gegeben worden, die für den amerikanischen Markt bestimmt waren. Ebenfalls 1912 wurde bei *Steiff* der erste deutsche *Puppenfilm* gedreht; inwieweit Albert Schlopsnies – und in seinem Gefolge eventuell auch Walter Trier, der ja bereits früh mit dem Medium Film experimentiert hat – »an der Entstehung dieses Films beteiligt war, der über 15 Jahre lang das Erscheinungsbild von ›Steiff‹ und das Design von Produkten mitbestimmte, darüber schweigen die Archivunterlagen«.

Vermutlich infolge von Schlopsnies' unstetem Leben nach einem recht unschönen Ende bei *Steiff* – Richard Steiff war für die Firma nach Amerika ausgewandert und hatte den geschätzten Künstlerkollegen nicht mehr gegen unfaire Angriffe aus der Geschäftsleitung in Schutz nehmen können – war der Kontakt zwischen Schlopsnies und Trier vorerst abgebrochen. Erst als sich Schlopsnies Ende der Zwanziger Jahre in Berlin angesiedelt hatte, fanden die beiden wieder zueinander. Neben ihren gemeinsamen Erinnerungen an die Münchner Akademie fühlten sie sich, jeder auf seine Weise, durch eine besondere Liebe für das Spielzeug verbunden. Denn Walter Trier sammelte alte Exemplare, und Albert Schlopsnies versuchte, die aktuelle Produktion positiv zu beeinflussen. Neben seiner gebrauchsgrafischen Arbeit für *Steiff* hatte er dort 1921 eine eigene *Künstlerpuppe* produzieren lassen. An diese Tradition und die zahlreichen Erfahrungen mit den Messeschaustücken der Firma *Steiff* anknüpfend, realisierte Albert Schlopsnies 1927 sieben »Filzplastiken« für die *Deutsche Theater-Ausstellung in Magdeburg*, nach den Entwürfen von Walter Trier. Die Skulpturen, bei denen es sich um dreidimensionale *Karikaturen-Puppen aus dem ›Komischen Theater-Museum‹* handelte, verkörperten Strindberg, Frank Wedekind, Georg Bernard Shaw, Max Pallenberg, Max Reinhardt, Elisabeth Bergner und die Jahrmarkt-Attraktion Sandwina, die angeblich stärkste Frau. Diese Puppen waren in Schlopsnies' Berliner Firma *Kunst-Praktikum* entstanden, vermutlich ebenso wie mehrere lebensgroße Tierfiguren, die zwei Jahre später als vollplastische Stoffkostüme in dem Stück *Der Löwenbändiger* des *Kabaretts der Komiker* fungierten. In dem dazugehörenden Programmheft sah man ein Foto von Walter Trier, der in die Rolle eines Stofftier-Dompteurs geschlüpft war, mit der frechen Unterzeile: »Walter Trier hält in seinem Heim eine seltsame Menagerie.« Vielleicht waren Schlopsnies' geschickte Hände auch bei anderen vollplastischen Stoffkostümen mit von der Partie, die nach Entwürfen von Walter Trier für diverse Berliner Bühnen entstanden waren.

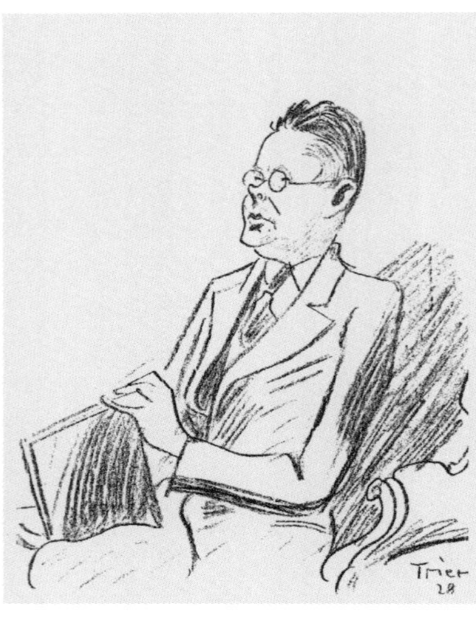

Porträt Albert Schlopsnies. Kreidezeichnung, 1928.

Schließlich gibt es noch eine Porträtzeichnung, die Walter Trier 1928 auf dem Geschäftspapier von Schlopsnies angefertigt hat. In Triers Umfeld wurde die Legende kolportiert, es handele sich um das Bildnis eines der Direktoren von *Steiff* – wofür man im gut erhaltenen Giengener Firmenarchiv jedoch kein Verständnis zeigte. Auch der Abgleich mit alten Fotos und die Chronologie der Ereignisse verwies diese Zuschreibung in den Bereich der Märchen. Der Blick auf eines der wenigen erhaltenen Fotos von Albert Schlopsnies lässt hingegen vielmehr an ein Porträt des Künstlerkollegen denken. Man erkennt ihn aufgrund der gesamten Statur, vor allem an der markanten Knubbelnase und einer leicht spöttischen Mundpartie. Wann und vor allem warum der Kontakt zwischen Schlopsnies und Trier noch vor 1930 abbrach, ist leider ebenso wenig bekannt wie Schlopsnies' weiterer Lebensweg.

Bühnenprominenz

Neben einer Reihe seriöser Bühnenkünstler, Dichter und einigen anderen Malern – George Grosz bekannte emphatisch »Wir alle liebten die damaligen Varietés« – übte das Zirzensische auch auf Trier damals eine große Anziehungskraft aus. Aber egal wie und wo, Walter Trier war in den Zwanziger und Dreißiger Jahren mit seinem scharf beobachtenden Zeichenstift in Berlin überall zu finden, vor allem vor und hinter den Bühnen. Die Stars dieser Zunft, insbesondere die Clowns und Grotesktänzer, hatten es ihm angetan. Porträtiert hat er etwa Erich Carow, Noni und das Clowntrio *Andreus*, sowie dessen berühmten Solisten Charlie Rivel, mit Vorliebe aber den Exzentikkomiker *Grock*.

Gleichfalls wiederholt hat er die *Fratellini* gezeichnet, ein Ende der Zwanziger Jahre rasch weltweit erfolgreich gewordenes Clowntrio. Die Bekanntschaft zu den Brüdern Alberto, Paolo und François Fratellini war schnell über das rein berufliche Interesse hinausgegangen. Während ihres Gastspiels im Februar 1928 hatten die drei Clowns den komischen Maler zu Hause besucht, was die Berliner Presse genüsslich via Fotoreportagen berichtete. Bei diesem Besuch im Hause Trier stand aber weniger der moderne Radioapparat im Mittelpunkt des Interesses, wie die Zeitungen geschrieben hatten, als vielmehr die dort befindliche Spielzeugsammlung des Hausherrn sowie sein Kunstsachverstand. Paolo Fratellini war nämlich nicht

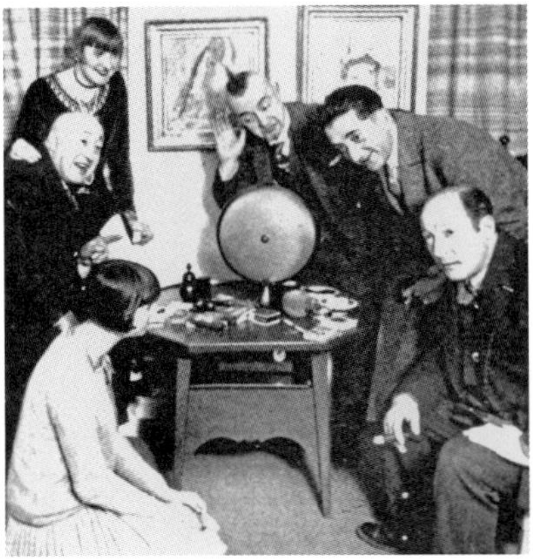

Walter Trier und die *»Fratellini«*. Foto, 1928.

nur Zirkusartist, sondern auch Kunstsammler und Büchernarr. Er selbst erzählte von dieser für einen Clown unerwarteten Leidenschaft und offenbarte ganz nebenbei dieselbe Lebenseinstellung wie Walter Trier: »›[…] Ich selbst liebe mein Heim, meine Familie. […] Mein Sohn sammelt mit mir, weil er unsere Bibliothek später noch weiter ausbauen will.‹ […] Langsam hat er die Truhe entleert. Es türmen sich Daumierholzschnitte, Monographien, Pastelle von Degas, Reproduktionen von Werken Constantin Guys und dann vor allem Einzelausgaben, Luxusdrucke, die das Wesen des Spielzeugs behandeln, die Erstausgabe der ›Grimmschen Märchen‹, Kindererzählungen, alte Bilderbücher. ›Ich möchte so gerne‹, fährt Fratellini fort, ›eine Spielzeugsammlung besitzen. Spielzeug und Bilderbücher, Kindererzählungen und Märchen lassen meiner Phantasie immer freien Lauf. Wenn ich meinen Kindern Märchen vorlese, kommen wir durch die Wirkung, durch die innere Auslösung verschiedenster Stimmungen auf neue Auftritts- und Szenenideen. Jedwede Anregung greifen wir dankbar auf. Wenn ich die schönen deutschen Romantikereinbände mit ihren zierlichen Schnörkeln betrachte, habe ich nicht übel Lust, mir eine Maske in zierlichstem Geranke von Blütenornamenten aufzumalen. Überhaupt die Romantik, jener große Vorstoß zur Literatur unserer Tage, jenes Schwelgen in den Gefühlen, im Taumel der Entzückung. Sehen Sie, dies romantische Gefühl, glaube ich, haben wir drei Fratellinis in unsere Zeit hinübergerettet, um der Nüchternheit mit unseren kindhaft schwärmerischen Scherzen die Stirn zu bieten.‹ Und die weißen Augen des Clowns leuchten. Hinter der geschminkten, weiß-rot gepuderten Maske ist ein Mensch, ein sonniger, beschaulicher, etwas pedantischer Charakter versteckt: der Kunstenthusiast und Sammler Paolo Fratellini.«

Über die Arbeit für die wichtigsten Berliner Kabarett- und Theaterbühnen war Walter Trier regelmäßig auch Theatergrößen wie Max Reinhardt, Rudolf Bernauer und Erik Charell begegnet, ebenso wie Friedrich Hollaender und anderen prominenten Musikern, Dekorationsmalern, Schauspielern und Schriftstellern. Von diesen Kontakten zur Bühnen- und Filmprominenz gibt es bei der Familie Trier ein paar Dokumente. So etwa, als im Februar 1930 der berühmte *Ullstein*-Fotograf Erich Salomon Walter und Lene Trier auf dem *Berliner Presseball* im Bild festgehalten hatte, just in dem Moment, als sie gemeinsam in einer Loge mit dem Schauspieler Paul Hörbiger saßen. Im Unterschied zu anderen Berliner Bällen, die zuweilen in Massenveranstaltungen ausarteten, gehörte der *Berliner Presseball* zur obersten Kategorie, zu der nur geladene Prominenz aus Politik und Gesellschaft eingelassen wurde.

Bei Siegfried Jacobsohn traf Walter Trier auf die Autoren dessen berühmter *Schaubühne*, ab 1918 seiner *Weltbühne*, und seit 1924 hatte er Kontakt zu dem kleinen Blättchen *Kuckucksei* des *Graphischen Kabinetts am Kurfürstendamm* und traf dort etwa mit den Theaterleitern Rudolf Bernauer und Rudolf Nelson zusammen sowie mit dem Kunsthändler Alfred Flechtheim, dem Breslauer Architekten Edgar Hönig sowie den Malern Prof. Willy Jaeckel und Bruno Krauskopf. Und spätestens in den Räumen der *Berliner Secession* kam er mit Charlotte Berend-Corinth, Gino Ritter von Finetti, Carl Hofer, Karl Schmidt-Rottluff, Hans Purrmann, Georg Kolbe, Ernst Ludwig Kirchner, Max Pechstein, George Grosz, Karl Albiker, Eugen Spiro und Rudolf Belling in Kontakt, oder auch auf gemeinsamen Ausstellungen mit Ernst Stern, Heinrich Zille, César Klein, Benno von Arent und Emil Orlik.

Treffpunkt Café

Damals verabredete man sich aber nicht nur in den jeweiligen Redaktions- oder Galerieräumen, sondern ging gern in eines der vielen Cafés, in denen nicht wenige Künstler und Intellektuelle ihre mobile Arbeitsstube eingerichtet hatten. Ein derart festes Stammlokal ist für Walter Trier nicht überliefert, doch glaubt man den Quellen, dann war Trier hin und wieder im *Café des Westens* zu Gast und pflegte vertraulichen Umgang nicht nur mit dem Betreiber Ernst Pauly und dem Koch Rocco, sondern auch mit den dortigen Kellnern, vor allem mit dem Zeitungskellner. Sie alle – und noch

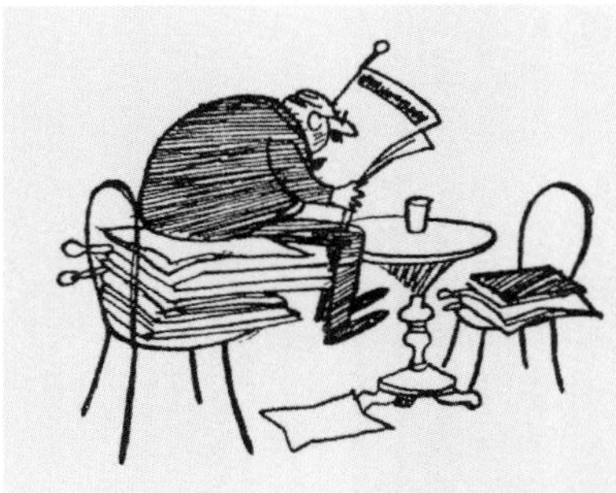

Zeitungsleser. Buchillustration, 1913.

viel mehr, wie etwa diverse Kulturgrößen der Weimarer Republik – hat Walter Trier dort mit seinem Zeichenstift festgehalten: Szenen aus dem Alltag des Cafés, den obligatorischen Zeitungsleser, aber auch die neugierigen West-Berliner, für die es ein Sonntagsvergnügen war, die Künstler in dem wegen seiner bescheidenen Stammklientel auch gern als *Café Größenwahn* verspotteten Lokal begaffen zu gehen.

Glaubt man zeitgenössischen Berichten, dann wurden im *Größenwahn* Engagements gemacht, Utopien entwickelt, Pläne geschmiedet, Entwürfe vorgestellt, Programme diskutiert sowie manch brütendem und düster dreinblickendem Theaterdirektor die Geldsorgen genommen. Im Jubiläumsband zu *Zwanzig Jahre des Café des Westens* hatte Walter Trier 1913 als dortige Stammgäste versammelt: Ernst von

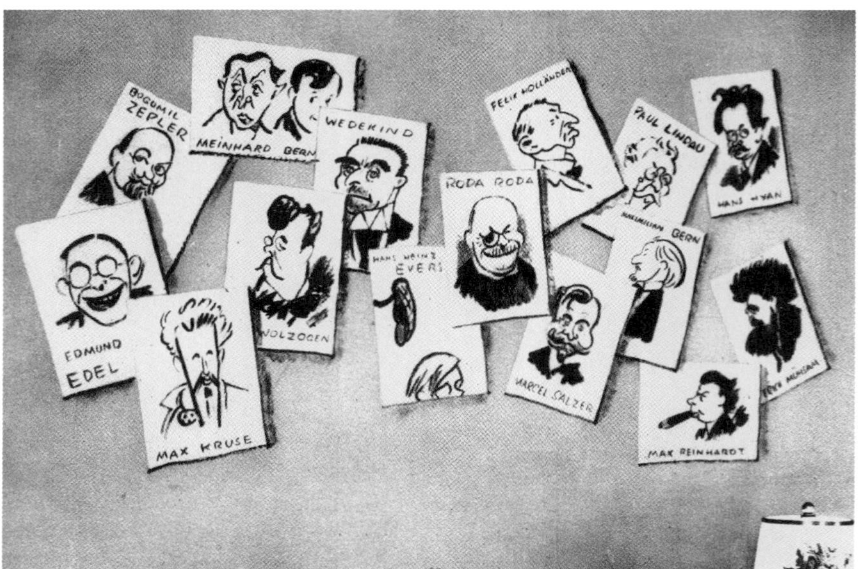

Wandbild in der *»Fürstenberg-Klause«*. Postkarte, 1913.

Wolzogen, Erich Mühsam, Hans Heinz Evers, Edmund Edel, Roda Roda, Max Reinhardt, Alfred Flechtheim, Friedrich Hollaender, Joseph Schildkraut, eine Reihe Nachwuchsdichter sowie die Künstler des *Sturm* und schließlich auch sich selbst. In dem rustikal gestalteten Erdgeschoss der *Fürstenberg-Klause* am Kurfürstendamm, Ecke Knesebeckstraße, befand sich schon früh »eine permanente Trier-Galerie« mit den Karikaturen der eben genannten, zuzüglich der Theatermagnaten Meinhard und Bernauer, der Schriftsteller Frank Wedekind, Hans Hyan, Maximilian Bern, sowie von Paul Lindau, Max Kruse, Marcel Salzer und Bogumil Zepler. Dieses Wandgemälde eines Who's Who der örtlichen Bohème war wie aus lauter einzelnen an die Wand gepinnten Schmierzetteln gestaltet und hatte es rasch zum Motiv einer Ansichtskarte gebracht. Eine zweite Postkarte zeigte übrigens den Blick in den noblen Speiseraum im Obergeschoss mit ordentlich gerahmten und brav gehängten Originalen des Berliner Zeichners Theodor Hosemann, den man getrost als den heute nahezu unbekannten Vorgänger von Heinrich Zille bezeichnen kann.

Erich Kästner

Vermutlich zur Überraschung vieler fehlt bislang ein Name in der Riege der Freunde und Bekannte der Familie Trier, nämlich der von Erich Kästner. Doch diese angeblich so enge Freundschaft gab es in Berlin noch gar nicht. Dazu waren die beiden Buchkünstler viel zu verschiedene Charaktere und hatten eine zu unterschiedliche Sozialisation genossen. Aus einer anfänglich reinen Arbeitsbekanntschaft sollte erst gegen Ende von Walter Triers Leben eine tiefere Freundschaft werden, wenn auch auf große Distanz – wozu die äußeren Umstände mit Flucht und Emigration sicher eine Menge beigetragen haben.

Die Spanne ihrer gemeinsamen Berliner Zeit beträgt hochgerechnet gerade einmal zehn Jahre; von 1927, das ist das Datum von Kästners Umzug von Leipzig nach Berlin, bis 1937, dem Beginn von Triers Leben im Londoner Exil. Doch obwohl sich Trier und Kästner durchaus schon in demselben intellektuellen Milieu Berlins aufgehalten haben, musste es Oktober 1929 werden, bis sie einander persönlich kennenlernten; und das auch nicht aus freien Stücken,

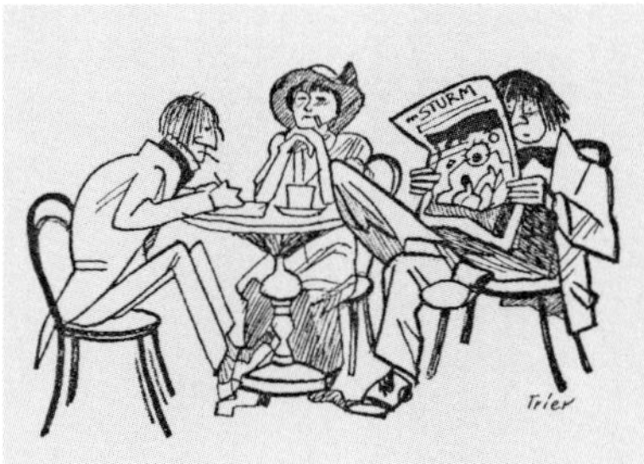

»Sturmecke« im *»Café Größenwahn«*. Buchillustration, 1913.

sondern aufgrund der gezielten Kuppelei einer gewieften Verlegerin.

Wie unterschiedlich die beiden von Haus aus waren, kann man gut an ihrem Umfeld erkennen. Der neun Jahre jüngere promovierte Germanist hatte in seiner Anfangszeit seine Zelte in ganz anderen Berliner Cafés aufgeschlagen als Walter Trier. Zuerst im *Carlton* am Nürnberger Platz, dann im *Josty* in der Kaiserallee und schließlich im *Leon* am Lehniner Platz. Auch wenn die Lokale wohl vor allem wegen der bequemen Laufnähe zu Kästners Wohnungen ausgewählt worden waren, so hätten ihm – anders als Walter Trier – das selbstbewusst anarchistische Publikum im *Café des Westens*, die trotz allem gediegene *Fürstenberg-Klause* oder gar die selbstverliebte Klientel im *Romanischen Café* an der *Gedächtniskirche* ohnehin nicht recht behagt. Um diese höchst eigenwillige und zuweilen respektlose Mischpoke ertragen zu können, war der damalige Kästner noch viel zu unsicher und von zu vielen Existenzängsten geplagt, ganz im Gegensatz zu dem arrivierten Zeichner.

Die größte personelle und ideelle Überschneidung mit Walter Triers Bekannten- und Wirkungskreis gab es vermutlich seit 1929 im *Café Leon*. Das Café, das nur einen Steinwurf von Kästners Wohnung in der Roscherstraße entfernt lag, befand sich in dem von dem Architekten Erich Mendelsohn neuerbauten *Woga-Komplex*, wo auch das *Kabarett der Komiker* untergebracht war, für das Walter Trier hin und wieder gearbeitet hat. Aufgrund der räumlichen Nähe zum Kabarett waren angeblich auch die Café-Besucher auf frechen Wortwitz mit gesellschaftskritischem Anspruch gepolt. Außerdem lag das Etablissement mitten im aufstrebenden und glitzernden Westen der Stadt, am Berliner Broadway, wie die Hauptstädter ihren Kurfürstendamm gern spöttisch nannten.

Man kann eigentlich davon ausgehen, dass Kästner und Trier spätestens 1928, also vor ihrem ersten offiziellen Aufeinandertreffen, zumindest von der Arbeit des anderen gehört oder gewusst haben. Zur gleichen Zeit arbeiteten beide für das *Kabarett der Komiker*:

Walter Trier zwischen 1929 und 1932 als Gestalter des Foyers, Entwerfer von Bühnendekorationen sowie als Zeichner von Titelblättern und Beiträgen für das hauseigene Programmheft; und ebenfalls seit ungefähr 1929 ist Erich Kästner als Liedtexter und Feuilletonist für *Die Frechheit* dokumentiert. Auch möglich, dass sich Trier und Kästner schon in einer der Redaktionsstuben des *Ullstein*-Konzerns, bei der *Weltbühne* oder einem anderen linksliberalen Blatt über den Weg gelaufen waren.

Aber egal – vielleicht gehört es einfach zur Legendenbildung über perfekte Arbeitsbeziehungen dazu, dass sie erst auf Anregung von außen zustande gekommen sind –, Fakt ist, dass es ohne die Vermittlung der als resolut beschriebenen Verlegerin Edith Jacobsohn vielleicht nie zu einem intensiveren Kontakt zwischen den beiden Buchkünstlern gekommen wäre. Denn wie schon erwähnt, hatten die beiden dazu zu unterschiedliche Werdegänge, Lebensverhältnisse und Persönlichkeiten.

Auf der einen Seite war dies der egozentrisch veranlagte, ledige Frauenheld mit traumatischen Kindheitserlebnissen, der in Stammcafés seine Arbeit zu erledigen pflegte, täglich seiner Mutter in Dresden Postkarten und einmal die Woche auch die schmutzige Wäsche schickte und Kindern gegenüber eine zuerst etwas schüchterne, dann kumpelhafte, zuweilen aber auch schulmeisternde Attitüde an den Tag legte. Nicht nur aufgrund seiner kleinbürgerlichen Herkunft war Kästner sehr ehrgeizig. Seinem »Muttchen« zuliebe wollte, nein, musste er etwas aus sich machen, jemand werden. Dabei wurde ihm der soziale Aufstieg nicht leicht gemacht, er musste lernen zu kämpfen. Diesen enormen Druck spürt man deutlich in seiner privaten Korrespondenz und ahnt davon noch auf den Fotos des arrivierten, ketterauchenden Kästners, der versucht bei einem Glas Whisky zu entspannen. Wohl mehr ein Getriebener seines enormen Talents denn ein gelassen damit Spielender.

Auf der anderen Seite stand Walter Trier, der, aus wohlhabenden Verhältnissen stammend, schon als Kind mit seiner Begabung in seinem Umfeld neidlose Begeisterung auszulösen vermochte. Der sich später, als introvertierter und glücklicher Familienmensch, gerne in sein verspielt eingerichtetes Haus vor den Toren der Großstadt zurückzog und der Kinder liebte, da sie ihn an die eigene glückliche Kinderzeit mit seinen Geschwistern erinnerten. Auch als Erwachsener begegnete Walter Trier Kindern konsequent auf Augenhöhe, Moralpredigten waren seine Sache nicht. Insofern erfüllte Trier Kästners Utopie von dem »lebendig gebliebenen Kontakt zur eigenen Kindheit« und sein liebstes Selbstbildnis als »weise gewordener, Kind gebliebener Mensch« – wie eine Notiz in einer der Stoffmappen Kästners belegt – undogmatisch und höchst selbstverständlich mit Leben.

Nachdem mit *Emil und die Detektive* ihr gemeinsames Erstlingswerk 1929 ein grandioser Verkaufsschlager geworden war, dem im regelmäßigen Jahresabstand auch noch weitere folgen sollten, wurde der zweifellos perfekten Arbeitsbeziehung schnell eine tiefe Freundschaft zwischen Autor und Maler angedichtet. Nicht zuletzt Erich Kästner und seine Lebensgefährtin Luiselotte Enderle – und in deren Gefolge zahllose Biografen – strickten gerne an dieser Legende. Doch wie so oft sah die Realität etwas anders aus. Viele Jahrzehnte später hat die Witwe Helene Trier in einem persönlichen Gespräch gestanden, dass sie und Walter damals in Berlin recht wenig von dem unsteten Lebenswandel und den vielen Frauengeschichten Kästners gehalten haben. In dieses Bild passt die Erkenntnis der Literaturwissenschaftlerin Ute Harbusch, die bei ihren Forschungen über den Kinderbuch-Kästner entdeckt hat, welch »geradezu erstaunlichen Wert Kästner auf Distanz legt in der zugleich größten Hommage, die er seinem Zeichner gewidmet hat«. Und sie stellte fest, wie Kästner im Nachruf auf Trier »sein eigenes Engagement in der Weimarer Zeit […] heraus[kehrte] und das des anderen (oder den Mangel des eigenen?) in der Hitlerzeit unter den Teppich [kehrte], wenn er behauptet, des Zeichners Feder habe niemals jemanden angegriffen und wäre zudem außerstande gewesen, seine, Kästners, satirischen Gedichte zu illustrieren. Statt dessen betont er in Passagen, die von der Nachwelt besonders gerne zitiert werden, nicht zu Unrecht, doch zu einseitig den lächelnden, verspielten Trier, spricht von Spitzweg, dem ›fröhlichen Entschluß zur Idylle‹ und einem ›Zwinkerblick ins Paradies‹.«

Angesichts von Triers langjähriger Arbeit für verschiedene Berliner Kabaretts sowie seiner zahlreichen antinazistischen Zeichnungen im Exil ist die Bemerkung Kästners im Nachruf kaum verständlich. Auch gibt es von Kästner keinen Hinweis, dass er manche Romanidee aus den Bildern Triers gewonnen hat. Ein Beispiel dafür ist Triers Zeichnung vom *fliegenden Schulmeister Schulze*, die 1927 in den *Lustigen Blättern* erschienen war, also ganze fünf Jahre, bevor Erich Kästner überhaupt nur an sein *Fliegendes Klassenzimmer* gedacht hat. Das Original der Zeichnung hing außerdem in Triers hauseigener Bildergalerie, die Kästner von diversen Arbeitsbesuchen gekannt haben muss.

Zumindest für die Berliner Jahre gilt es festzuhalten, dass die beiden Buchkünstler privat einen höflichen, aber distanzierten Kontakt unterhielten. Auch zeigten die privaten Freundeskreise und Freizeitaktivitäten keinerlei Überschneidungen. Umso größer ist folglich das Glück zu nennen, dass sich trotz dieser ungünstigen Grundvoraussetzungen die beiden Künstler nicht von einer erfolgreichen beruflichen Kooperation haben abhalten lassen, zumal die weltpolitischen Ereignisse und individuellen Erlebnisse nach 1933 zu weiteren Belastungen und einer großen räumlichen Trennung geführt haben.

Doch vermutlich haben gerade diese Widrigkeiten – Kästners Rückzug in die innere Emigration und Triers Vertreibung bis nach Übersee – sowie die späteren Erinnerungen an die gemeinsame Zeit in Berlin im Alter das menschliche Verhältnis zueinander ganz entscheidend verändert. Man könnte fast sagen, dass die ehrliche Zuneigung füreinander und Achtung voreinander mit dem räumlichen und zeitlichen Abstand enorm gewonnen haben.

Die inniger gewordene Beziehung zwischen Trier und Kästner wird noch ausführlich im Kontext von Triers Leben in Toronto beschrieben, hier soll es zunächst um ihre Berliner Jahre gehen.

Laut Erich Kästner haben sich Autor und Zeichner 1929 unter der Ägide von Edith Jacobsohn kennengelernt, als es um Kästners ersten Kinderroman ging. Angeblich war der junge Journalist während eines der berühmten *Weltbühnen*-Teenachmittage, bei denen die Herausgeber und Mitarbeiter der linksliberalen Wochenzeitschrift – unter ihnen Karl von Ossietzky, Kurt Tucholsky, Arnold Zweig oder Alfred Polgar – im Hause Jacobsohn in Berlin-Grunewald zusammenkamen, zwischendurch von der Hausherrin »auf den Balkon bugsiert« worden. Dort soll sie sich das Monokel ins Auge geklemmt und weit ausgeholt haben: »Sie wissen, daß ich die› Weltbühne‹ nur leite, weil mein Mann gestorben ist. Und sie wissen auch, daß mir der Kinderbuchverlag ›Williams & Co.‹ gehört.« Natürlich wusste Kästner, wovon die Dame sprach, weshalb sie schließlich auf den Punkt kommen konnte: »Es fehlt an guten deutschen Autoren. Schreiben Sie ein Kinderbuch!« Kästner soll über diese Aufforderung zwar völlig verblüfft gewesen sein, aber dennoch erwidert haben: »Das ist sicher schwer, aber ich werd's versuchen.« Als Edith Jacobsohn einige Wochen später bei Kästner angerufen hat, um nachzufragen, ob er sich die Sache mit dem Kinderbuch überlegt hätte, soll dieser ihr mitgeteilt haben, dass er bereits am neunten Kapitel schreibe. Daraufhin will Kästner am anderen Ende der Telefonleitung etwas leise klirren gehört haben und deutete dies so, dass der Verlegerin wohl vor Überraschung das Monokel aus dem Auge gefallen sei.

Gerade wegen dieser hübschen und von Kästner selbst gerne und immer wieder kolportierten Entstehungsgeschichte des *Emil*, worin er den Anfang seiner Kinderbuchkarriere und die Verantwortung für die Entscheidung Kinderbuchautor zu werden kokett, aber wahrheitswidrig von sich auf die Verlegerin schob, wurde die Rolle Edith Jacobsohns auf die einer netten und vielleicht etwas resoluten Ideengeberin reduziert.

Die eigentliche Rolle aber, die die Verlegerin tatsächlich für den Erfolg des Bestsellers gespielt hat, geriet dadurch in den Hintergrund und wird bis heute weitgehend unterschätzt. Denn der Erfolg des Duos Kästner-Trier ist in wesentlichen Dingen ihrem großen Engagement und ihrem unermüdlichen Einsatz zu verdanken. Sie organisierte Vorabdrucke, die bereits Mitte Oktober in der *Neuen Leipziger Zeitung* und in der *Vossischen Zeitung* erschienen, sie verschaffte den Büchern den nötigen Platz in den heimischen Schaufenstern und sorgte für die Verbreitung im Ausland. So ist es schließlich nicht verwunderlich, dass Kästners erstes Kinderbuch keine fünf Jahre nach seinem Erscheinen bereits in vierzehn verschiedenen Sprachen vorlag, zehn Jahre später in über zwanzig.

Edith Jacobsohn nutzte begeisterte Kritiken geschickt in Werbekampagnen für ihren *Williams Verlag*. Schließlich schrieb sie Wettbewerbe für Kinder aus und veröffentlichte auch einige von Kindern verfasste Briefe als Faksimile in Werbebroschüren. Als ein genialer Reklameschachzug sind auch die Theaterstücke und Verfilmungen zu bezeichnen – nicht nur wegen des jeweils riesigen Medienspektakels, das jedes Mal aus der Darstellersuche gemacht wurde. Veranstaltungsplakate und Handzettel fungierten immer wieder als äußerst geschickte, indirekte Buchreklame und auch bei deren Presseberichterstattung wurde selbstverständlich gerne auf die Buchvorlagen verwiesen.

In der aktuellen Kästner-Forschung wird als Grund für den anhaltenden Erfolg von *Emil und die Detektive* ausdrücklich die Tatsache genannt, dass »nämlich nicht so sehr der ›Roman‹ Emil und die Detektive als [vielmehr] das ›Buch‹« ein Klassiker geworden sei. Und »ganz sicher ist der Erfolg des Buches mit den Illustrationen Walter Triers verbunden« beziehungsweise: »maßgeblichen Anteil an dem überwältigenden Erfolg hat Walter Trier«.

Die damit verbundene Konnotation von Trier mit Kästner sollte für den Zeichner Segen und Fluch zugleich bedeuten, denn bis heute haben sich mehr Literaturwissenschaftler für ihn interessiert als Kunsthistoriker. So hielt sich in Fachkreisen hartnäckig die Schlussfolgerung, »daß der eine [gemeint ist Trier] ohne den anderen [gemeint ist Kästner] niemals so beliebt und erfolgreich geworden« wäre. Zusätzlich verlor der vielseitig begabte Zeichner – reduziert auf diese wenigen Illustrationen für Kästners Kinderbücher – in den Vorstellungen der Betrachter schließlich seine künstlerische Eigenständigkeit und wurde im Laufe der Zeit zum lediglich niedlichen Anhängsel des Autors degradiert. Sein Anteil am Erfolg von Kästners Kinderromanen, vor allem aber die Bedeutung seines übrigen, umfangreichen Œuvres fiel folglich durch den Rost der Literatur- und Kunstgeschichte.

Doch zurück zu dem persönlichen Verhältnis von Trier und Kästner. Der Schriftsteller schrieb dazu: »In Berlin hatten wir einander kennengelernt und ab und zu gesehen. Zuerst bei der Verlegerin Edith Jacobsohn, die aus uns ein Paar machte. Dann in seinem schönen Haus. Und, als er es schweren Herzens aufgegeben hatte, in der Keithstraße, wo er, schon zwischen Koffern hausend, die Auswanderung vorbereitete.«

Übrigens: Das immer wieder in der Fachliteratur kolportierte Jahr 1927 als Datum des ersten Kennenlernens geht auf wechselnde

Copyright-Angaben beim *Emil*, einen handfesten Irrtum Kästners und eine missverständliche Äußerung, wohl aufgrund ungenauer Rechenkünste, zurück.

1959 hatte Kästner geschrieben: »Walter Trier ist unersetzlich. Daß dem so sei, spürte ich schon, als wir einander 1927 in Berlin kennenlernten und er mein erstes Kinderbuch, ›Emil und die Detektive‹, illustrierte. Ich empfand es während des Vierteljahrhunderts unserer Zusammenarbeit stets von neuem und in steigendem Maße. Und seit er tot ist, weiß ich's erst recht. Sein Platz ist leer geblieben.«

Mit »1927« erinnerte sich Kästner also an das Jahr, in dem er von Leipzig nach Berlin gewechselt war, nicht an sein Zusammentreffen mit dem Zeichner wegen des *Emil*, das erst zwei Jahre später stattfand. Dennoch ist es gut möglich, dass Kästner bereits 1927 in den Straßen Berlins und an den dortigen Kiosken auf die ersten Triers aufmerksam geworden war. Wie eindrücklich diese waren, hatte er in seinem Nachruf 1951 formuliert: »Als ich ihn vor fünfundzwanzig Jahren kennenlernte, war er längst berühmt. Es war ein seltsamer Ruhm. Er beruhte auf scheinbaren Kleinigkeiten. Auf sogenannten Witzzeichnungen, auf Buchillustrationen, auf Titelbildern bekannter Zeitschriften. Da sah man etwa auf einem Umschlag der ›Dame‹ [sic] eine Eisenbahn, die, mit dampfender Lokomotive, mitten in einer Wiese hielt. Die Fahrgäste schauten lachend aus den Abteilfenstern. Und die Schaffner knieten samt dem Lokomotivführer im Gras und pflückten, kindlich versonnen, gewaltige Blumensträuße. Es war, wie gesagt, nichts weiter als ein Umschlagbild. Aber ein Umschlagbild, wie es Umschlaghäfen gibt. Wer, im damaligen Berlin, mit Ziffern im Kopf, stupide vom Lärm der Stadt, durch die Straßen hetzte und am ersten besten Kiosk einen solchen ›Trier‹ sah, blieb stehen, holte Luft und – lächelte. So hat Walter Trier sein Leben lang das Lächeln unter die Menschen gestreut. Wie früher einmal, bei Krönungszügen, die Fürsten ihre Dukaten.«

1951 minus 25 macht 1926, damals lebte Kästner aber noch in Leizpig. Aber so genau sollte man Kästner wohl nicht auf Zahlen festlegen, er hatte sich ja schon bei der Angabe von Triers letztem Geburtstag um ein Jahr geirrt. »Ein Vierteljahrhundert« klingt eben einfach schöner. Und als Literat war Erich Kästner deutlich mehr an schönen Formulierungen interessiert als an der Tradierung historisch korrekter Fakten.

Zur historischen Korrektheit gehört auch, dass Erich Kästner zwar zu den 24 Autoren zählte, dessen Schriften von Goebbels bei der Bücherverbrennung am 10. Mai 1933 auf dem Berliner Opernplatz, voller Hass und Abscheu als »undeutsches Schrifttum« den Flammen übergeben wurden – Kästner selbst berichtet uns von diesem historischen Augenblick, dem er sogar persönlich beiwohnte –, *Emil und die Detektive* aber war nicht unbedingt das Ziel dieses Hasses. Das Buch wurde von Nazis auch nicht sofort gestoppt. Den Grund dafür konnte man bereits 1929 im von Sozialdemokraten dominierten *Reichsbanner* nachlesen. Dort wurde festgestellt, dass Kästners Kinderbuch »in sehr sympathischer und oft witziger Weise den Wert junger Kameradschaft betont«. Vor allem dies gefiel den Nazis und so wurden gemäß dem *Katalog der Kinder- und Jugendliteratur 1933–1945*, der Passagen aus der *Schwarzen Liste für öffentliche Büchereien und gewerbliche Leihbüchereien, Schöne Literatur des Kampfbundes für Deutsche Kultur* von 1933 zitiert, pauschal alle Schriften von Kästner aufgeführt, mit einer einzigen Ausnahme: »alles außer: Emil«. Erst im Oktober 1935 findet sich auch dieses Kinderbuch auf der *Liste 1 des schädlichen und unerwünschten Schrifttums*, die von der *Reichsschrifttumskammer* herausgegeben worden war und die »eine Liste solcher Bücher und Schriften [aufführte], die das nationalsozialistische Kulturwollen gefährden«. Damit war die Verbreitung dieser Bücher und Schriften durch öffentliche Büchereien und durch den Buchhandel in jeder Form untersagt, und der Weg war »frei, alle Bücher von ihm aus den Läden und Bibliotheken zu verbannen, also auch den bisher immer ausgenommenen Roman ›Emil und die Detektive‹. Es dauerte allerdings noch bis zum 29. Januar 1936, bis die ›Reichsschrifttumskammer‹ das ›Geheime Staatspolizeiamt‹ bat, beim ›Verlag Williams & Co.‹ die Restbestände des ›Emil‹ als auch die noch vorhandenen Prospekte sicherzustellen. Bereits am 17. Februar 1936 meldete die ›Preußische Geheime Staatspolizei‹ an das ›Geheime Staatspolizeiamt‹ Vollzug. Bei ›Williams & Co.‹ waren zwei Bände des Romans und 2 000 Prospekte beschlagnahmt worden; in der Berliner Auslieferung des Verlags hatte die Gestapo weitere 173 Bücher von Kästner und noch 1 000 Prospekte

»sichergestellt«. Gleichzeitig ging »an alle in Preußen und Politische Polizeien d. übrigen Länder« folgender Funkspruch: »Vereinzelt taucht noch das Buch ›Emil und die Detektive‹ von Erich Kästner auf. Weise darauf hin, daß sämtliche Schriften Kästners auf der Liste der Reichsschrifttumskammer über schädliches und unerwünschtes Schrifttum aufgenommen sind. Noch vorhandene Bestände oder auftauchende Exemplare polizeilich beschlagnahmen und einziehen.« In der *Jugendschriftenwarte* Nr. 9 von 1935 wurde als Grund für die Ablehnung von Kästners Kinderbüchern die »Schwächlichkeit der Charaktere« angegeben, des Weiteren Kästners burschikose Sprache und »die schnoddrigen Karikaturen des Juden Walter Trier«. Höchst bemerkenswert ist schließlich auch die Tatsache, dass betont darauf hingewiesen wird, »daß grundsätzlich alle von Trier bebilderten Bücher abgelehnt werden, auch wenn sie inhaltlich einwandfrei sind«.

Auch wenn sich eigentlich schon vor der Machtübernahme Adolf Hitlers die Arbeit der erfolgreichen Trias Jacobsohn-Kästner-Trier immer schwieriger gestaltete, so wurde sie mit Beginn des Dritten Reiches schließlich ganz unmöglich. Schlechte Geschäfte und eine strenge Zensur wurden endgültig abgelöst von Bücherverbrennung, Berufsverbot und Verfolgung. Die politisch verfolgte jüdische Verlegerin und der jüdische Zeichner mussten emigrieren, lediglich der Autor blieb in Berlin.

Trotz der räumlichen Distanz, die nun zwischen Autor und Zeichner entstanden war, und politisch extrem schwieriger Umstände versuchten sie mit allen Tricks, die gemeinsame Arbeit fortzusetzen. 1937 hatten sich Trier und Kästner in Salzburg getroffen, 1938 war Kästner wegen einer neuen Bilderbuchreihe zu einem Arbeitstreffen nach London gefahren. Doch mit Ausbruch des Zweiten Weltkriegs waren derartige Reisen oder gar der Postverkehr mit dem feindlichen Ausland unmöglich geworden, ganz unabhängig davon, dass alle nun ganz andere Sorgen hatten. Erst nach dem Krieg, 1947, wurde der Kontakt von Kästner wiederhergestellt, der dann gerade noch für vier kurze Jahre bestehen sollte.

Trotz – vielleicht aber auch gerade wegen – dieser unruhigen Begleitumstände blieb das kongeniale Arbeitsduo Kästner-Trier bis zum Tod des Zeichners ein erfolgreiches Team, das gemeinsam insgesamt zwanzig Bücher realisierte. Am Anfang stehen die weltberühmt gewordenen Kinderromane, später die reich illustrierten Nacherzählungen; doch schon früh gab es auch Illustrationen von Trier zu Kästners Unterhaltungsliteratur für Erwachsene. Zwischen 1934 und 1955 kamen immerhin acht Buchcover zusammen, für *Drei Männer im Schnee, Die verschwundene Miniatur, Doktor Erich Kästners lyrische Hausapotheke, Georg und die Zwischenfälle, Bei Durchsicht meiner Bücher, Der tägliche Kram, Kurz und bündig* sowie posthum *Die dreizehn Monate.*

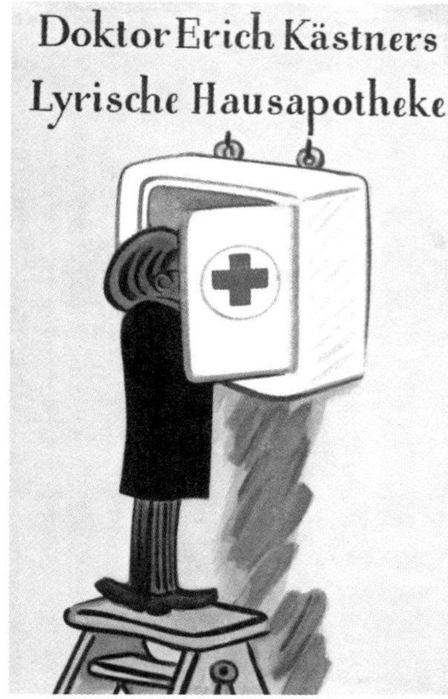

»Doktor Erich Kästners lyrische Hausapotheke«. Buchcover, 1936.

Anlässlich des unerwarteten Todes von Walter Trier 1951 fand Erich Kästner in seinem für die Öffentlichkeit bestimmten Nachruf erstmals erkennbar warmherzige, aber zugleich merkwürdig distanzierte Worte. Auch in seiner zweiten formulierten Hommage aus dem Jahr 1959 staunt man über die fast nüchterne Bestandsaufnahme Kästners, aber vielleicht verbirgt sich dahinter auch die große Traurigkeit über eine verpasste Chance: »Als ich Trier zu seinem sechzigsten und letzten [sic] Geburtstag gratulierte, erinnerte ich uns beide daran, wie selten wir eigentlich zusammengewesen seien. In fast fünfundzwanzig Jahren, so taxierte ich, kaum vier Wochen lang, auch wenn man jede noch so flüchtige Viertelstunde mitrechnet. [...] Der Freund? Trotz der seltenen und flüchtigen Begegnungen, fast immer unter den Gewitterwolken und dem Donnergrollen der Politik? Das war für das Wachstum einer Freundschaft nicht die beste Zeit und kaum das gesündeste Klima. Vielleicht waren wir zwei nur eben ein Vierteljahrhundert auf dem Wege, Freunde zu werden, und meist fand sich nicht einmal ein Weg.«

Spielzeug als Quelle künstlerischer Inspiration

Über das Heim des Künstlers schrieb der Verleger Robert Freund in seinem Nachruf, dass es voll von Kinderspielzeug war und der Hausherr ihn immer wieder gebeten hat, ihm Werke über Spielzeug zu senden. Und auch Kästner wusste zu berichten: »Sein liebster, schönster Besitz war eine Sammlung alten deutschen Spielzeugs. Wenn er die einzelnen Stücke aus den Vitrinen herausholte und zeigte, wurden sie kostbar wie Edelsteine.«

An anderer Stelle hieß es dann etwas konkreter: »Er liebte die Welt, so arg sie sein mochte, und machte sie zu seiner Spielzeugschachtel. Und er liebte das Spielzeug und machte es zu einem Teil seiner Welt. Er sammelte Hampelmänner, Nußknacker, Rauschgoldengel, Puppen aus Zucker, Menagerien aus Glas, hölzerne Förster aus dem Erzgebirge, die Räucherkerzen rauchten, Krippengruppen, bunte Schachteln und Häuschen und natürlich den Kasper und den Teufel und andere Handpuppen aus alten Kasperletheatern.«

Schon die allerersten Fotos, die 1920 in Triers Mietwohnung in der Denkstraße aufgenommen worden und in der Berliner Presse erschienen waren, zeigen sorgsam gefüllte Spielzeugvitrinen. Doch wohl erst nach dem vorletzten Umzug innerhalb der Großstadt hatte die geliebte Spielzeugsammlung ab Sommer 1925 im eigenen Haus in Lichterfelde endlich genügend Platz gefunden. Um sie permanent um sich zu haben, hatte Walter Trier sie in seinem Atelier im ersten Stock aufgestellt. Dort wurde sie nicht nur liebevoll gepflegt und kontinuierlich erweitert, sondern konnte auch ständig benutzt werden.

Nach einem Besuch im Haus Trier fasste ein Journalist seinen Eindruck wie folgt zusammen: »Sein Atelier hat wenig von einem Atelier. Ein Zimmer – ich glaube mit Blumentapete. Ein paar Bilder hängen herum von ihm.« Ansonsten war es mit Puppen, Marionetten und Spielzeugen wie ein Kinderzimmer vollgestopft. »In seiner Arbeitsstube steht ein schöner Schrank mit richtiger Volkskunst, mit Kinderspielzeug aus Holz, mit seltenen Tellern, mit seltsam schönen und verzierten Lebkuchen – genau so haben wir's uns ge-

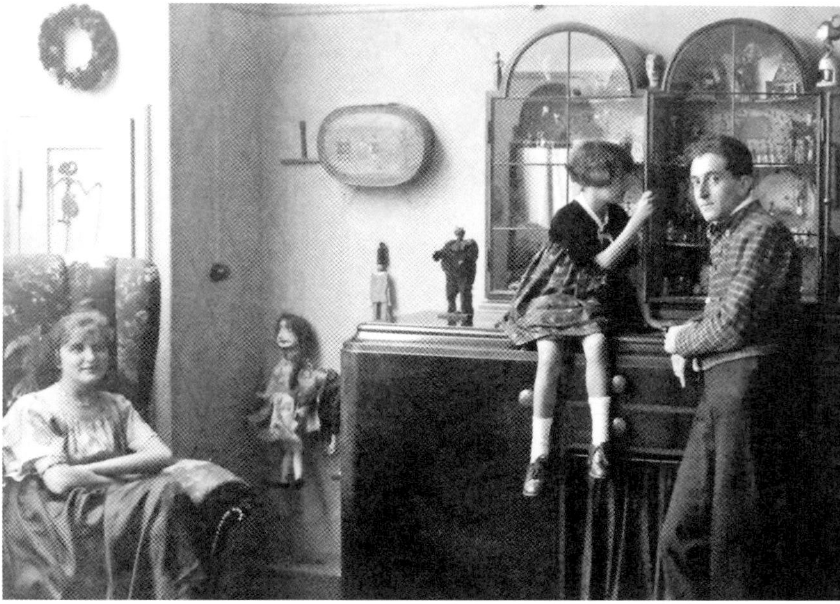

Familie Trier vor Spielzeugvitrine. Foto, 1920.

dacht.« Wieder ein anderer Besucher schrieb über diesen »innen mit buntem Papierflitter beklebten Schrank in der anderen Zimmerhälfte. Darin [sind] die verschiedensten Spielzeuge. So richtige, gebrauchte, abgespielte Spielsachen, mit denen schon Generationen Kinder ihre unbeschwerten Stunden verbrachten, mit denen Nägel eingeklopft wurden oder Nüsse geknackt.«

Was für das Berliner Heim galt, stimmte auch zwei Jahrzehnte später noch in Kanada, denn nach dem Besuch bei Walter Trier schrieb ein kanadischer Journalist: »Wenn man in Walter Triers Studio kommt, dann ist es, als beträte man ein Kinderlied. Wenn man die Tür öffnet, dann erklingt eine zarte Melodie von einem kleinen Glockenspiel, das über dem Türsturz angebracht ist. Das Atelier selbst ist ein fröhliches Durcheinander, wie das Kinderzimmer eines Lausejungen. Bücher, Spielzeug und lauter unterschiedlicher Schnickschnack sind überall verstreut. Auf Regalbrettern und in einer Glasvitrine sind Spielsachen aus aller Herren Länder vereint und haben dabei keine Angst vor größeren internationalen Verstrickungen. Spielzeug-Soldaten blasen für ihre hübschen Puppen lautlos in ihre Hörner, und diese danken es mit ihrem koketten Lächeln.«

Viele Jahre später erinnerte sich ein Freund an die Berliner Zeit und berichtete, dass Walter Trier damals »abseits vom lauten Spree-Athen [gelebt hat] in einer von ihm lustig erdachten Welt mit Modepuppen aus allen Jahrhunderten und bunten Bleisoldaten aller nur erdenklichen Gattungen.« In diesem Klima hat er auch selbst Spielsachen entworfen, die ausgeführt wurden – »aber, sie müssen gewachsen sein, meint er, man kann keine Spielsachen konstruieren. Ein Holzklotz ist dem Kind oft lieber, als die ausgefallenste Fabrikmache.«

Das *»Spielzeug«*-Buch

Um das Jahr 1921 herum hatte Trier ein Auftrag aus Dresden erreicht. Der dortige *Deutsche Bund Heimatschutz* hatte sich an den Berliner Maler gewandt, als es darum ging, historisches Spielzeug für einen Bildband zu dokumentieren, der in der Vorweihnachtszeit des Jahres 1922 erscheinen sollte. Als Autor dieses *Spielzeug*-Buches fungierte kein geringerer als Oskar Seyffert, der Gründer und Direktor des *Landesmuseums für Sächsische Volkskunst* in Dresden, der die Objekte einst zusammengetragen hatte. Das opulent ausgestattete Buch wurde als Gemeinschaftswerk von Seyffert und Trier realisiert – was eine für einen Illustrator, reichlich ungewöhnliche Ehre darstellt. Sie reflektiert etwas von der Bedeutung, die Seyffert nicht nur dem Illustrator, sondern auch dem Sammel-Kollegen beimaß. Mit dieser Wertschätzung lag er vollkommen richtig, denn das Resultat hat bis heute in Fachkreisen der Volkskunde Bestand. Aber auch die künstlerische Gestaltung konnte sich sehen lassen. Kästner schwärmte 1959 über dieses Werk: »Das allerschönste seiner schönen Bücher heißt ›Spielzeug‹. Es enthält, auf 40 Farbtafeln, 40 alte Kinderspielzeuge aus dem Erzgebirge. Er hat sie porträtiert. Es ist ein Meisterwerk geworden. Nicht nur Walter Triers Meisterwerk, sondern ein Meisterwerk überhaupt. Es ist nicht wieder aufgelegt worden, und das ist ein echter Verlust.«

Parallel zum Erscheinen des Buches gab es im Dezember 1922 einen ausführlichen Artikel in der Berlin Presse über *Eine Spielzeugsammlung. Im Besitz des Malers Walter Trier.* Dabei staunten die Zeitgenossen nicht nur über die Menge des Materials, sondern auch über die Vielfalt, mit der Trier an dieses Thema herangegangen war. Obwohl seine Leidenschaft natürlich vorrangig dem heimischen, volkstümlichen Spielzeug gegolten hatte, hatte er sich durchaus auch für die Spielzeuge anderer Kulturen interessiert und diese mühelos integriert. Insofern war diese Sammlung nicht nur ein romantischer Freizeitspaß für Walter Trier, sondern besaß schon früh einen kulturhistorischen Wert und war längst bis weit über die Grenzen der Reichshauptstadt hinaus bekannt. So verwundert es nicht, dass Walter und Lene Ende 1927 als Leihgeber für eine große *Spielzeug*-Ausstellung auftraten, die vom 18. Dezember 1927 bis zum 31. Januar 1928 im *Märkischen Museum Berlin* stattfand.

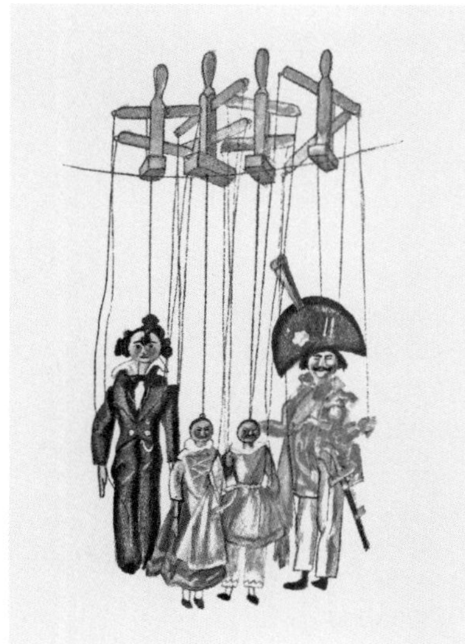

Marionetten im »*Spielzeug*«-Buch. Farblithographie, 1922.

Bergmanns »*Bunte Bücher*«

Einen Eindruck von dem Umfang der historischen Stücke in Walter Triers Sammlung gewinnt man durch die 1932 und 1933 erschienen Bergmanns *Bunten Bücher*. Das waren drei von Walter Trier gestaltete Sammelalben für Hunderte kleiner Klebebilder, die sich zum Zwecke der Reklame und Umsatzsteigerung in den Packungen der Dresdner Zigarettenfabrik *Haus Bergmann* befanden. Eine der vielen Bilderserien im letzten Band hieß *Altes Spielzeug*, wofür der Maler Anleihen aus seinen eigenen Vitrinen genommen haben muss, denn es gibt motivisch keine Überschneidungen mit den Stücken im *Spielzeug*-Buch.

In dem vermutlich von Trier verfassten Einleitungstext hieß es zu diesen Sammelbildern: »Da stehen sie nun wieder vor uns, diese eigenartigen Puppen, die Hampelmänner, der Nußknacker, das Schiff – als Symbol der Kindheitsträume – mit dem wir in die fernen Länder unserer herrlich blühenden Phantasie fuhren.

Spielzeug! Der Kopf der Puppe wurde abgerissen, weil wir unbedingt feststellen wollten, wie es in unserem eigenen Kopf aussieht. Und was fanden wir? Sägespäne, Draht, Holz! Das ist also der Kopf, sagten wir Kinder und wußten nicht, daß wir die Weisheit fanatischer Wahrheitssucher in uns trugen.

Spielzeug! Ein wenig wehmütig wird man, wenn man heute die Nase an Schaufensterscheiben drückt, all die Herrlichkeiten aufgebaut sieht und denkt: Jetzt, ja jetzt könntest du dir ja eigentlich den Hampelmann, die Puppe, die Tierfiguren für einige wenige Pfennige kaufen!

Pfennige, einige wenige, sind heute knapp geworden. Der Hunger geht durch die Welt. Spielen wir nicht alle noch gerne mit Ideen, mit Träumen, mit Spielzeug? Haben wir nicht immer noch Hunger nach diesen nebensächlichen Dingen?

Es soll Erwachsene geben, die das Spielzeug Ihrer Jugend zärtlich bewahrt, in einen Schrank mit Glasscheiben gestellt, gesammelt haben. Heute wissen sie, wie kostbar das Spielzeug war. Heute sehen sie, daß die Formen, mögen sie um 1820 oder 1932 gebildet worden sein, immer die gleichen geblieben sind. Spielzeug, nur als Spielzeug, nicht als Kopie der Natur, sondern aus spielerischem Willen von einem Volk in Heimarbeit geprägt, trägt Ewigkeitswerte in sich.«

Mit Spielzeug auf der Flucht

Bereits als diese Zeilen veröffentlicht wurden, hatte nicht nur die heile Spielzeugwelt Walter Triers gewaltige Risse bekommen, sämtliche solche Spielzeugfantasien waren durch die Machtübernahme der Nationalsozialisten Makulatur geworden. Angesichts der braunen Realität muteten solche Utopien geradezu wie romantischer Unsinn an. Um Zusammenstöße mit den neuen Machthabern zu vermeiden, gab es für einen kritischen Geist wie ihn nur einen Ausweg: die Flucht aus Nazi-Deutschland.

So kam, was kommen musste: Das Haus in Lichterfelde musste aufgegeben werden, und Walter Trier verpackte sorgsam seine

Schätze. Erich Kästner hat diese schwierige Zeit in ein paar dürre, aber prägnante Zeilen gegossen: »Als Trier mit der Frau und Tochter sein Haus in Lichterfelde verließ und emigrierte, nahm er das Spielzeug mit. In London, in der Charlotte Street, sah ich es 1938 wieder. Und schließlich begleitete es ihn nach Kanada, nach Toronto und in das Blockhaus in den Bergen, dorthin also, wo er 1951 starb. Ein Mann, der, wohin er auch kam, Freude verbreitete, floh mit seinem Spielzeug um den halben Erdball vor einem anderen Mann, der Schrecken und Grauen verbreitete, wohin er auch kam. Das, find' ich, wäre eine passende Geschichte für die deutschen Lesebücher! Es ist eine deutsche Geschichte aus der Deutschen Geschichte!«

Auch wenn die deutschen Lesebücher Trier bislang übergangen haben, die englische Presse berichtete 1947 begeistert über den Künstler und sein bezauberndes Spielzeug. Die dazu veröffentlichten Fotos von dem spielenden Walter Trier transportieren viel von der Leidenschaft des Künstlers zu seiner Sammlung und von der Atmosphäre seines damals provisorisch im Schlafzimmer untergebrachten Ateliers. Denn aus Platzmangel war die Sammlung in England permanent eingepackt. Doch falls es für die Arbeit, eine Inspiration – oder auch ein Interview – nötig sein sollte, dann öffnete Walter Trier einige seiner Kisten und ließ kurz darauf ganze Spielzeugsoldatenregimenter auf seinem großen Zeichentisch aufmarschieren. Er selbst setzte sich dann mit Block und Zeichenstift bewaffnet in seinen bequemen Sessel und nahm mit scharfem Blick genau Maß. Vermutlich dauerte es nicht lange, dass dieser Blick abschweifte, hinaus durchs große Fenster und über all den anderen Spielzeugkram ringsum, den er seit dem letzten Mal nicht schon längst wieder ordentlich zurückgeräumt hat.

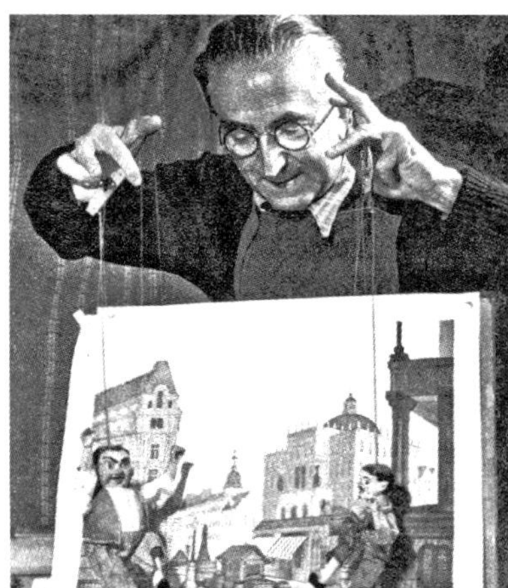

Walter Trier mit Marionetten. Foto, 1947.

Elizabeth Castonier, eine aus gemeinsamen Berliner *Ullstein*-Zeiten mit der Familie Trier bekannte Zeichnerin, erzählte im Nachhinein fast entsetzt, dass Trier während der deutschen Bombenangriffe auf England mehr um sein Spielzeug besorgt gewesen war als um sein eigenes Leben.

Als Walter Trier 1947 gemeinsam mit seiner Frau Helene weiter nach Kanada zog, begleitete ihn wieder dieses Stück alter Tradition. Sorgfältig verpackt überstanden die empfindlichen Kostbarkeiten all die Wirren und umständlichen Reisen von Kontinent zu Kontinent.

Zuletzt hatte Walter Trier in dem Blockhaus in den *Blauen Bergen* Kanadas seiner Sammlung endlich wieder den angemessenen Platz einräumen können. Aus dieser Zeit gibt es ein Foto, das Walter Trier vor einer seiner vollgestellten Vitrinen zeigt. Eine Holzsoldatendivision stand eng gedrängt, fast erwartungsvoll, obenauf. Die Flügeltüren aus Glas waren weit geöffnet, und der Sammler spielte mit einer seiner vielen Handpuppen. Im Gegensatz zu früher, als er sich durch diese Dinge zu Erinnerungen an seine glückliche Kindheit oder zu aufregenden Fantasiereisen anregen ließ, hat er sich nun im fernen Kanada bei ihrem Anblick wohl durchaus mit Wehmut an die Herkunft und den weiten Weg seiner zerbrechlichen Schätze erinnert. Doch im Anblick ihrer unbeschadeten Verfassung konnte er auch seiner eigenen Rettung nachspüren.

Ein von derart schwermütigen Gedanken unbelasteter Angelsachse beschrieb seinen Ausflug in Triers Spielzeugparadies wie folgt: Walter Trier ist »ein Künstler, der Spielzeuge liebt und dessen Werk den Zauber eines alten Märchens besitzt. Der Künstler hat eine hervorragende Sammlung von Spielzeugen aus vielen Ländern und mehreren Jahrhunderten, und er bezieht oft eine Idee für eine Zeichnung von einem seiner Lieblingsstücke.« Walter Trier saß oft stundenlang vor seinen Stücken und beobachtete etwa einen kleinen Soldaten, der pompös auf seinem Pferd über den Schreibtisch ritt. Und in dem Augenblick, wenn eine von Triers Ideen Gestalt anzunehmen begann, bewegte sich sein Zeichenstift und ein Bild entstand. Derart inspirierte Zeichnungen zeigen Clowns, die über das Bild tanzen, huschende Feen, stampfende Soldaten oder taumelnde alte Männer. All das tun diese Figuren dann mit einer märchenhaften Zartheit und Wärme, wie sie das alte Spielzeug atmet. »Man kann aus seinem Werk erfühlen, welch tiefe Freude Trier aus einem Zinnsoldaten, einer Kuckucksuhr oder einem Buddelschiff zieht, wie sehr bei ihm diese Dinge mit einem Eigenleben ausgestattet sind. Sie leben, nicht einfach als irgendwelche Gegenstände, mit denen wir oder unsere Kinder spielen, sondern als eigenständige Geschöpfe. Ihr Leben ist, möglicherweise, oberflächlich. Sie sind nicht heldenhaft. Sie ziehen nicht in den Krieg, oder streiten um ihrer Ideale willen.«

Lebendig gewordenes Spielzeug

Walter Trier nutzte seine Spielzeugsammlung aber nicht nur zur Inspiration für seine Zeichnungen und Bilder, er arbeitete auch dreidimensional, versuchte sein Spielzeug lebendig werden zu lassen und als Künstler mit ganz unterschiedlichen und ungewohnten Materialien zu spielen. Heraus kamen ganz zauberhafte Bühnendekorationen und wunderbare Alltagskarikaturen. Leider haben sich diese zerbrechlichen Objekte, aus zuweilen vergänglichem Material, nur in den wenigsten Fällen erhalten. Doch zum Glück haben sich Geschichten überliefert, die uns von ihrem Entstehen und ihrer Wirkung auf das Publikum berichten.

Aufgrund eines reich illustrierten Artikels im *Weihnachtsheft* der *Dame* und einem Beitrag im Programmheft weiß man, dass Walter Trier im Sommer 1924 an einer ganz besonderen Arbeit saß. Der Theaterregisseur Erik Charell hatte bei ihm Dekorationen und Kostüme für eine Szene in dessen erster Berliner Revue in Auftrag gegeben, die in Max Reinhardts *Großem Schauspielhaus* aufgeführt werden sollte. Der Titel dieser opulenten Ausstattungsrevue in zwei Akten und 18 Bildern lautete *An alle*. Am 18. Oktober 1924 hatte sie ihre Uraufführung, und um fünf Szenen erweitert gastierte sie im Frühjahr 1925 zwei Monate lang auch bei *Ronacher* in Wien. Unter den vielen Stars dieser Revue war übrigens auch die als Berliner »Jöhre mit Herz und Schnauze« bekannt gebliebene Chansonnière Claire Waldoff.

Die von Walter Trier zu gestaltende Szene hieß *Ein Kindertraum*. Da sie in Titel und Thema wie auf ihn zugeschnitten war, widmete sich Trier dieser Aufgabe mit großer Begeisterung. Am Ende bestand die Bühnendekoration aus einer Burg, einem Schiff, einer Eisenbahn, einem Ballon und Kanonen. Bevölkert wurden all diese bunten Kulissen von Matrosen, Riesen, Trommlern, diversen Damen, einer Musikkapelle, Fahnenkompagnie, Reiterei und – last, but not least –

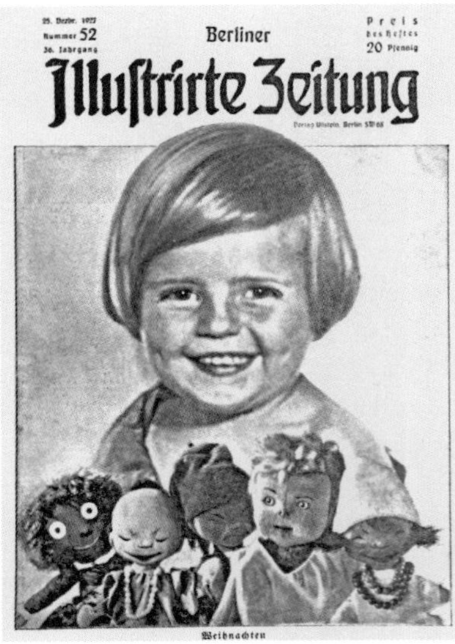

Puppen von Walter Trier. Zeitungscover, 1927.

einer ganzen Garde Holzsoldaten, die von den berühmten *John Tiller Girls* dargestellt worden waren.

Ausnahmsweise hat sich Walter Trier über diese Arbeiten als Bühnenbildner selbst geäußert. »Für einen alten Sammler solcher Dinge wie mich mußte es reizvoll sein, Figuren und Dekorationen für ein Spielzeugballett zu erfinden. Eric Charell stellte mir diese Aufgabe. Es war ein Bild ›Kindertraum‹ für die Große Schau im Großen Schauspielhaus zu schaffen. Den Bühnen-Abbildern der ganzen bunten Gesellschaft, die lang genug unbeweglich, stumm und starr, in meiner Vitrine gestanden hatte, war außerdem das Tanzen beizubringen. – Sogleich fing meine Phantasie an zu arbeiten: das Militär drängte sich vor, das Trommler-Regiment wurde hingezeichnet, die Reiterei, die Matrosen, die Fahnenkompanie, die Riesengarde. – Und kaum war dies zu Papier gebracht, kam ein Einfall nach dem anderen! Es ging nicht anders: Eine Eisenbahn mußte mit exotischen Passagieren heran gerollt kommen, ein Luftballon mußte landen, Harlekine ihm entsteigen und mit ihren grotesken Sprüngen helfen, damit das militärische Gepränge ein wenig ironisiert würde und damit kein allzu kriegerischer Eindruck aufkäme. Jetzt war nur noch die technische Frage zu lösen: Wie macht man die Figuren auf der Bühne glaubhaft spielzeugmäßig und steif? Diese Lösung fanden wir. Farbiges Wachstuch erschien uns am besten geeignet zur Wiedergabe der bunten Holz- und Zinnfiguren. Und nun kamen die Beleuchtungswunder der modernen Bühne hinzu und zauberten in dem ›Kindertraum‹ der Revue wirklich etwas von den Reizen vor, die wir beim Durchblättern alter, lieber Bilderbücher empfinden.«

Man merkt diesem Bericht das ungeheure Vergnügen an, das diese Arbeiten dem großen Kind Walter Trier bereitet haben. Die Motivwahl, die künstlerische und praktische Umsetzung – alles ein einziges und großartiges Spiel. Vermutlich war es für den Künstler auch faszinierend zu erleben, wie seine Fantasiefiguren allmählich ganz reale Gestalt angenommen haben, wie Realität und Utopie in großem Maßstab verschmolzen.

Mit Essen spielt man … doch!

In wesentlich kleineren Dimensionen bewegten sich Spielereien, die Walter Trier immer wieder bei Tisch realisiert hat. Vom Januar 1927 datieren etwa vier *Neue Tafel-Scherze von Walter Trier unter Mitarbeit von Albert Schlopsnies*. Hinter dieser Überschrift verbargen sich Vorschläge für essbare Tischdekorationen, die im *Uhu* vorgestellt worden waren. Solchermaßen kreativer Umgang mit »allerlei sonst verachteten Requisiten« darf man getrost als eine Angewohnheit von Walter Trier bezeichnen, denn es gibt noch mindestens vier weitere Erzählungen, die von seinem gestalterischen Drang bei Tisch berichten.

Solch einfacher und vergänglicher Materialien hatten sich damals durchaus auch andere Künstler angenommen, wie etwa in dem Trickfilm *Die geheimnisvolle Streichholzdose* aus dem Jahre 1910, in dem von Guido Seeber Streichhölzer und Streichholzschachteln zum Leben erweckt worden waren. Aber auch andere wie von Geisterhand bewegte Gegenstände des Alltags, darunter Scheren, Knöpfe, Nadeln oder auch einfach nur markante Flaschen, fesselten damals die Aufmerksamkeit von Zuschauern und Künstlern gleichermaßen.

Irma Adrion, die Tochter des befreundeten Malers Lucien Adrion, schrieb in den sechziger Jahren über ihre Erinnerungen an Walter Trier und berichtete dabei, wie Trier die Familie auf der Flucht vor den Nationalsozialisten im Dezember 1936 in Bièvres bei Paris besuchte. »Er sprach nicht von seiner Auswanderung, er klagte nicht. Er saß bei Tisch und modellierte lächelnd, im französischen Weißbrot kleine Hunde – seine beliebten Scotchterriere, seine Fetische. Wie viele Komiker und Clowns war Trier im Leben ein stiller, ernster Mensch: wenn seine Finger so in den Pausen zwischen zwei Gerichten, sei es zu Hause oder im Restaurant, aus Brot Hunde und Männchen modellierten, war es vielleicht aus Schüchternheit und weil er lieber schwieg, als leeres Zeug zu reden.«

Eine ganz ähnliche Geschichte wusste auch Erich Kästner zu berichten. In einer vielzitierten Anekdote berichtete er anschaulich, wie Walter Trier während eines Aufenthaltes in Salzburg im Sommer 1937 in einem Restaurant aus Brotteig, Bierfilz, Streichhölzern, Strohhalmen und einer Zigarrenpackung kleine Figuren hergestellt hatte. »Während der Salzburger Festspieltage saßen wir, eines Abends, im ›Stieglbräu‹ und warteten aufs Essen. Der Saal war überfüllt. Trier rauchte eine ›Virginia‹, eine jener langen, dünnen Zigarren der ›Österreichischen Tabaksregie‹, die als Mundstück einen Strohhalm besitzen. Der schmale, mit einem Zellophanfenster versehene Pappkarton, dem er die ›Virginia‹ entnommen hatte, lag vor ihm auf dem Tisch.

Wir waren müde, hatten Hunger und schwiegen. Plötzlich nahm er den im oberen Drittel durchsichtigen Deckel der Schachtel in die Hand, betrachtete ihn nachdenklich, legte ihn auf die Tischplatte zurück und begann zu spielen. Er drehte mit Brotkügelchen, tunkte rote Schwefelholzkuppen in eine kleine Bierlache, brannte andere Streichhölzer ab, daß sie schwarz wurden, und begann nun, ein Miniaturpuppentheater zu improvisieren. Mit Köpfen und Körpern aus Brot, mit roter Streichholzfarbe, mit verkohltem Kuppenschwanz, mit zerzupftem Serviettenpapier, mit Bleistift und Füllfedertinte, mit Brotrinde und bunten Bierfilzpartikeln. Manchmal legte er probeweise den Pappdeckel mit dem Zellophanfenster drüber, nahm ihn wieder weg, ergänzte und veränderte die Szene, und schließlich war er mit seinem Werk zufrieden.

Es war ein komplettes Kasperletheater entstanden!

Die umsitzenden Gäste, die Kellnerinnen, der Zahlkellner und der Geschäftsführer waren hingerissen. Am liebsten hätten sie einen Glassturz über das Ganze gestülpt und das kleine Kunstwerk, denn das war es geworden, ins Museum gebracht. Doch dazu hätten sie den Tisch mitnehmen müssen, worauf das Opus der Muße und der Muse lag, und der Tisch war, während der Festspielzeit, unabkömmlich. Endlich kam unser Tafelspitz mit Kren. Wir aßen, zahlten und gingen. Und noch in der Tür sah ich, wie die Leute, nun erst recht, staunend und vergnügt um unsere Tischecke drängten.«

Aus einer ähnlich spielerischen Situation bei Tisch hat Walter Trier eines Tages auch seine *Eierschalen-Karikaturen* entwickelt.

Wie durch ein Wunder haben einige dieser Charakterköpfe – anders als die oben beschriebenen Objekte aus Brotteig – die Zeit überdauert und werden in der *Art Gallery of Ontario* in Toronto sorgsam gehütet. Weniger aufgrund ihrer Zerbrechlichkeit, sondern vor allem wegen der Verwendung verschiedener vergänglicher organischer Materialien dürften diese Objekte den dortigen Restauratorinnen gewiss schon manche schlaflose Nacht bereitet haben. Denn Walter Trier hatte dafür ausgeblasene Vogeleier unter anderem mit Baumwolle, Wolle, Kork und Wachs beklebt und anschließend bemalt.

Im Magazin *Lilliput* hieß es 1941 dazu: »Blessed are the young in art – no matter how old they are in years. Walter Trier is middle-aged. His greying hair is swept back from a broad forehead. His nose has a Wellington hook to it. He has a married daughter. But Trier is an example of the adage that artists will be boys. I met him in the Hertfordshire pub where he lives. He took me to his studio-bedroom, the walls of which are covered with his own oils. And he brought out a box of eggs, empty eggshells, all delicately blown by himself. He held up one egg and, lo! it was the face of Gandhi, flap ears and rabbit teeth. Another was Hore-Belisha, Llyod George and Charles Laughton. And Musso, made from a duck's egg (›I couldn't get a goose egg‹, Trier says). Remarkable caricatures, founded on egg with wax additions, scraps of cotton wool, paint. Why? Because Trier once looked at the eggshells on his breakfast plate, remembered his childhood Easters, and decided to have a game.« Und so produzierte Trier Mussolini, Hitler und Stalin als Eierköpfe, aber auch den britischen Premierminister Neville Chamberlain sowie Geistesgrößen und populäre Schauspieler wie Greta Garbo, Erich Kästner und George Bernard Shaw. Alle diese Figuren standen unter dem Motto *You can make yours like this* und wurden am 16. April 1938 in *Weekly Illustrated* ausführlich behandelt.

Ein paar Jahre später, im Sommer 1945, folgte sogar der Auftrag, verschiedene Delegierte der soeben gegründeten *United Nations Organization (UNO)* in zerbrechlichen Eierschalen-Skulpturen für die Nachwelt festzuhalten. Joachim Joe Lynx, der früher Joachim Rügheimer hieß und nun der Herausgeber von *Time* und *Life* war, bat Trier in diesen politisch höchst heiklen Zeiten – nach dem Ende des Zweiten Weltkriegs und zu Beginn des Kalten Krieges – um derartige dreidimensionale Karikaturen.

Dreidimensionale Karikaturen prominenter Zeitgenossen aus Theater, Film und Politik hatte Walter Trier bereits in seiner Berliner Zeit auch aus Stoff angefertigt. Leider haben sich von diesen Figuren nur Fotografien in der zeitgenössischen Presse erhalten. Gegen Ende seines Lebens griff Walter Trier wieder auf die von ihm gemeinsam mit Albert Schlopsnies gepflegte Tradition zurück und gestaltete Stofffiguren. In mehreren Presseberichten werden von ihm »selbstgebastelte Kasperlepuppen« genannt, mit denen Trier in seinen letzten Lebensjahren Sendungen im Fernsehen bestritten und »selbst das amerikanische Fernsehprogramm mit seinen drolligen Puppen erobert« habe. Laut Berliner *Tagesspiegel* soll Trier nach seiner Übersiedlung sogar »ständig mit seinem Puppentheater im Fernsehsender« erschienen sein. Es wäre natürlich wunderbar, wenn dieses Bildmaterial eines Tages wieder zum Vorschein käme.

Kinderkunst

Walter Triers intensive Beschäftigung mit Spielzeug – sowohl als Sammler wie auch als Hersteller – kam nicht von ungefähr und bindet ihn fest in die Kunst des frühen 20. Jahrhunderts ein.

Ende des 19. Jahrhunderts waren von verschiedener Seite die Rufe zur Beschäftigung mit den eigenen volkskundlichen Wurzeln lauter geworden. In verschiedenen deutschen Städten wurden *Vereine zur Pflege der Volkskunde* gegründet, beispielsweise der 1902 von Ferdinand Avenarius gegründete *Dürerbund zur Pflege einer bürgerlichen Heimatkunst*, und 1906 versammelte Oskar Seyffert auf der *Dritten Deutschen Kunstgewerbe-Ausstellung* in Dresden »schlichte Volkskunst im Wettbewerb mit dem aufblühenden Kunstgewerbe«.

Da sich die kunsttheoretische Diskussion ungefähr zur selben Zeit mit der Weiterentwicklung und Verbesserung des modernen Kunstgewerbes befasste, war man zusehends fasziniert von den stilisierten, aber nicht »gequälten« Formen in der Volkskunst. Es galt den mittlerweile verhassten Stilpluralismus des Historismus zu überwinden und gegen die aufkommende industrielle Massenproduktion anzukämpfen. Oskar Seyffert schrieb über das Unbehagen der Künstler: »Unser damaliges Kunstgewerbe entwickelte sich fürchterlich und fürchterlicher. Nur äußerer Schmuck, nur kitschiger Schein, blöde Nachahmerei. Da erschienen mir die Selbstverständlichkeit, die Kraft und die Gesundheit der Volkskunst als Erlösung.«

Zudem hatten sich Anfang des 20. Jahrhunderts auch Reformpädagogen um zeitgemäßes und richtiges Spielzeug bemüht sowie über die richtige Art der Kunstvermittlung in der Schule diskutiert.

Schließlich haben gerade um 1900 eine ganze Reihe bedeutender Künstler den drängenden Wunsch nach neuen künstlerischen Ausdrucksmitteln verspürt und begonnen, sich intensiv mit Kindern auseinanderzusetzen, sei es, indem sie deren Ausdrucksweise zu imitieren versuchten oder sich eben mit Spielzeug beschäftigten. Berühmte Künstler und Intellektuelle, aber auch Varietékünstler verspürten eine starke Affinität zum vermeintlich »primitiven« Spielzeug und legten private Spielzeugsammlungen an: Lyonel Feininger, Emil Orlik, Paul Klee oder Walter Benjamin.

Wieder andere Maler, wie etwa Wassily Kandinsky, Gabriele Münter, Pablo Picasso, Joan Miró, Jean Dubuffet oder der russische Primitivist Michail Larionow haben seinerzeit eigene Sammlungen von Kinderkunst zusammengetragen. Als erfolgreiche und anerkannte Künstler, die sich in den Dienst von – allerdings zumeist ihren eigenen – Kindern stellten und »allerlei einfaches, aber köstliches Spielzeug schufen, das unbewusst den theoretischen Forderungen aller Pädagogen entsprach«, wären Franz von Lenbach, Wilhelm von Kaulbach oder Richard Riemerschmid zu nennen, aber auch Hans Bötticher alias Joachim Ringelnatz, Frank Wedekind, Paula Dehmel, Carl Hofer und Walter Trier.

Obwohl »die Künstler es sich lange überlegt [hatten], ehe sie von ihren olympischen Höhen zu den Kleinen in die Spielstube hinabstiegen«, waren nur wenige Künstler tatsächlich in der Lage, Spielzeug für Kinder zu schaffen. Vielen fehlte die dafür wichtigste Voraussetzung: »den ungezwungenen Humor und ein naives Empfinden [...] Vielen ist es versagt, in der Kinderseele zu lesen, ihre Leiden und Freuden zu teilen, ihnen Genosse zu sein, ihre Gedanken auf die rechte Fährte zu bringen.«

Zu guter Letzt haben sich Ende des 19. Jahrhunderts auch vereinzelt Kunsthistoriker näher für die Äußerungen von Kindern zu interessieren begonnen. 1887 stellte der Wiener Maler und Kunstpädagoge Franz Cizek seine Sammlung von *Kinderarbeiten* aus, und in Bologna publizierte der Kunsthistoriker Conrado Ricci eine Arbeit über *Kinderkunst*. Er hatte in den Kinderkritzeleien auf Haus- und Gartenmauern, die seinen Arbeitsweg säumten, nicht Schmierereien und Verunreinigungen gesehen, sondern als spezifisch kindgemäße künstlerische Ausdrucksweisen erkannt. Parallel zu verschiedenen wegweisenden Veröffentlichungen gab es Anfang des 20. Jahrhunderts Ausstellungen wie *Kinderkunst* oder *Das Kind* in Dresden und Berlin – dort sogar in den Räumen der *Berliner Secession* –, oder auch reine *Spielzeug*-Ausstellungen im *Münchner Lehrerinnen-Verein* beziehungsweise im *Märkischen Museum* in Berlin. Vorläufiger Höhepunkt war die Wanderausstellung mit dem programmatischen Titel *Der Genius im Kinde*, erstmals 1922 in Breslau präsentiert von Gustav Friedrich Hartlaub.

Die Beschäftigung mit dem Spielzeug und die Akzeptanz von Kinderkunst entsprangen einer Sehnsucht nach neuen künstlerischen, »primitiven« Ausdrucksformen. Hierfür waren sowohl grundsätzliche kunsttheoretische Überlegungen zur einfachen Form als auch die Faszination des Primitiven und Begeisterung für fremde Gedankenwelten wichtige Impulse. Denn gemäß einer jahrhundertealten sentimentalen Sehnsucht nach dem verlorenen Paradies sahen einige Künstler in der Naivität des Kindes den paradiesischen Urzustand, den es zu erhalten beziehungsweise wiederzuerlangen galt.

Verkürzt könnte man sagen, dass sich verschiedene Künstler im ausgehenden 19. und beginnenden 20. Jahrhundert auf ihrer Suche nach neuen Ausdrucksformen von ihnen gänzlich fremden Kulturen anregen ließen. Am bekanntesten sind etwa die Expressionisten, die von räumlich fernen, exotischen Kunstformen – bevorzugt von der afrikanischen und ozeanischen Volkskunst – fasziniert waren, oder die Vertreter der Art Brut, die ihre Inspiration aus den Arbeiten psychisch kranker Menschen bezogen. Hier faszinierten die einen das eigene Unterbewusste und der Traum, die anderen wiederum kranke und gestörte Persönlichkeitsstrukturen. Eine dritte Gruppe interessierte sich schließlich für die entwicklungsgeschichtlich frühen Stadien der menschlichen Psyche, also für das Kind als dessen Protagonisten. All dies waren verschiedene Ansatzmöglichkeiten, durch Hinwendung zu urtümlichen Kunstformen den herrschenden Konventionen und der von allen empfundenen künstlerischen Starre zu entfliehen.

War die Jahrhundertwende von Reformbestrebungen wie etwa in der Kunsterziehungsbewegung und Kunstströmungen wie dem Expressionismus oder Primitivismus geprägt, die an das Kind als den »neuen Menschen« glaubten, so bewirkte der Schock und die traumatisierenden Erfahrungen durch den Ersten Weltkrieg bei vielen Kunstschaffenden in den Zwanziger Jahren ein Erstarken der Sehnsucht nach einer heilen Welt und eine weitere, bewusste Abkehr von rationalen Gedankengängen und die Hinwendung zu persönlichen Mythen und Paradiesvorstellungen. Für einige Künstler und Denker gerieten Kinder, und mit ihnen die Option auf eine bessere Zukunft, nun erneut in den Blickpunkt des verstärkten Interesses.

Puppen und Spielzeug im weitestem Sinne spielte nicht nur bei Walter Trier eine wichtige Rolle, sondern auch bei den Vertretern der Pittura Metafisica, bei einigen Expressionisten und Surrealisten sowie bei gewissen Malern der Neuen Sachlichkeit und bei den Dadaisten. Dort aber standen künstliche Menschen oder Apparate – anders als bei Triers Karikaturenpuppen – weitgehend als Metaphern für Fremdbestimmtheit und Isolation. Wie weit die Begeisterung für das Anarchisch-Kindliche gehen konnte, belegt schließlich der nicht zufällig aus der Babysprache entlehnte Begriff »Dada«, der zum Kürzel einer gesellschaftskritischen Kulturbewegung wurde.

Über die Tatsache, dass Walter Trier all diese Entwicklungen aktiv und mit großem Interesse begleitete, legt ein winziger Reflex in der privaten Korrespondenz mit Paul Westheim aus dem Jahr 1947 Zeugnis ab. Nach dem Krieg wollten die beiden Emigranten ihre Bibliotheksbestände austauschen, und sie schrieben über Einzelhefte des *Kunstblattes*. Trier erwähnte dabei explizit »das Heft mit Kinderzeichnungen«. Und Robert Freund erinnerte sich in seinem Nachruf, dass Trier »immer wieder bat, ihm Werke über Spielzeug zu senden«.

Künstlerleben

Da im Zusammenhang mit der Spielzeug-Leidenschaft Walter Triers gerade schon der Bogen zur Kunstszene geschlagen worden war, ist es höchste Zeit, sich endlich dem Künstler Walter Trier, seiner Arbeitsweise, Ausstellungstätigkeit und seiner stilistischen Besonderheit zuzuwenden sowie – im darauffolgenden Kapitel – den von ihm kreierten genuinen Seitenzweig der Neuen Sachlichkeit genauer zu definieren, der jüngst unter dem Schlagwort Grotesker Realismus in die Kunstgeschichte Einzug gehalten hat.

Walter Triers Name wurde schon 1916 in einem *heiklen Bilderbuch* auf einer »schwarzen Liste« all jener deutschen Künstler geführt, die unter Plagiaten zu leiden haben. Das ist für einen gerade einmal 26-Jährigen enorm. Doch trotz seiner Popularität gab es damals weder ein Buch noch einen längeren Fachartikel über ihn und seine Kunst. Als ein Grund dafür wurde an erster Stelle seine zurückhaltende Art und Lebensweise genannt.

Hans Reimann hatte 1928 den befreundeten Künstler in seiner linksbürgerlichen Satire-Zeitschrift *Das Stachelschwein* so charakterisiert: »Von selbst wäre er auf keinen grünen Zweig gekommen. Er ist zu bescheiden dazu. Er mag sich nicht vordrängeln. Er unterhält keine Beziehungen. Er ist ein melancholisch-fideler Epikuräer. Ein Empfindsamkeitsfanatiker. Ein Einsiedlerkrebs mit gesellschaftlichen Anwandlungen. Und ein großer, echter Künstler. Daß noch nichts über ihn essayiert wurde, liegt daran, daß in Deutschland verachtet oder zum mindesten keineswegs für voll genommen wird, was auch nur im leisesten unseriös ist.«

In einem anderen Zeitungsbericht war aber auch kritisiert worden, dass bei uns grundsätzlich Künstler, die sich wie Trier »unter Verzicht auf Würde unseriös geben, nicht gerne mit dem Mantel der Würde behangen werden«. Und dieses vermaledeite Etikett »unseriös« war Walter Trier schon sehr früh von seinen Mitschülern angeheftet worden.

Schließlich gab Reimann noch folgendes Detail zu bedenken: »Trier steht fast auf derselben Stufe wie Spitzweg. Leider um

Dezennien später. Und von Auto-Gestank umprasselt. [...] Nach Paris reiste er nie. Er wird es auch kaum tun. Die Vorstellung von Paris bedeutet ihm mehr als das reale Erlebnis. So ist er in jeder Beziehung. Mit Ausnahme von Rodel- und Kegelbahnen.« Kein Wunder also, dass Walter Trier so wenig hofiert wurde.

Das Atelier

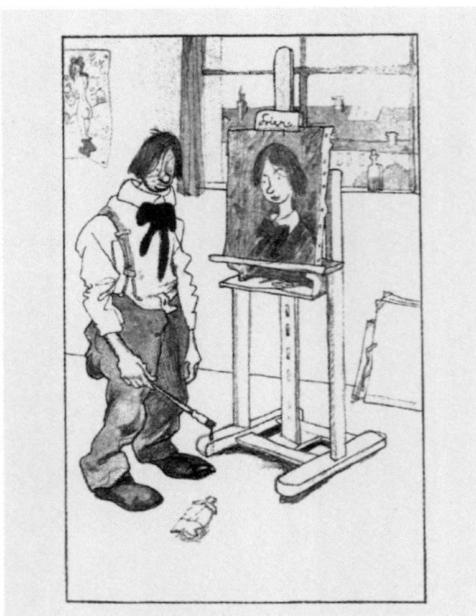

Selbstbildnis. Pressegrafik, 1911.

In den ersten Jahren hatte Walter Trier seine Zelte im Berliner Westen aufgeschlagen. In dieser pulsierenden Umgebung hatte er sich von Beginn an ein kleines privates Refugium geschaffen, das hin und wieder auch zum Schauplatz von kleineren Atelier-Festen geriet.

Ateliers transportieren viel von dem Charakter und den Stimmungen des in ihm arbeitenden Künstlers. Die von Walter Trier dort geschaffene unprätentiöse Umgebung passt ganz zu der Vorstellung, die wir von diesem Menschen aus Beschreibungen von Zeitgenossen gewonnen haben. Auch später verstand er es immer wieder, in den unmöglichsten Räumen – von Schlafzimmer bis Garage – eine für ihn anheimelnde Atmosphäre herzustellen.

In Walter Triers Berliner Atelier tummelten sich angeblich etliche Gemälde. »Er pinselt sie mit liebevoller Sorgfalt auf die Leinwand und tüftelt sich neue Techniken aus. [...] 1926 malte er sein erstes Bild in Oel, einen ›Lumpen-Kongreß‹, und erlebte die kindische Freude, daß das (in der ›Sezession‹ am Kurfürstendamm gezeigte) Bild noch vor Eröffnung der Ausstellung verkauft ward.«

Arbeitseifer

Und ein anderer Berliner fasste sein Staunen über die Menge an Bildern und Ideen so zusammen: »Wenn man an die vielen

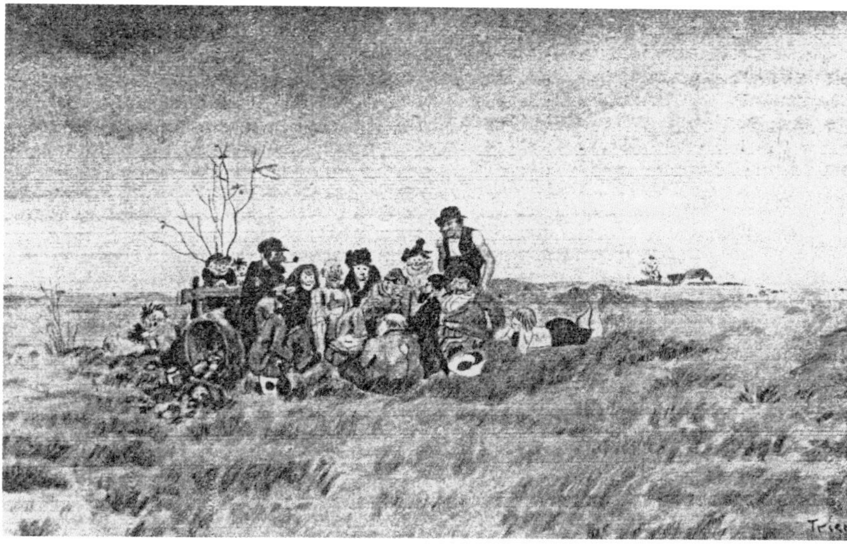

»Lumpen-Kongreß«. Foto, 1926.

Titelblätter, an die Einzelbilder, an die Bühnendekorationen [...], an die Kinderbilderbücher, an die illustrierten Bücher, an große Mappen und immer wieder und nie genug an die Kinderbücher denkt – dann will man ja wirklich kaum glauben, daß das alles ein 39-jähriger schuf.«

Trier selbst beklagte einmal, dass die Leute von ihm immer denken würden, er hätte einen langen Bart, weil er so viel Verschiedenes gezeichnet hat, dabei war er doch noch so jung. Außerdem stand er »jeden Morgen mit der kleinen Furcht auf, heute wird es nichts werden – und es fällt ihm doch was ein; die Farbe lockt, es wird doch was! Vielleicht hat er gar kein Verdienst daran, daß es immer wieder etwas Wunderwunderschönes wird, vielleicht träumt er das alles mit offenen Kinderaugen.«

Doch es kam auch vor, dass er in einer Art Ideenrausch »Nächte und Nächte hinter den Kulissen irgendeiner Ausstattungsrevue saß und mit Farbentopf und Ideen dem Regisseur und Beleuchter zu Welterfolgen verhalf, die Berlin niemals mehr erreichte«.

Dieser Arbeitseifer war keinesfalls Ausdruck irgendeines Ehrgeizes, sondern entsprang ganz seiner Lust am Zeichnen und der Suche nach der perfekten Umsetzung seiner Ideen. Anders etwa, als man nach seiner schulischen Laufbahn und allgemeinen Verträumtheit hätte erwarten können, wurde ihm von seinen Zeitgenossen außer einem unerschöpflichen Ideenreichtum und einer außergewöhnlichen zeichnerischen Begabung auch ein enormer Fleiß als Tugend attestiert. So würdigte der ausgewiesene Grafikfachmann Hermann Karl Frenzel an Walter Triers Arbeiten, dass deren Farbigkeit und Leichtigkeit die zugrundeliegende akribische Arbeitsweise vergessen ließen. »Und so leicht und flüssig sie in ihrer letzten Form erscheinen mag, so ist sie doch schwer erkämpft und erarbeitet. Es kommt vor, daß Trier einzelne Zeichnungen 20- bis 30-mal wiederholt, bis sie die letzte Reife erhalten haben.«

Doch nicht nur im Atelier, auch unterwegs nutzt Walter Trier jede Gelegenheit, seine optischen Eindrücke und geistigen Einfälle rasch und pointiert zu Papier zu bringen. Während eines Aufenthaltes in Salzburg wurde er im Sommer 1937 beispielsweise von Erich Kästner beobachtet, als er wie ein Besessener arbeitete. »Ich entdeckte ihn auf einer der Salzachbrücken. Dort skizzierte er mit Buntstiften einen Angler, der im Fluß auf einem herausragenden Stein stand. Ich wartete, bis auch der Hintergrund, die auf einem Hügel gelegene ›Müllner Kirche‹ mit dem hübschen roten Dach, im Bilde war. […] Auf dem Hügel überm ›Hellbrunner Park‹, im ›Monatsschlößchen‹, sah ich die volkskundliche Sammlung […] Karl [gemeint war Walter Trier] sah ich hierbei übrigens auch. Er skizzierte, hatte drei Buntstifte in der Hand und zwei zwischen den Zähnen. […] Er schmunzelte. ›Wenn du mich jetzt noch fragst, warum ich, statt zu zeichnen, nicht fotografiere, wo das doch viel schneller geht, schmeiß' ich dich die Treppe hinunter‹.«

Im Juli 1938 umriss Walter Trier in einem Brief an seine Tochter sein umfangreiches, aber abwechslungsreiches Arbeitspensum. In reichlich holprigen Versen heißt es da unter dem Titel *Strohwitwers Tageslauf*: »Die Dahlie blüht, der Phlox der duftet, der Vater sitzt zu Haus und schuftet. Er pinselt täglich ohne Jammer, und krakelt voll den ›Schöllerhammer‹ [d.i. eine traditionsreiche Firma, die sich auf hochwertige Künstlerpapiere spezialisiert hatte] Auf daß er aber nicht verroste, so imitiert er den Lacoste. Man sieht ihn drum wie einen Wilden, die Bälle schlagen ganz wie Tilden. Des Abends hört er dann den Funk, und macht ob des Programms Stunk. Noch einen letz[t]en Dajos Schlager, – dann sinkt er müde auf sein Lager. Früh morgens dann beim Tageslichte, da wiederholt sich die Geschichte.« Das Resultat eines solchen, wie er es selbst nannte, »Rekord-Arbeitstag[es]« konnten dann schon »ein Buchtitel – ein Titelbild und ein Innenbild für ›Lustige‹ sowie noch allerhand Fertigstellungen alles in einem Zug« sein. Ein stolzes Pensum, wobei heute allerdings unklar bleibt, worauf er sich mit der Anspielung »Lustige« bezog, denn um die *Lustigen Blätter* konnte es sich zu diesem Zeitpunkt schon lange nicht mehr gehandelt haben.

»Monatsschlößchen«. Buchillustration, 1937.

So gern und fleißig Walter Trier sein Leben lang immer und überall mit dem Zeichenstift unterwegs gewesen war, so darf man die damals außergewöhnlichen Umstände nicht übersehen. Gerade in den Jahren 1935 und 1936, also während und unmittelbar nach der Flucht aus Nazi-Deutschland, war seine Arbeit nämlich überschattet von schwierigsten Lebensumständen und extremer Existenzangst. In diesem lebensbedrohlichen Umfeld dürfte es ihm schwer gefallen sein, seine Kreativität in geordneten Bahnen auszuleben. Insofern kann die geschilderte Arbeitswut auch als Versuch gewertet werten, wenigstens wieder in einen geregelten Arbeitsrhythmus hineinzukommen.

Einen zweiten Grund für das hohe Arbeitspensum könnte man in der damaligen Sorge um das wirtschaftliche Überleben der Familie vermuten. Da er bislang mit seiner Arbeit stets für einen gewissen Wohlstand hatte sorgen können und auch in der Fremde immer wieder Aufträge ergattert hat, war diese Sorge realiter unbegründet. Insofern dürften ihn die erlebte tägliche Schmähung und permanente Lebensbedrohung sowie die von den Nazis ausgeübte Willkürherrschaft deutlich mehr aus der Bahn geworfen haben. Das dabei entwickelte Übermaß an Enttäuschung, Wut, Verachtung und Angst war für ihn vermutlich nur durch den beruhigenden Balsam des täglichen Zeichnens beherrschbar geblieben.

Walter Trier malte nicht nur in allen erdenklichen Situationen, er bemalte auch beinahe alles, was ihm unter die Finger kam: hochwertiges Aquarellpapier ebenso wie Karton, Pappe, hauchdünnes Seidenpapier oder einfaches und qualitativ minderwertiges Schreibpapier. In manchen Fällen verwandte er kleine Schnipsel, die er auf einen größeren Bogen klebte, oder er benutzte einen Bogen gleich mehrfach, bearbeitete also sowohl Vorder- wie Rückseite. In einigen Phasen war dieses Vorgehen vermutlich verursacht durch eine zeitweilige Papierknappheit, vor allem während der Kriegs- und Hungerjahre. Egal wie, heute stellen diese Collagen die Restauratoren vor immense Probleme, nicht nur wegen der teilweise katastrophalen Papierqualität, sondern auch aufgrund der verschiedenen Klebstoffe und mittlerweile stark vergilbten Klebefilmstreifen.

Kreativer Schaffensprozess

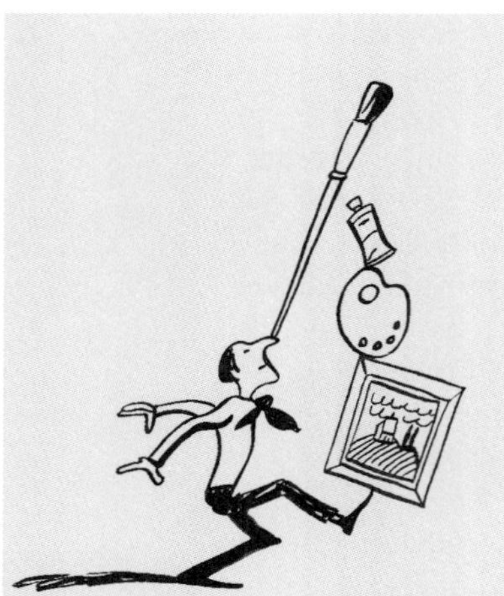

Selbstbildnis. Pressegrafik, 1928.

Den meisten Originalen ist aber auch noch etwas anderes anzumerken: Walter Trier beließ es nicht bei einem ersten Entwurf, sondern er feilte an der Umsetzung, bis er mit dem Ergebnis zufrieden war. So wie jeder gute Wortwitz von seiner Klarheit und der stringenten Hinführung zur Pointe lebt, muss auch der gezeichnete Witz diese Qualitäten besitzen. Das Interesse des Betrachters am Amüsement und an der Entschlüsselung des witzigen Grundgedankens lässt jedoch schnell die dahinter liegende Arbeit des Zeichners vergessen, der bei der Umsetzung stets präzisierte, änderte und wegließ. Insofern war neben dem Zeichenstift der Radiergummi Walter Triers zweitwichtigstes Arbeitsinstrument. Doch aus-

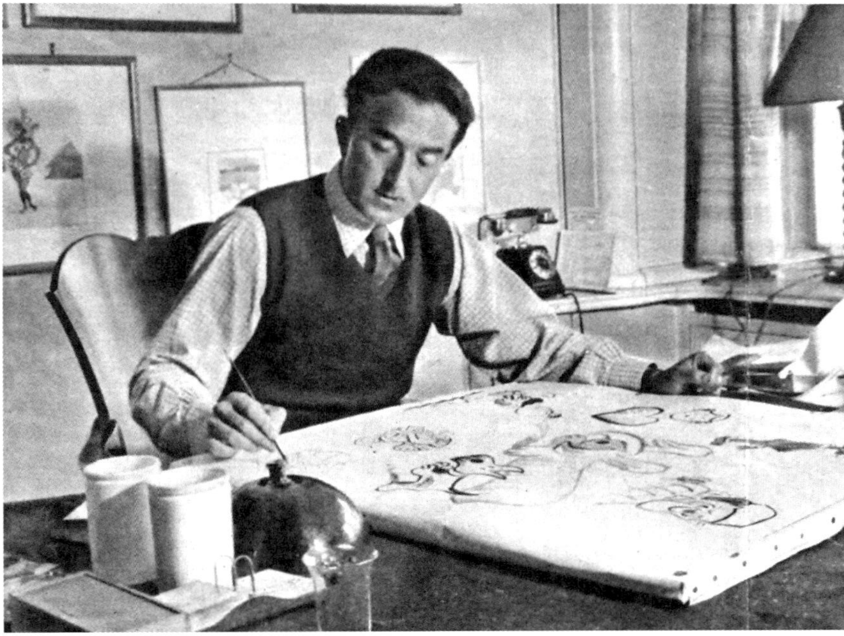

Walter Trier im Atelier. Foto, 1930.

radierte Bleistiftstriche und der Einsatz von Korrekturweiß waren noch die harmlosesten Mittel seiner Wahl; denn wenn der Radiergummi nicht mehr ausreichte, überpinselte er unliebsame Stellen mit Deckfarben oder organisierte, mittels Schere und Klebstoff, ganze Figurengruppen neu im Bild.

Aber auch um fehlerhafte Druckvorlagen zu korrigieren oder die Bildränder nicht dem Zufall oder gar dem Reprografen zu überlassen, griff Walter Trier zu Schere, Papierstreifen und Klebstoff. Rücksichtslos – und selten sehr sorgfältig – klebte und überklebte er seine Zeichnungen mehrfach, immer ganz fixiert auf das optimale Endprodukt: die perfekte Druckvorlage.

Konnte man den Originalen noch gut Walter Triers unerbittliches Ringen um die optimale Umsetzung einer Idee anmerken, so sah man im gedruckten Exemplar nichts mehr von all der Mühsal.

Denn mit der Überarbeitung durch den Layouter und Reprografen war in der Regel auch noch der letzte Rest einer individuellen, künstlerischen »Handschrift« eliminiert worden, wie etwa Vorzeichnungen oder Retuschen, die den künstlerischen Entstehungsprozess hätten erkennbar machen können. Das wusste der erfahrene Zeichner Trier ganz genau, und nur deshalb verfuhr er bei den Korrekturen so großzügig.

Der geglättete Druck ist allerdings kein Trier-spezifisches Problem. Grundsätzlich vermittelt die gedruckte Grafik nichts von dem kreativen Schaffensprozess. Sie ist sauber und – ja, fast klinisch rein. Auch lassen gedruckte Illustrationen keinen Rückschluss mehr auf Größe und Proportion der vom Künstler gelieferten Vorlage zu. Größe und Ausschnitt, Strichcharakter und Linienstärke, Tonwertigkeit, -helligkeit und -sättigung sowie Farbe der Vorlage lagen von jeher bei der Reproanstalt, und die Anpassung der Illustrationen an den Satzspiegel durch Verkleinerung, Vergrößerung oder Beschneidung sowie die Angleichung an das Schriftbild mittels Grob- oder Feinrasterung beim Layouter respektive Drucker.

Inspirationsquellen

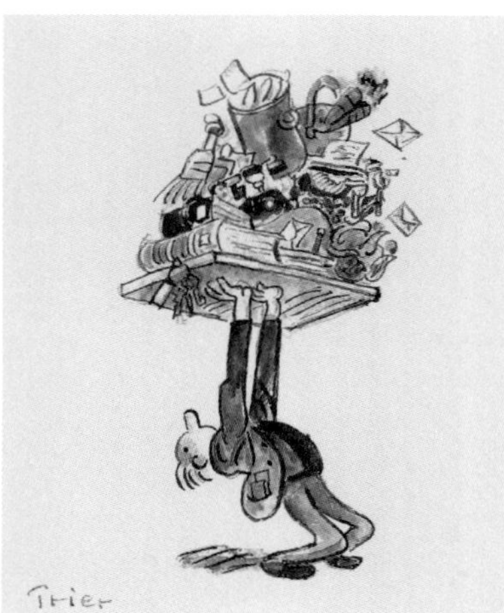

»Der tägliche Kram«. Entwurf für ein Buchcover, 1948.

Im Nachlass von Walter Trier haben sich neben Skizzenbüchern, Entwürfen und Detailstudien noch wertvolle Hinweise finden lassen, die den Einsatz von Zeitungsfotos bei der zeichnerischen Detailarbeit belegen. Diesen Verdacht hatte bereits der aufmerksame Blick in die Berliner Presse geweckt, der so manches Foto zutage gefördert hat, das Walter Trier gut als Bildvorlage gedient haben könnte, beispielsweise das Foto einer kopfüber ins Wasser springende Badenixe, wie sie von Walter Trier 1932 auf einem *Dame*-Titel verewigt worden war, oder die Aufnahme eines kleinen Zeltes, die ihm 1943 in London für einen *Lilliput*-Titel nützlich geworden war. Auch bei Porträts wichtiger Zeitgenossen hat sich Walter Trier aus der Presse bedient. Ein besonders prominentes Beispiel ist das Bildnis von *Lovis Corinth. (Der neue Präsident der ›Secession‹)* aus dem Jahr 1911. Für seine Karikatur griff Trier auf ein in der Presse veröffentlichtes Foto von Corinth zurück, für das dieser wiederum sein *Selbstportrait als Bacchus* von 1909 nachgestellt hatte.

Doch nicht immer war ein Foto Grundlage der Gesamtkomposition, manchmal nutzte Walter Trier Pressefotos auch nur für kleine Details, wie etwa für Plakate an einer Litfaßsäule im Bildvordergrund. Für eine grandiose Sportparodie hat er allerdings 1926 gleich mehrere heute noch berühmte Fotos verschiedener weltbekannter Tänzerinnen collageartig zu einem neuen Gesamtbild zusammengestellt. Heraus kam die *Rhythmische Wiese*, eine Gouache, die ohne Umschweife von dem Berliner *Museum für Leibesübungen* erworben worden war, wie man der damaligen Presse entnehmen konnte. Heute gehört dieses Bild leider zu den »Kriegsverlusten« des Berliner *Sportmuseums*. Ob es sich dabei um eine beschönigende Umschreibung für ein von den Nazis noch vor dem Krieg aussortiertes Bild eines verfemten Künstlers handelt, oder aber ob das Gemälde tatsächlich während eines Bombardements zerstört wurde, konnte bislang nicht geklärt werden.

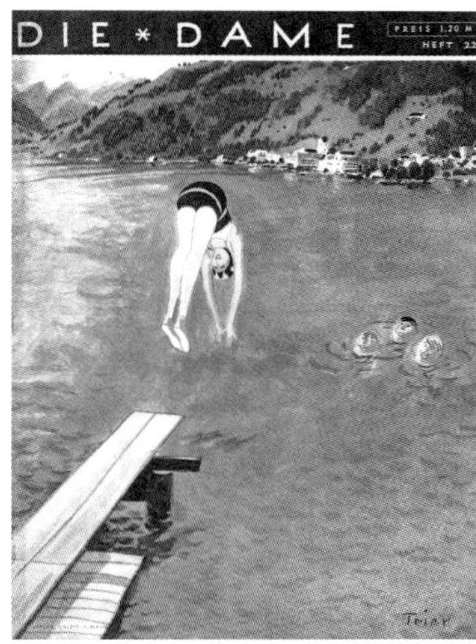

Badenixe. Pressegrafik, 1932.

Aber auch bei anderen Zeichnungen und Gemälden kann man feststellen, dass Walter Trier sich mitunter gern von der zeitgenössischen Zeitungsfotografie beeinflussen ließ. Das erkennt man dann nicht nur an der Wahl des Motivs, sondern auch an der Wahl des Bildausschnitts und der Blickperspektive. Schon früh imitierte und persiflierte Walter Trier die typische Sichtweise des Fotografen, indem er seinen Zeichnungen die Anmutung von Zielfotos gab. Als Sahnehäubchen obenauf folgte dann aber immer noch die eine oder andere treffende Pointe im Bild; eine Zutat, die seine Grafik völlig außer Konkurrenz zur Pressefotografie stellte.

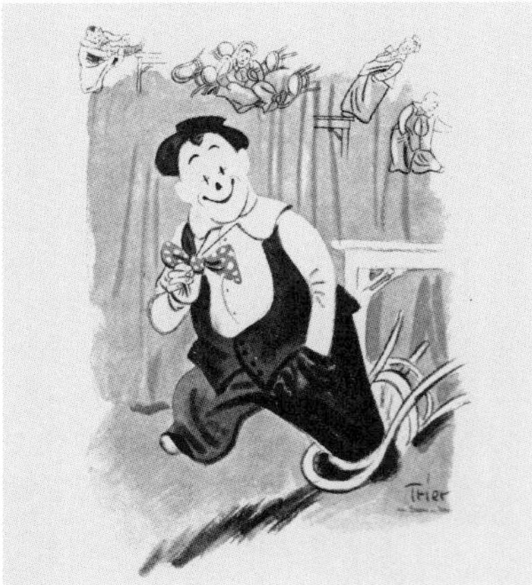

»Humsti Bumsti«. Pressegrafik, 1925.

Manche Themen scheinen Walter Trier häufiger beschäftigt und immer wieder zu neuen Variationen angeregt zu haben. So gibt es etwa von seinem geliebten Stolper-Clown *Humsti-Bumsti* mehrere leicht veränderte Versionen. Vor allem diese wiederholten Bildideen sind es, die durch den zeitlichen Abstand und durch die veränderten Rahmenbedingungen, unter denen sie entstanden sind – vor und nach der Emigration – interessante Rückschlüsse auf den Künstler erlauben. Zugleich verweisen sie auf die Auswirkungen, welche die Emigration und der Zweite Weltkrieg hervorgerufen haben.

Künstlerisches Selbstverständnis

Viele Künstler haben sich im Laufe ihres Lebens immer wieder mit sich selbst beschäftigt, sodass man gleich mehrere und verschiedene Selbstporträts nebeneinanderstellen und vergleichen kann. Zwar hat sich Walter Trier auch ein paarmal selbst gezeichnet, doch zumeist dienten ihm diese Selbstbildnisse nur als Aufhänger für eine launige Kunstkritik. Als Ursache für diese markante Fehlstelle konstatierte ein Bekannter 1928: »Er mag sich nicht vordrängeln. Jeder Zeichner zeichnet stets sich selbst. Wer klein und dick ist, zeichnet alle Figuren kleiner und dicker, als sie tatsächlich sind. Wer groß und hager ist, zeichnet alle Figuren größer und hagerer, als sie tatsächlich sind. Es tut mir leid, das sagen zu müssen, aber es verhält sich so. Trier zeichnete sich selten in andere hinein. Er ist so zurückhaltend, daß er von seiner Wenigkeit absieht.«

Wenn man etwas über das künstlerische Selbstverständnis von Walter Trier erfahren möchte, bietet sich bei ihm der Blick auf die Künstlersignatur an. Sie war von ihm das gesamte Künstlerleben lang ausgesprochen klar gestaltet sowie konstant auffällig platziert worden – zumeist in der rechten unteren Bildecke – und hatte schon früh fast die Funktion eines Markenzeichens inne. Gerade in der

Anfangszeit, als die Signatur noch im Entstehen war, ist dieser spezielle Fokus besonders interessant.

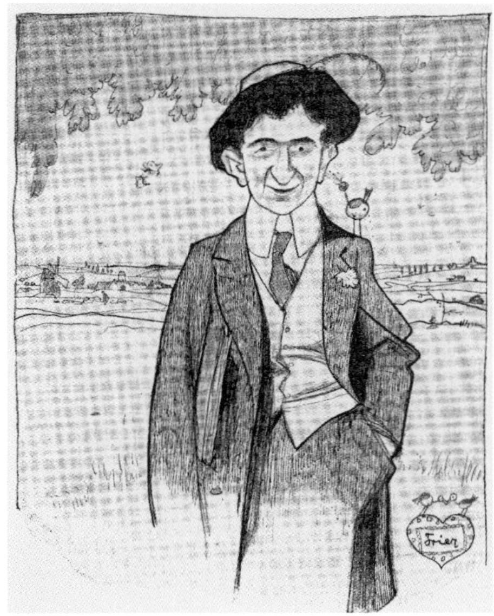

Selbstbildnis. Buchillustration, 1912.

Seine ersten Signaturen aus der Zeit um 1909 hatte Walter Trier in Schreibschrift gestaltet. Sie bestanden aus dem Nachnamen samt dem abgekürzten Vornamen mit Punkt. Ab 1910 war dieser Schriftzug schon standardisiert und endete meist mit nochmals einem Punkt. An dieser Tradition hielt Walter Trier bis 1912 fest. Dann aber veränderte er schlagartig diesen Schriftzug. Durch die Erzählung eines Freundes wissen wir den Grund: Der erfahrene Kollege Edmund Edel hatte es Walter Trier empfohlen, denn ein Reklame-Zeichner hatte fast das gleiche Signum benutzt. In den zeitgenössischen Quellen konnte wirklich ein Carl Fries identifiziert werden, der in der Tat eine sehr ähnliche Signatur benutzt hatte. Also war es sehr klug von Walter Trier gewesen, eine neue Signatur zu entwickeln, um Verwechslungen zu vermeiden.

Seit 1912 hat er die charakteristisch klaren Druckbuchstaben verwendet, bei denen jeder Strich extra angesetzt war – im Unterschied zu der fließenden, gebundenen Bewegung der ersten Signatur. Dieser Wechsel in Grafik, Duktus und Ausdruck war für den Künstler zwar eine recht gravierende Veränderung, aber ein extrem gelungener Schritt zugleich, denn diese fünf markanten Buchstaben haben rasch die Signalwirkung eines Signets entwickelt, wozu auch die jeweils effektvoll gewählte Stelle im Bild beigetragen hat. Manche Signatur bekam, wie beim *Emil*, durch die großzügig bemessene Freifläche und den monochromen Farbauftrag sogar die Bedeutung eines regelrechten Ausrufezeichens.

Walter Trier sah in der Signatur aber nicht nur ein willkommenes Mittel der Kennzeichnung seiner Werke, sondern ging manchmal

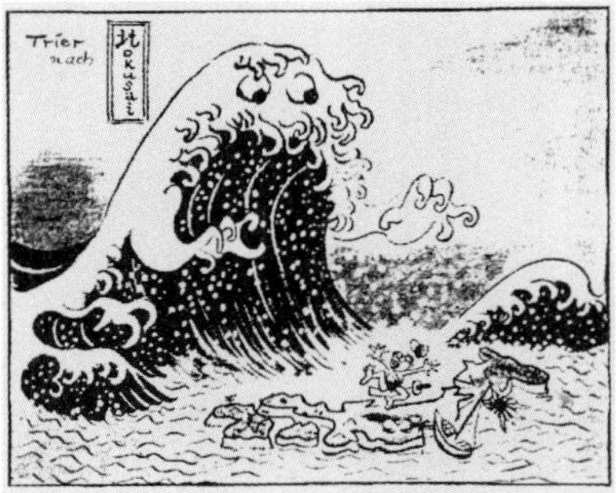

»Die Sturzwelle« nach Hokusai. Pressegrafik, 1943.

noch einen Schritt weiter. Er begann mit ihr zu spielen, variierte sie passend zum Bildinhalt oder wertete sie gar zum Kommentar auf.

Bei einer Reihe von Zeichnungen, vor allem wenn er Klassiker der Kunst als Vorlage benutzt hat, vermerkte er den Ideengeber unübersehbar, so wie 1943 bei *Die Sturzwelle*, die er mit den Worten »Trier nach Hokusai« kennzeichnete, oder 1925 auf dem Blatt *Die Kinder der Straße* mit der Bemerkung »Trier. Meister Zille in Verehrung«. So verfuhr Walter Trier jedoch nicht nur bei prominenten Kunstvorlagen, sondern auch bei seinen eigenen Karikaturen, wenn deren Pointe auf dem Mist eines Kollegen von den *Lustigen Blättern* gewachsen war. Dann trug seine Unterschrift den Zusatz »nach m.-e.« und verwies auf das Redaktionsmitglied Georg Mühlen-Schulte. Walter Trier war sich schlicht zu fein, um sich auch bei Kleinigkeiten mit fremden Federn zu schmücken.

In anderen Blättern wiederum hat Walter Trier seinen Schriftzug sinnvoll in das Bildgeschehen integriert. Wenn das Hauptmotiv ein Kunstwerk persiflierte, dann konnte die Signatur schon einmal als Künstlersignatur, Bilderrahmentext oder als Inschrift einer antiken Statue auftauchen. Doch auch in ganz anderen Bildzusammenhängen hat er seine Signatur dem jeweiligen Kontext angepasst, etwa indem er die Buchstaben in fremden Sprachen wiedergab, also chinesisch oder japanisch anmuten ließ, oder, während der Nazi-Zeit, in altdeutscher Fraktur. Wenn es sich anbot, dann versteckte er seinen Namen mitunter in Details am Bildrand, wie etwa auf Wahlplakaten oder Kofferaufklebern, sinnigerweise dann des »Grand Hotel Trier«. In wieder anderen Fällen verwendete er einen extrem verschnörkelten Schriftzug, etwa wenn er den extrem süßlichen Charakter veralbern wollte, oder er brachte sie – wie im Blatt *Im Alten Museum* von 1922 – als Lausbuben-Graffiti auf einer antiken Büste an. Die Beispiele ließen sich nahezu endlos fortsetzen.

Neben diesen spielerisch auf den Kontext abgestimmten Signaturen gab es schließlich solche, die man inhaltlich zu einem Kommentar aufwerten kann. In der Zeichnung *Altes deutsches Soldatenlied* aus dem Jahr 1913 beispielsweise floh die Signatur mit erhobenen Armen vor den bewaffneten deutschen Soldaten aus dem Bild, und in Triers Version der *Tapisserie Bayeux* aus dem Jahr 1944 platzierte er seine Signatur nicht wie gewohnt in einer der Bildecken, sondern dezidiert zu Füßen der Nazibonzen, unter Totenköpfen. Damit war ganz klar: Ihr baldiges Ende war seine Hoffnung!

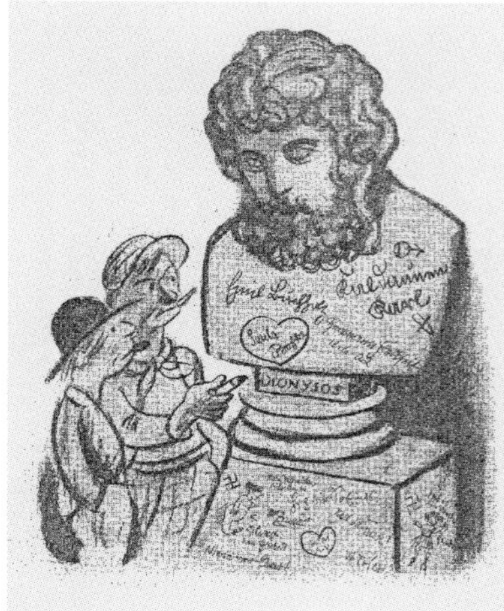

»Im Alten Museum«. Pressegrafik, 1922.

Abschließend sei noch eine Merkwürdigkeit erwähnt: Es handelt sich dabei um Signaturen, die nur 1912 in den *Lustigen Blättern* auftauchten und für die es eigentlich keine vernünftige Erklärung gibt. Bei einer Handvoll Bilder mündet die Signatur in einem kleinen gekritzelten Pinguin, Löwen oder Singvogel. Und in *Pierrots Freud und Leid* trägt der verkleinerte Hauptdarsteller des Bildes seine Signatur mit gesenktem Haupt aus dem Bild. Da diese Spielerei weder vorher noch später in Triers Werk anzutreffen ist, scheint es angesichts seines Naturells denkbar, dass hier ein besonders übermütiger, weil frisch verliebter Walter Trier am Werke war. Man kann sich gut vorstellen, dass es Walter Trier ein diebisches Vergnügen bereitet haben könnte, seiner Angebeteten kleine und in aller Öffentlichkeit versteckte Botschaften zukommen zu lassen.

Walter Trier segelte übrigens nie unter fremder Flagge, hat nur bei einer einzigen Ausnahme mit einem fremden Namen operiert und freiwillig seinen Spott nicht anonymisiert: Im Januar 1920 stand unter der Karikatur *Der Spatzenschreck*, die den Reichswehrminister Gustav Noske lächerlich machte, der Name »Florian«. Mit diesem Zusatz bezog sich Walter Trier auf die Unfähigkeit der Reichswehr, die die junge Demokratie gefährdenden Putschversuche rechtsradikaler Kräfte niederzuwerfen. Damit keiner diesen angeblich Heiligen Florian als Pseudonym missverstand, war von der Redaktion des Programmheftes des politischen Kabaretts *Schall und Rauch* die Notiz gedruckt worden, dass die Zeichnung von Walter Trier stammte. Der hatte kurz darauf eine weitere Karikatur zu diesem Thema nachgelegt. Unter dem Titel *Der Reichsfeuerwehrmann* erschien im Mai 1920 in den *Lustigen Blättern* der Reichspräsident Friedrich Ebert als hoffnungslos überforderter Feuerwehrmann, der verzweifelt versuchte, die an allen Ecken ausbrechenden Putschfeuer zu löschen.

Unsigniert blieben einige Zeichnungen nur während der Nazi-Zeit. Es begann gleich 1933 mit dem Buchumschlag für Erich Kästners Kinderroman *Das fliegende Klassenzimmer*, aus dem der prägnante Schriftzug Triers konsequent eliminiert worden war. Dieses unfreiwillige Inkognito des verbotenen jüdischen Zeichners hatte alle Beteiligten schockiert. Weniger genau nahmen es die Nazis hingegen mit ihrer Gesinnung, wenn ihnen seine unverfänglichen Bildchen gefielen, so wie die lustigen Vignetten für das Programmheft der Berliner *Scala*. Ihre Reprints erschienen problemlos noch bis 1936, allerdings ohne die ursprüngliche Signatur, die fein säuberlich entfernt worden war. Insofern ist kaum davon auszugehen, dass dies mit Zustimmung des Urhebers und seiner entsprechenden Entlohnung geschehen war.

Das Fehlen seiner Signatur auf einigen Karikaturen, die Walter Trier um 1942 für das britische *Ministry of Information* angefertigt hat, dürfte seine Ursache in dem berechtigt tiefen Misstrauen des Künstlers vor dem langen Arm deutscher Behörden und zum Schutz der auf dem Kontinent verbliebenen Familie gehabt haben.

Im Nachlass Walter Triers haben sich drei enorm unbeholfen wirkende Zeichnungen mit Hilfslinien erhalten, die »Reginald« signiert worden sind. Auf ihren Rückseiten befinden sich die grob zerschnittenen Reste einiger teilweise signierten Arbeiten Walter Triers. Eine Autorschaft von Walter Trier ist sicher auszuschließen, vielmehr könnte man diese Blätter der Tochter Gretl zuordnen, die gern gezeichnet hat und durchaus talentiert gewesen sein soll.

Ausstellungen

Nach diesem Ausflug in die Nahbetrachtung soll es nun wieder zurück, zur Außenwirkung von Walter Trier, gehen. So bescheiden und zurückgezogen Walter Trier als Mensch gelebt haben mag, als

Grafiker war er anspruchsvoll und hat kaum Zurückhaltung an den Tag gelegt. Denn bereits als gerade einmal Zwanzigjähriger präsentierte er Ende September 1910 im *Berliner Salon der Lustigen Blätter*, einer Ausstellung im renommierten *Hohenzollern-Kunstgewerbehaus*, erste Arbeiten, und im Frühjahr 1911 folgte seine erste Teilnahme an der *Grossen Berliner Kunstausstellung*. Gerade einmal ein Jahr nach seinem Umzug nach Berlin war er auf einer der wichtigsten Kunstplattformen in der Hauptstadt vertreten, und er blieb es regelmäßig jedes Jahr – bis zur »Machtergreifung« der Nazis.

Trotz des schweren Standes, den er als Humorist in den seriösen Kollegenkreisen genoss, nahm er seit April 1916 immer wieder an Gemeinschaftsausstellungen der *Neuen Kunsthandlung* in den Räumen der *Berliner Secession* am Kurfürstendamm beziehungsweise in deren Räumen in der Tiergartenstraße 21 teil. Erst 1925 – bezeichnenderweise am 1. April – wurde Walter Trier auf einer außerordentlichen Hauptversammlung dann mit zwölf von 17 Stimmen zum neuen Mitglied dieser Künstlergemeinschaft gewählt. Ansonsten kann man bei ihm keine Anlehnung an Künstlergruppen nachweisen.

Im Mai 1927 stand Walter Trier neben so illustren Künstlerkollegen wie Heinrich Zille, Max Oppenheimer, Max Pechstein, Willy Jaeckel, Hans Meid, Max Liebermann und dem Künstlerfreund Paul Simmel für einen *Kurz-Dokumentarfilm* der Berliner *UFA* vor der Kamera. Im 35-mm-Format und in einer Länge von 198 m war der jugendfreie Film *Acht Maler und ein Modell* (d.i. Camilla von Hollay) aufgenommen worden; zu diesem Zeitpunkt noch ein schwarz-weißer Stummfilm.

Im Herbst 1928 lautete der Titel der Gemeinschaftsausstellung in der *Berliner Secession: Humor in der Malerei*. Da dieses Motto wie auf Trier zugeschnitten war, wundert es nicht, dass er, neben Heinrich Zille, einer der beiden Künstler mit den meisten Beiträgen war. Eine Tatsache, die dem Ausstellungbericht in dem Fachorgan *Deutsche Kunst und Dekoration* eine Meldung wert war. Angesichts von fast zweihundert namhaften Künstlern aus der europäischen Kunstgeschichte kein verachtenswertes Resultat, denn unter den Kollegen befanden sich die Maler Adolf von Menzel, Max Liebermann, Lyonel Feininger, Paul Klee, Emil Nolde, George Grosz, Oskar

Kokoschka, Marcus Behmer, Hans Baluschek, Otto Dix und Rudolf Schlichter sowie die Zeichner Daniel Chodowiecki, Rudolf Wilke, Paul Scheurich und Fritz Koch-Gotha. Laut Ausstellungskatalog hatte Walter Trier die Exponate mit den Nummern 661 bis 682 geliefert, bei denen es sich um 13 Aquarelle, vier Ölgemälde, vier Temperabilder und eine Zeichnung gehandelt haben soll. Unter dem Oberbegriff »Aquarelle« verbargen sich die Gouachen *Ping-Pong*, *Die Astlochgucker*, *Der Vagabund* und *Der Lumpenkongreß*. Zwei der Ölbilder, von denen man leider nicht mehr genau weiß, welche es waren, kamen aus dem Privatbesitz von Louis Ullstein und Gustav Fürstenberg. Auch der Kunsthändler Alfred Flechtheim und der Sammler Georg Ascher, neben Eduard Fuchs und Julius Freund die mit Abstand größten Leihgeber dieser Ausstellung, hatten mindestens ein Original von Walter Trier in ihrem Besitz. Über Inhalt und Verbleib dieser Gemälde ist leider nichts bekannt.

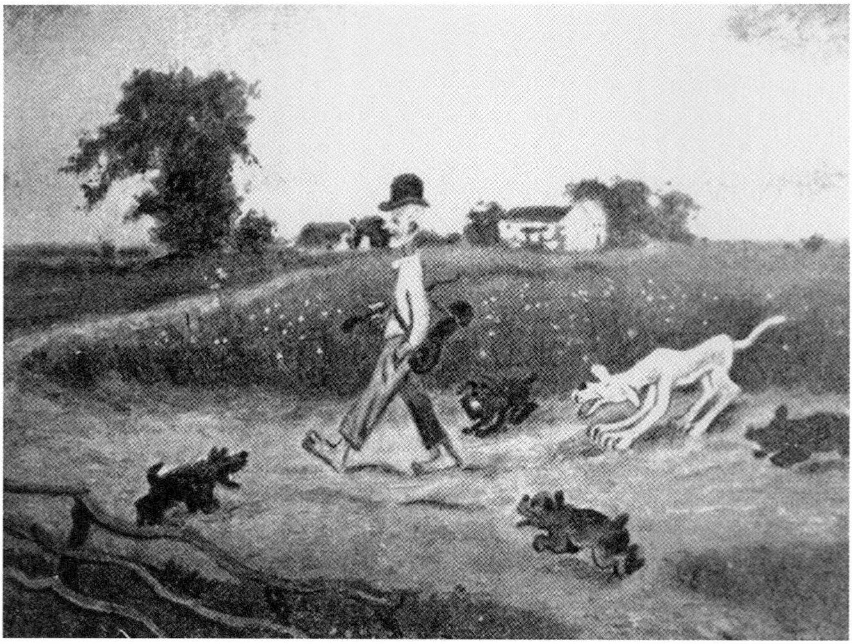

»Der Vagabund«. Foto, 1928.

Nach diesen absoluten Glanzzeiten ging es rasch bergab. Noch vor Beginn der Nazi-Diktatur gab es die ersten administrativen Maßnahmen, deren unheilvolle Auswirkungen unmittelbar nach dem Machtantritt Adolf Hitlers 1933 spürbar geworden waren. Im Protokoll einer »außerordentlichen Generalversammlung am 15. Juni 1932, nachm. 6 Uhr« war festgehalten worden, dass die Mitglieder der *Berliner Secession* in Zukunft gleichzeitig keiner anderen Berliner Künstlerorganisation angehören durften. All die, die zu diesem Zeitpunkt noch Mitglied einer weiteren Organisation waren, mussten sich »bis spätestens 1. Juli 1933 entschließen, welcher Künstlerorganisation sie definitiv angehören wollen«. Daraufhin verließ Walter Trier, der damals auch noch Mitglied des *Verbands der Pressezeichner* war, zwei Monate vor den ersten offiziell bekannt gewordenen Austritten aus der *Berliner Secession*, diese Künstlervereinigung aus Protest. Am 20. Februar 1933 erfolgte seine letzte Eintragung in die Präsenzliste.

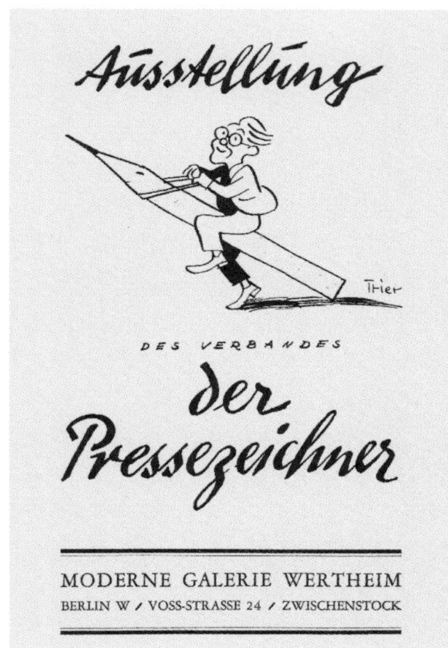

Ausstellungskatalog. Buchcover, 1930.

Noch einmal erwies sich Walter Trier als deutlich scharfsichtiger im Vergleich zu einer ganzen Reihe prominenter Kollegen sowie als mutiger Querulant: 1936 soll er, als eine Gruppe von überzeugten nationalsozialistischen Künstlern kollektiv ein neues Bildnis ihres Adolf bejubelt hatte, die Versammlung mit einem lauten Pfiff und den abschätzigen Worten schockiert haben: »An das Gesicht von diesem Gauner werde ich mich nie gewöhnen!«

Auch wenn das Risiko und die Konsequenzen einer derart offen und laut vorgetragenen Verachtung für Hitler von Walter Trier gewiss genau bedacht worden waren und er sich lange genug vorbereitet hatte, entkamen er und seine Familie dem Zugriff durch die Gestapo am nächsten Tag nur knapp.

Schon lange hatte sich das Ehepaar mit Fluchtplänen getragen, bereits 1934 hatte sich Walter Trier mit seinen Ausstellungsaktivitäten ins sichere Ausland orientiert. An erster Stelle stand da seine tschechische Heimat. Nach einer Einzelausstellung in der Prager *Galerie André* folgte seine Teilnahme an der *I. Internationalen Karikaturisten-Ausstellung*, gemeinsam mit den Kollegen František Bidlo, Johannes Wüsten, Ragnvald Blix, Vicky (eigentlich Victor Weisz), David Low, Josef Čapek, Adolf Hoffmeister, Jean Cocteau, Frans Masereel, Erich Godal, John Heartfield, George Grosz, Thomas Theodor Heine, Max Ligner, Aurel Jiquidi und Ingegerd Beskov. 1935 präsentierte er schließlich im *Stern-Haus* in Brünn die Ausstellung *Humor in der Malerei und Keramik*.

Grotesker Realismus

Auch wenn die Flucht der Familie Trier noch ausführlich thematisiert werden wird, fällt es doch gerade nach diesen Worten über Triers erste Fluchtversuche aus Nazi-Deutschland besonders schwer, die Aufmerksamkeit zunächst auf einen ganz anderen, aber entscheidenden Aspekt von Triers Kunst zu lenken: die Komik. Die Fallhöhe könnte kaum dramatischer ausfallen. Andererseits liegt aber gerade dort eine der wesentlichen Ursachen für seine Vertreibung. Denn abgesehen von seinen jüdischen Wurzeln war den Nazis Walter Triers konsequenter Unernst, sein respektloser Spott ein Dorn im Auge.

Triers menschenfreundliche Moral, die jede Falschheit entlarvte und vor allem die aufgeblasenen Emporkömmlinge und selbsternannten Autoritäten aufs Korn nahm, zählte für die geist- und humorlosen Nazis schon früh zum »schädlichen und unerwünschten Schrifttum«. Diese unter Demokraten recht harmlos wirkende Formulierung bedeutete damals jedoch nicht nur das berufliche Aus, sondern auch eine ganz reale Gefahr für Leib und Leben der Künstler und ihrer Angehörigen. Schon Anfang Mai 1933 landeten Triers Bücher auf den Scheiterhaufen der Nationalsozialisten. Damit waren alle seine Schriften zur Vernichtung freigegeben, und ihr Erwerb oder Besitz war ab sofort strafbar.

Vermutlich ahnten die Nazis mehr als ihnen bewusst war, dass Triers so unschuldig daherkommende Bildsatire ihrem brutalen Machtstreben extrem gefährlich werden konnte. Welcher Parteibonze, der gerade dabei war, sich skrupellos nach oben zu buckeln, wollte sich und seine auf Gewissenlosigkeit gegründete Karriere schon durch Triers frechen Pinselstrich entblößt sehen? Schnell waren seine subversiven Karikaturen, in denen die größten Blender der allgemeinen Lächerlichkeit preisgegeben wurden, sowie seine schonungslosen Bestands- und Nahaufnahmen der Gesellschaft verhasst, und der Künstler musste um sein Leben fürchten.

Begriffsbestimmung

Insofern schließt sich der Kreis, und ein genauer Blick auf Triers Grotesken Realismus, wie sein besonderer Kunststil seit Kurzem genannt wird, tut Not. Dabei muss zunächst darauf hingewiesen werden, dass die »Groteske« hier weder im Sinne der Literaturgeschichte gemeint ist – die Phänomene der italienischen Poesie der Renaissance beschreibt – noch im Sinne der traditionellen Kunstgeschichte – die darunter jenes dekorative Rankenwerk im 15. Jahrhundert versteht, das Vorbilder der römischen Antike nachbildete –, sondern auf Walter Trier selbst zurückgeht. Einzig dieses Adjektiv taucht in den wenigen erhaltenen Schriftdokumenten auf, wenn es um den

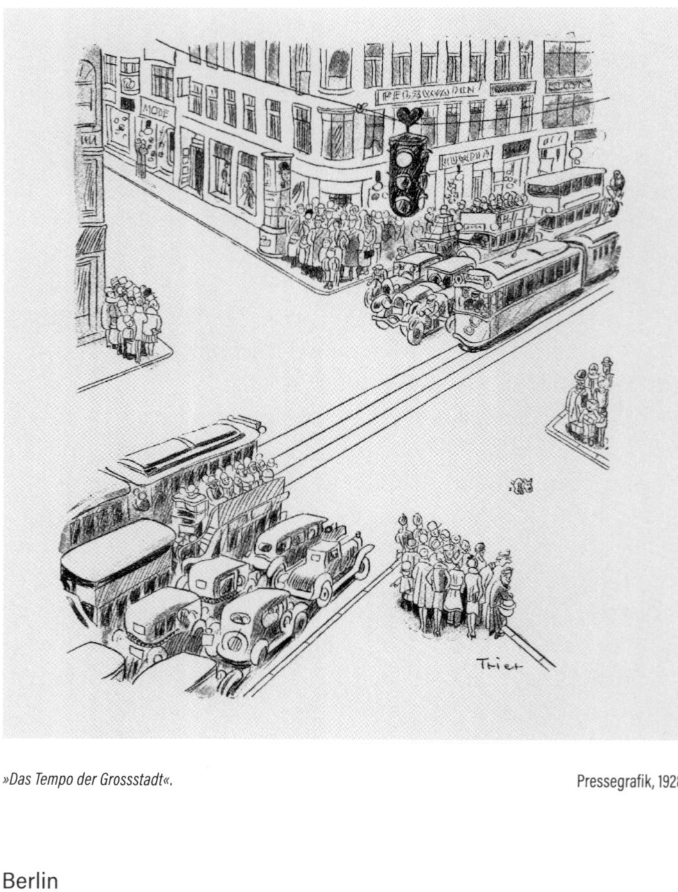

»Das Tempo der Grossstadt«. Pressegrafik, 1928.

Stimmungs- und Aussagegehalt seiner Arbeiten geht. So schrieb er etwa von den »grotesken Triers«, die eine echte Abwechslung seien, etwa zu den modernen Sachplakaten; und an einem Manuskript Kästners, das er illustrieren sollte, störte er sich ausdrücklich an dem naturalistisch bürgerlichen Motiv des Autors, das »keine Spur von irgend einer grotesken Phantasie« aufweisen würde.

Aus mehreren Gründen waren der Begriff und das Phänomen »Groteske« im ausgehenden 19. Jahrhundert in den Blickpunkt des Interesses gerückt und zu einem künstlerischen Ausdrucksmittel avanciert, allerdings nicht in seiner ursprünglichen Bedeutung, sondern mit einer anderen Zielsetzung – der Betonung aufs komische Verzerren oder drastische Übersteigern. Da Walter Trier seine Protagonisten mit Vorliebe überzeichnete, die Mächtigen gern hilflos in die eigene Eitelkeit verstrickt und verloren gegenüber einer unsinnigen Etikette darstellte, überdies alle bestehende Ordnung mit Genuss auf den Kopf stellte, passt der Begriff der Groteske ideal als Definition seiner Kunst. Darüber hinaus datiert der Terminus *Realismus* Walter Triers Werke in die erste Hälfte des 20. Jahrhunderts und betont die Parallelen seiner Malerei zu den Arbeiten seiner dem Realismus verpflichteten Kollegen von der Neuen Sachlichkeit. Umfasst der Begriff der Groteske in der Literaturwissenschaft sowohl Stil als auch Inhalt der Literatur im frühen 20. Jahrhundert, so hat man den damals überdrehten Teil in der Kunstgeschichte abgespalten und die von den Künstlern damals propagierte Sinnlosigkeit unter dem Begriff Dadaismus subsumiert. Da die Dadaisten für ihre Kunst eine abstrakte Formensprache bevorzugten und in ihrer Ästhetik die Dekonstruktion zum Prinzip erhoben, ist das Groteske in der Kunstgeschichte bislang stilistisch einseitig festgelegt. Hier schlägt Walter Trier eine echte Brücke. In der realistischen Formensprache ganz der Neuen Sachlichkeit verpflichtet, bilden seine übertriebenen Karikaturen und lustigen Grotesken das stilistische Gegenstück zum abstrakt-komischen Dadaismus.

Zeitgenössische Rezeption

Schon früh hatte der ganz junge Walter Trier seinen Zeitgenossen als »Deutschlands größter Zeichnerhumorist« gegolten. Bereits

1926 zählte er zu jenen Künstlern, von denen auch die Redakteure des hochseriösen *Kunstblatts* glaubten, dass sie deren Namen nicht mehr besonders vorzustellen bräuchten. Ihrer Ansicht nach zählte Trier »in dem Kreise der zeichnenden Humoristen Berlins wohl zu den Besten« – qualitativ in einem Atemzug genannt mit Heinrich Zille, Wilhelm Busch und Honoré Daumier. Als Maßstab galt für sie die Tatsache, dass ihm »Phantasie und Technik in unbeschränkten Variationen zur Verfügung« stünden, und ein Kritiker aus Breslau ergänzte, dass seine Arbeiten »eine schier unerschöpfliche Fülle poetischer Einfälle« auszeichnete.

1931 versuchte der Grafikfachmann Hermann Karl Frenzel erstmals eine längere Erläuterung von Walter Triers Kunst: »Walter Trier ist ein ausgesprochener Vertreter der Milde und Güte. Er verleiht den Menschen, die er darstellt, immer etwas Liebenswürdiges. Alles Tatsächliche und jede Schwäche, die er erkennt, sieht er mit dem Auge des guten Freundes. Die große und seltene Gabe der Naivität, die nur wenigen Künstlern aus wirklich echtem Gefühl heraus gegeben ist, macht ihn zum ausgezeichneten Bild-Erzähler für Kinder. Er geht allen Dingen mit einer Zärtlichkeit und inneren Freude nach, die sich auch ohne weiteres jedem Beschauer mitteilt. Seine ganze Phantasie sucht selbst da, wo er eigentlich tragische Momente schildert, einen Weg zur Freude zurückzufinden. Ohne Müdigkeit durchforscht er jedes Ding und Wesen, jede Situation nach der Seite, wo sie noch etwas Liebenswürdiges hat. Seiner ganzen Kunst merkt man immer die schöpferische Lust an. Ebenso liebenswürdig wie seine Phantasie und seine Zeichnungen ist auch seine Farbgebung. Er vermeidet die lauten Töne. Und besonders in seinen Kinderbüchern ist die Farbe mit das Schönste. Nur selten war ein zeichnender Humorist gleichzeitig ein so ausgezeichneter Maler wie Trier und darum überragt er zur Zeit in Deutschland alle auf seinem Gebiet.«

So ehrlich und wohlwollend dieses Lob vermutlich gemeint war, so sehr zeigt es nur die eine, die »liebenswürdige« Seite von Triers Kunst. Kunstwissenschaftliche Hinweise hingegen werden nicht thematisiert – etwa die außerordentliche handwerkliche Qualität von Triers Zeichnungen, die den Betrachter auf dessen untrügerisches Geschick hinführen, was die Erzähltechnik und das Gestalten von Pointen anbelangt, oder solche, die Triers riesiges kunsthistorisches

Repertoire feiern und seinen Wagemut, in Fragen der Koloristik und Bildkomposition neue Wege zu beschreiten. Auch der eigentliche Tabubruch Triers, Bilder für Kinder auch einem erwachsenen Publikum unterzujubeln, blieb unerkannt.

Wenn man genauer hinschaut, dann erkennt man, dass bereits zu Walter Triers Lebzeiten viele Kunstkritiker nicht wirklich etwas mit seiner Bildsatire anzufangen wussten. Bei der Lektüre der Presse gewinnt man den Eindruck, dass manch wohlmeinende Kritik mehr der Popularität des Zeichners als einer Anerkennung seiner künstlerischen Leistung geschuldet war. In der Fachliteratur wurde viel über Triers »entzückende Lustigkeiten« oder »heitere, oft feine Kleinigkeiten« geschrieben; ein Kritiker meinte, dass man sich an seinen Bildern »auch ohne Anspruch erfreuen kann«; ein anderer bemerkte: »Er hat eine harmlose Freude eigentlich an allem. Für alles findet er eine gutmütig-komische Deutung. Tiere, in Bilderbuchmanier vermenschlicht, spielen eine große Rolle. Manches wirkt wie ein kindliches Märchen. Die Form ist – um es kurz zu bezeichnen – altmodisch, mitunter etwas konventionell, sauber gezeichnet und lustig koloriert, dem liebenswürdigen Inhalt durchaus adäquat.«

So oszilliert die Wirkung von Trier in der Bewertung durch das damalige Feuilleton zwischen »sehr amüsant«, »quick, lustig und fidel«, »rührend schlicht und drollig«, »ergötzlich« und »zausend«, »ironisch glossierend«, »boshaft lustig«, »drastisch«. Allein an der Wortwahl ist das ganze Unbehagen der Kunstkritik am unterhaltsamen Genre spürbar. Da sich über viele Jahrzehnte daran nichts wirklich Gravierendes geändert hat, hat die Fachwelt Walter Trier – anders als etwa die Literaturwissenschaft den Kollegen Tucholsky oder Kästner – auch bis weit über seinen Tod hinaus keinen adäquaten Kranz geflochten, und das, obwohl die Arbeiten des noch jungen Künstlers doch schon als »Meisterwerke humoristischer Kleinkunst« gehandelt worden waren. Woran mag das liegen?

Kaum ein Kritiker hat hinter die von Walter Trier stets menschenfreundlich und heiter gestrichene Fassade geblickt und seine tiefe, sehr ernst gemeinte Respektlosigkeit erkannt und gewürdigt. Denn mit Vorliebe spottete Trier über Gott und die Welt. Und da für ihn alle Menschen gleich waren, zog er auch alle gleichermaßen durch den Kakao: Freund und Feind, Groß und Klein, die

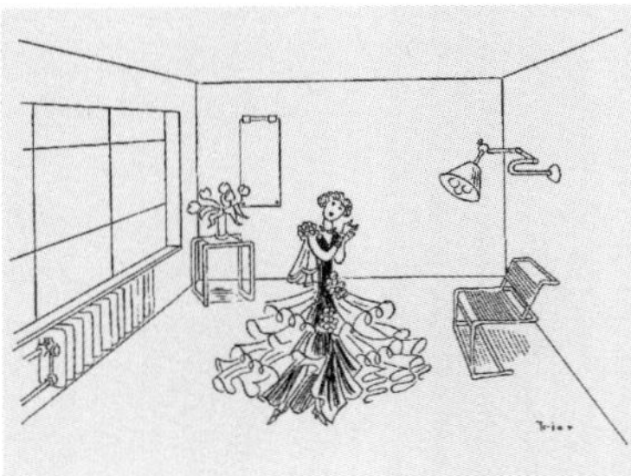

Karikatur zur Neuen Sachlichkeit. Pressegrafik, 1929.

Reichen und Berühmten ebenso wie Otto oder Lieschen Müller von nebenan. Mit Genuss hat er ihnen – so gut es eben ging – die Kleider vom Leib gerissen, ihnen ihre lächerlichen Attitüden vor Augen geführt und mit einem Schwups sämtliche falsche Zöpfe abgeschnitten. Wie das Kind in dem Märchen von *Des Kaisers neue Kleider* hat er lachend mit dem Finger auf den eitlen Nackedei gezeigt und als einziger gewagt, laut die Wahrheit zu verkünden. Aufgrund der lustigen und schön gestalteten Verpackung konnte ihm wohl kein Betrachter für diese Eulenspiegelei ernsthaft böse sein, vermutlich auch, weil man die Natürlichkeit und Aufrichtigkeit dieser Späße erkannte und – wie ein Zeitgenosse vermerkte – auch »durch jeden Pinselstrich hindurch das gütige und verstehende Lächeln seines Schöpfers leuchten« sah.

Im linken *Vorwärts* konstatierte man 1929 immerhin, dass es »gerade bei Trier soviel ungetrübte Heiterkeit und liebreiche Bosheit des Lebens ohne Hintergedanken gibt, daß man ihn zu den Optimisten der zweischneidigen Zunft rechnen kann. Aber es bleibt doch daneben das unmerklich vergiftete Spitzchen eines anderweltigen Ernstes, wenn Gerhart Hauptmann auf einem Schaukelpferdchen angeritten kommt.«

Damals wie heute gingen die meisten Kritiker nach dem ersten Amüsement wohl reichlich ratlos davon. Handelt es sich tatsächlich nur um eine harmlose Albernheit, oder steckt nicht vielleicht doch mehr dahinter? Sollte ein offenkundiger Kinder- und Menschenfreund tatsächlich derart ungeniert seine Frech- und Unverschämtheiten vor allen Augen ausgebreitet und diese dann noch so bunt und hübsch erzählt haben?

Von der Kunstkritik verlangte Trier nicht nur Humor und Selbstironie, sondern auch die Fähigkeit und Bereitschaft, hinter die bunt schillernde Oberfläche zu blicken sowie die eigenen bisherigen Maßstäbe kritisch zu hinterfragen. Trier gab dem Betrachter seiner Bilder also nicht nur stilistisch, sondern auch inhaltlich eine Menge Nüsse zu knacken.

Insofern wird die Reduktion Walter Triers auf einen hoffnungslos romantischen Maler weder dem Menschen noch seinen Arbeiten gerecht, die man nicht als harmlose Lustigkeiten abstempeln, sondern vielmehr als einen aufregenden Beitrag zur deutschen Kunst im Spannungsfeld zwischen Expressionismus, Dadaismus und Neuer Sachlichkeit würdigen sollte; auch wenn es zugegebenermaßen nach den bisher gängigen Kriterien in der Tat nicht einfach ist, Walter Triers fantasievoll ausgestaltete Bildgeschichten und märchenhaft kolorierte Einzelblätter in die vorgeprägten Vorstellungen von der Malerei der Moderne einzuordnen.

Auf der Suche nach der Pointe

Kämpften Triers Zeitgenossen mit der Frage, ob und inwiefern seine Bilder zu Recht an irgendwelchen Galeriewänden hängen und ob ihnen da von Trier nicht vielleicht doch ein alberner Zerrspiegel vorgehalten wurde, so rätseln heutige Betrachter oft über den provokanten Kern seiner Bilder und suchen verstohlen die Pointe. Weder das eine noch das andere wäre ehrenrührig, denn die meisten seiner Anspielungen sind ohne profundes Kontextwissen heute tatsächlich nur noch schwer zu entschlüsseln.

Sicher boten Triers leise Karikaturen und feinsinnige Bildsatire seinem zeitgenössischen Publikum deutlich mehr Lachanreize als uns heute. Außerdem begnügte er sich nicht mit einer komischen Pointe oder simplen Provokation, sondern stellte diese meist in einen humorvollen Rahmen, den er mit vielen witzigen Details und einer prächtigen Farbigkeit ausschmückte. Dazu kam dann noch der Wortwitz der Unterzeile. Das Verstehen seiner Kunst macht heute also durchaus Arbeit.

Dabei können kleine Bilddetails, Beischriften oder die Untertitel bei der Identifizierung des karikierten Ereignisses, der persiflierten Person sowie des parodierten Stils hilfreiche Dienste leisten. Oder auch die Kenntnis wichtiger historischer Ereignisse. Einige der von Trier besonders opulent ausgestatteten Titelblätter, wie *Das Milliardärstöchterchen* (1922), *Die gute alte Zeit* (1925) oder *Tantalus* (1927), gewinnen auf der Folie der uns heute noch bekannten dramatischen Ereignisse der Inflation beziehungsweise von der Verelendung der Massen in der Weimarer Republik an Brisanz und vermitteln eine Ahnung von dem sozialkritischen und tagespolitischen Sprengstoff seiner Grafik. Dasselbe gilt für die Zeichnung *Unsicherheit in Berlin* aus dem Jahr 1919, die auf den Berliner Spartakus-Aufstand Bezug nimmt.

Bei Anspielungen auf Modetrends oder der Satire auf traditionelle Rollen und Klischees, wie das Frauen- oder Familienbild, wird der aktuelle Zeitbezug zum Schlüssel des Verständnisses. So bleibt *Die rhythmische Wiese* von 1926 im Amüsanten stecken, wenn man nicht die parodierten Tanzposen und den damals aktuellen Disput um den Reformtanz und Ausdruckstanz erkennt. Auf einem anderen Titelblatt der *Dame* vom Januar 1926 sind zwei merkwürdig posierende Skiläuferinnen dargestellt. Hübsch anzusehen, doch wo mag die Pointe liegen? Erst der beigegebene Untertitel *Mensendiecken im Schnee* gibt uns den entscheidenden Hinweis auf eine Gymnastikwelle, die die Amerikanerin Barbara Mensendieck auch in Europa auslöste. Trier nahm die Gymnastikhysterie aufs Korn, indem er zwei Frauen mit langen Skiern eine Standwaage proben lässt. Sie mensendiecken selbst mit unbequemen Skiern.

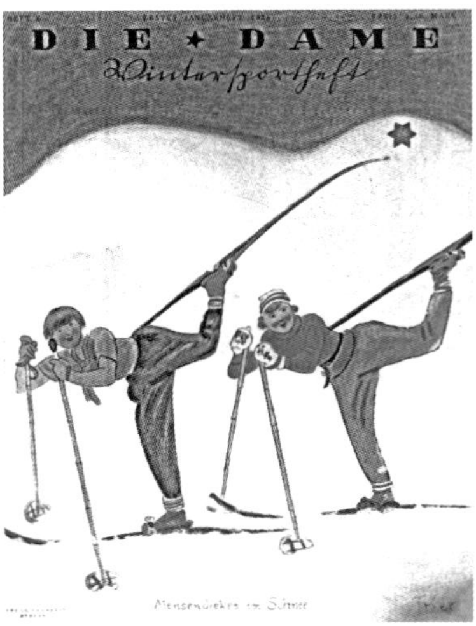

»Mensendiecken im Schnee«. Pressegrafik, 1926.

Mit zunehmendem zeitlichem und kulturellem Abstand wächst also die Gefahr, dass die Satire nicht mehr als solche erkannt wird. So wie bei Walter Triers Titelblatt der *Dame* von April 1927 mit vier verschiedenen Schoßhündchen. Kennt man Triers Humor, so mag man ihm diese so minutiös porträtierten Hunde – trotz eigener Hundeliebe – nicht recht glauben, schon gar wegen ihrer theatralischen Präsentation auf blaugrünem Sofakissen vor einem roten Vorhang. Vielmehr scheint hier eine pervertierte Tierhaltung durch die feinen Damen Ziel des Spottes geworden zu sein; genauso gut könnte Trier aber auch auf eine bestimmte Person gezielt haben, die für eine abgöttische Hundeliebe bekannt war. In den Zwanziger Jahren muss es in Berlin eine Schauspielerin gegeben haben, die für ihre Pekinesen berühmt-berüchtigt und damit Thema einiger Zeitungsartikel geworden war. Vielleicht kommt man der Pointe aber auch durch eine andere, ganz ähnliche Pressegrafik Triers auf die Spur: 1922 zeichnete er für die Rückseite eines Heftes der *Lustigen Blätter* unter der Bildzeile *Morituri ...!* – eine Anspielung auf den Gruß »Ave Caesar. Morituri te salutant« [zu Deutsch: Die Todgeweihten grüßen Dich!] römischer Gladiatoren in der Arena – acht recht enttäuscht dreinblickende Schoßhündchen auf einem Plüschkissen. In der Bildecke oben rechts steht als Hinweis: »Für Luxushunde ist eine Steuer von 1 000 Mark pro Exemplar vorgesehen.«

Dies nur als Beleg, wie flüchtig Kontextwissen ist und wie viel davon bereits schon nach eineinhalb Generationen vollkommen verloren gegangen ist. Denn noch extremer als bei normaler Pressegrafik und bei Karikaturen ist das Problem des aktuellen Zeitbezugs bei allgemeinerer Bildsatire. »Satire, wenn es Tagessatire ist, welkt schnell. Humor, wenn er zeitbezogen ist, wird bald unverständlich und sauer.«

Ähnlich geht es sicher einer ganzen Reihe von Anspielungen in Walter Triers Bildunterschriften, denn viele Details spielen auf heute kaum mehr zu entschlüsselnde, tagesaktuelle Ereignisse, Gegenstände oder Personen an. Nur wer heute noch den in den Zwanziger Jahren für seine Verjüngungskuren bekannten Prof. Steinach kennt, kann sich über die Dialogzeile unter der Karikatur *Verjüngungssüchtig* in den *Lustigen Blättern* vom Juli 1920 amüsieren, in der sich zwei alte Herren auf einer Parkbank über ihre Kurpläne wie folgt unterhalten: »Wohin dies Jahr zur Kur? – Kreuznach! – Und Sie? – Steinach!« Der Witz entsteht zunächst durch die unterschiedslose Nennung von Badeort und Wunderheiler, zudem werden dadurch auch zwei völlig unterschiedliche Lebenseinstellungen und -verhältnisse gegenübergestellt. Darüber hinaus kommt bei Trier erschwerend hinzu, dass die Bildunterschriften in Kombination mit dem dazugehörenden Bildwitz gelesen werden müssen. Es gilt nicht nur zwischen den Zeilen zu lesen und zu verstehen, sondern auch zwischen den Bildgegenständen und der Kombination von Wort und Schrift. Von den komplexen, zuweilen aber schon verloren gegangenen Bildtraditionen im Bereich der Karikatur noch ganz zu schweigen.

Stilmittel

Ein Titelblatt der *Dame* von Januar 1927 zeigt eine eitle Skifahrerin. Weitab von jeder Zivilisation im tief verschneiten Wald hat sie angehalten und malt ihre Lippen nach. Dieses Blatt gewinnt, wie zahlreiche andere, vor allem durch den Ort seiner Publikation an komischer Qualität. Gerade auf dem Titelblatt eines Modemagazins mussten die von Walter Trier geschilderten frauentypischen Klischees den Leserinnen völlig zu Recht als Persiflage und Karikatur vorkommen.

Das Beispiel der Berliner Friedrichstraße in seinem Entwurf für das Berlin-Plakat *Motto: Im stillen Gäßchen* von 1914 zeigt uns ein weiteres Stilmittel, denn Triers Gesellschaftskritik funktioniert durch Auf-, nicht Abwertung. Aus billigen Huren, von denen es in der Friedrichstraße nur so wimmelte, machte er brave Gesellschaftsdamen. Blickt man auf die Bilder einiger Zeitgenossen, so sehen wir den umgekehrten Fall, nämlich erniedrigte Gesellschaftsgrößen. Gerade Maler wie Otto Dix oder George Grosz erzielten ihre nachhaltige Wirkung vor allem durch krasse Abwertung. In Walter Triers positiver Utopie dagegen wird keinem etwas weggenommen, sondern wird umgekehrt allen Notleidenden – Zerlumpte, Landstreicher, Huren und Räuber – Würde und Menschlichkeit zurückgegeben. Motor seines Handelns ist eine unerschütterliche Liebe zum Leben und zu den Menschen; und da ist man sehr schnell wieder bei seiner einzigartigen Erziehung, die jeder normalen Sozialisation und verbitterten Weltsicht entgegensteht.

Neben der Aufwertung ist die Verdrehung ein wichtiges Stilmittel in Walter Triers Komik. Roda Roda formulierte es so: »Er macht die Wirklichkeit zum Märchen und das Märchen zur Wirklichkeit.« Ein anderer Journalist schrieb: »Menschen werden zu Tieren und Tiere zu Menschen, die schlaraffischen Sehnsüchte der Dummheit und Bequemlichkeit finden ihre lächerliche Erfüllung, Märchen und Träume werden Wirklichkeit und entlarven durch ihr lustiges farbiges Dasein alles, was sich selbst für ernst und würdig hält.« Dabei ist festzuhalten, dass die Dinge, die er am offensichtlichsten durch den Kakao zieht, das, worüber wir spontan schmunzeln müssen, meist die seiner Meinung nach wirklich erstrebenswerten Dinge des

Lebens sind: Freiheit, Liebe, Lebensfreude. Und seine immer wieder porträtierten Helden sind die Clowns, die Kinder, die Tiere – alles klassische Antihelden.

Anspruchsvolle Kunst zeichnet sich neben dem rein handwerklichen Können und der ästhetischen Qualität durch eine inhaltliche Vielfalt und Hintersinnigkeit aus. Bei Walter Trier machten sich die damaligen Redakteure gerade die Mehrdimensionalität seiner Zeichnungen zunutze. So hat er seine Karikaturen mit ihren zeitgenössischen, auslösenden Faktoren immer in ein allgemein menschliches Gesamtgewand gekleidet, das überdies meist noch durch seine Wendung ins Gegenteil komisch wirkt. Durch diese verschachtelte Bildkonstruktion funktionieren als Unterschriften zu seinen Zeichnungen hochaktuelle Texte ebenso gut wie Allgemeinfloskeln. Die Qualität der Unterschriften richtete sich nach dem breiten Leserspektrum, auf das die Herausgeber von Massenblättern Rücksicht nehmen mussten. Das erklärt manch einfach gestrickte Formulierung, oder aber die Umkehrung des Bildinhaltes durch die Unterschrift kombiniert mit der Anspielung auf ein bekanntes literarisches Vorbild. Die uns heute manchmal verwirrenden, wechselnden Titel, unter denen Walter Triers Zeichnungen erschienen, sind somit kein Indiz für Beliebigkeit, sondern im Gegenteil, Beleg für die mehrdimensionale Qualität seiner Entwürfe. Grundsätzlich erleichtern die Unterschriften dem flüchtigen Betrachter den beabsichtigten Witz schneller zu erkennen, dem aufmerksamen Betrachter jedoch erschließt sich der Bildinhalt von Triers Zeichnungen mitunter selbst ohne Text – auch das spricht für die Qualität dieses Karikaturisten.

Walter Triers Karikaturen leben durchaus davon, dass ihre *Lächerlichkeit tötet*, wie Karl Holtz 1924 auf dem Titelblatt von *Lachen links* kurz und knapp die verheerende Wirkung von Satire zusammenfasste. Im Unterschied aber zu den realen Waffen stellte der Kunsthistoriker Ernst Gombrich fest, dass der kritische Zeichner seine »Waffen für das Gute wie das Böse einsetzen kann. Der Karikaturist kann die Welt mythologisieren, oder er kann versuchen, gefährliche Illusionen unschädlich zu machen. Er kann gedankenlose Phrasen so groß aufblasen, daß sie zur Wirklichkeit werden, oder er kann sie zum Platzen bringen, indem er ihre hohle Rhetorik der nackten Wirklichkeit gegenüberstellt.« Was ihr gerade in der modernen Mediengesellschaft eine besondere Sprengkraft verleiht.

Triers Mal- und Zeichenstil

Egal ob Gemälde, Bildermappe oder Pressezeichnung, egal ob Einblattwitz oder Bildergeschichte und egal ob in Kreide, Tusche, Bleistift, Wasserfarbe oder Öl: Trier war ein grandioser Erzähler, der den Betrachter immer wieder zum Spazierenschauen in seinen Bildern einlud, ihn dabei aber geschickt zu lenken wusste. Hier zahlten sich seine solide künstlerische Ausbildung und die Kenntnis der abendländischen Kunst aus. Gerade im Vergleich zu Triers Epigonen wie Abeking, Barlog, Barta, Dolbin, Eichenberg, Kobbe, Kossatz, Michaelis, Möllendorf oder auch Neubauer – um nur einige der nach dem Zweiten Weltkrieg populär gebliebenen Zeichner zu nennen – wird sein enormes künstlerisches Potential deutlich.

Wie andere Zeichner seiner Generation reduzierte auch Trier seine Figuren zumeist auf eine markant ausdrucksstarke Silhouette, doch gerade in seinen Bildergeschichten wird diese nicht stereotyp wiederholt, sondern mit einer ungeheuerlichen Leichtigkeit in den verschiedensten und kompliziertesten Ansichten widergegeben – frontal, im verlorenen oder strengen Profil, von schräg oben oder aus der Froschperspektive. Typisch für Trier ist außerdem, dass er im zeichnerischen und malerischen Aufwand den kleinsten Nebensächlichkeiten in Bilde ebensolche Sorgfalt zubilligt wie den Hauptfiguren. Obwohl erst die Anordnung innerhalb des Bildes zwischen Haupt- und Nebenszenerie entscheidet, erkennt der Betrachter dennoch die Hauptfiguren Trier'scher Bilderzählungen stets sofort aufgrund einer vorgeführten physiognomischen Besonderheit, seiner kompositionellen Sonderstellung, farblichen Prägnanz oder wegen der geschilderten Pointe – also nie allein aufgrund simpler formaler Reduktion oder beigegebener auffälliger Attribute.

Generell zeichnen sich Triers Illustrationen durch eine außerordentliche Reduktion aus, ablenkende oder unnötige Nebensächlichkeiten gibt es in seinen Bildern so gut wie nie. Und obwohl die Figuren bei ihm meist nur noch aus klaren Umrisslinien bestehen, scheint ihr Körpervolumen – trotz eines kaum modellierten Farbauftrags – stets greifbar und plastisch. Aufgrund seines untrüglichen Sinns für Bewegung, seines handwerklichen Könnens und energischen Strichs wirken die Figuren bei ihm nie flach, sondern lebhaft und voller Elan. Die Farben der verschiedenen Bildteile sind subtil aufeinander abgestimmt und einem kalkulierten, harmonischen Gesamteindruck unterworfen. Monochrome, irreal gefärbte Bildgründe – knallgelb, blutrot oder tiefschwarz – gibt es erstmals in seinen Karikaturen während des Ersten Weltkriegs.

Dieser sehr eigenwillige Stil wurde rasch und oft kopiert. Bis heute genießt er nicht nur Vorbildcharakter für nachfolgende Zeichner und Illustratoren, sondern bei einigen Insidern sogar echten Kultstatus. So schrieb ein vielbeschäftigter Berliner Karikaturist Ende des vergangenen Jahrhunderts: »Der einfache Strich und die geniale Linienführung Walter Triers waren der Grund, weshalb Horst von Möllendorff eines Tages ohne jede Vorwarnung zur Zeichenfeder griff.« Auch bei Hans Kossatz waren es »die Zeichnungen Walter Triers, die ihn so beeindruckten, daß er selbst zur Zeichenfeder griff. Freunden gegenüber beteuerte er: ›Walta Trier is mein jroßet Vorbild. Ick war von Anfang an völlich vertriert.‹« Und Willi Halle war schließlich »der Dritte im Bunde namhafter Karikaturisten, die im Kielwasser von Walter Trier auf Erfolgskurs schwammen.« Die *Triennale der Staatlichen Bücher- und Kupferstichsammlung* in Greiz schließlich widmete ihren Katalog 1997 »Walter Trier zum Gedenken« und erhob »den großen Illustrator« gar zum »ewigen Hausgott der Buchbebilderer«.

Dass sich die Praktiker derart in ihrem Lob überschlugen, wohingegen sich die Kunsttheoretiker bislang erstaunlich bedeckt hielten, hat weniger mit Triers Talent oder Können zu tun als mit einem großen Unbehagen allem Komischen gegenüber. Dabei steht, wie in der Literatur-, Theater- und Filmwissenschaft längt erkannt wurde, die Komik als Stilmittel anderen, vermeintlich seriösen Äußerungen in der Bedeutung für gesellschaftliche Auseinandersetzungen in nichts nach; allein die unernste Erscheinungsform und seine lustvolle Auswirkung auf den Rezipienten lassen sie in den Augen mancher Intellektueller als nicht ernstzunehmend und damit nicht wichtig genug erscheinen. Ein fataler Irrtum. Denn: »das Komische [kann] tabubrechend wirken, neue Dimensionen eröffnen und sozialkritische oder gar subversive Kräfte losmachen, die unter dem Deckmantel der Heiterkeit absichtsvoll Kritik üben wollen. Die Satire als sublimierte Aggression will in aufklärerisch-didaktischer Weise gesellschaftliche Realitäten verändern.« Oder wie es Robert Gernhardt ausdrückte: »Die komische Zeichnung will immer irgendwas. Sie will Augen öffnen für, Partei ergreifen gegen, Stellung nehmen zu, aufmerksam machen auf, lachen machen über. Hier, jetzt und gleich. Deshalb muß sie rasch produziert und schnell unter die Leute gebracht werden. Noch der viel-, doppel- und zweideutigste Witz verfolgt eindeutig eine Absicht, meist eindeutige Absichten.«

Bei Walter Trier reicht die Skala von unbeschwerter, geistreicher Unterhaltung bis hin zu bissiger Ironie, gemünzt sowohl auf den individuellen Betrachter wie auf ganze Bevölkerungsschichten. Hierbei ist die Komik Ausdruck einer tiefen Skepsis und sein Stilmittel der Gesellschaftskritik, denn Trier wollte dem Betrachter einen komischen Zerrspiegel vorhalten. Zur tieferen Einsicht setzt er auf die konfliktzersetzende Kraft des Lachens, wie etwa die Bildunterschrift zu *Der Waffenstillstand* von Ende 1912 belegt: »Roda Roda hat sich bekanntlich als Kriegskorrespondent nach dem Balkan begeben. Mitten in den Operationen begann er seine Witze vorzutragen, mit dem Erfolg, dass die feindlichen Parteien sich vor Lachen wälzten und alle weiteren Kämpfe aufgaben.« Eine ganze Reihe weiterer Beispiele ließe sich mühelos anfügen.

Auch wurde der aufgrund von verspielten Motiven und harmonischer Farbgebung hervorgerufene lyrische Charakter von Triers Bildern von ihm selbst konstant durch eindeutig unpassende Details konterkariert, sodass sich einem zeitgenössischen kanadischen Kritiker der Vergleich zu einem Künstler ganz anderer Couleur aufdrängte: Charlie Chaplin. Vielleicht lag dieser Vergleich auch nahe, weil diese beiden Künstler mit großer Eigenwilligkeit und Ernsthaftigkeit ein Leben lang konsequent an der Umsetzung ihrer komischen Ideen feilten. Triers Publikum schätzte aber besonders seinen subtilen und dennoch subversiven Humor. Wie kein Zweiter verstand er es, den Betrachter dahin zu bringen, erst über den im Bild dargestellten Tölpel zu lachen, bevor er schließlich merkt, dass ihm selbst ein Spiegel vorgehalten wurde. Dieser Spagat zwischen Spott und Selbsterkenntnis ist Walter Trier in seinen Bildern vielhundertfach gelungen, ebenso wie die Kombination von allgemein-menschlicher Komik und hochspezieller Gesellschaftskritik. Die porträtierten Personen, Orte und Geschehnisse waren so treffend geschildert, dass sie vom zeitgenössischen Publikum mühelos erkannt und in ihrer ironisierenden Darstellung verstanden wurden.

Walter Triers Mission galt also zunächst dem »lustigen Zerrbild«, der vordergründig amüsanten Anekdote, den geheimen Träumen von kleinen und großen Kindern, der Vision von einem märchenhaften Utopia und einem friedvollen – wenn auch nicht konfliktfreien – Miteinander. Doch darüber hinaus haben die von Trier ausgebreiteten fantastischen Geschichten und Szenerien in der Regel immer noch eine tieferliegende Dimension. Es sind zuweilen »spukhaft eigenartig[e]« Gefühle, die »ein Hümpel von Lumpen, Verkommenheit und Unrasiertheit« in »geradezu lächerlich armseligen Landschaften« beim Betrachter hervorrufen konnte und dieser daran erinnert wurde, dass Trier eben »aus jener deutsch-böhmisch-tschechischen Welt [stammte], aus der so viele Talente von phantastischer Seltsamkeit kommen«. Andere Kritiker staunten über die Zweischneidigkeit seines Spottes.«

Sein Zeichenstift kann tendenzlos über alles lachen, er macht vor keiner Prominenz des Geistes, vor keinem Beruf, vor keinem Ereignis halt.« Damit stellte sich Trier in die Tradition seiner wichtigsten literarischen Vorbilder: Molière, François Rabelais, Miguel de Cervantes, Johann Jakob Christoph von Grimmelshausen, Wilhelm Busch und die volkstümlichen Erzählungen des *Münchhausen*, *Till Eulenspiegel* und der *Schildbürger*. Dennoch ist er stilistisch ohne Parallele.

Einordnung in die Kunstgeschichte

Auf den ersten Blick haben die alles bestimmenden Stilrichtungen aus der ersten Hälfte des 20. Jahrhunderts mit Walter Trier kaum etwas gemein, denn er war weder an der Pleinair-Malerei, an impressionistischen Lichtbrechungen oder anderen optischen Phänomenen interessiert, noch konstruierte er in seinen Bildern eigene emotionale Welten oder abstrakte Strukturen, wie etwa die Expressionisten und Futuristen, oder versuchte gar die Menschheit

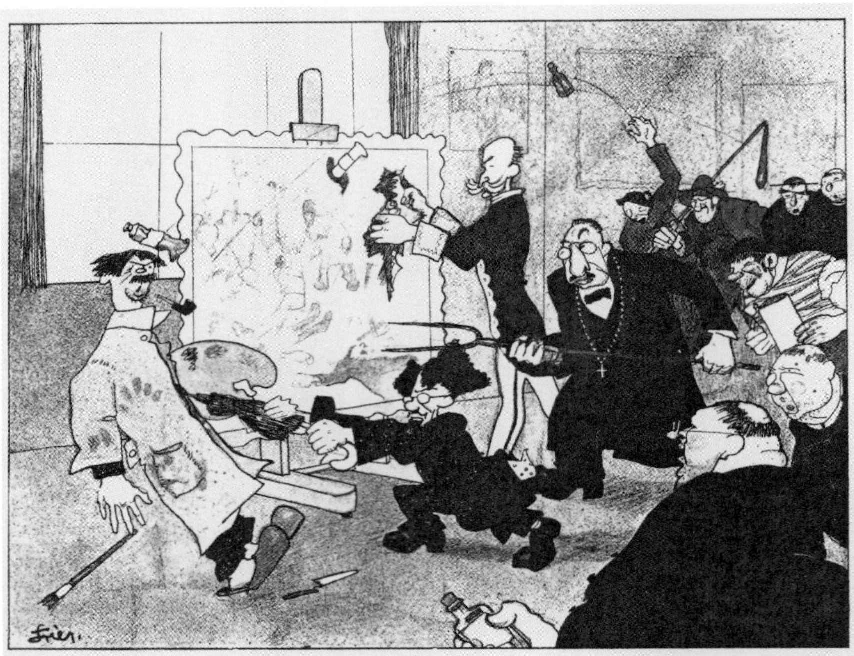

»Die Pogrömlinge«. Pressegrafik, 1910.

mit abstrusen theoretischen Manifesten zu beglücken. Deutlich in die Malerei der Moderne weisen hingegen Walter Triers Kompositionsweise, seine Formensprache und das ausdrucksstarke Kolorit. Anstatt sich aber mit abstrakten Farb- und Formfragen zu befassen, knüpfte Trier als begeisterter Erzähler und Illustrator stilistisch und thematisch an die Künstler des Naturalismus und Realismus an. Mit seiner gegenständlichen und narrativen Malerei führte Trier die Tradition des 19. Jahrhunderts fort und verpasste ihr einen modernen, zeitgemäßen Anstrich.

Bedingt war es also durchaus zutreffend, wenn schon zu Walter Triers Lebzeiten, sobald es um seine Einordnung in die abendländische Kunstgeschichte ging, von Beginn an immer wieder ein Name fiel: Carl Spitzweg. Der ehemalige Apotheker und künstlerische Autodidakt gilt noch heute bei vielen als der Vertreter der deutschen Romantik und des Biedermeier schlechthin. In seinen Werken habe er »die kleine Welt des deutschen Kleinbürgers mit liebenswürdigem Humor gestaltet«, konnte man noch 1975 im *Wörterbuch der Kunst* lesen. Bei solch einer Kurzdefinition fällt jedoch die satirische und gesellschaftskritische Komponente von Spitzwegs Bildern völlig unter den Tisch. Vermutlich, weil man auch diesem Meister der humorvollen, beschaulichen und vielleicht sogar etwas kauzigen Verpackung auf den Leim gegangen ist, ihm eine derart vorzüglich gemalte und treffend scharfe Satire so gar nicht zugetraut hätte. Hier ist eine Parallele zu seinem Nachfolger Trier nicht zu übersehen. Wie bei Spitzweg war das amüsierte Publikum auch bei Trier wohl gerne und blind dem Wolf im Schafspelz gefolgt und hat sich von den angeblich harmlosen Motiven und vordergründig lustigen Situationen an der Nase herumführen lassen.

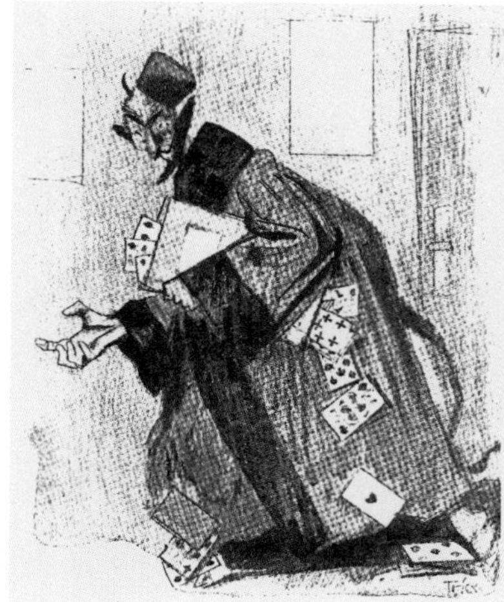

»Diabolus advocati«. Pressegrafik, 1912.

Einigen Beobachtern war bei diesem im Grundsatz durchaus zutreffenden Vergleich jedoch nicht ganz wohl, da sie spürten, dass er hinkte, denn allein schon die Rahmenbedingungen stimmten nicht überein. So glaubte Erich Kästner zwar, dass Walter Trier »unser Spitzweg« gewesen sei, doch er beeilte sich hinzuzufügen, dass Trier, »von den schlimmen Zumutungen des 20. Jahrhunderts umzingelt und umzüngelt, [es] wahrhaftig schwerer [hatte] als der Ahnherr, das Land des Lächelns zu verteidigen«.

Tatsächlich ist Carl Spitzweg nur ein Name von mehreren, die man als prominente Vorläufer Walter Triers gelten lassen kann. Als Zeichner und Illustrator kann man ihn problemlos in der ruhmreichen Tradition eines Gustave Doré, Honoré Daumier, Rodolph Toepffer, Wilhelm Busch, Heinrich Zille oder der Vertreter der Münchner Schule einreihen. Qualitativ kann es da keinerlei Bedenken geben. Was ihn von diesen Vorläufern allerdings sehr unterscheidet, ist – abgesehen von stilistischen Dingen – die Vielfalt seiner Betätigungsfelder, die unterschiedlichen Publikationsorte, die Auflagenhöhe sowie die außerordentliche Popularität seiner Arbeiten. Nicht zuletzt der Einsatz moderner Techniken und Materialien – wie etwa Film, Foto und Drucktechnik – machte ihn dann zu einem echten Kind des 20. Jahrhunderts.

Aber auch in stilistischer, motivischer und inhaltlicher Hinsicht war Walter Trier ganz ein Künstler des 20. Jahrhunderts. Die Wahl seiner Bildausschnitte, die detailgenaue Darstellung, klare Konturierung und kräftige Farbigkeit erinnern stark an die Maler der Neuen Sachlichkeit, obwohl deren Sujets und Stimmungen von einer ganz anderen Lebenseinstellung zeugen. Sie erzählen von Isolation, Hoffnungslosigkeit und Düsternis. Walter Triers Arbeit dagegen ist ein humoristischer Grundcharakter eigen. Mit den Expressionisten teilte Trier einige Themen, wie Großstadtwahnsinn und Entfremdung des Einzelnen; und wie Franz Marc setzte Trier die Farbe als Stimmungs- und Bedeutungsträger ein. Doch trennten ihn Welten von deren dramatischer Pathetik, ihren Zukunfts- und Technikängsten, extremen Stilisierungen und nihilistischen Lebenseinstellungen.

Und schließlich die Dadaisten: Sucht man im 20. Jahrhundert nach einer ähnlich komisch gearteten Kunstrichtung, so wird man immer wieder auf sie verwiesen. Das ist in einigen Punkten sicher gerechtfertigt, doch im Grundsatz auch wieder problematisch. So gibt es in der Wahl ihrer stilistischen Mittel – Paradoxon, Groteske, Komik, Ironie, Satire – und Bildthemen – Kabarett-, Artisten- und Clownmotive, Varieté sowie Kinderkunst – eine Reihe Gemeinsamkeiten zu Triers Groteskem Realismus, doch rein formal waren die Dada-Maler deutlich von futuristischen, expressionistischen, fauvistischen und kubistischen Tendenzen geprägt, und im Gesamteindruck waren sie pessimistisch und ohne Lebensfreude. Über George Grosz etwa schrieb Hans Reimann 1923: »Selbst, wenn er eine naturgetreu leuchtende Rose malen würde, müßte er

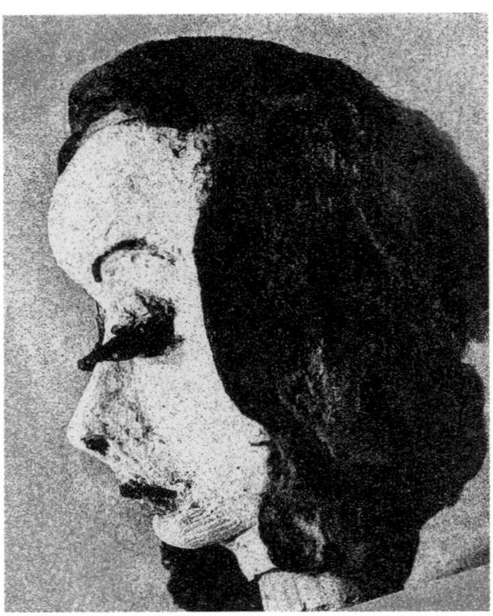

»Greta Garbo«. Eierschalen-Karikatur, 1938.

nachträglich seinen Abscheu vor Blattläusen hineininterpretieren. [...] Keine Bügelfalte der Welt könnte ihn abhalten, die darunter etwa verborgenen Krampfadern zu ignorieren. Krebsgeschwüre ahnt er und Arterienverkalkung. Wimmerln und Pusteln reizen ihn mit magischer Gewalt.«

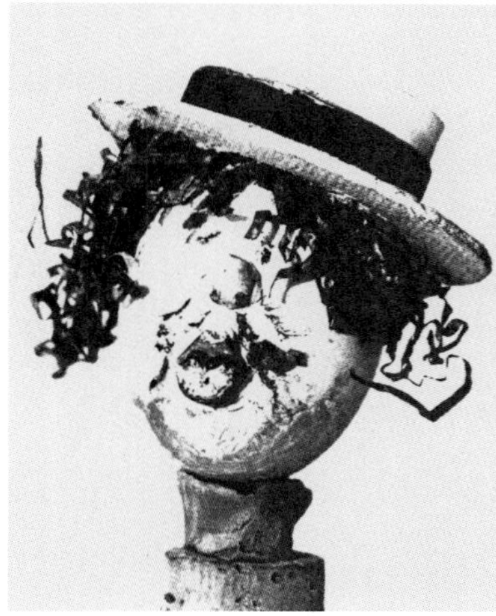

»Charles Laughton«. Eierschalen-Karikatur, 1938.

Proklamiert wurden die absolute Sinnlosigkeit und ein konsequenter Irrationalismus, nach dem Motto: »Das Verrücken der Dinge kann sich nur ereignen durch den verrückten Geist.« Die dadaistische Bewegung verstand sich als eine ironisierende und demoralisierende »Harlekinade« oder »Clownerie«, die durch öffentliche Provokation das bisherige Denken samt der bestehenden Wertordnung in Frage stellen und damit eine Entwicklung in Gang zu setzen suchte.

Dafür wollte man die dialektische Natur des Komischen und des Grotesken nutzen, da das dadurch ausgelöste Lachen nicht nur integrative, sondern auch systemsprengende Funktion haben kann.

Dada ironisierte, demoralisierte und kultivierte das Absurde, Alogische. Es spielte gezielt mit dem Unsinn, um die unter der Oberfläche der Normalität schlummernden Widersprüche zu entlarven und das Unterbewusste zu befreien. In dieser Grundüberzeugung gehen sie mit dem Individualisten Trier völlig konform. Allerdings hatte sich dieser, schon lange vor 1918, für die optimistische Variante einer sanften Weltverbesserung entschieden, zum Beispiel indem er die dem Betrachter mittels Ironie und Spott zugefügte Selbsterkenntnis nie überdosierte oder bewusst den Kindern – als den künftigen Erwachsenen – seine Utopie zu vermitteln suchte.

Für Walter Trier selbst hatten das Berufsverbot und die Vertreibung zur Folge, dass er an seine Berliner Popularität nach dem Zweiten Weltkrieg nie mehr anschließen konnte. Auch in Punkto Humorlosigkeit hatten die Nazis in Deutschland ganze Arbeit geleistet.

Pressegrafik

Die Pressegrafik nimmt in Walter Triers Künstlerkarriere einen besonderen Stellenwert ein. Unmittelbar nach seinem Examen erschien im August 1909 eine erste kleine Zeichnung im Münchner *Simplicissimus*. Wie wir weiter vorne erfahren haben, dauerte es gerade einmal ein Vierteljahr, bis zwei Berliner Verleger Wind von dem neuen Talent bekamen und es mit lukrativen Aussichten sowie einem gut dotierten Vertrag in die Reichshauptstadt abgeworben hatten. Zwar kamen in München bis 1913 noch einige Karikaturen von Trier heraus, doch ab Januar 1910 lag der Schwerpunkt seiner Arbeit eindeutig in Berlin. Und auch wenn Walter Trier hin und wieder für auswärtige Zeitschriften gewonnen werden konnte, so waren diese Engagements eher die Ausnahme. Bis zu seinem Berufsverbot 1935 blieb er seiner Berliner Klientel treu. Etwas anders verhielt es sich im Bereich der Buchillustration, wo Walter Trier schon früh landesweite Beachtung genoss und außer von seinen Berliner Verlegern auch mit Aufträgen von renommierten Fachverlagen aus Leipzig, München oder Stuttgart gern und regelmäßig überhäuft wurde.

In Berlin machte Trier mit seiner Kunst schnell Furore, vor allem beim breiten Publikum und bei seinen Zeichnerkollegen. Innerhalb kürzester Zeit avancierte er zum Star der Berliner Pressezeichner und veröffentlichte eine schier unerschöpfliche Fülle an Pressegrafiken.

Noch 1985 kapitulierte ein Ausstellungskurator angesichts der Menge an vermuteten, aber nicht nachgewiesenen Pressezeichnungen und klagte anlässlich einer Ausstellungseröffnung im Hannoverschen *Wilhelm-Busch-Museum*: »Was an Pressezeichnungen zusammengekommen ist von der ersten Arbeit 1909 im ›Simplicissimus‹ bis zu den Arbeiten in Kanada – das ist nicht schätzbar.« Nicht nur um endlich diese Wissenslücke zu schließen, sondern auch um ein fundiertes Bild von Triers Werk zu bekommen, gab es folglich nur einen Weg: die Autopsie, das heißt die systematische Durchsicht aller noch verfügbaren Zeitschriften und Zeitungen – Jahrgang um Jahrgang, Blatt für Blatt – und die fantasievolle, ergebnisoffene Recherche in den verschiedensten Archiven und Sammlungen.

Jedoch allein schon die Suche nach den gedruckten Fassungen seiner Pressegrafik birgt eine ganze Reihe gravierender Probleme. Zunächst ist man von der Flut von Zeitschriften und Zeitungen erschlagen, die im Berlin der Zwanziger Jahre unter die Leser gebracht worden ist. Insofern ist es gerade in Triers wichtigster Schaffensperiode, also in der ersten Hälfte des 20. Jahrhunderts, schwierig, einen Überblick über die vorhandenen Zeitungen zu bekommen. Außerdem sind die einst massenhaft produzierten Zeitungen heute nur noch in wenigen Exemplaren vorhanden, und diese originalen Bestände befinden sich häufig in einem schlechten Erhaltungszustand. Zudem kann man selbst bei sorgsam archivierten Beständen nie sicher sein, eine Zeitung oder Zeitschrift vollständig eingesehen zu haben, denn nicht immer wurden Titelblätter, Werbeseiten oder Beilagen eingebunden, auch gingen im Laufe der Jahre einzelne Seiten unbemerkt verloren. Unvollständigkeit ist nahezu vorprogrammiert. Trotz dieser deprimierenden Ausgangslage ist das Ergebnis im Fall Trier beeindruckend. Seine erste Pressezeichnung stammt aus dem Sommer 1909, die letzten Arbeiten erschienen in Kanada posthum bis 1952. Im Laufe seiner 42 Arbeitsjahre als Pressezeichner konnten bislang ungefähr 2 700 verschiedene Pressezeichnungen ermittelt werden. Alle sind qualitativ anspruchsvoll und originell. Gewiss gibt es Unterschiede im Aufwand, der für eine Zeichnung betrieben wurde, auch er war zuweilen einem redaktionellen Zeitdruck unterworfen, doch Walter Trier hat nie planlos in Serie produziert oder sich gedankenlos selbst kopiert, sondern immer das zugrundeliegende Ereignis mittels einer sorgfältig durchdachten Bildidee gewürdigt.

Rückblickend kann man festhalten, dass die *Lustigen Blätter* Triers wichtigstes Publikationsorgan waren, dicht gefolgt von den *Ullstein*-Magazinen *Die Dame*, *Uhu* und *Berliner Illustrirte Zeitung*. Die Autopsie der zeitgenössischen Presse zeigt außerdem, dass Triers Verleger auch in ihren anderen Blättern gerne Arbeiten von ihm brachten. Zudem war es Walter Trier als freiem Mitarbeiter jederzeit möglich, für weitere Auftraggeber zu arbeiten – wovon er durchaus Gebrauch machte. Etwa nachweislich Ende 1913 für den von Rudolf Mosse verlegten *Ulk*, jenes »illustrierte Wochenblatt für Humor und Satire«, für das damals Kollegen wie Hans Baluschek, Heinrich Zille,

Edmund Edel, George Grosz und Lyonel Feininger arbeiteten. Ein anderer Auftraggeber war seit 1927 das *Kabarett der Komiker*, das Walter Trier immer wieder für die Titel seines Programmheftes *Die Frechheit* engagierte. Darüber hinaus gab es während der Weimarer Republik Arbeiten von Trier in einigen der zahllosen kleinen Publikationen und Privatzeitschriften, die sich mehr oder weniger erfolgreich auf dem Markt behaupteten, wie etwa *Der lustige Hannoveraner, Styl, Kiwitt Kiwitt, Kuckucksei* oder *Jugendlust*. Auch Rundfunk- und Filmzeitschriften wie die *Funk Stunde*, die *Illustrirte Filmwoche, Film* und *Musik für Alle* brachten seine Grafiken oder von ihm gestaltete Inserate. Selbst im literarisch wertvollen *Querschnitt* findet sich eine imposante, von Trier gestaltete Reklameanzeige des *Shell*-Konzerns, der übrigens auch im *Conti-Echo*, der Werkszeitung von *Continental* in Hannover, eine von Trier gestaltete Reklame schaltete. Bei der Gelegenheit muss allerdings betont werden, dass bei der Beurteilung von Walter Triers Mitarbeit für Zeitungen und Zeitschriften ganz klar zwischen den publizistischen Beiträgen und den Reklameanzeigen zu differenzieren ist. Die Platzierung von Werbung lag nicht im Ermessen des entwerfenden Grafikers, sondern war Sache des Auftraggebers. Dennoch war es bei Durchsicht der damaligen Presse bemerkenswert festzustellen, wie konsequent sich selbst Triers gebrauchsgrafische Arbeiten einer Vereinnahmung oder Instrumentalisierung durch politische Propaganda entzogen. Triers oberstes Credo, Selbstbestimmung und Menschenfreundlichkeit, ließ nicht nur seine politischen und gesellschaftskritischen Karikaturen, sondern auch seine Reklamearbeiten für die radikalen Scharfmacher jedweder Couleur unbrauchbar werden.

So ist auch zu erklären, dass Trier weder beim nationalkonservativen *Scherl*-Konzern – der später in den Besitz von Hugenberg überging –, mit Blättern wie *Das Magazin, Die Woche* oder *Elegante Welt*, noch in Münzenbergs linkem Verlagsimperium publizierte. Die von Hugenberg und Münzenberg publizistisch vertretenen politischen Extreme waren mit Triers Streben nach Harmonie und der Entfaltung des Individuums nicht vereinbar. Hingegen passte die politische und inhaltliche Ausrichtung seiner beiden Berliner Hauptarbeitgeber Eysler und Ullstein – niveauvolle Unterhaltung, gepaart mit einer propagierten und praktizierten liberalen Weltanschauung – deutlich besser zu ihm. Ihnen blieb er treu, vielleicht auch, weil er offensichtliche Privilegien genoss, wie beschriftete Bildgeschichten und ganze, von Trier allein gestaltete Bildseiten belegen. Auch waren – vielleicht aufgrund seiner Popularität und seines eigenwilligen Erzählstils – viele seiner Arbeiten ohne das sonst übliche Redaktionsdiktat oder als konkret formulierte Auftragsarbeit entstanden. Nicht selten wurden bereits vorhandene Arbeiten, die beispielsweise unter anderem Titel auf Berliner Ausstellungen gezeigt worden waren, nachträglich mittels einer Bildunterschrift aktualisiert und zur Pressegrafik umfunktioniert. Wieder andere Zeichnungen wurden von dem Verleger Otto Eysler auch in anderen Büchern und Blättern seines Verlages publiziert. Bilder und Texte wurden dazu neu zusammengestellt und die Zeichnungen nachträglich mit neuen Bildunterschriften versehen. Die so entstandenen kleinformatigen Hefte waren billige Nachdrucke und rein kommerzieller Natur, stellten damals jedoch keine Konkurrenz zu den *Lustigen Blättern* dar. Nur bei der Inventarisierung sorgen sie heute zuweilen für einige Verwirrung, ebenso die Tatsache, dass einzelne Bildtitel mehrmals verwendet wurden.

Die *»Lustigen Blätter«*

Seine ersten Spuren hinterließ Walter Trier ab Januar 1910 in Berlin bei den *Lustigen Blättern*. Dieses bis heute völlig unterschätzte Blatt, für das zeitweilig auch Lyonel Feininger, Heinrich Zille oder Julius Klinger regelmäßig Beiträge lieferten, war zwischen 1886 und 1944 eine der wichtigsten regionalen Satirezeitschriften und als Berliner Witzblatt sogar eines der auflagenstärksten. Thematisch standen das Großstadtleben, die Gesellschaft sowie Mode, Sport und Kunst im Vordergrund, in der außenpolitischen Satire waren Frankreich, England und die Balkanländer am häufigsten vertreten, innenpolitisch dominierten Themen um den Militarismus, die Sozialdemokratie und das Geschehen am kaiserlichen Hof. Mit seinem unterhaltsamen, aber dennoch sanft subversiven Konzept passte es viel besser zu Walter Trier, als der zuweilen arg sarkastische Münchner *Simplicissimus*.

Bereits 1912 spottete die Redaktion der *Lustigen Blätter* über ihren jungen Mitarbeiter: »Trier hat trotz seiner großen Jugend be-

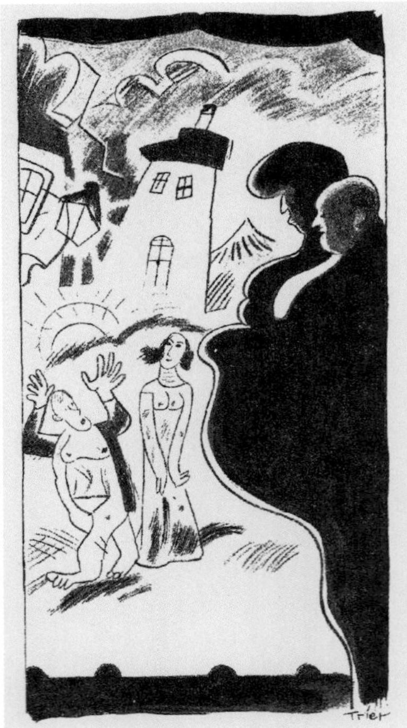

»Expressionistisches Theater«. Pressegrafik, 1919.

reits einen schweren Verlust erlitten, nämlich den seines Vornamens. Ist das enfant der Redaktion, wird aber nur dann terrible, wenn er sich und seine Kollegen karikiert.« Bis 1931 hatte sich Walter Trier dann, wie es Roda Roda formulierte, zur »stärksten Säule der ›Lustigen Blätter‹ entwickelt, der zudem Schule gemacht hätte, denn »seiner Art zu zeichnen begegnet man jetzt vielerorts«.

Dieser Ruf kam nicht von ungefähr. Voller Elan hatte sich Walter Trier in die Arbeit gestürzt und innerhalb des ersten dreiviertel Jahres beinahe einhundert Karikaturen geschaffen. Insgesamt sollten es bis zum 5. Juli 1935, der Tag, an dem die letzte Trier-Zeichnung auf einem Cover der *Lustigen Blätter* veröffentlicht wurde, weit über 1 500 Zeichnungen nur für dieses Blatt werden, die als aufwendige Farbseiten, mehrteilige Textillustrationen, ganzseitige Bildwitze und Bildergeschichten, kleinformatige oder doppelseitige Zeichnungen veröffentlicht wurden. Während dieser 25 Jahre erschien er knapp 150 Mal auf der Titelseite. Das ist, statistisch gesehen, mindestens jedes neunte Heft.

Der *»Ullstein-Verlag«*

Auch wenn es in einer hübschen Anekdote durch Trier selbst anders erzählt worden war, nachweislich publizierte der *Ullstein-Verlag* erst ab 1914 Zeichnungen von ihm: im Januar in den *Zeitbildern* sowie im Modeblatt *Die Dame* und ab September in der *Berliner Illustrirten Zeitung*. Dort waren eine Reihe tagesaktueller Parodien erschienen, etwa auf *Schlager, die jetzt gesungen werden*, darunter *Wer hat denn bloß den Käse zum Bahnhof gerollt?* und *Was macht der Mayer am Himalaja?* 1921 folgten Arbeiten für *Sport im Bild* und ab 1924 sein Engagement für den *Uhu*. Schließlich zählte der *Ullstein-Verlag* Walter Trier 1927 in seiner Jubiläumsschrift zum fünfzigjährigen Bestehen des Verlagskonzerns zu einem der »künstlerischen Mitarbeiter« der *Berliner Illustrirten* – neben dem eher akademisch traditionellen Fritz Koch-Gotha und dem derben Berliner Künstlerfreund Paul Simmel.

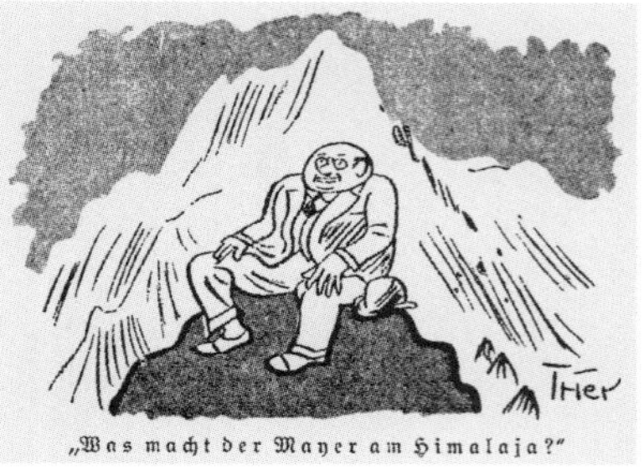

»Schlagerpest«. Pressegrafik, 1927.

Ein enormer Vorteil des Hauses *Ullstein* mit seinen unterschiedlichsten Blättern war der riesige und vielseitige Mitarbeiterstab. Die besten und bewährten Kräfte der Weimarer Republik, Autoren wie Zeichner, schufen so ein konstant niveauvolles und optisch homogenes Verlagsprofil. Die Texte für die verschiedenen Verlagsprodukte stammten etwa von Vicki Baum, Colette oder Marie Luise Kaschnitz, aber auch von Berthold Brecht, Alfred Polgar, Carl Zuckmayer und Stefan Zweig. Außerdem traf Walter Trier in den diversen Redaktionsstuben des Berliner *Ullstein-Verlages* auf eine Riege ernstzunehmender Literaten und Forscher wie etwa Walter Benjamin, Albert Einstein, Walter Gropius, Johannes Itten, sowie Heinrich und Thomas Mann; zuweilen auch der unernsten Gilde – wie etwa Klabund, Joachim Ringelnatz, Roda Roda und Kurt Tucholsky. Als Künstlerkollegen waren so unterschiedliche Zeichner wie Olaf Gulbransson, Thomas Theodor Heine, Alfred Kubin, Jeanne Mammen oder Tamara de Lempicka unter Vertrag.

Der *»Uhu«*

In den prosperierenden Jahren zwischen 1924 und 1934 brachte der Verlag mit dem *Uhu* einerseits ein völlig neu entwickeltes Zeitschriftenprodukt auf den Markt, andererseits aber auch ein ganz typisches *Ullstein*-Blatt. Der *Uhu* war als Mittelding zwischen Buch und Zeitschrift konzipiert, das jederzeit griffbereit im Autobus, Eisenbahnabteil oder auch im Wartezimmer des Arztes liegen sollte. Damit es auch bequem in die Manteltasche des Herrn oder in die Handtasche der Dame passte, erschien es im für Zeitschriften ungewöhnlichen Klein-Oktav-Format. Nicht nur die äußere Form, auch der Inhalt war programmatisch genau kalkuliert. Das neue Blatt für unterwegs sollte gleichzeitig bilden und geistvoll unterhalten, daher war es voller interessanter Forscher-, packender Film- und Reiseberichte, Novellen und Essays. Zusätzlich wurde das Interesse an künstlerisch wertvollen Fotografien, Zeichner-Wettbewerben, Leserumfragen und Bilderrätseln befriedigt. Der Stolz auf diesen Neuling und die enge Verbundenheit mit dem Verlag dokumentierte sich nicht zuletzt im Namen, der auf den Wappenvogel des *Ullstein-Verlages* zurückging.

Der *Uhu* setzte aber auch in der Propaganda und in der Herstellung neue und epochemachende Maßstäbe. Da Walter Trier bei diversen aufsehenerregenden Werbekampagnen seine Finger mit im Spiel hatte, wird im Kapitel über seine Reklamearbeit noch mehr davon zu hören sein. Beim Verlag war man außerdem stolz auf die sogenannte große *Uhu*-Maschine. Sie konnte eine Nummer bis zum Umfang von 192 Seiten auf einmal drucken und falzen. Die gefalzten Bogen kamen auf ein laufendes Band, danach auf eine 27 Meter lange, selbsttätige Zusammentragmaschine, welche die losen Bogen vereinigte, heftete, zusammenklebte, automatisch den Umschlag umlegte, sodass hinten die bis auf den Beschnitt fertigen Hefte herauskamen. Dieses neue, komplexe und schnelle Verfahren erregte weltweit das Aufsehen der Fachwelt. Doch trotz all dieser Neuerungen und Superlative erinnerte die ehemalige *Ullstein*-Mitarbeiterin Eva Noack-Mosse in einer Festgabe anlässlich des einhundertjährigen Firmenjubiläums an eine beinahe Nebensächlichkeit: »Was wäre der *Uhu* ohne Walter Trier gewesen, dessen Titelblätter und Zeichnungen den Lebensweg des *Uhu* von Anfang bis Ende begleitet haben?« Gewiss war manch beeindruckende technische Sensation im Gedächtnis hängengeblieben, doch Triers Bilder hatten es bis ins Herz seiner Leser geschafft, was vielleicht auch an seiner Dauerpräsenz im *Uhu* lag. Noack-Mosse hatte nämlich nicht übertrieben. Tatsächlich hat Trier dort im Laufe der zehn Jahre 177 Zeichnungen veröffentlicht, darunter 25 Farbtitel.

Kleine Anekdote am Rande: Manchmal gibt es auch ganz kuriose Überlieferungswege zur damaligen Omnipräsenz von Trier bei *Ullstein*. Wie man weiß, wurden seine bunten Cover damals nicht nur auf Plakate gedruckt, sondern zu Dekorationszwecken in die Schaufenster gelegt. Überliefert hat sich ein solches in Fritz Langs Spielfilm *M – Eine Stadt sucht einen Mörder* von 1931. In einer sehr kurzen Filmsequenz spiegelt sich der Filmbösewicht Peter Lorre in dem Schaufenster einer Kunsthandlung, wo man in der Auslage Walter Triers *Schachspieler* erkennen kann, die 1926 das Cover eines *Uhu*-Heftes geziert hatten.

Als der *Ullstein-Verlag* den *Uhu* aus der Taufe hob, war klar, dass man mit dem im Laufe der Jahre erworbenen Pfund eines exzellenten Mitarbeiterstabes zu wuchern gedachte. Doch auch die erfolgsverwöhnten Mitarbeiter mussten bei Laune gehalten und mit neuen Herausforderungen konfrontiert werden. So begann die *Uhu*-Redaktion 1926 mit einer lockeren Reihe von Zeichner-Wettbewerben. Dabei gab die Redaktion einen möglichst vieldeutigen Bildtitel vor, und die verschiedenen Zeichner aus dem Hause konnten oder mussten ihre Idee dazu zeichnerisch umsetzen. Neben dem komischen Effekt, den die verschiedenen Lösungen heute wie damals evozieren, war so eine ganz neue Art von Künstler-Wettstreit geboren, beziehungsweise der uralte Paragone-Gedanke absolut adäquat ins massenmediale Zeitalter hinüber gerettet worden. Denn über das oberflächliche Amüsement hinaus war dem Betrachter nun tatsächlich ein optimaler und direkter Vergleich zwischen der Kreativität und dem handwerklichen Geschick der verschiedenen Zeichner möglich. Sie alle hatten dieselbe zeitliche Ausgangsbasis, denselben technischen Rahmen und dasselbe verfügbare Format.

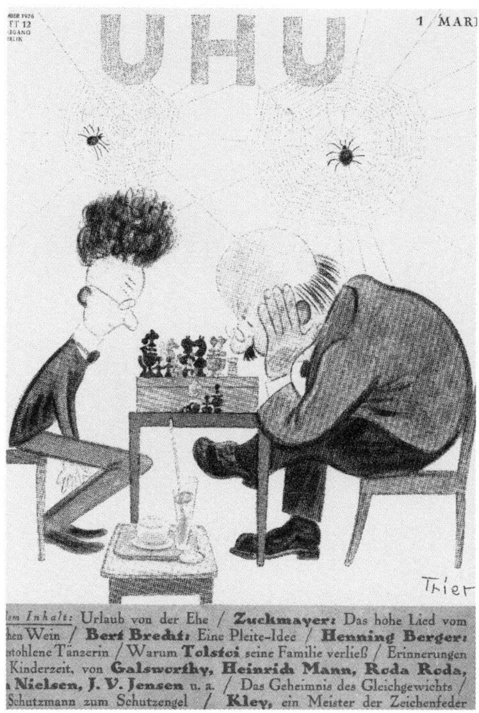

»Schachspieler«. Pressegrafik, 1926.

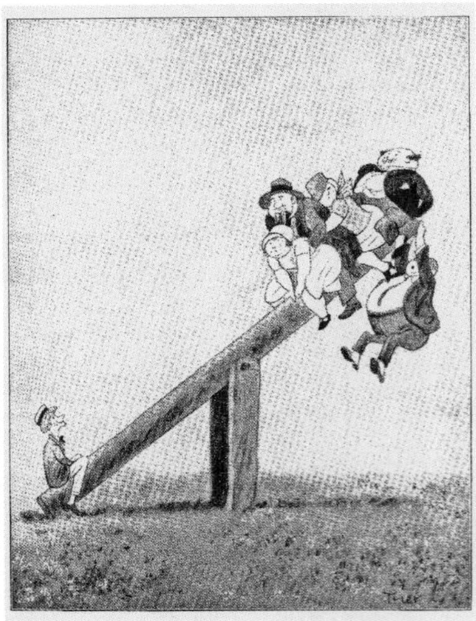

»Das geistige Übergewicht«. Pressegrafik, 1926.

Doch gerade dadurch treten die verschiedenen grafischen Stilrichtungen und Persönlichkeiten noch besser hervor. Und den zeichnenden Künstlern war diese Art von Herausforderung sichtlich ein Ansporn, wie die lange Kette von Wettbewerben über beinahe zehn Jahre hinweg und die große Anteilnahme bis zum Schluss belegt. Die dabei abgehandelten Themen gehen über geheime Träume und Sehnsüchte, den Geschlechterkonflikt bis zur Romantik; manchmal wurden Anregungen zur konkreten Lebensbewältigung gegeben ebenso wie Antworten zu metaphysischen Weltanschauungsfragen. So gab es zwischen viel rein unterhaltsamem Unsinn manch Ernstzunehmendes, wie etwa Walter Triers Antwort auf die Frage: *Mein Paradies*. Er sah sich, wie weiter vorne anschaulich beschrieben, unter dieser Überschrift inmitten einer schier endlosen Schar von Kindern. Triers Kollege Theo Matejko zeigte sich hingegen als Frauenheld, Erich Godal entspannte in einem Südseeatelier, Paul Simmel stand völlig gelassen vor einer leeren Leinwand, Georg Kobbe wähnte sich als erfolgreicher Maler im Himmel und Ferdinand Barlog gar in einem Atelier voller Geld.

Besonders erwähnt werden muss noch der allererste Wettbewerb aus dem Jahre 1926. Er hatte das vielsagende Thema *... in diesem schrecklichen Augenblicke ...*. Walter Trier assoziierte dabei eine Fahrkartenkontrolle und ergänzte die Textzeile »... faßte Rolf in seine Tasche.« Der Kollege Alfred Leete zeigte das Drama um eine verdorbene Auster, Paul Simmel erfand eine dramatische Rettung im Wilden Westen, Ferdinand Barlog schilderte den peinlichen Moment eines Ehemanns beim Seitensprung, und Erich Godal erinnerte gar den falschen Hochzeitstag. In Bezug auf diesen Wettbewerb hat sich nämlich in die Erinnerung einiger zeitgenössischer Journalisten ein eklatanter Fehler geschlichen, denn sie verwechselten die Arbeiten von Paul Simmel und Walter Trier. Auch wenn vieles in Simmels Zeichnung an den Humor Walter Triers erinnern mag, so sei hier richtiggestellt: Die Idee, das dramatisch drohende Ende eines Mannes, der im Wilden Westen an ein Pulverfass gefesselt worden war, dadurch aufzulösen, dass ein argloses Hündchen über der glühenden Zündschnur das rettende Bein hob, entstammte dem Kopf des Freundes Paul Simmel.

Stil und Themen

In den ersten Jahren in Berlin arbeitete Walter Trier pausenlos und entwickelte bald einen eigenen unverwechselbaren Stil. Seine tiefgehende, aber dennoch wohltemperierte Zeit- und Gesellschaftskritik wurde nicht nur in der Tagespresse publiziert, sondern bevorzugt als Farblithografien, mehrteilige Textillustrationen, Cartoons oder Bildergeschichten in künstlerisch, drucktechnisch und inhaltlich anspruchsvollen Hochglanz- und Satiremagazinen sowie in der gehobenen Unterhaltungsliteratur. Im Hauptschwerpunkt seines Schaffens richtete sich Walter Trier zunächst ausschließlich an das erwachsene Publikum.

Sein filigranes Frühwerk unterscheidet sich sowohl in Strich, Formensprache wie auch in der Farbgebung sehr von seinen späteren Arbeiten, die dann stark vom angelsächsischen Markt und Publikumsgeschmack beeinflusst sind, der nach schrilleren Farben, prononcierten Silhouetten und eingängigeren beziehungsweise typisierten Formen verlangte.

Seine Themen waren bis 1935 ganz von seinem künstlerischen und redaktionellen Umfeld beherrscht. Er karikierte die Perlen der abendländischen Kunstgeschichte und prangerte gleichzeitig die antiquierte museale Ankaufspolitik Preußens an. In anderen Zeichnungen führte er eine Auseinandersetzung mit der zeitgenössischen Moderne oder gestattete einen Einblick in den recht alltäglichen und häufig äußerst komisch wirkenden Überlebenskampf seines Berufsstandes. Es gab aber auch prononciert politische Zeichnungen von ihm, die entscheidende innen- und außenpolitische Ereignisse kommentieren, wie etwa die Amtsführung des neuen Reichskanzlers Theobald von Bethmann Hollweg, dem während schwieriger innenpolitischer Zeiten fehlende Entschlusskraft

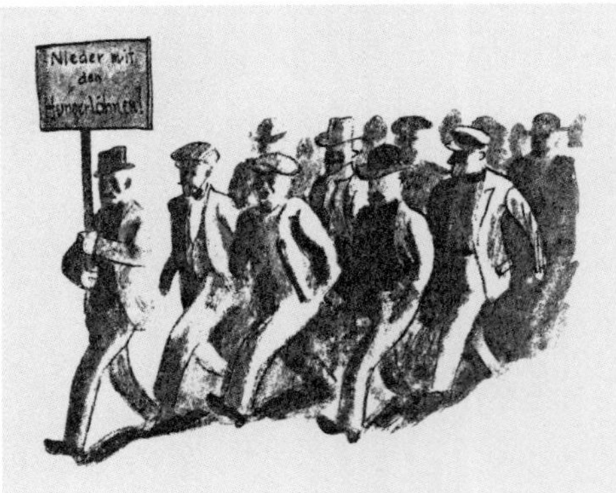

»Aufmarsch in Berlin«. Pressegrafik, 1925.

vorgeworfen wurde. Beim *letzten Autodafé in Spanien* machte sich Walter Trier über den Vatikan und dessen fortschrittsfeindliche Politik lustig, die 1910 im sogenannten »Antimodernisteneid« gipfelte. Neben solch hochpolitischen Themen zeigte er aber auch großes Interesse an typisch Berliner Sujets. Besonders faszinierte ihn das bunte Treiben in seiner neuen Heimat, der alltägliche Großstadtwahnsinn, das moderne Verkehrschaos. Aber auch der preußische Militarismus und die zahllosen neuen technischen Erfindungen, die feine Berliner Gesellschaft, die bunte Welt der Artisten, Schauspieler, Sportler oder anderer Zeitvertreib der gehobenen Gesellschaft waren schnell Gegenstand seines Spottes.

Was die politischen Karikaturen während des Ersten Weltkriegs angeht, so lässt sich zusammenfassen, dass Trier in seiner Feindpropaganda den gegnerischen Soldaten maximal als tolpatschigen, mutlos gewordenen Kämpfer und die Kriegsführer als peinlich alberne Figuren oder taktisch unklug agierende Strategen charakterisierte. Man könnte ihm vorwerfen, damit die grausame Realität ausgeblendet und das tatsächliche Geschehen verharmlost zu haben, aber das war schließlich ganz im Sinne des Auftraggebers. Man muss allerdings auch konstatieren, dass menschenverachtende Hetze und Kriegshatz anders aussahen. Die vermutlich einzig »positive« Funktion, positiv im Sinne einer Kriegstauglichkeit, die von Triers geleistetem Kriegsdienst ausging, dürfte die Minderung der Furcht deutscher Soldaten vor der Übermacht ihrer Gegner gewesen sein. Da Trier in seinen Kriegskarikaturen die Darstellung einzelner, recht hilflos agierender Menschen bevorzugte, dürfte es mitunter eine Gratwanderung bleiben, ob man Mitleid mit den Dargestellten empfindet oder mit Abscheu und Hohn auf sie reagiert. Insgesamt ist festzuhalten, dass Walter Trier während des Ersten Weltkriegs thematisch extrem fremdbestimmt war. Jedoch selbst übelklingende

Bildtitel wie das *Haß-Alphabet gegen England!* von 1915 entpuppen sich in Bild und Begleittexten deutlich milder als angenommen. Ja, es ist fraglich, ob diese Art der politischen Feindkarikatur von Trier überhaupt als Kriegspropaganda tauglich war, da sie eigentlich eher allgemein menschliche Schwächen belächeln half. Egal aber, ob sich seine Beiträge nun für die mannigfaltigen Kampfparolen eigneten oder nicht, die Arbeit in diesem Klima ging nicht spurlos an ihm vorüber. Noch während des Krieges entdeckte er die Kinderbuchgrafik als Refugium für sich. Im Frühjahr 1917 erschien mit einem friedlich romantischen *A-B-C* seine erste Kinderbuchillustration, die das totale Kontrastprogramm zu seiner Arbeit in den *Kriegsalben der Lustigen Blätter* darstellte.

Nach dem Ersten Weltkrieg vermied Walter Trier konsequent jede Form der politischen Radikalisierung. Zuzuordnen ist er dem linksliberalen Lager, er interessierte sich jedoch nicht im Mindesten für Nationalismen, sondern setzte sich vielmehr für demokratische Werte einer übergeordneten Menschlichkeit ein, wie sie im Völkerbund vertreten wurden. Schon früh nahm er in seinen Zeichnungen Bezug auf ganz aktuelle politische Ereignisse und immer wieder auch deutlich Stellung gegen die Willkür der Obrigkeit, gegen Militarismus und Bürokratie, kritikloses Mitläufertum und devoten Untertanengeist, sowie Kriegs- oder Krisengewinnler und übertriebenen Luxus – gerade während der Inflationszeit. Dabei kommentierte er die großen innenpolitischen Krisen entweder aus dem Blickwinkel der Betroffenen und lenkte so den Blick auf die Opfer oder des völlig ahnungslosen, nahezu unbeteiligten Bürgers. Massenhetze konfrontierte er geschickt mit dem Blick auf das Individuum beziehungsweise er entlarvte die immer wieder heraufbeschworenen und punktuell tatsächlich vorhandenen Katastrophenstimmungen mit der gleichzeitig herrschenden alltäglichen Unbeschwertheit – der heute so viel zitierte »Tanz auf dem

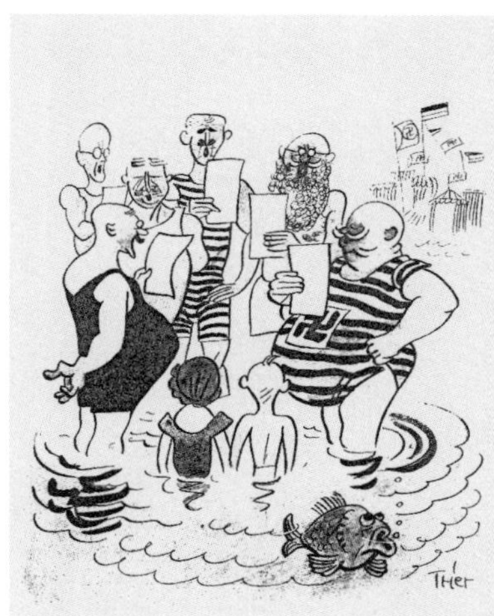

Antisemitismus auf Borkum. Pressegrafik, 1925.

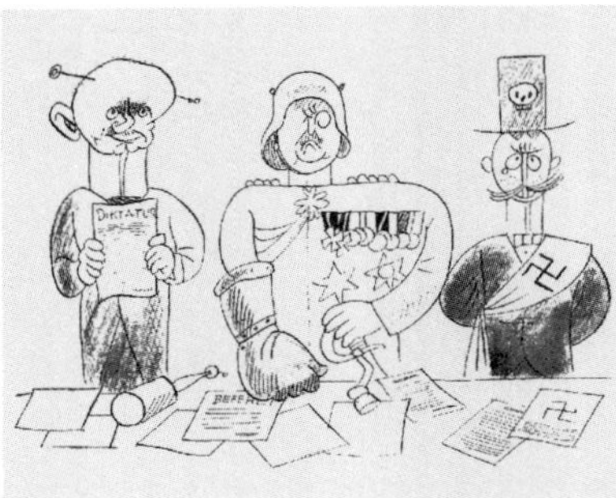

»Berlin, März 1920.« Pressegrafik, 1922.

Vulkan« – und kritisierte so die damals weit verbreitete, viel zu große Sorglosigkeit.

Anfang der Zwanziger Jahre betrachtete Trier die Gefahr, die von der politischen Rechten ausging. 1923 belegen dies, neben vielen anderen Karikaturen, die Blätter *Hochverrats-Prozesse*, *Bayern* oder *Bereit sein ist alles!*, wo ein hoch zufriedener Adjutant einen Stiefel putzt, auf dem in großen Lettern *Rechts-Diktatur* prangt – hinter ihm an der Wand hängt das Porträt eines Feldherrn mit Schirmmütze hoch zu Ross. Welche der in diesem Jahr intensiv propagierten Ideologien er besonders verabscheute, zeigt das Blatt *Europas Patent-Ekel*. Für ihn waren es der Militarismus, Faschismus, Antisemitismus und Bolschewismus. Der politische Sumpf also, aus dem am 8. November 1923 der Hitler-Putsch in München hervorging.

In all seinen Karikaturen und gezeichneten Witzen – egal ob politischer oder gesellschaftlich orientierter Art – trat Trier nie nach unten, sondern biss stets nach oben. Aufgrund seiner Fähigkeit zur Empathie und der in seinem liberalen Elternhaus genossenen Erziehung ergriff er gerne die Partei für den schwächeren Teil einer Auseinandersetzung. Da das damals mehr als heute die Frauen waren, sind bei Trier die Männer zumeist die Unterlegenen – schon allein erkennbar in den Größenverhältnissen seiner Protagonisten. Geht es um die Geschlechterfrage, dann werden bei Trier kleine Männlein von voluminösen Frauenkörpern dominiert.

In zahlreichen Bildern hat sich Walter Trier mit der hohen Kunst befasst. Diese Karikaturen lassen sich grob in vier Kategorien einteilten, die ungefähr mit Triers chronologischem Interesse konform gehen. Zunächst gibt es gezeichnete Statements zum Beruf und zur gesellschaftlichen Stellung des Künstlers. Hierzu äußerte sich Trier vor allem als Berufsanfänger. An zweiter Stelle kommen Kunstzitate, bei welchen Trier berühmte Werke aus der abendländischen Kunstgeschichte als Ausgangs- oder Hauptmotiv seines Bildes verwendet, die Kunst quasi unter ikonografischen Gesichtspunkten als Steinbruch betrachtet. An dritter Stelle rangieren Persiflagen

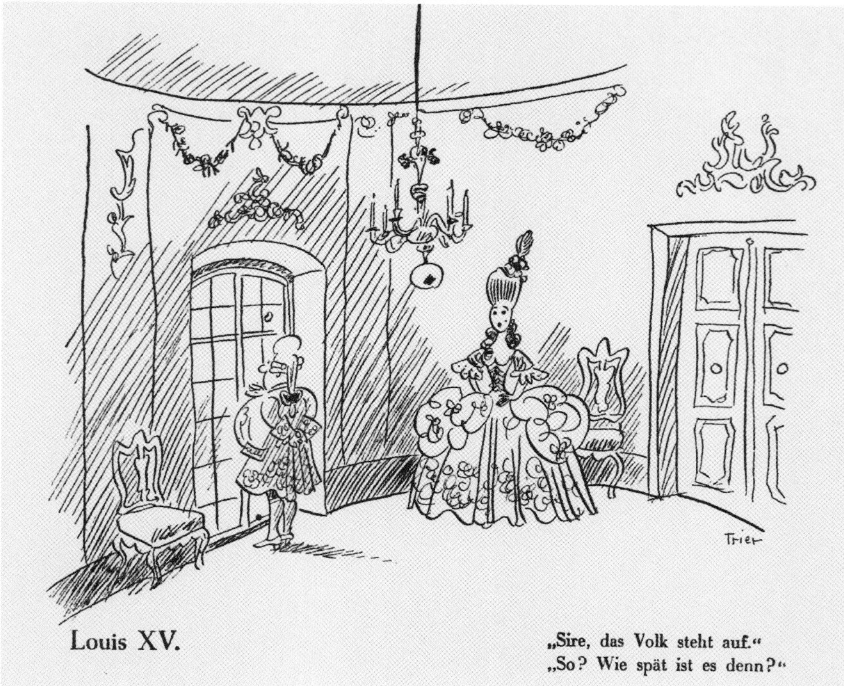

»Revolution«. Pressegrafik, 1925.

auf die Anstrengungen seiner zeitgenössischen Künstlerkollegen. Hier wurde die Kunst zum Gegenstand seines Spottes, er setzte sich also über die Ikonografie auch mit den Bildinhalten auseinander. Dieser aufmerksame Blick auf die exaltierten Bemühungen seiner Kollegen begleitet Trier kontinuierlich von Beginn seiner Tätigkeit bis zum Schluss. An letzter Stelle steht schließlich das virtuose Spiel mit verschiedensten Kunststilen ohne Rückgriff auf bekannte Motive, zuweilen nahm Trier hier, mit einer fast prophetischen Gabe versehen, Stile der Moderne und Gegenwart vorweg. Hierzu sind natürlich ein souveräner Umgang mit diversen Kunststilen sowie ein eigener künstlerischer Standpunkt Voraussetzung, was ein Künstler normalerweise erst im Laufe seines Lebens entwickelt und dann vor allem gegen Ende praktiziert.

Mehrteilige Bildergeschichten

Für den dritten Band der Anthologie *Heiterkeit braucht keine Worte* von 1962, in der auch zwei Karikaturen von Walter Trier abgebildet wurden, schrieb Erich Kästner im Vorwort: »Der Zeichner ist mit dem Schriftsteller viel enger verwandt als mit dem Maler. Dieser Satz [von mir, trifft] ganz besonders auf den Karikaturisten also auf den witzigen und glossierenden Zeichner zu. [...] Die Zeichner sind keine ›farblosen‹ Maler, sondern Schriftsteller ohne Buchstaben. Ihre Schrift ist anders. [...] Betrachten Sie in Muße die [...] lustigen und boshaften Bilder ohne und fast ohne Worte! Es sind Geschichten. Es sind Kurzgeschichten. Es sind kürzeste Geschichten. [...] Meist wird nur die Pointe berichtet und die Geschichte weggelassen, doch auch das ist ja ein literarisches Kunststück. Und die Zeichner haben es darin weitergebracht als die Schriftsteller. Jedenfalls, beide sind Erzähler. Beide verwenden Stift und Feder. Beide schreiben auf Papier. Der eine bedient sich der Buchstaben. Der andre schreibt in Bilderschrift. Er ist der glücklichere Erzähler. Er braucht nicht übersetzt zu werden. Er kann durch Übersetzung nicht entstellt werden. Für den Zeichner gibt es keine fremden Sprachen. Er schreibt in der Muttersprache aller Völker. Er ist ein Bilderschriftsteller. Er gehört zur literarischen Welt. Diese These ist kein kapriziöser Einfall, sondern das Resultat jahrzehntelanger Erfahrungen. Ich war mit vielen solcher ›Zwillingsbrüder‹ gut bekannt und mit einigen von ihnen eng befreundet.«

Dieses Statement von Kästner verweist auf eine weitere Facette in Triers pressegrafischem Œuvre: die mehrteilige Bildergeschichte. Bei Durchsicht des bisher bekannten Werkes von Trier kommt man auf ungefähr 350 Bildergeschichten, die zwischen 1909 und 1946 realisiert wurden, wobei aufgrund seines spielerischen und unkonventionellen Umgangs mit formalen Äußerlichkeiten bei weiteren Arbeiten die Abgrenzung zu Textillustrationen, Einbildwitzen oder Bilderserien außerordentlich schwer fällt. Denn seine Kinderbuchillustrationen wurden beispielsweise kaum verändert als Comic Strips in Zeitschriften reproduziert, Literatur – wie etwa *Till Eulenspiegel* oder *Die Schildbürger* und vergleichbar volkstümliche Geschichten, aber mit *Amanda* auch ein modernes Gedicht von Erich Mühsam – zu mehrteiligen Bildergeschichten verdichtet und als Buchillustration oder Sammelbildchen gedruckt. Er selbst gebrauchte für seine mehrteiligen Bilderzählungen öfter das neutrale deutsche Wort »Zeichnerscherz« – etwa 1912 bei *Abenteuer in Kentucky. (Zeichnerscherz in 4 1/4 Bildern von W. Trier)*. Nur einmal, 1911, versuchte er mit der jiddischen Version *Meschuggenes* eine sehr viel treffendere Formulierung für seine grotesken Bildwitze zu etablieren, was aber nicht gelang.

Auch bei den Bildergeschichten zeigt sich seine außerordentliche künstlerische Kreativität und stilistische Wandlungsfähigkeit, denn er verwendet innerhalb seiner Bildergeschichten kein einheitliches Schema: Er gebraucht streng gereihte, rechtwinklige Bildfeldrahmen mit gedruckten Bildunterschriften ebenso souverän wie kompositionell anspruchsvolle Tableau-Anordnungen mit individuell gestalteter Typografie. Kaum meint man endlich die passende formale oder stilistische Schublade für Trier gefunden zu haben, schon entzieht er sich wieder dieser Einordnung. Die Kehrseite dieser theoretischen Schwierigkeit ist ein zeichnerisches Gesamtwerk, das durch seine enorme Vielfalt der bildsprachlichen Gestaltungsmöglichkeiten beeindruckt. Ob er eine Bildidee als mehrteilige Bildergeschichte oder, zu einer Pointe verdichtet, als seitenfüllenden Einbildwitz realisiert – oder vielleicht doch als Illustration in den Dienst eines geschriebenen Textes stellt –, dies scheint bei Trier nur eine Frage der Tagesform beziehungsweise des publizistischen Umfeldes gewesen zu sein.

Insofern ist es nicht übertrieben, wenn man feststellt, dass Walter Trier vor 1935 Deutschlands Tages- und Wochenzeitungen beherrschte, und zwar nicht nur mit gewöhnlichen Pressezeichnungen und Illustrationen, sondern mit dem, was man neudeutsch Comic nennt, also der guten alten Bildergeschichte. Denn lange bevor das amerikanische Wort nach dem Zweiten Weltkrieg über den Atlantik schwappte, gab es bei uns natürlich längst das Phänomen der betexteten Bildergeschichten.

Aber letztlich ist es zweitrangig, in welche Schublade Triers Zeichnungen gesteckt werden. Ihre Bedeutung liegt darin, dass sie das historische und ästhetische Bindeglied zwischen Wilhelm Buschs Bildgeschichten und Walt Disneys *Micky Mouse*-Heftchen darstellen, sich dabei jedoch jeder simplen Einordnung widersetzen.

Hier hat Trier übrigens eine Gemeinsamkeit mit dem stilistisch und menschlich so ganz anders orientierten Künstlerkollegen George Grosz. Auch bei ihm war die Grenze zwischen der Illustration und freien Grafik, also zwischen den Pressezeichnungen und den Mappenwerken, durchlässig. Die tagespolitisch relevante Karikatur konnte zum Bestandteil einer Mappe werden oder auch den Wandel zur Buchillustration durchmachen. Ebenso tauchen bei beiden Künstlern Zeichnungen, die bereits in einer Mappe veröffentlicht worden waren, später als Karikaturen oder Buchillustrationen wieder auf. Auch die Frage nach der Intention – Karikatur, Satire, Propaganda oder ernste Anklage – ist in ihren Bildern nicht immer eindeutig zu beantworten. Die Kernaussage wie auch die Atmosphäre einer Zeichnung konnten sich radikal verändern, wenn sie in einen anderen Kontext gestellt oder mit einem neuen schriftlichen Kommentar versehen wurden. Ebenso haben beide nicht nur für die Presse gearbeitet, sondern Buchillustrationen, Reklamegrafiken, Bühnenbilder und vieles mehr angefertigt.

Karriereende in Berlin

Am Höhepunkt von Walter Triers offizieller Karriere als Pressezeichner wurde er 1929 zum Zweiten Vorsitzenden des *Verbandes der Pressezeichner* gewählt. Ein Amt, auf das er gewiss stolz war, zu dem ein Einzelgänger wie er vermutlich aber erst überredet werden musste. Über das Ende dieser Tätigkeit weiß man bislang noch nichts, doch mit der Machtübernahme durch die Nationalsozialisten und der wenig später erfolgten Gleichschaltung aller Verbände und Organisationen ist von seinem erzwungenen Ausschluss und wenig würdevollen Abgang auszugehen. Verdrängt wurde Trier damals nicht nur von gleichaltrigen Zeichnern, etwa Hermann Abeking, Ferdinand Barlog, Erwin Barta und Fritz Wolff, sondern auch von einer jüngeren Zeichnergeneration, die stark von seinem Stil geprägt war, etwa von Hans Ewald Kossatz, Horst von Möllendorff oder Herbert Döblin, der unter den Nationalsozialisten auch für das *Kabarett der Komiker* arbeitete. All diese Zeichner wurden nun protegiert und hofiert, um die dem Regime missliebigen sowie nicht-arischen Grafiker zu ersetzen, doch lassen fast all ihre Arbeiten nicht nur sein zeichnerisches Können, sondern vor allem seinen wohlwollenden Witz schmerzlich vermissen.

Nachdem Triers Arbeiten von den Nazis als »unerwünscht« eingestuft worden waren, versuchte er seinen Unterhalt im Ausland zu verdienen. Am 7. November 1934 erschien eine erste Zeichnung im *Prager Tagblatt*, eine deutschsprachige Zeitung, bei der viele vom Berufsverbot betroffene Kollegen Zuflucht suchten. Im Dezember desselben Jahres war die Familie Trier sogar mit dem *Prager Tagblatt* zum Skilaufen in die Hohe Tatra gefahren. Mitgliedern der dortigen Redaktion ist es übrigens auch zu verdanken, dass Walter Trier 1936 schließlich die Flucht nach England gelang.

Bislang konnte nur ein Bruchteil aller ehemals vorhandenen Originale aufgefunden werden. Wo die zahllosen Druckvorlagen und die auf den Ausstellungen verkäuflichen Gouachen, Aquarelle und Zeichnungen sowie die Kunstmappen mit kolorierten Kupferdrucken der beliebtesten und schönsten Motive abgeblieben sind, bleibt ein großes Rätsel. Von den zuweilen umfangreichen Buchillustrationen für die bislang bekannten 333 verschiedenen Buchtitel, die während seiner 42-jährigen Tätigkeit als Illustrator entstanden sind, ganz zu schweigen.

Buchillustrationen

Walter Triers erste Buchillustration erschien 1910 im Berliner *Verlag der Lustigen Blätter*. Es war ein Buchumschlag für Harold Morrés Neuauflage der Karikaturensammlung *Allgemeine Heiterkeit. Der Reichstag im Lichte der Karikatur*. Kurz darauf war Trier bei *Georg Müller*, ein für seine qualitativ hochwertigen Illustrationen bekannter Münchner Verlag, unter Vertrag. 1912 erschien dort das erste vollständig von ihm illustrierte Buch *Der lachende Erdball. Eine Reise im Witzzuge durch aller Herren Länder* von Felix Schloemp. Es besaß einen von Trier gestalteten Farbumschlag, eine Karikatur des Herausgebers und 16 Vignetten, die mit den visualisierten Klischees auf die im nachfolgenden Text belachte Nation einstimmen. In den folgenden zwei Jahren erschienen dort *Schabernack und Lumpenpack. Die lustigsten Moritaten und blutigsten Schauerballaden, mit Beiträgen von Wilhelm Busch und 75 drolligen Bildern von Walter Trier* – gleichfalls von Felix Schloemp zusammengetragen – mit schwarz-roten Bildbeiträgen, die dem Untertitel ganze Ehre machen, sowie *Tausend Bauernwitze. Kluge Derbheiten aus Bauernmund* mit einem Farbeinband, einer Frontispiz-Vignette und 15 ganzseitigen Zeichnungen, die durchaus als beispielhaft für Triers frühe Grafik angesehen werden können.

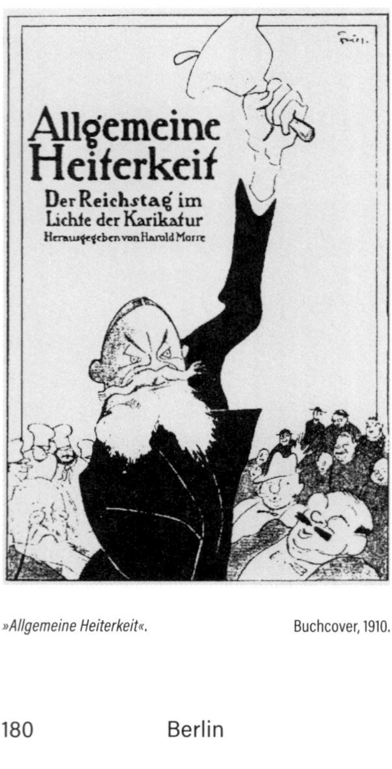

»Allgemeine Heiterkeit«. Buchcover, 1910.

Triers letzte buchgrafische Arbeiten erschienen posthum, wie zum Beispiel die Buchumschläge zu Erich Kästners *Die dreizehn Monate* von 1955 – die Gesamtgestaltung stammte von »Manfred Limmroth unter Verwendung einer Zeichnung von Walter Trier« – oder Wim van Leers *Time of my Life* von 1984, mit einem Schutzumschlag unter Verwendung einer

Gouache von angeblich 1941. Von den drei erst deutlich später veröffentlichten Bilderbüchern *Alle freut, was alle freut* (1975, Typografie und grafische Gestaltung von Heinz Edelmann, dem Schöpfer der Grafiken für *Yellow Submarine* der *Beatles*), *Die Verzückung der Kurzschnabel-Berg-Amsel* (1992, zu einem Text von Wim van Leer) und *Der lustige Dampfer* (2009, mit Versen von Harry Rowohlt) einmal abgesehen. Zwei der viele Jahre lang unbetextet gebliebenen Bilderzyklen fanden nachträglich mit Ernst Jandl und Harry Rowohlt nicht nur zwei hervorragende Lyriker, sondern auch zwei persönlich sehr ambitionierte Trier-Enthusiasten. So lieferte Jandl anstatt der vom Verlag gewünschten knappen Unterzeilen »ein Märchen in 28 Gedichten«, und Harry Rowohlt darf man getrost als einen Trier-kongenialen Schnell-Dichter lobpreisen. Manche Projekte scheinen von der Muse geküsst …

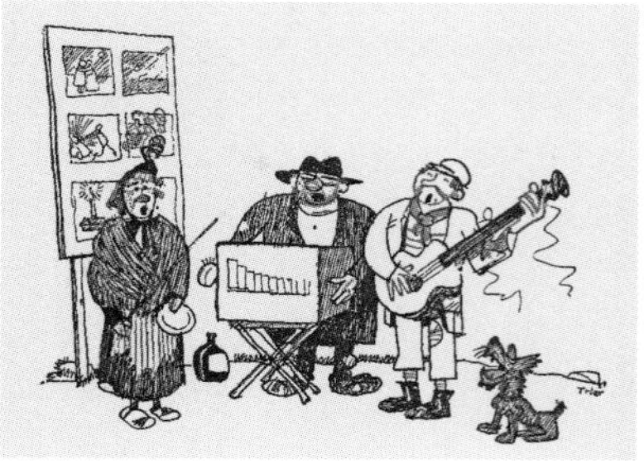

»Schabernack und Lumpenpack«. Buchcover (Ausschnitt), 1913.

Kunst für Kinder

Jeder bibliophil veranlagte Mensch kann mindestens ein Buch aus Kindertagen nennen, in dem er leidenschaftlich geschmökert hat. So eindrucksvoll die Erfahrung ist, wenn wir bei den ersten Leseversuchen aus simplen, schwarzen Lettern ganz allein, nur mithilfe unserer Fantasie, im Geist lauter Geschichten entstehen lassen können, war dies gemeinhin nicht unsere erste Erfahrung mit dem Medium Buch, denn schon lange, bevor wir Bücher lesen konnten, haben wir sie angeschaut. Und anders als die abstrakten Schriftzeichen, wirken farbige Bilder ganz unmittelbar auf unsere Sinne, sind allgemein verständlich und bestimmen unsere Wahrnehmung von Anfang an. Die Schlussfolgerung aber, dass das, was man schon als kleines Kind problemlos und intuitiv erfassen kann – also nicht erst mühsam erlernt werden muss – in seiner Bedeutung auch geringer einzuschätzen wäre, ist falsch. In Wahrheit verhält es sich genau umgekehrt: In sehr viel höherem Maße, als allgemein angenommen wird, sind wir alle von der Bilderwelt unserer Kindheit beeinflusst und geprägt.

Da sich die Kunstgeschichte aber bislang wenig für diese ersten ästhetischen Erfahrungen eines Menschen interessiert hat, haben sich weder Kriterien der ästhetischen Beurteilung von Bilder- und Kinderbüchern herausgebildet, noch gibt es eine qualifizierte Sprache für die einfachsten vorhandenen Phänomene. Dabei könnte uns die Beschäftigung mit der alltäglichen Kunst für Kinder neue Erfahrungshorizonte eröffnen sowie unbekannte und vielleicht auch ungeahnte Bildquellen erschließen.

»Gute Kinderbücher zu finden ist schwer. [...] Unter dieser allgemeinen Kinderliteratur gibt es wenig, was ich aus menschlichen und ästhetischen Gründen kleinen Kindern so empfehlen könnte wie [...] die [...] Kinderbücher Walter Triers. Soviel an Freude, die zum Herzen des Kindes spricht, Schönheit, die es erfassen kann, [...] finden die schaulustigen Kinder selten in ihren Bilderbüchern. Aber auch Erwachsene werden sich gern mit diesen Bilderbüchern unterhalten, denn sie haben es hier mit einem Kunstwerk ersten Ranges zu tun. Phantasie, Humor und wirkliches Können haben sich hier vereinigt.« So lautete eine Kritik von Triers Kinderbüchern im Jahr 1926. Und eine andere Kritikerin schrieb ein paar Jahre später: »Dem Zauber seiner Kinderbuch-Illustrationen kann sich niemand entziehen.« Das betrifft sowohl die Kinder als auch die Erwachsenen.

Über ein Dreivierteljahrhundert nach seiner Entstehung urteilte Robert Gernhardt 2006: »Walter Trier ist es mit einem Blatt gelungen, zugleich auf der Höhe seiner Kunst und der seiner Zeit zu sein.« Tatsächlich kann kaum ein anderer Buchtitel – seit nun bereits vier Generationen und über 147 deutschen Ausgaben – eine derart weltweite und nachhaltige Wirkung vorweisen wie das Cover von *Emil und die Detektive*. Trier war hier die optimale Synthese gelungen zwischen zentralen Stilprinzipien der modernen Malerei, speziell des Expressionismus, und jenem dinglichen Realismus, der die Avantgarde in den Zwanziger Jahren so sehr beschäftigte. Würde dieses Bild von seinem Kinderbuch-Kontext befreit, so ließe sich Triers farblich verfremdetes gelbe Trottoir problemlos mit Franz Marcs *Blauem Pferd* vergleichen, sowie der szenische Realismus und die streng konstruierten, sinnvollen Bezüge der einzelnen Bildmotive zueinander etwa mit George Grosz' oder Max Beckmanns Bilderfindungen.

In nur sehr seltenen Fällen stellen Bücher kunsthistorische Eckpfeiler dar. Trotzdem zählen Triers Illustrationen für Erich Kästners Kinderbuchklassiker längst zu den Ikonen der modernen Buchmalerei. Vor allem die Umschlagbilder haben sich tief eingeprägt: das knallige Gelb bei *Emil und die Detektive* oder das frische Grün beim *Doppelten Lottchen*. Kein graues Einerlei, dafür voll irritierender Fantasie. Gegen jeden modischen Trend immun werden diese Bücher bis heute kaum verändert veröffentlicht. Und alle sind versehen mit dem markanten und dennoch geheimnisvollen Schriftzug: »Trier«. Wer sich dahinter verbirgt – für die meisten bleibt dieses Rätsel aus Kindertagen ungelöst; vor allem weil es im Klappentext der Neuauflagen bis heute lediglich eine kurze Biografie Kästners zu lesen gibt, vom Zeichner dagegen erfahren wir kaum mehr als seinen Namen. Dabei befand bereits 1949 eine Schweizer Journalistin: »Erich Kästners Bücher wären ohne Trier wie ein Haus ohne Innendekoration, ohne Wiesen und Blumenbeete.« Erst durch seine Illustrationen haben Kästners Gören ihre frechen Gesichter erhalten und die Geschichten einen farbenfrohen Nährboden für die kindliche Fantasie.

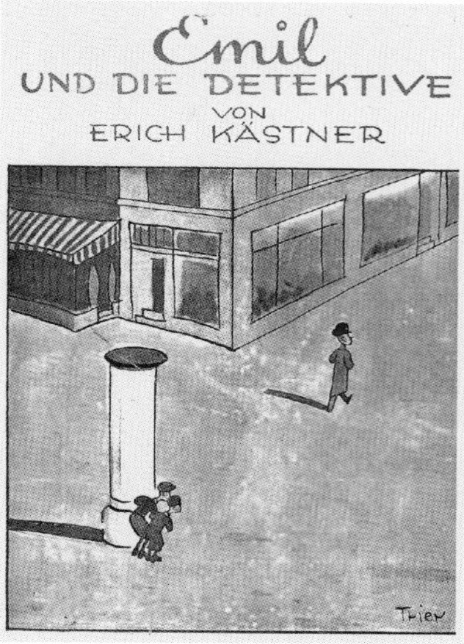

»Emil und die Detektive«. Buchcover, 1929.

Kästners Kinderbücher

Als Erich Kästner 1929 auf Betreiben von Edith Jacobsohn seinen ersten Kinderroman vorlegte, gab es für die Verlegerin keinen besseren Zeichner als Walter Trier. Er war erfahren, populär und genau der Richtige für Kästner. Triers ungewöhnliche Bildausschnitte, seine frischen Farben und die liebevoll gezeichneten Berliner Jungs schaffen ein wohltuend freches Klima. Denn wie sehr Kästners Emil, Anton, später auch Lotte und Luise Gefahr laufen, »freiwillige Musterknaben« oder allzu »brave Hausmütterchen« zu sein, merkt man erst bei fremdsprachigen Buchausgaben, die von weniger einfühlsamen und geschickten Zeichnern illustriert wurden. Gerade im Kontrast zu anderen Zeichnern wird deutlich, wie gut Walter Trier sein Handwerk verstand. Er hielt sich nicht sklavisch an den Text; besonders fällt dies bei den Umschlagillustrationen auf, die oftmals eine Szene zeigen, die so von Kästner gar nicht beschrieben worden war. Aber auch der optische Eindruck und die Charaktere von Kästners Figuren wurden von dem cleveren Zeichner so geschickt verändert, dass – von den kindlichen Lesern einmal abgesehen – weder dem Autor selbst noch zahllosen Literaturkritikern diese Manipulation je aufgefallen ist.

Wie genau hingegen manche Textillustration geraten ist, belegt die Erinnerung von Agnes Bernelle, der nach England geflohenen Tochter des Berliner Theaterdirektors Rudolf Bernauer. Als Kind bewohnte sie mit ihren Eltern eine stattliche Zwölf-Zimmer-Wohnung über der von Kästner geschilderten Bankfiliale am Viktoria-Luise-Park. Nach der Machtübernahme der Nationalsozialisten hatte für die »ung-arische« [sic] Familie eine schwere Zeit begonnen, zuerst verlor der Vater sein Theater, dann die Familie die Wohnung. Nachdem der Vater auch noch kurzzeitig inhaftiert worden war, beschloss die Familie nach England auszuwandern. »Am Ende dieses ermüdenden Tages packten wir unsere Koffer und verließen das Haus. Wir konnten natürlich nicht ahnen, daß es den kommenden Krieg nicht überstehen und samt Balkon und Karyatiden für immer untergehen würde. Alles, was mich heute noch daran erinnert, sind eine alte Photographie, die mir die Stadtverwaltung Schöneberg überlassen hat, und eine Zeichnung von Walter Trier in Kästners *Emil und die Detektive* von der *Commerz- und Privatbank* an unserer Ecke, wo *Emil und seine Detektive* den Dieb erwischt haben. Trier zeigt darauf auch das Schlafzimmerfenster meiner Mutter, das Fenster über der Bank mit den gerüschten Tüllgardinen, das meine Kinder immer sehen

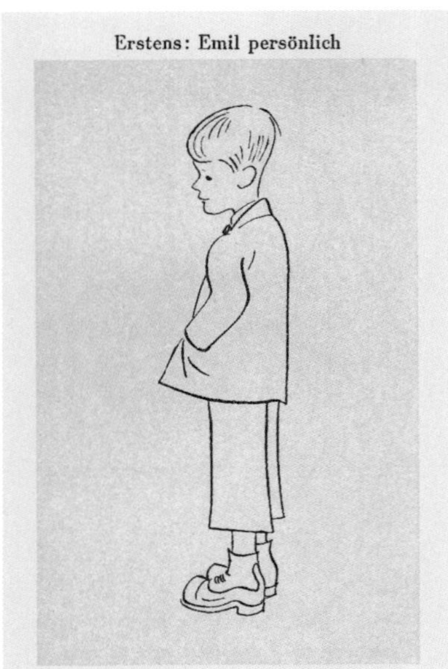

Emil aus »*Emil und die Detektive*«. Buchillustration, 1929.

wollten, als sie klein waren und ich ihnen aus dem Buch vorgelesen habe.«

Aufgrund des ab 1935 auch für die Buchverlage geltenden »Arier-Nachweises« war Mark Twains *Tom Sawyer* Walter Triers letztes Kinderbuch im Berliner *Williams Verlag*, der nun von der Mitarbeiterin Cecilie Dressler geleitet wurde, und Rudolf Presbers Buch *Was ist mit Frau Beate?* im Dresdner *Reissner Verlag* sein letztes in Deutschland verlegtes Buch für Erwachsene. Edith Jacobsohn war bereits 1933 in die Schweiz geflohen und versuchte von dort aus mit Kästner und Trier weitere Bücher zu produzieren. Kurz bevor sie am 4. Januar 1936 einem Schlaganfall erlag, war der von ihr gegründete *Atrium Verlag* in den Besitz des österreichischen Verlegers Kurt Maschler übergegangen. Unter seiner Ägide erschienen Kästners *Lyrische Hausapotheke* und *Die verschwundene Miniatur* sowie die deutsche Übersetzung des Kinderbuches *Peter verliert nicht den Kopf* – alle mit Illustrationen von Walter Trier. Zeitgleich arbeitete Walter Trier für den Verlag *Josef Hokr* in Prag und illustrierte die beiden Kinderbücher *Prázdniny na moři* von Arthur Ransome und *Nezbeda Bédá* von Booth Tarkington.

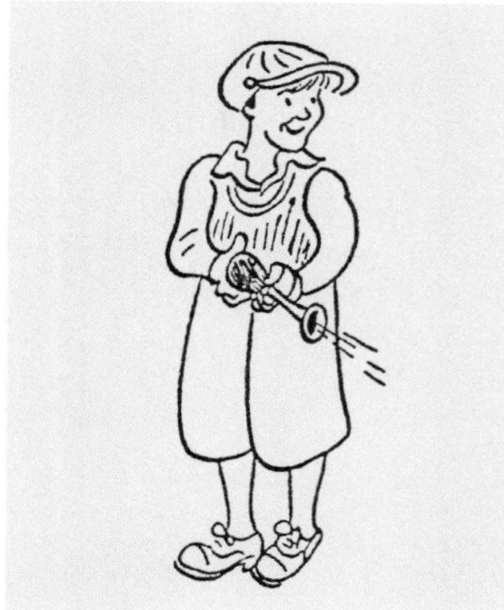

Gustav aus *»Emil und die Detektive«.* Buchillustration, 1929.

Andere Autoren und Verleger

Abgesehen von dem tiefen Einschnitt, den die Nazis in Walter Triers Leben und beruflicher Laufbahn hinterließen, fühlte er sich zu jedem Zeitpunkt seiner Karriere in der Wahl seiner Auftraggeber und Autoren vollkommen frei und unabhängig. So berichtete der Verleger Kurt Maschler, dass Walter Trier sich seine Projekte sehr wohl aussuchen konnte: »Trier recived many

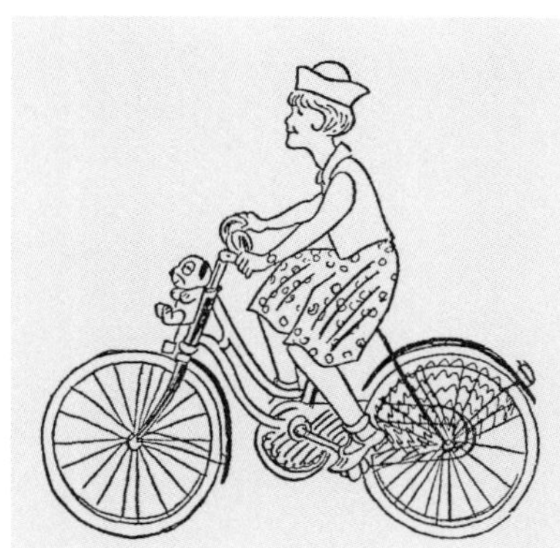

Pony Hütchen aus *»Emil und die Detektive«.* Buchillustration, 1929.

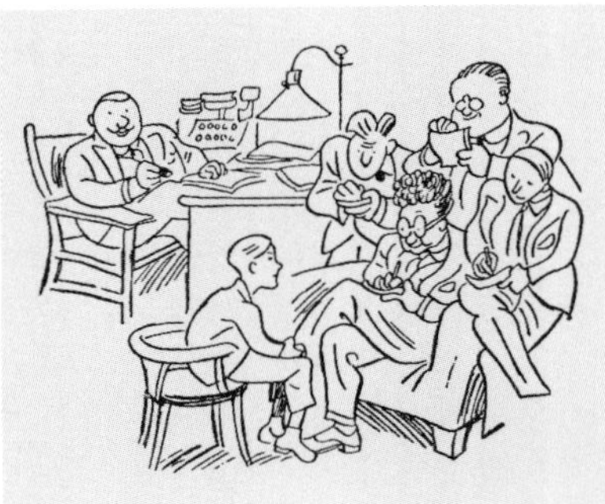

Zeitungsredaktion aus *»Emil und die Detektive«*. Buchillustration, 1929.

offers from industry and other sources; when he did not like what they wanted him to do he raised the fee so much, that it was practically a refusal. However, as a rule, people accepted his price. Yet if he did like the work very much he said he would do it at any price.« Aber selbst wenn er einen Auftrag angenommen hatte, bedeutete das nicht, dass er sich als ein dem Buchautor oder Verleger nachgeordneter Illustrator betrachtete, sondern agierte sehr selbstbewusst. Das dokumentiert sein Name, der bei einigen Büchern gleichrangig neben dem Autor auf dem Titel erschien; das belegen aber auch einige Beschwerden sowohl von ihm als auch über ihn. Es ist sogar der bemerkenswerte Fall überliefert, dass ein Autor wie Kästner seinen Text zum *Gestiefelten Kater* aufgrund der Vorgaben des Zeichners abändern musste. Schlussendlich nahm Trier sogar Einfluss auf das Verlagsprogramm, wie etwa 1950, als es um die Auswahl der nächsten Texte für Kästners Nacherzählungen ging.

Hatte sich Walter Trier die Freiheit genommen, Bücher, die ihm nicht zusagten, abzulehnen – egal, wer sie verfasst hatte –, so musste er sich darüber bei Erich Kästner eigentlich nie ernsthaft Gedanken machen. In der erhaltenen Korrespondenz der beiden überrascht die ergebnisoffene Diskussion, wie etwa im Fall des letzten gemeinsamen Buchprojektes. Trier schrieb dem Autor nach München: »Sind Sie schon an den ›Münchhausen‹ herangegangen? […] Ich möchte nicht gerne herangehen bevor ich Ihre Bearbeitung habe. Das gleiche gilt für einen etwaigen ›Gulliver‹ und ›Robinson‹. Besonders letzterer kann einen Kästner sehr brauchen um ihn für den Geschmack unserer Kindergeneration würziger zu machen.« Um kurz darauf zu vermelden: »Ich habe Ihr M.s. [d.i. Manuskript] schnell durchflogen. Ich glaube Sie haben das sehr hübsch gemacht! Die Hauptsache für mich: was für Möglichkeiten für den Illustrator. Eine Überfülle! Ich will mich ganz auf diese Arbeit concentrieren.« Bis unmittelbar vor dem Tod des Zeichners im Sommer 1951 steckten die beiden Kinderbuchkünstler mitten in den Vorbereitungen für diese Bilderbuchserie – »unsere gemeinsamen Kinder«, wie Walter Trier einmal scherzhaft meinte –, die Kurt L. Maschler im *Atrium Verlag* herausbrachte. Wie viele Nerven diese im Resultat höchst erfolgreiche Zusammenarbeit Kästner gekostet haben, belegen Briefe des Autors. Im Oktober 1937 schrieb er seiner Mutter nach Dresden: »Jeden Tag kommt ein Paket Emil-Korrekturen [d.i. ›Emil und die drei Zwillinge‹]. Und der Kriminalroman [d.i. ›Die verschwundene Miniatur‹] steht kurz vorm 15. Kapitel. [...] Und das Titelbild ist noch nicht klischiert. Muß aber auch jeden Tag kommen. Es herrscht richtiger Hochbetrieb. [...] Die Zeichnungen für das Buchinnere sind schon geätzt. Sie sehen sehr hübsch aus.« Zehn Tage später heißt es: »[...] ich habe jetzt jeden Tag ein strammes Paket Korrekturen zu erledigen. Nun kommt der Umbruch mit den Illustrationen. Da müssen Unterschriften drunter. Und das Umschlagbild hab ich immer noch nicht gekriegt. Und alles mit Briefen hin und her! Puh!« Wieder zwei Tage später: »Ich sitze wegen des Titelbilds und wegen einiger anderer Klischees wie auf Kohlen. Heute ist wieder nichts gekommen. Und ich möchte doch unbedingt erst alles gesehen haben, ehe das Buch ausgedruckt und gebunden wird. Sonst stimmt dann etwas nicht, und wir ärgern uns scheckig.« Und anlässlich der Arbeiten an *Die Konferenz der Tiere* schrieb Erich Kästner seinem Zeichner 1947: »Ich habe Herrn Oprecht [d.i. der Verleger des ›Europa-Verlages‹] den Beginn unseres Bilderbuchs übergeben mit der Bitte, so eilig wie möglich Satzspiegelversuche zu machen und Ihnen eine Copie des Textanfangs sowie der Satzspiegel zuzuschicken. Auch ich warte auf diese Spiegeleier, weil ich vorher nicht weiterschreiben kann. Denn ich muß, bevor ich weiterschreibe, endlich einmal genau wissen, wieviel Platz mir für den Text, in Rücksicht auf das Buchformat und die Blättergrösse, bleibt. Zuvor wäre es sinnlos, die Arbeit weiter zu betreiben.«

Doch nicht nur der Autor, auch der Verleger hatte einiges zu verdauen. Weit über seine Gestaltungskompetenz als Zeichner hinausgehend, mischte Trier gerne bei Buchtitelvergabe und Erscheinungszeitpunkt mit. Er war eben ein buchbegeisterter Perfektionist, der bei seinen Arbeiten nicht das Geringste dem Zufall überlassen wollte. Etwa bei der Neuausgabe von *Emil und die drei Zwillinge* waren sich der Illustrator und sein Auftraggeber nicht einig. »Dass mein Titelbild zu ›Emil und die 3 Zwillinge‹ so bös durchfiel ist für mich sehr betrüblich. Frl. Dresslers Einwand ist kaum zu akzeptieren es ist nunmal ein Ostsee Sommerbuch von Anfang bis zu Ende – da kann man keinen Father Christmas irgendwie anbringen ›und recht viel Schnee bitte!‹. Ich bestreite auch entschieden das mein Titelblatt nicht gut ist weil ich das Buch nicht mag – ich erbiete mich ein glänzendes Buch-Titelblatt zu einem Buch zu machen dessen Inhalt ich überhaupt nicht zu kennen brauche oder abscheulich finde – wenn nur der Titel mir Gelegenheit zum Austoben gibt – etwa: ›Der Storch im Salat‹ – oder ›Mondnacht im Paradies‹ – Im ›Emil und die 3 Zwillinge‹ ist der gute Emil so eine fade Figur – ich glaube er kommt im ganzen Buch mit den Zwillingen nicht in Berührung.« Und an anderer Stelle schrieb Trier an seinen Verleger: »Ich bin nicht Ihrer Ansicht daß auf einem Jugendbuch mit dem Titel ›Emil und die 3 Zwillinge‹ die Hauptfiguren nicht darauf sein sollen, das umsomehr als man auch darüber meckerte das auf diesem Buch (das ganz distinctly and intensely in einem Holiday Seebadeort spielt) – nicht zu viel Sommer darauf sein soll. Was bleibt da übrig wenn weder Italien noch Hauptpersonen darauf sein sollen. Es ist natürlich ganz anders mit irgendeinem ernsten Büchlein für Erwachsene – dann braucht der Titel gewiss nicht so erzählend zu sein.« Auch über die Textvorlage war der Zeichner nicht immer glücklich. Nach Erhalt von Kästners Text *Das doppelte Lottchen* schrieb er Kurt Maschler: »Inzwischen ist auch das Kästner M.S. [d.i. Manuskript] angekommen ich habe es schon durchgelesen und studiere es jetzt noch einmal genau auf Illustrierung durch. Auch ich glaube es wird ein sehr gut gehendes Buch werden, es ist wieder voll entzückender Kästneriana – aber wieder stört mich – besonders als Illustrator – dieses naturalistisch bürgerliche Motiv – keine Spur von irgend einer grotesken Phantasie – Trotzdem hoffe ich es gut illustrieren zu können ob ich es zuwege bringe es sehr reichlich zu illustrieren weiss ich im Moment noch nicht – werde mir Mühe geben.«

Doch trotz all dieser Kämpfe urteilte der Verleger Maschler in seinem Nachruf milde und lobte die Kritikfähigkeit des Zeichners: »Yet he was always open to criticism, knowing that it was meant well. When I asked him to illustrate Mark Twain and he showed me proudly what he had done, I said it was all very fine, but the jacket of the book should be more exciting. His reaction – meant humoursly – ›You always find something to complain about‹ he said – and three days later did a wonderful jacket, the best he had ever produced.«

Aus dem literarischen Umfeld Walter Triers können einige markante Gruppen herausgefiltert werden, für die er zeichnete. Da gibt es zunächst den Bereich internationaler Schriftsteller, vertreten etwa durch die Ungarin Jolán Földes, vor allem aber englische und amerikanische Literaten wie Rudyard Kipling und Mark Twain. Auch um die Buchklassiker von Jonathan Swift, Robert Louis Stevenson und Daniel Defoe kam Trier nicht herum. Ansonsten gibt es noch Illustrationen für die hierzulande weniger bekannten Autoren Thomas Hughes, Arthur Ransome, Booth Tarkington, Elinor Mordaunt, Kate Barley und Diana Morgan.

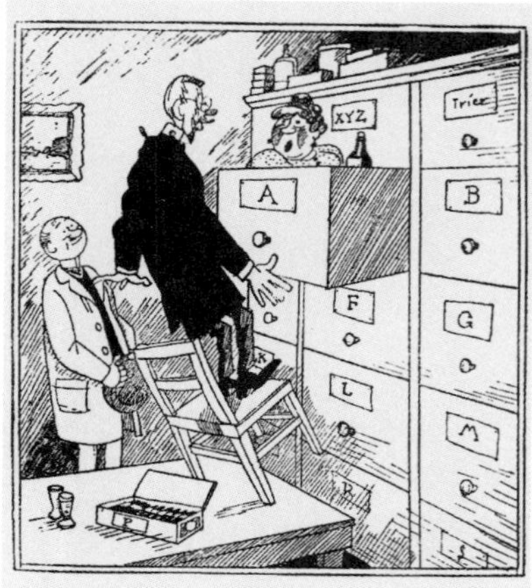

»Die verfolgte Unschuld«. Buchillustration, 1913.

Unter den großen deutschen Literaten, Künstlern und Intellektuellen stechen hervor: Vor allen anderen natürlich »Erich, der Kästner«, wie sich Trier im Dezember 1948 mokierte, dann Hermann von Wedderkop, der Herausgeber des literarisch wertvollen *Querschnitt*, die Geschwister Erika und Klaus Mann, Alfred Richard Meyer – alias Munkepunke –, Alice Berend, der Opernsänger Leo Szleak, der Karikaturist David Low, der linke Kinderbuchautor Kurt Held – alias Kurt Kläber –, und Ernst Pauly, der Besitzer des berühmten *Café des Westens*, ohne dessen Etablissement vermutlich mancher Schreiber damals ohne Wohnstatt gewesen wäre. Des Weiteren lieferte Trier die Ausstattung für die Werke einiger seiner ganz seriösen Journalisten- und Redaktionskollegen, schließlich für die komischen Vertreter dieses Berufsstandes, zuweilen auch für Kabarettisten und Clowns wie Kurt Robitschek, Peter Schaeffers, Wilhelm Bendow, Marcellus Schiffer und Leo Heller.

Insgesamt lässt sich ein Faible Triers für die Humoristen und Künstler unter seinen schreibenden Kollegen aus dem liberalbürgerlichen und gemäßigt linken Lager konstatieren. Im Ernst: Hätte man etwas anderes erwartet?

Der Zeichner als Kommentator

Die Betrachtung seiner vielen Buchillustrationen lässt erkennen, dass Walter Trier sowohl im Umfang als auch in der Wahl seiner grafischen Möglichkeiten frei und ungebunden agierte.

Grundsätzlich ist bei dem Illustrator Walter Trier festzustellen, dass er sich äußerlich in Format, Drucktechnik und Duktus dem Schriftbild zwar anglich, sich jedoch nie dem Text unterordnete. Vielmehr verstand er sich als Kommentator, der abseits stehend auf seine Chance für eine aufmunternde Pointe wartet oder auf die passende Gelegenheit, um auf eine besonders komische Situation des Textes hinzuweisen. Meist erzählte Walter Trier in seinen Bildern eine eigene Geschichte, die auch unabhängig von Text funktioniert. Inwiefern nun die von Walter Trier formulierte Geschichte beziehungsweise Pointe mit der des Autors konform ging – oder diese persiflierte –, ist eine jeweils wieder neu zu entdeckende Aufgabe des Lesers und Betrachters.

Ob Trier seine Buchillustrationen zum Einzelbild verdichtete, dann sind es vorwiegend Gouachen, in mehrteiligen Bildergeschichten ausarbeitete, zumeist kolorierte Zeichnungen, oder zu kleinen Textillustrationen und -vignetten komprimierte – diese sind im Original als Sepia- beziehungsweise Tuschzeichnungen überliefert –, schien für ihn nur eine Frage des zeitlichen Aufwands. Oder man könnte anders herum argumentieren: Der Umfang seiner Illustrationen schien von den finanziellen Möglichkeiten der Auftraggeber abzuhängen.

Nach anfänglich reicher Vignetten-Illustrierung, etwa für Schloemps *Der lachende Erdball* oder *Schabernack und Lumpenpack*, bevorzugte Walter Trier mit zunehmender Erfahrung als Illustrator für Erwachsene das zumeist gerahmte Einzelbild, also die Illustrationsformen, die ihm die größte künstlerische Gestaltungsfreiheit gegenüber dem Text bot. Innerhalb des Buches kam das Einzelbild Walter Triers grafischer Fabulierlust am meisten entgegen. Dabei konnte er – ohne vom Autor und seinem Text groß gestört zu werden – Personen, Rahmenbedingungen oder komische Situationen am besten und ausführlichsten schildern. Hier unterschied sich der Buchillustrator Trier kaum von dem Karikaturist und Pressezeichner Trier. Diese Kompatibilität war übrigens auch eine der Hauptursachen dafür, dass Walter Triers Illustrationen sowohl als freie Grafiken, Pressezeichnungen wie auch als Buchillustration funktionierten und entsprechend vielfältig eingesetzt wurden.

Vielleicht sollte an dieser Stelle angemerkt werden, dass bei der Beschreibung von Walter Triers Erzähldramaturgie durchaus zwischen seinen Buchillustrationen für Erwachsene und seinen Kinderbuchillustrationen unterschieden werden muss. Für Kinderbücher zog Walter Trier beinahe alle Register der Illustration: Umschlag, Titelblatt, Vorsatzpapiere, Einzelbilder und in den Text eingestreute Kleinbilder oder Vignetten. Man denke etwa an die drei *Fridolin*-Bücher, die vier *Kasper*-Hefte, *Brer Rabbit* oder seine selbst verfassten Kinderbücher. Kindern sollte mit seinen zahlreichen, in den Text eingestreuten Kleinbildern die Lektüre erleichtert werden. Sie wiederholten das Gelesene bildhaft und halfen den oft noch mühsamen Lesefluss auf angenehme Weise optisch zu unterbrechen. So verschaffte er mit seinen Bildern den Kindern zwischen den Zeilen

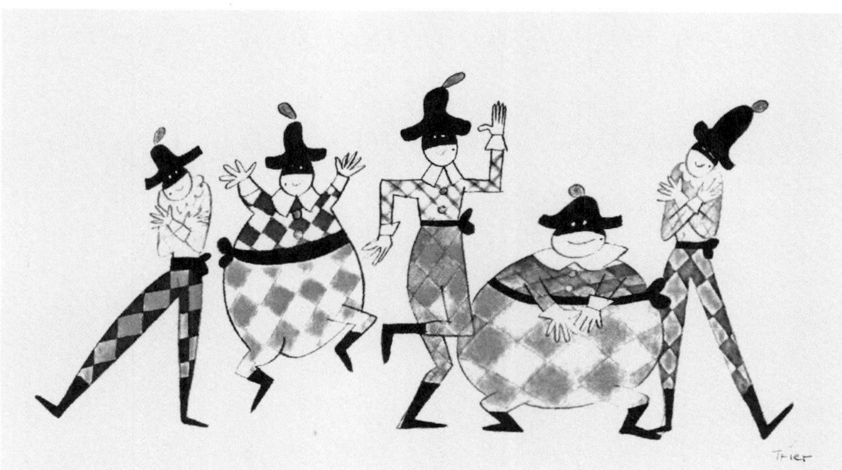

»Fridolins Harlekinder«. Buchillustration, 1926.

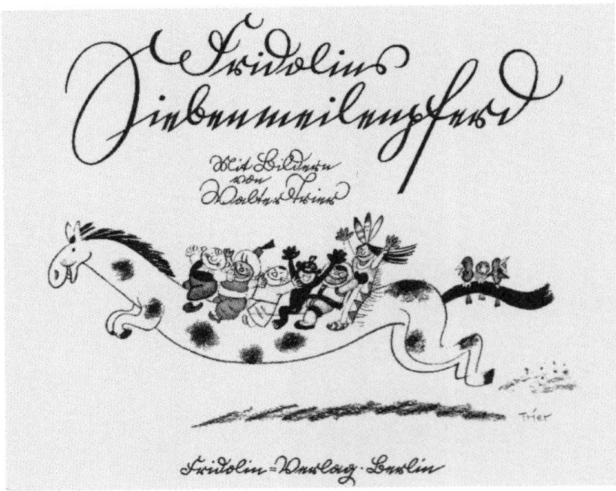

»Fridolins Siebenmeilenpferd«. Buchcover, 1926.

viel Zeit zum Träumen. Der Lesevorgang wurde deutlich spaß- und lustbetont und war keine trockene Pflichtübung mehr.

Wie ernst und genau Walter Trier die Wirkung seiner Illustrationen nahm, belegen mehrere Briefstellen, in denen er sich bei seinem Verlegerfreund Kurt Maschler etwa über unlogische Motivvorgaben oder die schlechte, weil flaue Farbwiedergabe erregt: »Das sind nicht meine Farben!« Zuweilen erklärt er genau seine Motiv- und Farbwahl: »Das Rückenschild habe ich Gelb und Rosa skizziert – ich finde Rosa hübscher – eventuell können Sie das Gelb (möglichst zart) für ATRIUM PRESS – tiefer unten verwenden. Die Schrift in ›Das doppelte Lottchen‹ kann gelber sein – es wurde nur so grünlich da das Blau durchschlug. Sieht – nebenbei bemerkt – recht delikat aus – doch können Sie es falls Sie sich davon eine auffallendere Wirkung versprechen – hellgelb haben.« Oder: »Ein Hündchen habe ich nicht eingezeichnet um ganz auf die beiden Figuren des Titels den Blick zu concentrieren. Ihrem Wunsch nach mehr Farbe bin ich besonders dadurch entgegengekommen daß ich den beiden Mädchens knallrote Röckchen gemalt habe. Dieses Rot soll dominieren und so möchte ich es als das einzige kräftige Rot haben und möchte darum auch die Beschriftung nicht rot haben. Ich überlasse es Ihnen ob Sie die etwas leere Fläche der Rückseite zur Aufzählung der anderen Kästner Bücher benützen wollen. Ich hätte gar nichts gegen die leere Fläche einzuwenden. Dagegen halte ich die Wiederholung des Titels auf Rückseiten nicht für geeignet.« Und er legt deutlich seine Intention dar: »Also noch einmal: ich möchte diesem Buch nicht die Wirkung eines Kinderbuches geben – Kästners Leser (Käufer?) sind die Grown ups, die seine Bücher für sich oder ihren Damen- und Kinderkreis kaufen.«

Umschlaggestaltung

Sofern es die äußeren Rahmenbedingungen zuließen, begnügte er sich nicht mit der Abgabe eines Einbandmotivs, sondern erweiterte das Covermotiv um die grafisch optimal passenden Schriftzüge von Buchtitel und Autorennamen. Kaum eine Einbandillustration, die ohne Walter Triers exzellente Kalligrafie auskam. Dabei war für ihn nicht nur ein harmonisches Gesamterscheinungsbild von Belang, sondern er spielte auch bewusst mit dem Einsatz bestimmter Schriftarten. Indem er für ein Buch die individuell passende Typografie gestaltete, führte Walter Trier die Vorliebe seiner Vorläufer aus der Generation des Jugendstils weiter. Rein dekorativer Buchschmuck, also ornamentale Bestandteile der Buchillustration wie Initialen und Zierleisten, kommt hingegen bei Walter Trier nicht vor. Erst in seinem Spätwerk griff er mit einigen üppig gestalteten Vorsatzpapieren für Kinderbücher – etwa bei *Ten Little Negroes*, *Die Geschichte vom Kätzchen Fritzi* oder bei *The Jolly Picnic* – in die »Trickkiste« der Jugendstil-Zeichner. Allerdings nutzte Trier diese Farbseiten zur Ausweitung seines erzählerischen Spielraums und nicht für eine abstrakte, grafisch ornamentale Formensprache. Grafische Spielereien zum reinen Selbstzweck, wie es die Jugendstil-Künstler vor ihm praktizierten, kamen für Walter Trier nämlich gar nicht in Frage, auch nicht als schmückendes Beiwerk. Mit seiner Malerei verfolgte er nur ein einziges Ziel: Geschichten erzählen. Und dafür eignet sich nun einmal nur die gegenständliche Malerei.

Für die Buchumschläge wählte Walter Trier meist farblich besonders stark ansprechende und plakativ gestaltete Einzelmotive, in einigen Fällen auch ein pittoreskes Getümmel der verschiedenen Protagonisten aus den Geschichten. Meist gewinnen die ohnehin schon komischen Texte ungemein durch die kongenial absurden Zeichnungen Triers; noch vor der eigentlichen Lektüre machen sie den Leser neugierig auf die absonderlichen Figuren oder abstrusen Szenen, und während der Lektüre verstärken sie die Komik des Textes, indem sie prononciert auf die Pointe hinweisen. Manchmal sind Trier die Figuren dabei deutlich eigenwilliger geraten, als sie in dem begleitenden Text geschildert worden waren.

Auch in der Erwachsenenliteratur trägt das farbige Umschlagbild eines von Trier illustrierten Buches zumeist ganz seine prägnante Handschrift. In den Dreißiger Jahren zeichnete Trier die Einbände für eine ganze Reihe von *Ullstein*-Heften, und für den *Piper Verlag* ganze Umschlagserien. So sind 19 Einzelbände der Buchreihe *Was nicht im Baedeker steht* sowie die vielen Bände der Reihe *Was nicht im Wörterbuch steht* schon von Weitem an dem knallgelben Bildgrund und Buchrücken zu erkennen. Zu dieser Zeit zeichnete Trier auch Umschläge für Sprachlehrbücher und entwickelte das Kompositionsprinzip der »Mise-en-abym«, der ineinander geschachtelten Bildmotive. Mit solchen grafisch wohldurchdachten, immer auf Wiedererkennbarkeit, zuweilen auf Serie angelegten Buchumschlägen gehört Walter Trier zweifellos in die Riege der »Pioniere der Buchumschlaggestaltung«.

Die Idee, zwei oder mehrere Bucheinbände formal und damit auch inhaltlich aufeinander zu beziehen, realisierte Walter Trier nicht nur in der Buchgrafik. Auch einige Zeitschriftencover, die er zwischen 1921 und 1930 für *Die Dame* zeichnete, nehmen aufeinander Bezug, wie etwa *Die Ankunft am Bahnhof* von 1921, die er in einer Sommer- und einer Winterfassung jeweils auf dem Cover des Sommer- und Winterreiseheftes unterbrachte. Beide Male sehen wir dieselben örtlichen Gegebenheiten und Requisiten, einzig die Kleidung hat saisonbedingt gewechselt. Damit hat Walter Trier seine Zeitschriftencover aus der Einmaligkeit ihres Erscheinens herausgehoben und in einen zeitlichen Abfolgekontext gestellt. Oder im Sommer 1930, als er zwei fast identisch ausgestreckt auf dem Rücken liegende Paare zeigt, für das Heft 19 ist es ein Paar, das sich bei einer Bergwanderung auf einer Bergwiese ausruht, für das Heft 22 ist es ein Paar in Badeanzug und Badehose, das zwischen Dünen am Meeresstrand liegt. Damit hatte er nicht nur die damals beliebten Urlaubsziele abgedeckt, von den Alpen im Süden bis zum Meeresstrand im Norden, sondern ganz nebenbei den Fokus auf die deutschlandweite Verbreitung dieses Modeblattes gerichtet. Wurde bei dem ersten Beispiel durch die formale und motivische Parallelität die Zeitdifferenz thematisiert – gleicher Ort zu unterschiedlicher Jahreszeit –, ist es beim zweiten Beispiel die räumliche Distanz zwischen der süddeutschen Bergwelt und der norddeutschen

Küste. Es ist gut denkbar, dass Walter Trier das Prinzip des seriellen Bucheinbandes zwar aus solchen Zeitschriftencovern erarbeitet hat, diese Idee letztlich aber auf noch ältere mehrteilige Inseratserien zurückgeht, unter anderem für die *Ullstein*-Schnittmuster ab 1919 oder für die *Feist*-Sektkellerei ab 1920. Eine Krönung fand die serielle aufgebaute Reklame dann in der Werbekampagne für den *Uhu*, in der vor dem ersten Erscheinungstag ein über mehrere Wochen dauernder Spannungsbogen aufgebaut wurde.

Nochmals modifiziert hat Walter Trier den Gedanken der Serie dann ab Juli 1937 in den Covern für *Lilliput. The Pocket Magazin for Everyone*. Bis zum September 1949 hat Walter Trier regelmäßig jeden Monat ein Titelbild gezeichnet. Insgesamt sind es 147 Farbtitel geworden, die von *Hulton Press Ltd.* veröffentlicht wurden. Das von Walter Trier entwickelte radikale Konzept war wider Erwarten über mehr als ein Jahrzehnt erfolgreich und trug in dieser Zeit zu einer enormen Steigerung der Auflagenhöhe bei, von ursprünglich 20 000 auf 500 000 Stück. Zu diesem sensationellen Umschlag-Konzept äußerte sich Walter Trier: »Es gab meinerseits viel Skizziererei, bevor mein Vorschlag akzeptiert wurde, ganz einfach ein Pärchen mit Hund ständig auf dem Titelblatt erscheinen zu lassen: das Pärchen etwa als Verkörperung von etwas ewig Amüsantem – Jugend, Liebe – und der kleine Scotchterrier unter Berücksichtigung der englischen Tierliebe und als Denkmal für meine langjährigen Begleiter Zottel und Maggy. Ich hielt mich von Anfang an – zum Kummer der Herausgeber, nicht an einen bestimmten Typ des Pärchens. Man sieht es mal jung, mal älter, mal naturalistisch, mal stilisiert, in allen möglichen Kostümen in den verschiedensten Zeitperioden, nicht immer aus Fleisch und Bein – mal als Taxusbäume, mal als Früchte, oft als Spielzeug. Ich glaube, dass heute in England und in vielen anderen Ländern, in denen ›Lilliput‹ gelesen wird,

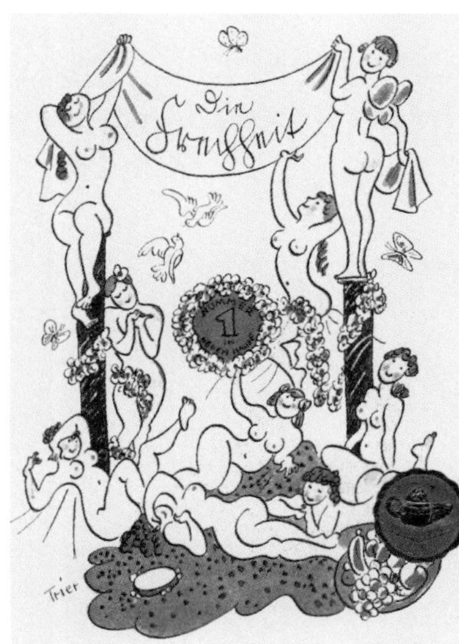

Cover für *»Die Frechheit«*. Pressegrafik, 1928.

eine große Leserschaft darauf wartet: was kann dem Trier denn schliesslich noch alles einfallen? Ich arbeite weiter an diesen ›Lilliput‹-Umschlägen und hoffe für weitere 200 Jahre Ideen zu haben.«

Die Cover des *Lilliput* sind dabei nicht nur zum Spiegel ihrer Zeit geworden, einer Zeit, in der sich die Leser aufgrund großer äußerer Unruhe förmlich nach kleinen Konstanten im Alltag sehnten. Walter Triers immer gleiches Cover-Personal erfüllte diese Sehnsucht ideal, auch weil der Betrachter in jedem Bild erneut die Harmonie des Paares spüren konnte. Die vielen Cover sind zudem auch eine Art gezeichnetes Tagebuch von Walter Trier, in ihnen spiegeln sich deutlich seine aktuellen Erlebnisse und persönlichen Erfahrungen, wie Kriegsdienst, Sightseeing, Urlaub auf dem Lande und die Auswanderung auf der *Queen Elizabeth*. Das ursprünglich konzeptuelle Cover-Prinzip hat sich so zu einem über zwölfjährigen lückenlosen seriellen Kunstprozess ausgeweitet, dessen kunsthistorische Dimension bisher leider weder erkannt noch gewürdigt wurde.

Das Buch als dreidimensionaler Gegenstand

Unbedingtes grafisches Neuland hatte Walter Trier jedoch mit der Nutzung des Buchblocks als dreidimensionaler Gegenstand betreten. Die Gestaltung von Vorder- und Rückseite des Buchumschlags war zwar in den späten Zwanziger Jahren auch im Blickfeld anderer renommierter zeitgenössischer Buchkünstler, doch Triers Umgang damit war etwas grundsätzlich Neues. Hier zahlte sich die Gegenständlichkeit seiner Formensprache aus, die sich quasi von Natur aus intensiv mit dem Problem der Dreidimensionalität von Figuren auseinandersetzt, denn all die anderen Buchumschlaggestalter bevorzugten eine vorwiegend abstrakte, konstruktivistische sowie von Typografie oder Fotomontage geprägte, rein zweidimensionale Bildsprache.

Bereits aus den Zwanziger Jahren datiert seine Idee, die Buchrückseite grafisch der Vorderseite gleichzustellen und motivisch auszugestalten. Etwas später befreite er auch den Buchrücken aus seinem Dornröschenschlaf, indem er bei einigen Büchern das Motiv von der Buchvorderseite weiter um Buchrücken und -rückseite zog, womit das aufgeklappte Buch ein einziges breites Bild ergab oder

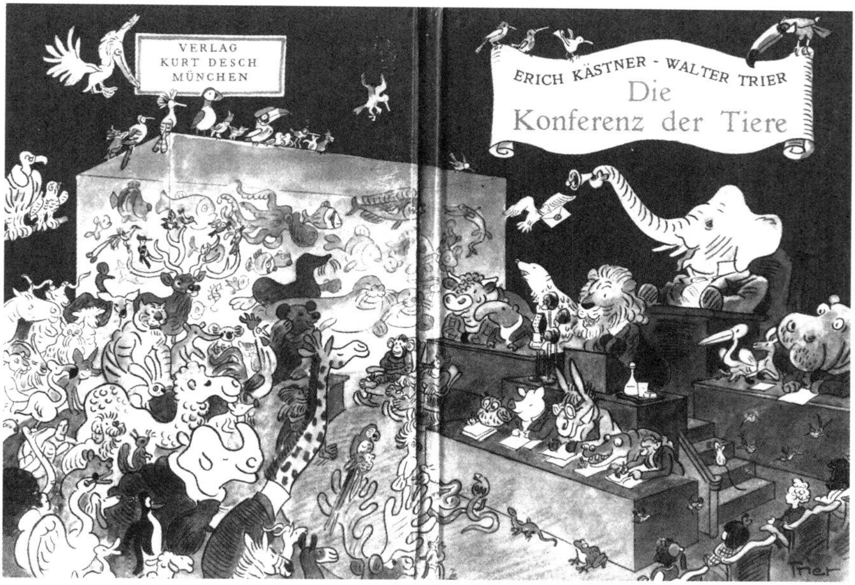

»Die Konferenz der Tiere«. Buchcover, 1949.

das Buch als räumliches Gebilde behandelt wurde – was die kunsttheoretisch wesentlich bedeutsamere Entwicklung darstellt. Als Beispiele für solchermaßen vorne wie hinten bespielte Schutzumschläge könnte man die *Alten Kasperlstücke* (1920), *Artisten* (1928), *Quite Crazy* (1949), *Die Konferenz der Tiere* (1949) und die amerikanische Ausgabe von *Das doppelte Lottchen* (1949) nennen. Beim *Artisten*-Buch wurde der Buchblock zum roten Theatervorhang: Grock steht als gefeierter Clown auf der Buchvorderseite vor dem roten Vorhang, und auf der Buchrückseite spähen sechs Ballettratten, die hinter dem Bühnenvorhang auf ihren Auftritt warten, durch das Loch im Vorhang auf die Bühne. In der sorgfältigen Wahl dieser beiden Betrachterstandpunkte brachte Trier allein durch die Gestaltung des Umschlags die gesamte Intention des Buches auf den Punkt: Es ging nämlich sowohl um die Würdigung der großen aktiven Darsteller wie auch um den Blick hinter die Kulissen. Dieses formale Prinzip gipfelt schließlich in Umschlägen, auf denen die Figuren durch den

Buchblock hindurch zu gehen scheinen. Einem Brief Triers an seinen Verleger von 1949 kann man den wertvollen Hinweis entnehmen, dass er diese Idee, »die Rückseite des Buches mit den Rückseiten der Personen vom Titelbild zu zeichnen« für sich reklamierte und nicht erst bei *Quite Crazy*, sondern »schon viel früher« – nachweislich 1925 bei *Könige in Unterhosen* – angewandt habe. Logische Unstimmigkeiten, wie die falsche Signatur auf der Buchrückseite von *Quite Crazy* oder die durchgehende Landschaft bei *Lisa and Lottie* konterkarieren die Ernsthaftigkeit dieses Konzepts.

Es wurde bereits mehrfach betont, dass Walter Trier als Buchillustrator eine Sonderstellung einnahm. Schon früh war er gleichberechtigt neben dem Autor auf dem Titelblatt genannt worden, und bereits 1923 hatte der *Ullstein*-Verlag bei ihm Bilder in Auftrag gegeben, die erst nachträglich von einem Autor betextet werden sollten. Während seiner Zeit in England begann Trier dann nicht nur völlig selbstständig Bilderzyklen anzufertigen, für die er nachträglich Autoren suchen musste, sondern bei drei ihm sehr wichtigen Kinderbüchern (*Ten little Negroes*, *Dandy the Donkey* und *Dandy in the Circus*) übernahm er das Schreiben gleich selbst. In diesen Kontext gehören einige unvollendet gebliebene Bilderzyklen, die sich im Nachlass erhalten haben. Für sie bleibt offen, ob Trier überhaupt Texte vorgesehen hatte und wenn ja, ob er dafür selbst zur Feder greifen oder einen Fremdautor engagieren wollte.

Theater, Reklame, Trickfilm

Walter Trier war nicht nur als Karikaturist und Illustrator tätig, sondern im gesamten Bereich der Gebrauchsgrafik aktiv; dazu zählen Grafiken, Wandmalereien und Entwürfe für Bühnendekorationen, Theaterkostüme und Trickfilme. Fasziniert haben ihn dabei die anderen Formate und Wirkungsorte, die ungewohnten und teilweise dreidimensionalen Bildträger sowie der Umgang mit neuen Medien. Eine messerscharfe Trennung der Gewerke ist dabei kaum zu erreichen, da die verschiedenen Auftraggeber mit immer neuen Aufgaben an Trier herantraten und er seinerseits stets kreative Lösungsansätze aus anderen Auftragsgebieten präsentierte – also etwa bühnenreife Dekorationen in der Werbung einsetzte, Trickfilme auf Kabarettbühnen präsentierte und Humor in die Geschäftspost brachte. Was auf den ersten Blick etwas wirr klingen mag, begann dabei ganz »seriös«.

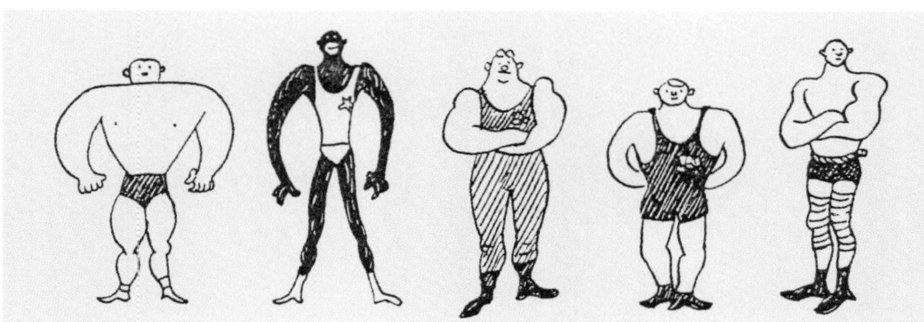

Artisten der Berliner *»Scala«*. Pressegrafik, 1935.

Walter Trier und das Kabarett

Für das am 8. Dezember 1919 in den ehemaligen Zirkusstallungen im Keller des *Großen Schauspielhauses* zu Berlin wiedereröffnete Kabarett *Schall und Rauch* hatten sich Autoren wie Kurt Tucholsky, Walter Mehring und Klabund versammelt; dazu kamen die Komponisten Friedrich Hollaender und Werner Richard Heymann, die Chansons beitrugen, und zum prominenten Ensemble gehörten Blandine Ebinger, Gussy Holl und Paul Graetz. Ihrer aller Zielrichtung war, in innenpolitisch hochdramatischen Zeiten ein politisches Programm mit scharfen Attacken gegen Militarismus und Krieg zu kreieren. Die Eröffnungspremiere wurde legendär, weil sie als Geburtsstunde des literarisch-politischen Nachkriegskabaretts in Berlin gilt.

Dieser erste Abend, der in einem von den Berliner Dadaisten – zu denen einige der Mitwirkenden zählten – provozierten Theaterskandal unterging, fand unter der Direktion von Rudolf Kurtz statt, die musikalische Leitung oblag Friedrich Hollaender, die technische Leitung Paul Erckens, und im künstlerischen Beirat saßen Heinz Herald und Ernst Stern. Gezeigt wurde Triers *Filmgroteske* zwischen Texten und Vorträgen von Klabund, Tucholsky und dem Puppenspiel *Einfach klassisch! Eine Orestie mit glücklichem Ausgang* von Walter Mehring mit Puppen von George Grosz. Der bewusst herbeigeführte Tumult an diesem Abend sollte im Gedächtnis hängen bleiben: »Höchst originell in Form und Inhalt vermittelte ein Karikaturenfilm von Walter Trier mit Texten von Walter Mehring [Unklar, woher Budzinski diese Information bezog, die durch das Programmheft nicht zu belegen ist.] und einer Musik von Friedrich Hollaender einen satirischen Einblick in einen ›Tag des Reichspräsidenten‹ – der erste in einem Kabarett jemals vorgeführte Film. Zur Eröffnung des zweiten ›Schall und Rauch‹ am 8. Dezember 1919 waren, wie üblich, die Spitzen des theatersinnigen Berlins erschienen. Bis zur Pause ging alles leidlich vonstatten, wenn auch Walter Mehring von der ersten Reihe aus den beiden ›Serenissimus‹- und ›Kindermann‹-Darstellern ständig in den eigenen Text hineinredete, weil er sich ärgerte, Reinhardts Auftrag wider bessere Einsicht ausgeführt zu haben, und sich an den wütenden Protesten der beiden weidete. Nach der Pause fand die neue Kabarett-Ära dann allmählich ihren Stil. Zunächst brachte der Reinhardt-Schauspieler Hans Heinrich von Twardowski, der nebenbei höchst geistreiche Literaturparodien schrieb und sie ebenso sprühend vortrug, Parodien auf zeitgenössische Lyrik, von Rilke bis Johannes R. Becher. Das lag noch ganz auf der Linie des alten Parodie-Kabaretts. Auch das obligate ›Dirnenlied‹ bewegte sich auf diesem Strich. Doch was Friedrich Hollaender daraus machte und wie Blandine Ebinger es vortrug, war neu. [...] Noch näher dran am kommenden Stil hielt sich ein Chanson von Kurt Tucholsky, das der im besten Sinne berlinerische Komiker Paul Graetz als fliegender Zigarettenhändler mit Bauchladen zur Musik von Friedrich Hollaender sang. [...] Wenn das Publikum unruhig wurde, dann nicht wegen des Inhalts der Satire, sondern weil die Stimmen der Schauspieler hinter den mannshohen Gipsfiguren kaum zu verstehen waren. Diese Unruhe machten sich die Dadaisten im Parkett – allen voran Grosz und Huelsenbeck, die sich riesige Eiserne Kreuze aus Pappe umgehängt hatten, und Mehring – zunutze, um einen Skandal zu entfachen, wie man es von ihnen von anderen Veranstaltungen her gewohnt war. Ihre Rufe: ›Es lebe die Kunst! Nieder mit Reinhardt!‹ steigerten die Unruhe zum Aufruhr, man schrie: ›Raus mit den Dadaisten!‹ und erwartete ein Eingreifen der Direktion. Doch weder der Hausherr Reinhardt im Parkett noch das im Saal verteilte Sicherheitspersonal rührten sich. Da sprang Richard Huelsenbeck empört von seinem Sitz auf und rief: ›Was ist denn das hier für eine Ordnung? Wo bleibt denn die Polizei, die uns rausschmeißt?‹ Der Abend ging in Lachen, Protest und Tumult unter. Berlin hatte sein erstes literarische-politisches Nachkriegskabarett.« Hollaender behagte damals wohl die Vielfalt nicht so recht, denn Abwechslung war Trumpf. Das *Schall und Rauch* war kein Wortkabarett, wie man es heute fast ausschließlich kennt, sondern es gab Spielszenen, Chansons, Couplets, Puppenspiel, Tanz und schließlich gezeichnete Filmkarikaturen. So etwas hatte es bisher in noch keinem Kabarett gegeben.

»Selbst Joachim Ringelnatz, den Hans von Wolzogen auf Anregung Mehrings in München entdeckt hatte, fand im Oktober 1920 – im Matrosenanzug und mit täglich frisch ›tätowierter‹ Brust seine Verse spielend – seinen Platz im neuen, buntgemischten ›Schall und Rauch‹, das auch zwei einander so entgegengesetzten Zeichnernaturen wie dem messerscharfen George Grosz und dem gemütvollen Walter Trier Gelegenheit zur Ausgestaltung der Szene gab.« Die Nennung von Grosz und Trier in einem Atemzug macht deutlich, was weiter oben schon angedeutet wurde: nämlich wie ähnlich sich diese beiden Künstler waren, in ihrer Begeisterung für Satire und in ihrer kritischen Ausrichtung; ebenso verwandt waren die Themen ihrer Arbeiten und ihre Betätigungsfelder als Gebrauchsgrafiker.

Einzig in ihrer Persönlichkeitsstruktur hätten Grosz und Trier unterschiedlicher kaum sein können: Auf der einen Seite der pessimistische Misanthrop Grosz mit dem sarkastischen Blick auf die Umwelt, auf der anderen Seite der stets kritische, aber dabei heiter gestimmte Philanthrop Walter Trier. Dennoch passen diese beiden Künstler bestens in das damals aktive gesellschaftskritische Künstlermilieu, und man kann sie getrost als die beiden Seiten derselben Medaille ansehen.

In den Programmheften des *Schall und Rauch* ist Walter Trier zwischen Dezember 1919 und Februar 1921 zweimal präsent, im Dezember 1919 gestaltete er Plakat und Inserate für den Silvesterball des Kabaretts, worauf in bester dadaistischer Strichmännchen-Manier eine Schauspielertruppe bestehend aus Räuber, Clown, Harlekin, Mephisto, Gretchen, schöner Helena und Napoleon, zu sehen ist. Auch lieferte er bis Februar 1920 neben vier Trickfilmen eigene Kabarett-Programmpunkte, wie eine gezeichnete Moritat *Berliner Alphabet*, die gesanglich von Hellmuth Krüger begleitet wurde.

Nachdem das *Schall und Rauch* wegen Unrentabilität schon bald wieder geschlossen werden musste, war im Dezember 1924 das *Kabarett der Komiker* gegründet worden, von den Berlinern kurz und liebevoll *Kadeko* genannt. Die Leitung lag in den Händen des aus Wien stammenden Paul Morgan und des Pragers Kurt Robitschek. In die Aktivitäten des *Kadeko* war Walter Trier deutlich stärker involviert als für das *Schall und Rauch* zuvor. Er zeichnete eine ganze Reihe der Titelbilder für die hauseigene Programmzeitung *Die Frechheit*, aber auch Bühnenbilder und Kostümentwürfe sind von ihm überliefert, etwa für den *Havel-Spree Kosaken Chor* (1927), die *Rhein-Parodie* (um 1928), das sogenannte 5-Minuten-Drama *Der Löwenbändiger* (1929) und die Operette *Majestät macht Revolution* (1930), die als Persiflage auf den großen Operettenbetrieb Berlins betrachtet werden kann. Durch das *Kadeko* pflegte Trier einen noch intensiveren Kontakt zu den Vertretern der leichten Muse, wie Felix Bressart, Kurt Gerron, Peter Lorre, Curt Bois, Hans Moser, Otto Wallburg, Fritz Grünbaum, Trude Hesterberg, Gisela Werbezirk, Ilse Bois, den *Weintraub Syncopators*, den *Comedian*

Harmonists und zahlreichen weiteren international bekannten Artisten und Unterhaltungskünstlern.

Bühnenbilder, Kostüme und Wandmalereien

Für Eric Charell, den seriösesten unter den Berliner Revuedirektoren, entwarf Walter Trier in den ersten Jahren ebenfalls eine Reihe Bühnenbilder, bevorzugt fantasievolle und üppige Dekorationen sowie die dazugehörigen Kostüme: *An alle!* (1924), *Für Dich!* (1925), *Von Mund zu Mund* (1926), *Es liegt in der Luft* (1928) mit den Schauspielern Otto Wallburg und Marlene Dietrich. Als sich Charell im *Großen Schauspielhaus* von der klassischen Revue langsam zu verabschieden begann, hatte Trier als Entwerfer gemeinsam mit anderen Bühnenbildnern ein kurzes Gastspiel in Hermann Hallers Revue *Schön und Schick*, eine Ausstattungsrevue in unglaublichen fünfzig Bildern, die als »Revue vom Auto, seinen Chauffeuren und Fahrgästen« angekündigt und am 28. August 1928 im *Admiralspalast* uraufgeführt wurde. Die künstlerische Verantwortung trugen Josef Fennecker, Charles Gesmar und Erté. Eine ungefähre Vorstellung

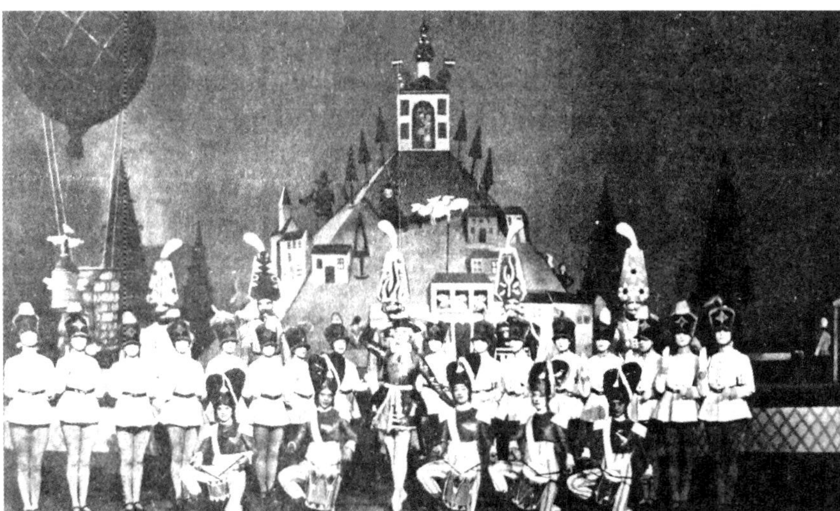

Dekoration und Kostüme für die Revue »*An alle!*«. Foto, 1924.

von dieser Revue bekommt man durch ein offizielles Pressefoto des renommierten *Fotoateliers Binder*, das die amerikanische Tänzerin Nina Payne in einem frivolen *Nacktkostüm* zeigt. Walter Trier steuerte die Entwürfe für Bühnenbild und Kostüme des 22. Bildes bei, das den Titel trug: *Finale aus dem Jahre 1899.*

Bei Charells zweiter Revue *Für Dich!* waren Ernst Stern und Walter Trier gemeinsam für die Bühnenausstattung zuständig. Definitiv von Walter Trier stammten die Bühnenbilder, Kostüme und mindestens ein Vorhang für *Die Schöpfungsgeschichte* und *Alpensinfonie.* Auf historischen Fotografien sind von Trier Pflanzen- und Tierfiguren überliefert – Tulpe, Karotte, Radieschen, Bohne und Frosch, Löwe, Elefant –, die für die entsprechenden Tage der Schöpfungsgeschichte herausgegriffen wurden. Bei der *Alpensinfonie* war es dann wohl um die Jahreszeiten gegangen, denn man weiß von den Bildern *Sommer* und *Winter*, die Trier gestaltet hatte. Angesichts der *Alpensinfonie* schrieb ein gewisser Prof. Franz Marlow an die Direktion des *Großen Schauspielhauses*: »[...] man gelangt schließlich nach einer Fülle von Balletts und Tänzen der verschiedenen Länder zu dem erfrischendsten deutschen Revue-Bild, das ich jemals gesehen habe, der ›Alpen-Sinfonie‹.« Und Hans Reimann nannte Triers Entwürfe für diese Revue die »Höhepunkte einfallsreicher Ausstattungskunst«. Die Gesangstexte und Musik stammten von Ralph Benatzky, und auf der Bühne standen unter anderem Walter Jankuhn, Wilhelm Bendow, Paul Morgan und die *Jackson-Girls.*

Auch bei der dritten Charell-Revue *Von Mund zu Mund* arbeiteten Ernst Stern und Walter Trier zusammen. Triers Bühnenbild hieß *Die Puppenkiste* oder auch *Das Wollpuppen-Ballett.* Unter den Darstellerinnen, die seine lustigen Wollknäuel-Kreationen trugen, befand sich auch eine gewisse Marlene Dietrich. In der *Eleganten Welt* schrieb der Kritiker nach dem Besuch der Vorstellung: »Von Mund zu Mund die Namen der fabelhaften Tänzer und Tänzerinnen, allen voran der des exzentrischen Negertänzers Louis Douglas, die Namen Alexa v. Poremskys, Eva Helds, Gaby Kaiszs, Hilde Jennings und der übrigen Hauptdarsteller: Alma Barnes, Hans Waßmann, Raoul Lange, und nicht zuletzt der des Malers Ernst Stern, der die einzelnen Bühnenbilder zu kleinen malerischen Kostbarkeiten gestaltet, und der Walter Triers, dessen wundervolles ›Puppenbild‹ allgemei-

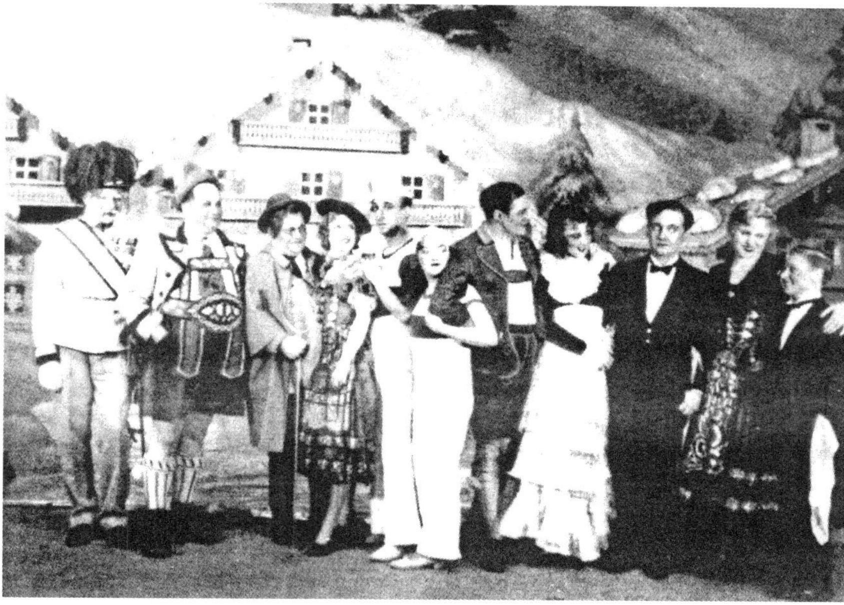

Dekoration und Kostüme für *»Das Weisse Rössl«*. Foto, 1930.

nes Entzücken findet.« Für Text und Musik zeichneten Eric Charell und Hans Reimann verantwortlich, zu den Darstellern gehörten Claire Waldoff, Wilhelm Bendow und Curt Bois.

Über die »Revue in 24 Bildern« mit dem Titel *Es liegt in der Luft (ein Spiel im Warenhaus)* gibt es nicht mehr viele Informationen. Man weiß nur, dass sie im *Großen Schauspielhaus* mit Emil Pirchan als verantwortlichem Bühnenbildner aufgeführt worden war. Regie führte [Robert] Forster-Larrinaga, und auf der Bühne standen unter anderen Otto Wallburg, Marlene Dietrich, Margo Lion, Hubert von Meyerinck und Oskar Karlweis. Trier gestaltete die Bühnenbilder für die Revuebilder *4. Abgegebene Hunde, 5. Spielwaren, 13. Es liegt in der Luft* bzw. *12. Es liegt in der Luft (Finale)* und *14. Nippes* bzw. *13. Porzellanlager*. Die wechselnde Nummerierung lässt darauf schließen, dass während der Laufzeit die Folge der Revuebilder umgestellt wurde oder eine gekürzte Fassung zur Aufführung kam.

Nach drei erfolgreichen Revuejahren wandte sich Charell 1928 der Operette zu und schuf in seinem *Großen Schauspielhaus* den neuen Typ der Revueoperette, welche die beiden publikumswirksamsten Genres des Unterhaltungsbetriebes zusammenbrachte. Mit der Uraufführung der Revue *Im Weißen Rössl* im Herbst 1930 – »eine Mischung von operettenseligem Salzkammergut und revuemäßig wippenden Pfauenfedern und Girlbeinen« – gelang Charell ein Publikumserfolg, der alle Rekorde brach und in Windeseile von fast allen deutschen Theatern nachgespielt wurde. Auch das Ausland war bald vom »Rössl-Virus« infiziert. Die Operette wurde nicht nur in Berlin und Wien, sondern auch in London, Rom, New York und sogar in Kairo ein Hit.

Trier war für Bühnenbild und Kostüme zuständig. Von den Aufführungen gibt es einige professionelle Aufnahmen der Schauspieler – Camilla Spira, Tamara Desni, Trude Lieske, Käthe Lenz, Otto Wallburg, Max Hansen, Siegfried Arno, Paul Hörbiger, Willi Schaeffers, Walter Jankuhn, Gustl Stark-Gstettenbauer und Karl Farkas –, auf denen man einen Eindruck von den Kostümen und den Bühnenbildern – etwa ein Dorfplatz vor Bergkulisse, ein festlich geschmückter Dorfplatz mit Maibaum und verschiedene Giebelhäuser – Triers gewinnen kann.Trier selbst hatte seine Beteiligung an dieser erfolgreichen Operette noch an einem ganz anderen, völlig unerwarteten Ort publik gemacht: In der Buchillustration für Erich Kästners *Pünktchen und Anton*. Das Buch kam laut Dokumentenlage im November 1931, also ein Jahr nach der Uraufführung des *Weißen Rössl*, auf den Markt – auch wenn der *Williams & Co. Verlag* im Impressum das Datum 1932 drucken ließ. In der Erstausgabe war nach Seite 98 eine Farbtafel eingeschaltet, mit dem Titel *Pünktchen und Fräulein Andacht betteln auf der Weidendammer Brücke*. Das Bild zeigt den Blick von der Berliner Spreebrücke auf den Schiffbauer Damm. Der Nachthimmel darüber wird von zwei Leuchtreklamen erstrahlt, die für »Pe[r]sil« und »Das Weiße Rössl« warben. Somit hatte der Buchillustrator Trier hier einen versteckten Hinweis auf seine Arbeit als Bühnenbildner platziert. Leider fiel diese Farbtafel schon bald dem Rotstift des Verlages zum Opfer und wurde bei späteren Neuauflagen eingespart.

Mitte Dezember 1931 hatte übrigens auch die Bühnenfassung von *Pünktchen und Anton* unter der Regie von Max Reinhardt und seinem Sohn Gottfried am *Deutschen Theater* in Berlin Uraufführung. Kästner war überglücklich mit der Wahl des Bühnenbildners: Walter Trier. Im November schrieb er seiner Mutter nach Dresden: »Allerdings wird die ›Pünktchen‹-Sache eine tolle Arbeit werden. Man will schon mit den Proben beginnen, wenn die ersten Szenen fertig sind. [...] Die Proben im Theater werden Dir sicher Spaß machen. Trier entwirft voraussichtlich die Bühnenbilder. Das wird besonders hübsch werden.« Leider mischte sich in diese Zufriedenheit bald gehöriger Unmut, da das Stück im Januar 1932 wieder vom Spielplan genommen wurde – mangels Besucher, was dem Autor partout nicht einleuchten wollte. Kästner gab die Schuld am ausbleibenden Erfolg dem Veranstalter, der das Stück falsch platziert und nach seinem Geschmack dafür zu wenig Reklame gemacht hatte. »Mit Reinhardts haben wir dauernd Ärger. Nun wird ›Pünktchen‹ am Sonntag gespielt. [...] Vom Abendspielplan wollen sie auch nichts wissen. Reklame machen sie fast gar nicht.« Am 4. Januar 1932 schimpfte Kästner erneut: »Gestern war ich also im ›Pünktchen‹. Es war wieder sehr hübsch und beinahe ausverkauft. Da werden sie's ja wohl noch längere Zeit spielen. Sonst laß ich klagen.« Zehn Tage später: »Heute gab es wieder große Aufregung. ›Pünktchen‹, das für 16. und 17. Jan. angekündigt war, soll überhaupt nicht mehr gespielt werden. Was da wieder dran schuld war, weiß ich nicht recht. Denn am vorigen Sonntag war das Theater nahezu ausverkauft. Nun geht's wieder los. Telefonate mit dem Theater, mit Stuttgart, Prozeßandrohung und andre hübsche Sachen. Mir hängt es schon zum Hals heraus.« Obwohl Kästner »wie ein leicht Verrückter um die ›Pünktchen‹-Aufführung« kämpfte, wurde das Stück Mitte Januar nach insgesamt nur acht Aufführungen abgesetzt. »Die Reinhardt-Bühnen erklären einfach, sie verdienten nichts daran. [...] Es ist zum Heulen.«

Als gleichfalls »seriöse« Theaterproduktionen, für die Walter Trier Bühnenbilder und Kostüme entwarf, sind bislang Arbeiten aus der Zeit vor 1926 für *Tristan und Isolde* bekannt – mit Fritzi Massary und Guildo Tielscher in den Hauptrollen. Nach 1927 wurden vermutlich in der *Deutschen Oper* mindestens ein Bühnenbild mit dem *Luna-Park* und ein Bühnenvorhang *Im Zirkuszelt* von Trier angefertigt, die über einen dort beschäftigten Bühnenmaler überliefert wurden. 1931 folgten Entwürfe für Bühnenbild und Kostüme zu *Die verkaufte Braut* von Friedrich Smetana am Kölner Opernhaus, und für den Sommer 1937 plante Max Reinhardt, Walter Trier mit der Ausstattung der *Salzburger Festspiele* im darauffolgenden Jahr zu betrauen. Dazu sollte es aber wegen des »Anschlusses« von Österreich an Hitler-Deutschland nicht mehr kommen. Dies berichtet Erich Kästner im *Kleinen Grenzverkehr*, und dies belegen Notizen in den Skizzenbüchern, die Walter Trier in Salzburg angefertigt hat.

So gern Walter Trier als Privatmensch Varieté und Zirkus besucht hatte, als Grafiker und Entwerfer war er – mit einer einzigen Ausnahme: *Varieté! Varieté!* 1929 im *Wintergarten* – nicht für sie tätig geworden. Dies ist nur für die oben genannten Kabaretts, Ausstattungsrevuen, Operetten und das Theater nachgewiesen, darüber hinaus auch noch für das Kabarett *Böse Buben* von Carl Meinhard und Rudolf Bernauer.

Einen Gipfel von Triers Bühnenbegeisterung stellt das 1928 zusammen mit Helmut Jaro Jaretzki produzierte *Artisten*-Buch dar, das unter dessen Pseudonym Fred A. Colman erschienen ist. Diese Sammlung gemeinsamer Erlebnisse wurde mit über hundert Zeichnungen und Karikaturen zeitgenössischer Bühnenkünstler von Walter Trier liebevoll illustriert. Im Klappentext hieß es dazu: »Seit einem Jahrzehnt steht das Varieté im Vordergrund des Interesses. In allen Kontinenten suchen Menschen des zwanzigsten Jahrhunderts, Zeitmenschen, präzise Arbeit, Aufbau, Konstruktion der Körperlichkeit zu erfassen, mit dem Gefühl aufzunehmen, mit den Augen zu betrachten. […] In diese private, menschliche Sphäre des Artistenlebens führt erstmalig Fred A. Colmans liebevoll geschriebenes Buch, das aus jahrelangem, intimem, freundschaftlichem Zusammenleben mit Großen und Kleinen, Berühmten und Unbekannten der Varietéwelt erwuchs. Gaukler, Jongleure, Akrobaten, Clowns, Tierbändiger, Agenten und Manager, Direktoren und Regisseure erzählen bereitwillig dem verständnisvollen Freund, sie halfen das Buch mit schaffen, das als erstes von ihrem wahren Wesen, von ihrer Menschlichkeit Zeugnis ablegt.«

Recht eng an die Bühnendekoration kann man Wandmalereien anschließen, die zu bestimmten, zuweilen nur temporären Dekorationszwecken angefertigt wurden, wie Geburtstagsfeiern,

Kostümbälle oder – zur Freude seiner Bewohner – in Kinderzimmern. Wie bei den plastischen Bühnenfiguren hat sich leider keines dieser Werke erhalten.

Es kursiert das Gerücht, dass Walter Trier in den Jahren 1916 bis 1918 im Auftrag seines Hausverlages Bau- und Bretterzäune bemalt haben soll. Ein Journalistenkollege aus gemeinsamen Berliner Tagen bei *Ullstein* erinnerte 1951 in seinem Nachruf auf Trier daran, dass der junge Trier »mit Edmund Edel, dem längst vergessenen berlinischen Modezeichner, [...] die riesigen Neubauzäune des aufstrebenden Verlagshauses« bemalt haben soll. Es waren wohl die ersten bemalten Bauzäune, die Berlin gesehen hat. Wie man sich diese frühen »Graffitis« vorstellen darf, kann man aufgrund eines Fotos erahnen, das sich glücklicherweise von einem anderen Bauzaun erhalten hat, der 1929 während der Umbauarbeiten vor einem Berliner Kleidungsgeschäft installiert worden war. Auf dem Foto des renommierten *Atelier Baruch*, Berlin W. 15, Kurfürstendamm 201 ist die Reklame der Firma *M. & E. Staub*, Berlin zu sehen und der Hinweis von Walter Trier auf die Eröffnung des »Kinderladen[s] [...] demnächst!«.

Von 1923 datieren Wandmalereien, die Walter Trier für ein privates Kostümfest angefertigt hatte. Sie sind im Hintergrund eines ganzseitig abgedruckten Porträtfotos im Februarheft der *Dame* erkennbar. Der Berliner Fotograf Karl Schenker hatte dazu den Maler mit fantasievoll dekorierter Melone und Handpuppe vor einer Wand mit lauter kleinen Tieren postiert.

Auf das Jahr 1926 geht eine Wanddekoration zurück, die Walter Trier für eines der jährlich stattfindenden Kostüm- oder Künstlerfeste in der Villa der befreundeten Familie Geyer angefertigt hatte. Auf der einzigen erhaltenen Aufnahme im Privatalbum der Familie erkannte Irmgard Geyer, die Tochter des Hauses und einstmals gute Freundin von Gretl Trier, hinter dem umfangreichen Gruppenporträt der anwesenden Gäste einige Teile der Wanddekorationen sowie das Motto des damaligen Festes »Die Frau die nie nein sagt ...« Es handelt sich wohl um Malerei auf extra eingezogenen Pappwänden, mit denen der große Kamin im Foyer des Hauses abgedeckt worden war. Nicht nur diese Festdekoration ging verloren, auch das herrschaftliche Landhaus hat die Wende leider nicht überdauert. Anfang der 1990er Jahre ist das an einem wunderschönen und lukrativen Seegrundstück gelegene Haus abgerissen worden.

Von den Kinderszenen, einer Wandmalerei für das Kinderzimmer im Haus des Berliner Orthopäden »Dr. Hermann Engel, Am Rupenhorn 29«, die die Zeit gleichfalls nicht überdauert haben, wissen wir nur aus den Erinnerungen der bis zu ihrem Tod 2019 in New Jersey lebenden Lili Cassel-Wronker. Die Tochter des befreundeten Arztkollegen Dr. Joseph Cassel erinnerte sich jedoch nicht nur an die beeindruckenden Wandmalereien Triers, sondern auch an zwei besonders prominente Patienten des Dr. Engel: eine gewisse Marlene Dietrich und Fritz Rasp – der Darsteller des fiesen Schmalen in Fritz Langs Film *Metropolis* und des Herrn Grundeis in Billy Wilders Verfilmung von *Emil und die Detektive*.

Auch im »Haus P., Berlin-Grunewald« gab es Anfang 1927 ein aufwendiges Kinder-Kostümfest, über das in der *Dame* mit mehreren Fotos berichtet wurde. Eines der Fotos zeigt einen Zauberkünstler inmitten der Kindergesellschaft und dahinter die »an der Wand zu diesem Zweck geschaffene[n] lustige[n] Malereien von Walter Trier«. Man erkennt »die Familie ohne Unterleib« sowie verschiedene Vögel, samt Frosch und Schlange. Ein zweites Foto dokumentiert den »Aufmarsch der kleinen Köche. In der Mitte: Gretel Trier, das Töchterchen Walter Triers«.

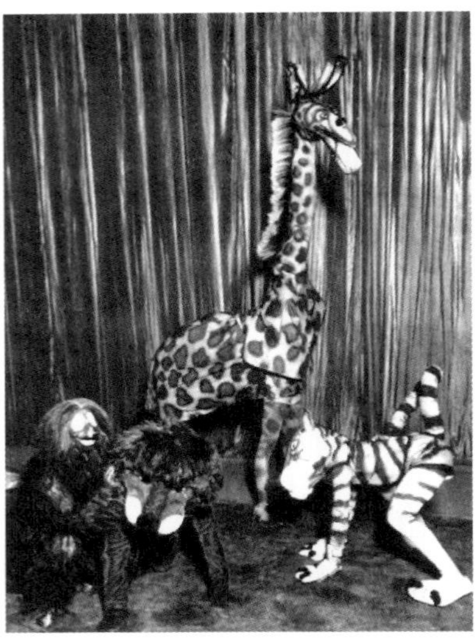

Bühnenfiguren aus dem *»Kabarett der Komiker«*. Foto, 1925.

Im Künstlernachlass haben sich schließlich weitere Entwürfe erhalten, die man als Wanddekorationen identifizieren kann, sowie einige Fotos, die Walter Trier an genau solchen Malereien arbeitend zeigen.

Leider waren all diese Dekorationen nicht für die Ewigkeit gedacht – entweder waren es nur Raumdekorationen für einen einmaligen Anlass oder, wenn schon als permanenter Wandschmuck für Kinderzimmer angefertigt, doch für eine nur begrenzte Haltbarkeit konzipiert. Da es sich bei einigen dieser Auftraggeber um wohlhabende jüdische Familien handelte, unterlag die Haltbarkeit dieser Malereien noch ganz anderen, von Trier und seinen Kunden bei der Entstehung noch nicht abzusehenden Gefahren. Viele der Häuser mussten nach 1933 aufgegeben werden, und dass die neuen, arischen Bewohner mit demselben Humor gesegnet waren, davon ist nicht unbedingt auszugehen. Dies zumindest lehrt uns die von Erich Kästner überlieferte Geschichte von dem Ende der Trier'schen Wandmalereien im *Kabarett der Komiker*: »Wenn vor 1933 die Besucher des ›Kabaretts der Komiker‹, in Berlin am Kurfürstendamm, das Foyer betraten und Triers lustige Varieté-Fresken erblickten, freuten sie sich. Da gab es beispielsweise eine Kapelle zu bewundern, die ohne Instrumente musizierte. Der Klarinettist, entsinne ich mich, spielte auf seiner Nase! Und als Girltruppe warf eine Reihe Flamingos die Beine in die Luft. Man konnte sich an der bunten Heiterkeit kaum sattsehen. Aber Hitler eroberte auch das Foyer des ›Kabaretts der Komiker‹. Eines Tages kamen Handwerker und kratzten die heitere Herrlichkeit von den Wänden. Ein Künstler mit dem richtigen Ahnenpaß gab sich dazu her, mit dem Pinsel staatlich genehmigte Heiterkeit zu verbreiten. Das Resultat war trostlos.«

1928, das Jahr, in dem das Luftschiff *Graf Zeppelin* den Passagierverkehr zwischen Deutschland und Amerika aufnahm, liefen in Hamburg und Bremen die Ozeanriesen *Europa* und *Bremen* vom Stapel. Ein Jahr später, am 16. Juli 1929, fand dann die Jungfernfahrt der *Bremen* statt, »des modernsten Riesendampfers auf dem Atlantik«. Für das Kinderspielzimmer der 1. Klasse hatte Walter Trier Rutschbahn und Wandbilder gestaltet, über die die *Berliner Illustrirte Zeitung* sogleich in einer Fotoreportage berichtet hat. Sie schrieb von der gelungenen »Überraschung auf der Bremen [...]. Der Kinder-Spielsaal mit der Rutschbahn und den Wandbildern von Walter Trier«. Der Architekt F. A. Breuhaus de Groot veröffentlichte 1930 einen opulenten Bildband über die *Bremen* und schrieb zu dem farbig abgebildeten »Paradies der Kinder: Rutschbahn, Kasperletheater, Schaukelpferde, Eisenbahn mit Brücken und Tunnels, Weihnachtsbaum, alles in hellem Schleiflack und bunten Farben. – Die Wände gemalt von Walter Trier, Berlin. Fremde Länder, Szenen aus Amerika, New-York mit Wolkenkratzern und erleuchteten Fenstern, Afrika mit seinen Tieren, der Vesuv, ein Leuchtturm mit Blinkfeuer,

Meer, Schiffe, Angler, Oberbayern mit Gebirgsdorf, Kühen, Ziegen, Gemsen, Flugzeuge und über allem ein blau gemalter Himmel mit leuchtenden Sternen.« In diesen sechs farblich voneinander abgesetzten Sternbildern wird eine versteckte Signatur des Künstlers vermutet. Aufgrund der Zerstörung des Schiffes durch einen Brand am 18. Mai 1941 haben sich von dieser Arbeit ebenfalls leider nur die Fotos erhalten.

Reklame und Plakate

Ganz auf der Höhe des großen zeitgenössischen Interesses für die Kunst des Alltags und der Straße interessierte sich Walter Trier neben seinen Aufträgen für Presse, Buchverlage und Theaterbühnen von Beginn an auch für die übrigen gebrauchsgrafischen Tätigkeitsfelder wie Plakate, Karten, Annoncen, private Akzidenzdrucksachen oder ungewohnte und großformatige Produktreklame.

Heute sind im Bereich der Werbung Grafiker, Werbefilmer, Produktgestalter, Industriedesigner, Innenarchitekten, Schaufensterdekorateure, Webdesigner, Art-Direktoren, Marketingmanager, Vertriebsleiter, Meinungsforschungsinstitute und viele mehr beschäftigt. Doch so wie sich der Designer im 20. Jahrhundert erst langsam als eigene Kunstgattung beziehungsweise als völlig neuer Beruf etablieren musste, so waren auch die Arbeitsfelder des Werbegrafikers zu Beginn noch sehr unscharf, und es galt über die Praxis zu den theoretischen Kategorien vorzudringen. Und so heißt es in dem vielbeachteten Standardwerk *Die deutsche Werbegraphik* von 1927 etwa: »In der Gebrauchsgraphik mit ihren strengen Anforderungen an die technische Schulung und die Einpassungsfähigkeit des Künstlers ist für selbstgefällige Spielereien kein Platz. Hier steht alles unter dem Gebot der Zweckmäßigkeit, der Werbung für Ware oder Leistung eines anderen, der Reklame. Wer diese Aufgabe erfolgreich bewältigen will, der muß nicht nur aus eigener Anlage heraus und dank technischer Schulung etwas können, sondern er muß auch Selbstdisziplin zu üben verstehen und sein Künstlertum nicht mit allen Mitteln herauszuheben trachten. Was liegt dem Auftraggeber an Plakaten, die vielleicht hochkünstlerische Leistungen darstellen, die nur eben keine Plakate sind, weil sie unter zu großer

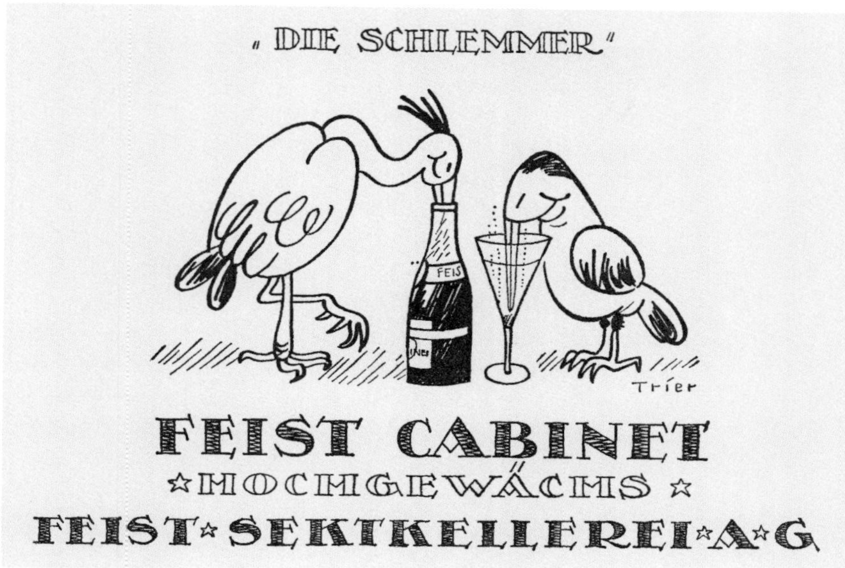

Reklame für *»Feist Sektkellerei«.* Gebrauchsgrafik, 1920.

Üppigkeit den Kern der Werbung nicht klar zur Schau bringen! Oder was soll der Besteller mit Inseraten anfangen, die zwar von Meisterhand geschrieben und ornamental überaus reizvoll sind, die nur leider das Publikum ohne Studium nicht zu entziffern vermag!« Obwohl Walter Trier in all seinen gebrauchsgrafischen Arbeiten ganz unverkennbar seinem sehr eigenwilligen Stil folgte und aufgrund seines unorthodoxen Einsatzes humoristischer Motive gegen zentrale Maximen verstieß, war er äußerst erfolgreich – selbst der eben zitierte Walter Schubert kam daher nicht umhin, dies bewundernd festzustellen und Triers Arbeiten als beispielhaft zu würdigen. Ausnahmen bestätigen eben die Regel.

Walter Triers Reklameplakate für Buch- und Zeitschriftenverlage, Kabaretts und Luxusartikel wie Kosmetika, Zigaretten und Filme wurden von der Kritik, den Auftraggebern und auch vom Publikum gern gesehen. Seine beiden ersten Plakate datieren schon um 1912. Auftraggeber war die von Margarete Steiff gegründete Spielwarenfabrik in Giengen an der Brenz, die auf dem amerikanischen Markt erfolgreich werben wollte. Triers nächster Auftrag kam vom Berliner *Klub der Karikaturisten*, der Trier 1913 für sein Ballplakat engagierte und für das er insgesamt dreißig Karikaturen seiner zeichnenden Kollegen samt Signatur anfertigte, darunter etwa Lyonel Feininger, Louis Oppenheim, Hans Rudi Erdt und Julius Gipkens.

Zehn Jahre später brachte die Zigarettenfirma *Manoli* dann »ein allerliebstes Plakat von Trier: Pierrot umarmt eine Manoli. Unterschrift: ›Die Heißgeliebte!‹ Nichts weiter als das! Der Name der Ware nur auf ihr selbst im Bilde zu sehen. Ohne Aufdringlichkeit und deshalb umso einprägsamer.« Man lobte also ausdrücklich die »lustige Art, den Namen des Artikels, für den geworben wird, nur nebenbei anzubringen«. Doch es ging noch weiter: Über das unerwartete Aufsehen, für das Triers Reklameplakate im sensationsverwöhnten Berlin sorgten, stellte ein Zeitgenosse in den Zwanziger Jahren fest: »Auf der Berliner Hoch- und Untergrundbahn gibt es immer zwei Arten von Reisenden. Die einen stürmen auf die einlaufenden Züge los, als wärs ein Vergnügen hineinzukommen, oder sie purzeln aus den meist überfüllten Wagen heraus und hasten nach den Ausgängen, um recht schnell in das Straßengewühl zu gelangen. Die anderen stehen wartend auf dem Bahnsteig mit

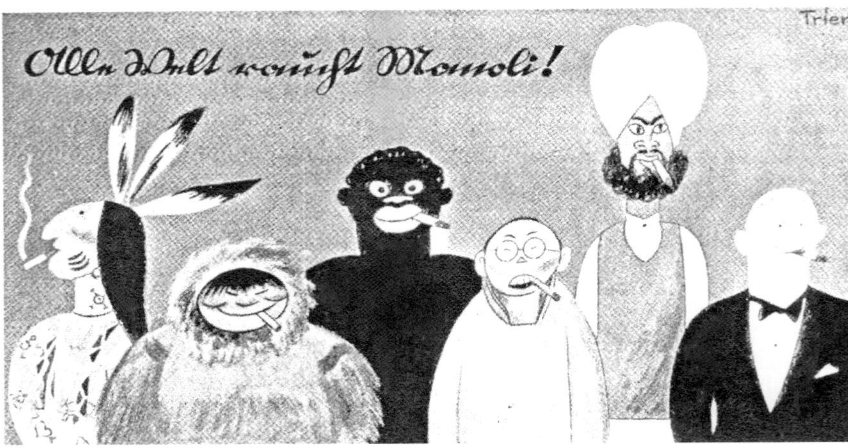

Reklameplakat für »*Manoli*«. Gebrauchsgrafik, 1921.

gelangweilten Gesichtern oder trippeln nervös auf und ab, ihrem Zug entgegenharrend. Das ist seit kurzem etwas anders geworden. Unter den Wartenden sieht man jetzt immer viel fröhliche Gesichter. Schmunzelnd stehen die Leute auf dem Bahnsteig, machen einander auf ein Bild aufmerksam und lachen fröhlich auf. Eine Serie von neuen ›Manoli‹-Reklametafeln wirkt dieses Wunder, Bilder, die nach Entwürfen des bekannten Berliner Humoristen Trier gefertigt worden sind. [...] Aus allen Bildern leuchtet ein köstlicher Humor, der jedem Beschauer einen fröhlichen Augenblick bereitet, ein Erfolg, wie er nicht schöner gewünscht werden kann. Leider können wir nicht alle Tafeln in farbigen Wiedergaben bringen, der Leser wird sich aber auch so eine gute Vorstellung von den Plakaten machen können, die zum Teil annähernd drei Meter groß sind.«

Die »*Uhu*«-Werbekampagne

Das heitere Amüsement gipfelte ein Jahr später in einer mehrwöchigen, aufsehenerregenden Werbekampagne, die den Berlinern lange im Gedächtnis bleiben sollte. Im September 1924 erschien in der Tagespresse, an Kiosken sowie an den Litfaßsäulen der Hauptstadt eine von Walter Trier entworfene Bilderfolge, die in verschiedenen Motiven verschreckte Bürger zeigte – dazu unterschiedliche und sehr rätselhafte Beischriften. »Besonders das Bild von den drei ängstlichen alten Damen blieb haften. Auf dieser berühmt gewordenen Zeichnung waren drei alte Damen zu sehen, die sich verwundert, erstaunt und erschreckt ansahen. Unter dem Bild las man: ›Uhu – nie gesehen! Was ist das?‹ Auf einer anderen Zeichnung wurde ein aus nächtlichem Schlaf aufgestörtes älteres Ehepaar gezeigt. Der verängstigte Mann im Pyjama versuchte vorsichtig hinter einem zugezogenen Vorhang auf die Straße hinunterzusehen. Die Bildunterschrift lautete: ›Da schreit immer ein Uhu‹.« Das Publikum war ratlos. Die bereits gespannte Neugier wurde unmittelbar vor dem Erscheinen des ersten Heftes am 1. Oktober durch eine Reihe Zeichnungen, die nun täglich wechselten, nochmals gesteigert. Nun sah man einen rundlichen Mann hoch oben auf einer Treppe stehend, der in einem buchähnlichen Heft las. Was er da so Spannendes las, konnte man nicht erkennen. Am zweiten Tag war der gleiche

Mann auf der Mitte der Treppe, am dritten Tag beinahe unten angelangt. Noch immer las er eifrig. Es musste sich um etwas sehr Vergnügliches und Interessantes handeln, denn er war tief in die Lektüre versunken und achtete nicht auf die vielen Treppenstufen unter ihm. Am vierten Tag war er endlich ganz unten angekommen, und jetzt endlich konnten die Berliner erkennen, was auf dem Umschlag des Heftes stand: »Uhu«. Was es aber damit wirklich auf sich hatte, erfuhren die Leser erst beim Kauf des ersten Heftes. Und diese wurden – laut Bericht einer ehemaligen *Ullstein*-Mitarbeiterin – den Verkäufern buchstäblich aus den Händen gerissen, sodass nach wenigen Tagen die gesamte Auflage schon vergriffen war. »Es ist nicht übertrieben zu sagen, daß die Zeitschrift bekannt und in aller Munde war, bevor man wußte, was sie war.«

Zwar konnten bislang weder die plakatierten Affichen noch Annoncen oder historisches Bildmaterial davon gefunden werden, doch im Nachlass Walter Triers hat sich immerhin der originale Entwurf für diesen fantasievollen und höchst originellen Reklamefeldzug erhalten, der sich mit den Erinnerungen und Erzählungen ganz wunderbar deckt.

Diese Kampagne, die auf den jahrelangen Erfahrungen der Propaganda-Abteilung des *Ullstein*-Konzerns und Triers grafischem Geschick basierte, hatte auch auf einen Rheinländer nachhaltigen Eindruck gemacht, denn als es 1927 um die Markteinführung einer neuen Zeitung ging, versuchte sein Herausgeber das ehemals erfolgreiche Konzept frech zu kopieren – mit zunächst nur wenig Erfolg. Es handelte sich um den *Angriff* von Dr. Joseph Goebbels. Die Breitenwirkung dieser Kampagne wird von Historikern als zweifelhaft bewertet, und angesichts der ersten Nummer sprach sogar der damalige Gauleiter von Berlin, als von »gedruckte[m] Käse«. Doch der Name der Zeitung war Programm. Ziel dieses Hetzblattes »war nicht, zu informieren, sondern anzuspornen, anzufeuern, anzutreiben [...] Goebbels schickte seine Gefolgsleute mit Plakaten und Kleister auf die Straße. Die erste Ankündigung, in blutroten Lettern, lautete lakonisch kurz ›DER ANGRIFF?‹ Eine zweite Plakatserie sagte ein paar Tage später etwas mehr: ›Der Angriff beginnt am 4. Juli.‹ Erst durch eine dritte Serie erfuhren die Berliner, daß es sich bei diesem ›Angriff‹ um ein deutsches Montagsblatt von Dr. Joseph Goebbels handelte – für die Unterdrückten, gegen die Ausbeuter. Freilich waren Goebbels und sein Angriff in der Metropole anfangs nur ein kleines Ärgernis. Die NSDAP wurde kaum beachtet. Der Angriff hatte nur eine Auflage von 2 000 Exemplaren. […] Langsam, sehr langsam kam der Angriff hoch, bezahlt machte er sich erst 1929.«

Inseratserien

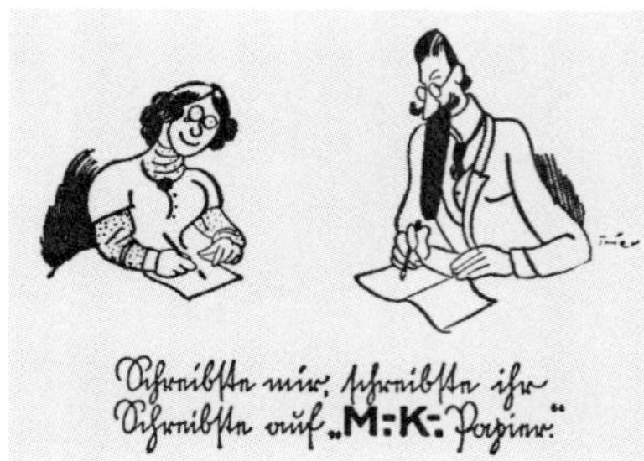

Reklame für *»M.K.- Papier«.* Gebrauchsgrafik, 1923.

1924 war nicht nur das Jahr der erfolgreichen *Uhu*-Kampagne, sondern auch das Jahr, in dem die erste umfangreiche Würdigung seiner Inserate in dem Fachorgan *Gebrauchsgraphik* erfolgte. Einige von Triers kleinformatigen Reklameideen blieben dem Publikum ein Leben lang im Gedächtnis haften, wie etwa die kreative, mehrteilige Inseratserie von 1920 für die Sektkellerei *Feist*, die sechsteilige Serie für die Papierfabrik *Max Krause* mit dem Spruch »Schreibste mir, schreibste ihr – schreibste auf M.-K.-Papier« von 1923 oder die Inseratserie für Ullstein-Schnittmuster aus dem Jahr 1919. Wie die anderen Kampagnen auch, hat sie sich zum Glück in der Tagespresse überliefert. Zu sehen ist etwa *Penelope und ihre Freier*, denen »der Schwindel mit der ewigen Schneiderei, die erst fertig sein sollte, ehe die Hochzeit stattfand, zu bunt wurde. Es brach eine Revolution aus und die arme Königin mußte ein ›Ullstein‹-Schnittmuster kaufen«. Treffsicher auch die Pointe bei der *Ankunft der schönen Helena in Troja*, die entsetzt feststellen musste, dass dort eine andere Frau dasselbe Kleid wie sie selbst trug. Die wenig sensible Reaktion ihrer Begleiter angesichts solch einer Tragödie: »Ja, denkste denn, ›Ullstein‹-Schnittmuster gibts nur in Troja?« Die maskulinen Varianten gipfeln in der *dreizehnten und schwersten Arbeit des Herkules* und im *Selbstmord Ben Akibas*, »beim Eintreffen der Nachricht, daß unter den ›Ullstein‹-Schnittmustern Modelle seien, die noch nicht dagewesen sind.« Hier bezog sich Walter Trier auf die Hauptfigur des Rabbi Ben Akiba in dem im 19. Jahrhundert überaus beliebten Trauerspiel *Uriel Acosta* von Karl Gutzkow. Diese

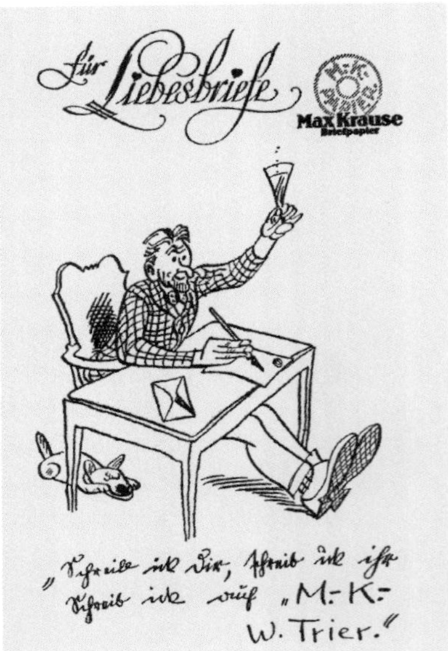

Selbstbildnis und Parodie auf *»M.K.«*-Reklame. 1933.

Figur war berühmt für ihren Satz: »Das Neue ist nur droben! Hier war alles schon einmal da – schon alles dagewesen!« Eines der letzten Reklamebilder zeigt *Moses und Zippora vor dem Exodus*. Dieses jüdische Sujet wurde allerdings nie gedruckt, es hat sich als unveröffentlichtes Original im Archiv des *Ullstein-Verlages* erhalten.

In dem Artikel *Lustiges von der Reklame* aus dem Jahr 1926 hieß es zu dieser Inseratserie: »Zuweilen liegt die Grazie in anderem. Eine Schnittmusterfirma will ihre Ware empfehlen, ohne plump herauszusagen, daß man sie kaufen soll. Sie läßt Adam und Eva splitternackt im Paradies spazierengehen und einem Plakat ihrer Schnittmuster begegnen. Adam ist entsetzt und sagt: ›Nich' [sic] zu machen, Eva! Nur keine neuen Moden im Paradies einführen!‹ Oder sie zeigt im Bild den Aufbruch der alten Germanen zur Völkerwanderung. Thusnelda ist gerade dabei, ein ›Ullstein‹-Schnittmuster in den Koffer zu packen. Da sagt ihr Vater [sic]: ›Unsinn, Thusnelda! ›Ullstein‹-Schnittmuster brauchste doch nich' auf die Völkerwanderung mitzunehmen! Die kriegste überall unterwegs!‹ In beiden Fällen wird scherzhaft vom Ankauf der Ware abgeraten und dadurch stärker gewirkt als durch die stärksten Superlative. Nur keine derbe Anpreisung, keine Plumpheit, keine Trockenheit! Kein Rippenstoß: ›das nimmste!‹, sondern ein angenehmes, sanftes Streicheln, das ein Lächeln erzwingt!« Auch Hermann Ullstein nannte diese Kampagne als leuchtendes Beispiel in dem Kapitel »Die Kunst der Selbstironie« seines *Lehrbuchs für Reklame*.

Schaufenstergestaltung

Im Februar 1925 hatte Walter Trier an einem von dem Berliner *Verband der Spezialgeschäfte* durchgeführten Schaufensterwettbewerb teilgenommen, der unter dem Motto stand *Einst und Jetzt im Schaufenster*. Bei diesem Wettbewerb sollten aktuelle Waren und ihnen vergleichbare Warentypen, wie sie hundert Jahre zuvor in Gebrauch gewesen waren, im Schaufenster gegenübergestellt werden. Bewertet wurde erstmals nicht mehr nur der künstlerische Ausdruck, sondern die werbetechnische Lösung der gestellten Aufgabe. In der *Berliner Illustrirten Zeitung* vom 22. Februar ist Walter Triers »origineller« Wettbewerbsbeitrag festgehalten: Er zeigt zwei Puppen vor passender Großstadtkulisse, jeweils mit einer Krinoline und einem modernen Rock bekleidet, die von einem Windstoß getroffen werden. »Diese Wirkung entsteht durch einen künstlich erzeugten Luftzug«, wie die Beischrift vermerkte. Damit hatte er eine sinnvolle Verknüpfung von modernem *Szeneschaufenster* und aktueller Bühnentechnik hergestellt.

In dieselbe Richtung geht der Entwurf »eines originellen Werbemittels« aus dem Sommer 1926, ebenfalls für *Ullstein*. In der *Berliner Illustrirten Zeitung* wurde dazu berichtet: »Ein Ferienzug, der durch die Berliner Straßen fährt, um für die Zeitschrift *Uhu* als Reiselektüre Reklame zu machen.« Und während des 1929 in Berlin ausgerichteten *Ullstein-Welt-Reklame-Kongresses* dekorierte Walter Trier das Schaufenster der *Ullstein*-Schnittmuster-Filiale am Kurfürstendamm in einen *Logenplatz* um.

Die Schaufenstergestaltung beschäftigte Walter Trier aber nicht nur bei seinen eigenen Dekorationsaufgaben, auch einige seiner Zeichnungen kommentierten die Entwicklung des Schaufensters und den Wandel in den Gewohnheiten der Stadtbevölkerung. So zeigte *Die Dame* im Dezember 1929 etwa auf dem Cover ein recht ungleiches Paar beim abendlichen Schaufensterbummel vor einem Schmuckgeschäft – aufgrund der nächtlichen Beleuchtung der Fenster ein höchst modernes Vergnügen. Historisch korrekt war natürlich auch die Darstellung der Auslagen, denn Juweliere zählten neben den Textil-, Blumen- und Haushaltswarengeschäften zu den ersten, die eine Dauerbeleuchtung eingerichtet hatten.

Gebrauchsgrafik

Zur Werbegrafik gehörten im frühen 20. Jahrhundert neben Plakat, Prospekt und Katalog auch Anzeigen, Brief- und Formularausstattung, Warenverpackungen und Etiketten, Schutzmarken und Signets, Einwickelpapier, Einladungskarten, Theater- und Ausstellungsprogramme. Nicht nur in all diesen Bereichen war Walter Trier tätig, sondern auch bei Bilder- und Bastelbogen, Grußkarten, Exlibris und Spieltüten. Zu seinen Auftraggebern zählten die Berliner Kabaretts, das *Central-Comité vom Roten Kreuz*, die *Vereinigte[n] Kunst-Institute A.-G. Vorm. Otto Troitzsch* in Berlin-Schöneberg, das *Graphische Kabinett*, diverse Verlage, der schweizerische Fremdenverkehrsverband, mehrere Zigarettenfabriken, Kellereien und Kosmetikfirmen, die Firmen *Shell*, *Excelsior* und *Continental*, der Hersteller von Musikapparaten und Tonträgern *Carl Lindström A.G.* in Berlin, das Berliner *Warenhaus Herman Tietz*, mehrere Fotogeschäfte, Filmhersteller und Apparatebauer sowie das Filmkopierwerk des Freundes Karl Geyer.

Für sich und für einige Freunde und Geschäftspartner entwarf Trier persönliche Briefpapiere, ebenso Glückwunsch- und Umzugskarten – etwa für Albert Schlopsnies' *Kunst-Praktikum* oder die Kunstsammler Dr. Alfred Fürstenberg und Robert Freund. Dazu kamen offizielle Aufträge, zum Beispiel 1930 von der Berliner Polizeiverwaltung für eine aufwendige Glückwunschkarte für den Berliner Polizeipräsidenten. Der von seinen Untergebenen als Dienstherr geschätzte und auch in der Bevölkerung populäre Karl Zörgiebel, im Volksmund »Dörrzwiebel« genannt, sah die moderne Volkspolizei als Dienerin und Freundin des Volkes und hielt es »in der Demokratie für notwendig und außerordentlich wichtig«, beide Teile gesellschaftlich und menschlich einander näher zu bringen. Angesichts dieser Gesinnung ließ Walter Trier in seinem *Gratulations-Cours* all jene friedlich nebeneinander demonstrieren, die im Alltag ansonsten wenig freundlich miteinander umsprangen. Auch die Kalligrafie auf der Innenseite stammt von Walter Trier: »Ihrem hochverehrten Herrn Präsidenten dem allzeit wohlwollenden und gerechten Vorgesetzten, der in seiner warmherzigen Menschlichkeit auch den Nöten und Sorgen der Untergebenen sein Ohr nicht verschließt, dem hilfsbereiten Förderer kollegialer Nächstenliebe sprechen die Beamten, Angestellten und Arbeiter der staatlichen Polizeiverwaltung Berlin zu seinem fünfzigsten Geburtstage ihre herzlichsten Glückwünsche aus.«

Im letzten Jahrzehnt mehrfach im Antiquariatshandel aufgetaucht ist das Exlibris *Lotte Löhr's Buch*. Ein Name, der Kästner-Experten aufhorchen lässt, denn eine Lotte Löhr kennen sie als Mutter des Darstellers Hans-Albrecht Löhr. Erich Kästner erinnert sich 1971 in einem Brief: »Jener Hans-Albrecht, dem ich seinerzeit Bücher mit Grüßen von mir geschickt habe, hieß mit Familiennamen Löhr. Er spielte die Rolle des kleinen Dienstag in der ›Ufa‹-Verfilmung von ›Emil und die Detektive‹ [...] Da der kleine Hans-Albrecht Löhr ein ungewöhnlich liebenswürdiger und aufgeweckter Berliner Junge war, blieb es nicht aus, daß wir uns, trotz des beträchtlichen Altersunterschiedes, anfreundeten und daß wir einander auch in den Nazi-Jahren immer wieder einmal sahen. Als er in das wehrpflichtige Alter kam, konnte es nicht ausbleiben, daß er dann sehr bald nach Rußland kam und dort ist er – wo, weiß ich nicht – gefallen. [...] Jedenfalls ist dieser Hans-Albrecht für mich eine unverlierbare Erinnerung. Allein an diesem einzigen sinnlosen Verlust kann ich ermessen, was, millionenfach multipliziert, Hitler auf dem Gewissen hat.« Insofern kann man dieses Exlibris vielleicht als eine Auftragsarbeit von Erich Kästner betrachten, der mit der Mutter des Darstellers seines kleinen Dienstag immer wieder kleine Geschenke und Briefe wechselte.

Apropos kleine Geschenke: Am 1. August 1927 bat Friedrich Emil Krauss, der Leiter der *Krausswerke* in Schwarzenberg/Sachsen – eine auf emaillierte Haushaltswaren und Blechgerätschaften spezialisierte Fabrik –, die Holzspielzeugfabrik *Wendt & Kühn* in Grünhainichen um die Anfertigung einer Weihnachtsgabe für treue Kundschaft. Vorlage hierfür waren zwei von Walter Trier für das Werk geschaffene Reklamepostkarten. »Liebe Werkstatt«, schrieb der Fabrikleiter. »Nun bin ich wieder von Amerika zurück, liebe mit allen Sinnen die schöne Heimat und

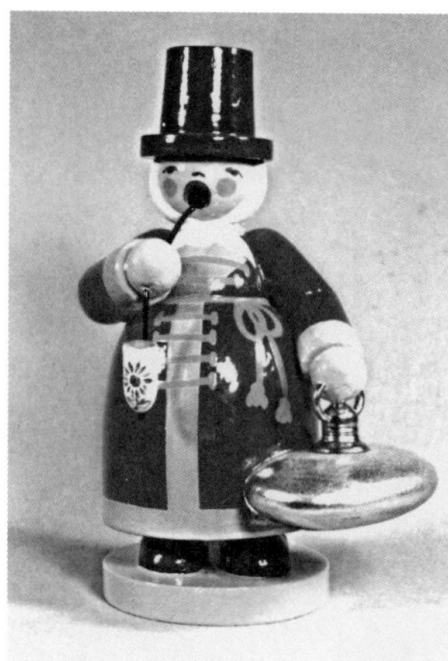

»Wärmflaschenmännel«. Foto, 1927.

denke an das erzgebirgische Weihnachten. […] Ich möchte gern unser Wärmflaschenmännel als Räuchermännel haben, und zwar in einiger Auflage. Wie denken Sie darüber? Es ist schon verschiedentlich stilisiert worden. Ich schicke Ihnen einige Abbildungen zu. Wie man das mit der Wärmflasche macht, das weiß ich nicht. Es wäre natürlich ganz gut, wenn es an der einen Hand eine runde gedrechselte Wärmflasche hätte. Lassen Sie, bitte, bald etwas von sich hören.« Heraus kam ein aus Holz gedrechseltes und bunt bemaltes Wärmflaschenmännel, das die gute alte erzgebirgische Tradition der Räuchermännchen perfekt ins 20. Jahrhundert katapultierte.

Sammelbildchen

In den Jahren 1932 und 1933 fertigte Walter Trier für die Dresdner Zigarettenfabrik *Haus Bergmann* 350 kleine Sammelbildchen, die sogenannten *Bunten Bilder*, die als Werbebeigabe in verschiedenen Zigarettenpackungen steckten. Dazu passend gestaltete er drei *Bunte Bücher*, also die Sammelalben, in die man die Bilder einkleben konnte. Die vorrangig für Kinder gedachten Serienbildchen hatten zu Beginn des 20. Jahrhunderts die Idee der Fleiß- oder Heiligenbildchen übernommen, die im Schul- und Religionsunterricht für Artigkeit sowie besondere Leistungen verteilt wurden. Auf dieselbe Weise sollten nun die Kinder im Laden zu geneigten Kunden erzogen werden. Während der wirtschaftlichen Not aufgrund von Krieg und Inflation konnten die Serienbilder auch erfolgreich mit dem Rabattmarkensystem kombiniert werden. Nun fungierten die Bilder als Belohnung für Sparsamkeit. Einige der dreißig Bilderserien für Bergmann entstammten ganz und gar Walter Triers Formenschatz und privatem Interesse, so zum Beispiel das *Alte Spielzeug*, *Clowns*, *Im Zirkus*, *Anekdoten*, *Bauernsprüche*, *Eulenspiegels lustige Streiche* oder

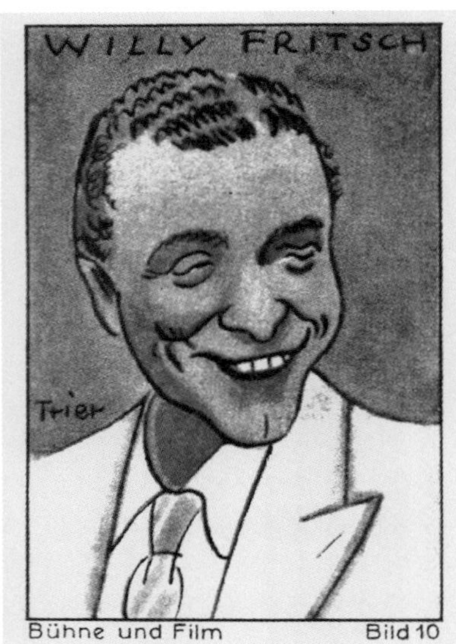

»Willy Fritsch«. Sammelbild, 1932.

die zahllosen Karikaturen von Artisten, Sportlern und prominenten Schauspielern. Nicht alle fanden die Idee oder ihre Umsetzung lustig, wie etwa der Schauspieler Willy Fritsch. Er hatte am Dresdner Landgericht gegen die Zigarettenfabrik Klage eingereicht wegen der von ihr verbreiteten und von ihm als despektierlich empfundenen Karikatur. Er »fühlte sich durch eine von der Firma zu Reklamezwecken herausgebrachte, von Walter Trier hergestellte Karikatur beleidigt. Es wurde ein Schadenersatzanspruch bis zu einer Höhe von 10 000 M. geltend gemacht.« Wie in der Zeitung jedoch zwei Wochen später nachzulesen ist, hatte er damit keinen Erfolg. Die Leser hingegen waren restlos begeistert. So urteilte Dr. Kurt Pinthus im *8 Uhr Abendblatt*: »Ihre ›Bunten Bücher‹ habe ist genau durchgesehen und sage Ihnen gern, daß sie mir viel Freude gemacht haben. Ich hatte ja schon die Meinung ausgesprochen, daß ich es vernünftig und nützlich finde, gerade solche künstlerischen Bildchen über volkstümliche Stoffe und volkstümliche Menschen den Zigarettenpackungen beizulegen. Nachdem ich nun die Bildchen von Walter Trier kennengelernt habe, bin ich noch mehr dieser Ansicht als vorher. Es sind sowohl künstlerisch wie stofflich die besten Bilder, die ich als Beigabe eines Markenartikels kennengelernt habe.« Der 1933 erschienene und um das Doppelte erweiterte dritte Band lässt vermuten, dass die wirtschaftlich erfolgreiche Serie – die *Bunten Bücher* gehörten mit über 100 000 Startexemplaren zu den größten Buchauflagen des Jahres 1932 – planwidrig abgebrochen wurde und die bereits für einen vierten Band vorliegenden fünfzig Bilder von Trier samt ihrer Texte kurzerhand in den dritten und letzten Band eingearbeitet wurden.

Diese Maßnahme verweist schon deutlich auf das Ende von Triers Arbeit aufgrund der Machtübernahme durch die Nationalsozialisten in Deutschland. Bevor die berufliche Verdrängung und die Vertreibung der Familie ausführlicher thematisiert wird, soll noch der letzte Aspekt der Trier'schen Gebrauchsgrafik thematisiert werden: sein Beitrag zum Trickfilm.

Trickfilme

Bislang ist Walter Trier ein Name, der in der Geschichte des deutschen Zeichentrickfilms nicht vorkommt, obwohl er bereits 1919 erfolgreich mit diesem neuen Medium spielte. Im Unterschied etwa zu den gleichzeitigen Filmexperimenten von George Grosz oder John Heartfield – über die mehr geschrieben worden ist, obwohl sich davon gar nichts erhalten hat –, lassen sich Triers Filme in der damaligen Tagespresse und aufgrund von Archivmaterial der Zensurbehörde beziehungsweise der Filmprüfstelle belegen. Von den Filmen selbst fehlt leider jede Spur. Sie zählen auch nicht zum Bestand des *Bundesfilmarchivs*, das 1999 alle bekannten Trickfilme auflistete und immerhin drei seiner Filmtitel – *Filmsterne*, *Triers Trickfilm* und *Der Markt von Titipu* – unter den »Überlieferungsverluste[n] Trickfilme 1909–1944« nennt. Insofern bleibt nur zu hoffen, dass eines Tages auf irgendeinem Speicher eines Filmpioniers oder -sammlers oder in einem völlig abgelegenen Programmkino mehrere kleine unscheinbare Filmrollen zutage gefördert werden, die den Zweiten Weltkrieg und eventuelle Aufräumaktionen heil überstanden haben. Im schlimmsten Fall aber hat sich das leicht entflammbare Filmmaterial längst selbst entzündet.

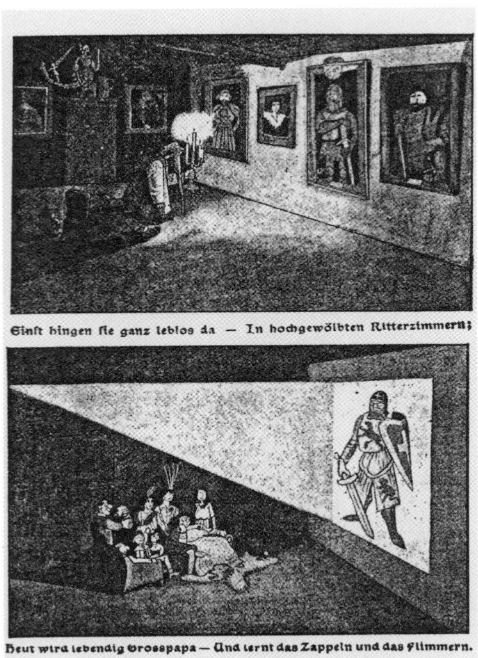

»Das Familien-Archiv«. Pressegrafik, 1919.

Schon lange bevor er selbst an einem Filmset aktiv wurde, war Walter Trier von dieser Arbeit fasziniert. Bereits 1914 schuf er eine ganze Serie Filmkarikaturen für das Büchlein *Der Allotria-Kientopp* von Felix Schloemp, der »die lustigsten Witz-Lichtspiele [ab]gekurbelt« hat. 1919 folgten Illustrationen für Alfred Bries Buch *Filmzauber*, das »hinter den Kulissen der Filmwelt [herum]schnüffelte«. Dabei zeigte Trier fast schon prophetische Gaben, wenn er in *Das Familien-Archiv* eine aristokratische »Ahnen-Galerie sonst und jetzt« zeigt: Einmal als schwülstig gerahmte Gemälde, das andere Mal als Filmprojektion – dazu die spöttische Unterzeile: »Einst hingen sie ganz leblos da – In hochgewölbten Ritterzimmern; – Heut wird lebendig Grosspapa – Und lernt das Zappeln und das Flimmern«.

Andere Zeichnungen zeigen etwa den Blick in ein Filmatelier während der Arbeit bei *Der Mord in der Brautnacht* – 1922 nochmals veröffentlicht unter dem Titel *Der Sittenfilm* als eines seiner Lieblingsblätter in *Triers Panoptikum* –; oder das Blatt *Dö Amerikaner san do* – zu sehen ist eine »Dorfstrasse in Oberammergau 1922«, die als Freiluftkulisse dient. 1927 lieferte Trier auch die passenden Illustrationen zu dem Zeitungsartikel *Der Film in der Karikatur*. Der Autor schrieb damals: »Es gibt keine überzeugendere Bestätigung für Popularität und Ruhm als die Karikatur. Erst wenn sich der zeichnerische Witz einer Sache oder einer Persönlichkeit bemächtigt, dann hat sie sich wirklich durchgesetzt. Karikiert wird nur, was interessant ist, und der Griffel des Karikaturisten wird umso schärfer, je bedeutender das Thema ist, das er verspottet. Deshalb haben die zeichnerischen Widersacher auch dem Film nur genützt, und die großen Stars wissen, daß ein lustiges Zerrbild ihren Ruhm oft mehr erhöht als bombastische Lobgesänge auf ihre Schönheit oder ihre Kunst. […] Den ersten Angriffspunkt bildet das enorme, der Sache nach freilich durchaus gerechtfertigte Reklamebedürfnis des Films.« Und Walter Trier lachte hier natürlich besonders gern, etwa wenn er einen selbstherrlichen, aber völlig ungebildeten Regisseur bei Filmarbeiten lauthals verkünden lässt: »Was, nur neun Musen? Ich brauch' zehn, auf jeder Seite fünf!« Bei einem so wichtigen Ereignis, wie es der Film darstellt, kann man eben auf irgendeine Tradition, die seit zwei Jahrtausenden mit nur neun Musen auskam, keine Rücksicht nehmen! Wie sieht das denn aus, wenn auf dem Filmset auf der einen Seite vier und auf der anderen Seite fünf Frauen stehen? Es wurde also höchste Zeit, dass ein Regisseur diesen Fehler in der olympischen Götterwelt endlich korrigiert. Nach dem Motto: Symmetrie vor Mythologie!

Aus dem Jahr 1919 stammen Triers ersten beiden Trickfilme, die im Kabarett *Schall und Rauch* Uraufführung hatten: Bereits im Sommer *Ein Abend im Varieté*, und *Ein Tag des Reichspräsidenten* im Dezember zur Neueröffnung im Keller des *Großen Schauspiel-*

hauses. Unschwer zu erraten, dass es bei Letzterem um eine Filmkarikatur Friedrich Eberts ging. Herbert Ihering, einer der damals angesehensten Feuilletonisten des *Ullstein*-Verlags, schrieb in seiner Kritik für die *Vossische Zeitung* am 8. Dezember: »Wirklich belustigend war ein boshafter Ebertfilm, der in kindlicher Strichmanier einen Tag des Reichspräsidenten in karikierten Augenblicksbildchen festhält.« An anderer Stelle nannte er das Resultat sogar »drastisch«.

Anfang 1920 folgten an gleicher Stelle dann die Trickfilme *Prophezeihung auf 1920* und *Film Conference*, von August 1920 datieren die Zensurgenehmigungen für *Edi und die wilden Bestien*, *Edi und das Tigertier* und *Viechereien*. 1921 entstand als vorletzter Trickfilm *Der Markt von Titipu*, der seine Filmzensur-Freigabe am 26. Februar 1921 erhielt.

Erst nach einer Zäsur von zwei Jahren folgte Triers letzter Trickfilm: *Der neue Napoleon*. Im Juli 1923 brachte *Der Kinematograph*, das – laut Untertitel – »älteste Film-Fach-Blatt« Deutschlands, auf dem Titelblatt die Karikatur von Poincaré aus dem *Deuling*-Film *Der neue Napoleon* und titelte dazu: »Die erste polit. Filmkarikatur!« Einhundert Jahre nach Redaktionsschluss möchte man dringend um eine Korrektur nachsuchen, da es sich bei diesem nämlich nicht um Triers ersten, sondern um seinen zehnten und bislang letzten nachgewiesenen Trickfilm handelt. Zudem wäre die Formulierung »Die erste außenpolit. Filmkarikatur« treffender gewesen, denn seine erste innenpolitische Filmkarikatur war damals schon vier Jahre alt.

In der bislang letzten Filmsatire nahm Trier Bezug auf die dramatischen Verwerfungen des Jahres 1923, in dem sich alle politischen, wirtschaftlichen und sozialen Probleme wie in einem Brennspiegel fassen lassen, die die Stabilisierung einer demokratischen Ordnung in Deutschland nach 1918 so erschwert haben: Am 11. Januar 1923 stand der Einmarsch französischer und belgischer Truppen in das Ruhrgebiet bevor. Diese Besetzung löste im gesamten deutschen Reich eine Welle nationaler Empörung aus, und die Regierung rief zum passiven Widerstand gegen die Besatzungsmacht auf.

Zum Inhalt des Films schrieb das Fachblatt leider nichts, vor allem nichts zum Zeichner. Optimisten würden das als Indiz dafür werten, dass der Name Walter Trier damals in Filmkreisen wohl schon bestens bekannt war. Aber zum Glück berichtete noch ein anderes Fachorgan über diesen politischen Streifen, vor allem über die Arbeit der Zensurbehörde. Das *Reichsfilmblatt* schrieb 1923: »Bevor Poincaré in den von Walter Trier gelieferten Napoleonstiefeln den Boden des deutschen Filmgebietes betreten durfte, gab es, der kriegerischen Natur dieses Helden entsprechend, harte Kämpfe. Trier hatte im Auftrag der ›Deutschen Lichtbild-Gesellschaft E.V.‹ einen satyrischen [sic] Trickfilm gezeichnet, der das Versagen der Franzosen gegenüber der einmütigen Ruhrbevölkerung in drastischer Form kennzeichnete. Dieser Film nannte sich nach dem kaleidoskopartigem [sic] Abrollen der kurzen Szenen ›Das Ruhrkaleidoskop‹. Die Filmprüfstelle beanstandete diesen Film, da ein Vertreter des Auswärtigen Amtes Bedenken hatte. Die Kammersitzung, an der das Auswärtige Amt ebenfalls teilnahm, kam zu dem gleichen Resultat. Erst die Film-Oberprüfstelle gab den Film unter Aenderung des Titels frei. Nunmehr ist der Weg für Herrn Poincaré offen und er wird sich ohne Frage die deutschen Kinos erobern. Ob er dabei Ehre einlegen wird, steht allerdings dahin. Mit diesem Film führt die ›Deutsche Lichtbild-Gesellschaft E.V.‹ eine Gattung in das Filmwesen ein, die bisher nur ihr hohes Ansehen in unseren satyrischen Zeitschriften besaß. Ohne Frage wird ›Der neue Napoleon‹ ein sehr willkommenes Beiprogramm sein.«

Da Triers bisherige Karikaturenfilme unzweifelhaft im politisch linken Milieu anzusiedeln sind, überrascht die Tatsache, dass dieser Film bei der Deuling Film AG (Berlin) entstanden ist, enorm, denn deren Produzent galt gemeinhin als konservativ und großindustriefreundlich. Das war nicht gerade Triers Umfeld. Aber vielleicht hatte der damalige Auftraggeber, die *Deutsche Lichtbild-Gesellschaft*, diese Zusammenarbeit eingefädelt. Oder sein Künstlerfreund Paul Simmel hatte eine Vermittlerrolle gespielt, denn zwei Jahre zuvor hatte dieser für *Deuling* den harmlos klingenden Zeichentrickfilm *Die Abenteuer des Professors Zipperlein* angefertigt. Was die angebliche Neuigkeit in Sachen »Karikaturenfilm« angeht, stieß man übrigens leider auch beim *Reichsfilmblatt* in dasselbe falsche Horn.

Insgesamt sind bislang zehn explizit als »Trickfilm« bezeichnete Filme von Walter Trier bekannt. Der Filmhistoriker Jeanpaul Goergen, der das meiste dieses Zensurkartenmaterials zutage gefördert hat, sieht Walter Trier aufgrund dieser »heute leider verschollenen Arbeit« auf »einer Linie mit den Dadaisten«. Dazu würde dann auch ein Wettbewerbsbeitrag von Walter Trier passen. Im Februar 1927 wurde bei dem Preisausschreiben »Die Fiebernde Kamera« eine recht krude Fotomontage eingereicht mit dem Titel: *Trier als Venuspriester*.

Regiearbeiten, Filmbauten und -kostüme

Walter Trier war aber nicht nur als Trickfilmzeichner aktiv, sondern interessierte sich schon früh für Filmregie, -dekorationen, -bauten, -kostüme – und nahm wohl auch als Akteur an einem Dokumentarfilm teil.

1920 wird er als Regisseur eines zweiteiligen schwarz-weißen und noch stummen »Kurz-Spielfilms« genannt. Für die *Projektions-AG Union*, Berlin entstanden unter dem Produzenten Paul Davidson zwei Teile von *Filmsterne* – ein Film, der ursprünglich als *Triers Trickfilm* bei der Zensurbehörde gemeldet worden war. Am 20. August 1920 erhielten beide Teile, die jeweils einen Akt umfassten, die Bewertung jugendfrei. Sechs Tage später passierte ein weiterer Film unter der Regie von Walter Trier, mit derselben Produktionsfirma und demselben Produzenten, die Zensurbehörde und erhielt ebenfalls das Prädikat jugendfrei. Dabei handelte es sich um den Film *Großer Internationaler Boxkampf*, und er war – laut Untertitel – wieder ein sogenannter *Triers Trickfilm*. Im *Filmportal* wird dieser Film heute dagegen als »Kurz-Dokumentarfilm« beschrieben. Wenig später entstand der als »Animationsfilm« eingestufte *Schönheitsabend*; auch dieser Film trug ursprünglich den Titel *Triers Trick Film*. Warum er am 12. Januar 1921 von der Filmzensur mit einem Jugendverbot belegt wurde, ist leider nicht überliefert.

Für den Spielfilm *Der böse Geist Lumpaci Vagabundus* des Berliner Regisseurs und Produzenten Carl Wilhelm war Walter Trier erstmals für die Bauten zuständig, zusammen mit Carl Ludwig Kirmse. Diese Arbeit umfasste Entwürfe und Figurinen und das für Walter Trier so wichtige Reklameplakat. Das Drehbuch des Films stammte von Carl Wilhelm und zu den Darstellern zählte Hans Albers. Die Filmprüfung fand am 7. September, die Uraufführung am 12. September 1922 statt.

Über seine Arbeit berichtete Walter Trier seiner Frau, die damals mit dem Töchterchen bereits im Sommerurlaub weilte: »Dieser Tage wurde auch der Film gedreht, für den ich die Dekorationen entworfen habe. Das Leben und Treiben in so einem [Atelier?] ist schon unglaublich grotesk. So habe ich in der Kantine eine Gruppe gesehen, welche es verdient festgehalten zu werden. Drei Nonnen, – jeden Augenblick gewärtig vom Regisseur abgerufen zu werden – stärkten sich. Eine aß Stullen und trank dazu eine Weiße mit Himbeer und eine rauchte eine dicke Zigarre. Von der Luft und Aufregung in so einem Film-Atelier machst du dir keinen Begriff.«

Einen letzten Ausflug ins Filmgewerbe unternahm Trier 1928, als er für den Spielfilm *Mein Herz ist eine Jazzband* der *Efzet-Film GmbH* (Berlin) unter dem Produzenten und Regisseur Friedrich Zelnik die Kostüme entwarf. Der Film traf voll den Nerv der Zeit. Nur ein Jahr zuvor, am 18. Dezember 1927, hatte ein gewisser Harry Frommermann im *Berliner Lokalanzeiger* eine Annonce geschaltet: Für sein zu gründendes Vokalsextett suchte er passende Mitstreiter, die er auch recht bald fand. Am 1. April 1928 wurden die *Melody Makers* gegründet, die sich im August dann in *Comedian Harmonists* umbenannten.

Warum nach 1923 keine Trickfilme mehr aus der Feder Walter Triers entstanden, kann man nach derzeitiger Forschungslage nicht sagen. Zumal sich privat damals gerade die Freundschaft zu dem Berliner Filmfabrikanten Karl Geyer intensivierte – dessen Firma übrigens noch heute international tätig ist, wenn auch längst unter anderem Namen. Auch nahm Trier 1924 an einer *Kunstausstellung zur Filmreklame* im *Berliner Club der Filmindustrie* teil. Es hätte folglich Kontakte genug gegeben. Interessant ist vielleicht der Hinweis, dass Trier seine Trickfilm-Phase just in dem Jahr beendete, als in Nordamerika sein Namensvetter und Kollege die *Walt Disney Comp.* gründete. Knapp 15 Jahre später wird ihm eine Anfrage dieser Firma auf den Schreibtisch flattern, die er jedoch stolz zurückwies. Kurz darauf schimpfte er sogar über die häufige Verwechslung seiner Arbeiten mit den Disney'schen Figuren, wo er doch schon viel früher so etwas gezeichnet hatte.

Zeitsprung: Reklame für Kanada

Nach der Flucht aus Berlin 1936 traten die gebrauchsgrafischen Arbeiten zunächst in den Hintergrund. Erst viele Jahre später in Kanada sollte er sich wieder an die Gestaltung von Plakaten setzen. Sein allererster Auftrag dort bestand darin, eine Plakatserie für *Canada Packers* anzufertigen. Anfang Mai 1948 meldete er seinem Verlegerfreund Kurt Maschler nicht ohne Stolz: »so oft ›Canada Packers‹ sehn daß ich für irgend jemand anderen arbeite geben sie mir sofort wieder Arbeit neue Aufträge. Mr. McLean einer der größten Geldmagnaten Canadas der Chef von ›Canada Packers‹ ein grosser Kunstfreund mit grosser Privatsammlung veranstaltet eine kleine Ausstellung meiner Bilder in einem Raum des Fabrikbetriebes und will dazu eine kleine Eröffnungsparty geben. ›Meet Mr. Trier‹. Er will in der Hauptsache meine canadischen Arbeitscollegen einladen.«

Neu war für Walter Trier die kanadische Praxis, Entwürfe vom kleinen Löschkartenformat bis hin zu überdimensionalen Großplakaten auszuführen. Reklamebilder wurden in Kleinformat entworfen und nachträglich von Angestellten weiterbearbeitet, das heißt, sie mussten im Entwurf schon so angelegt sein, dass sie problemlos auf sogenannte »bill-boards« im Format 13 x 3 m vergrößert werden konnten. »Ich mache für Canada auch weiter meistens Plakate – von chokoladen-bildgrösse bis zu auf Gerüsten aufgebauten Riesenplakaten. Diese Riesenplakate sind hier die meist gesehene Art zu plakatieren dann kommen nur noch die Strassenbahnplakate (die ich auch häufig für meine Firma ›Canada Packers‹ mache.) Die Vergrößerung ins Riesenhafte wird entweder durch Lithographie oder frei Hand (Ölmalerei) gemacht. Ich habe Gott sei Dank letzteres nicht selbst zu machen – natürlich verliert es aber auch an Wirkung da die Vergrösserer Anstreicher und nicht etwa gelernte Künstler sind.«

Doch nicht nur bei den Plakaten, auch in den Postkarten, die er für den Londoner Verlag *Fama Ltd.* entwarf, ist – im Vergleich zu seiner Berliner Zeit – eine starke Anpassung an den englischen und kanadischen Publikumsgeschmack zu erkennen. »Er hat sich dabei dem Geist und dem Stil [...] ebenso angepasst, als er sie schöpferisch mitentwickeln half.« Vermied er – laut Kritik von 1931 – bei seinen frühen Arbeiten in der Farbgebung die lauten Töne, so ist die Farbgebung später schriller geworden, sind die Physiognomien stereotyper und kindlicher, die Themen allgemein verständlicher und weniger subtil. Diese Tendenz wurde nicht zuletzt gefördert und verstärkt durch die wiederholten Bitten seines Verlegers nach »mehr Blümelein«, wie Walter Trier einmal scherzhaft schrieb.

Die Kritik befand: »Walter Triers gewinnende und feine Witzigkeit entzückte die Kanadier, wie sie es in früheren Jahren auch auf dem Kontinent und dann in England getan hatte. Irgendwie störte es gar nicht, auf einer Trier'schen Zeichnung für ein kanadisches Produkt kontinentale Typen und sogar ein bayrisches Haus anzutreffen. Seine Arbeiten verwirrten zwar die Fachleute, gefielen aber dem Publikum und erleichterten manchem jungen bewundernden Kollegen die Laufbahn. Diese allgemeine Zustimmung lässt sich schwerlich erzwingen, besonders nicht durch einen Künstler mit einem eigenwilligen Stil; sie ist denn auch der beste Beweis für Walter Triers große Könnerschaft.«

1936
/
LONDON
/
1947

Vertreibung

Wenn man heute Film- und Tonaufnahmen aus den Anfängen der nationalsozialistischen Bewegung sieht, mag man kaum glauben, dass diese absolut lächerlich wirkenden Auftritte überhaupt ernst genommen werden konnten und dass die Mehrheit der deutschen Bevölkerung den kruden, hasserfüllten Schreiereien nicht skeptischer gegenüberstand oder zu mehr Empathie mit den Opfern in der Lage war. Aus sicherem Abstand der nachgeborenen Generation heraus lässt sich solch ein Urteil vermeintlich leicht sprechen; doch auch manch wacher Zeitgenosse hat sich nicht von organisierten Massenkundgebungen, pompös wirkenden Fahnenmeeren und irgendwelchen Heilsversprechen das Gehirn vernebeln lassen – oder wollte im Nachhinein nichts mehr von der eigenen blinden Begeisterung wissen – und ist dem kollektiven Wahn einer Volksgemeinschaft verfallen, sondern hat schon früh geahnt, welch unheilvolle Entwicklung Deutschland mit der Wahl Adolf Hitlers nehmen würde.

Bereits seit 1929 wurde in Berliner Kabaretts offen über die Braunhemden und den Hitlergruß gespottet. Auch Walter Trier hatte schon ab 1922 in diversen Karikaturen angesichts der ersten Auftritte der Nazis öffentlich vor der braunen Pest gewarnt.

Rückblickend ist es erschreckend, welch leichtes Spiel Hitler samt Mitstreitern hatte, wie bereitwillig die Bevölkerung ihre Moral sowie alle Ideale über Bord zu werfen bereit war und wie rasch sie sich einer absolut skrupellosen Ideologie unterordnete. Nach der »Machtergreifung« Hitlers im Januar 1933 dauerte es noch nicht einmal ein halbes Jahr, bis in Deutschland das Pressewesen sowie die Parteienlandschaft und mit ihr jede oppositionelle Kritik am Boden lagen. Kein Wunder, zählten Intellektuelle, Journalisten und Politiker doch zu den ersten Häftlingen des berüchtigten Konzentrationslagers Oranienburg bei Berlin.

Am 13. März wurde Joseph Goebbels zum *Reichsminister für Volksaufklärung und Propaganda* ernannt. Zwei Tage später veröffentlichte das *Börsenblatt des deutschen Buchhandels* seine erste offizielle *Schwarze Liste für die bildenden Künste.* Ab Mitte März wurden die

Ortsnamen Osthofen, Dachau und Oranienburg fest mit den dort errichteten KZs verknüpft. Sie waren »notwendig« geworden, weil am 21. März die sogenannte »Heimtücke-Verordnung« erlassen worden war, die jegliche Kritik an der neuen Regierung mit schweren Strafen belegte. Im April kam eine *Schwarze Liste aller künftig verbotenen Autoren und Verlage* heraus, und bei der *Berliner Illustrirten Zeitung* verschwand der Name *Ullstein* vom Titelkopf. Auch das bisher bei der »Illustrirten« konsquent fehlende »e« wurde eingefügt. Parallel dazu verlief Anfang April ein dreitägiger organisierter Boykott aller jüdischen Geschäfte und Praxen sowie die Entlassung aller »nicht-arischen« Beamten und Richter. Damit war die Hatz eröffnet und die schrittweise Ausgrenzung der jüdische Mitbürger aus immer mehr Berufen und nahezu allen Bereichen des öffentlichen Lebens legitimiert. Oftmals galten die Übergriffe wahllos allen unliebsam gewordenen, allzu kritischen und »nicht-arischen« Menschen, doch einige Aktionen waren ganz gezielt und von langer Hand organisiert worden. Das Eigentum der Betroffenen wurde vernichtet oder konfisziert. So wurde am 6. Mai 1933 Max Hirschfelds *Institut für Sexualwissenschaft* erst durchsucht und dann in Brand gesetzt. In der wertvollen Bibliothek stand mindestens ein Buch des Institutsleiters mit einer höchst beachtlichen, weil seltenen, erotischen Farbtafel von Trier. Einen Tag später legte Max Liebermann das Ehrenpräsidium der *Preußischen Akademie der Künste nieder* und erklärte seinen Austritt aus der Akademie. Am 10. Mai folgte schließlich die Verbrennung »undeutschen Schrifttums« auf dem Opernplatz in Berlin und in anderen deutschen Universitätsstädten – darunter Werke von Brecht, Freud, Kästner, Heinrich Mann und Tucholsky.

Zu der Zeit waren einige von Triers Freunden schon längst geflohen, wie etwa Edith Jacobsohn, die als Witwe von Siegfried Jacobsohn, dem Gründer und Herausgeber der kritischen *Weltbühne*, zu den am meisten bedrohten Personen zählte. Das Haus Jacobsohn war in der Weimarer Republik zum Inbegriff linksbürgerlichen Denkens geworden und zum Sammelbecken zahlreicher wegen ihrer politischen Einstellung von den Nazis verfolgter Autoren. Insofern gehörte die Witwe zu dem Kreis der politisch Verdächtigen und musste um ihr Leben fürchten. Noch in der Nacht des Reichstagsbrandes hatte sie Deutschland verlassen und war über

Wien in die Schweiz geflohen, wo sie kurz darauf einen neuen Verlag gründete: den *Atrium Verlag*. Die Lizenzen für die von ihr so geliebten englischen Kinderbücher hatte sie mitnehmen können, doch die Rechte der bei ihr verlegten deutschen Kinderbücher, also auch viele der von Trier illustrierten Werke, waren bei dem Verlag in Berlin verblieben, der nun gemäß den Verordnungen der Nationalsozialisten von der »arischen« Mitarbeiterin Cecilie Dressler geleitet wurde. 1935 folgte die offizielle Umbenennung des berühmten und geschätzten *Williams & Co. Verlages* in *Cecilie Dressler Verlag*.

Anfang 1933 hatten weitere Freunde und Bekannte Triers Nazi-Deutschland verlassen. Der Kunstkritiker Paul Westheim etwa emigrierte nach Marseille, wo er bis 1936 blieb. Der österreichische Schriftsteller Roda Roda, der Musiker Friedrich Hollaender, der Kabarettist Paul Graetz, der Schauspieler Fritz Kortner flohen und auch der Sänger Richard Tauber – um nur einige zu nennen. Dabei hatte bis 1933 in Deutschland ein regelrechtes »Tauberfieber« grassiert. »Als der Liebling auch des Berliner Publikums am 9. März in Jaromir Weinbergers ›Frühlingsstürme‹ erstmals nach mehrwöchiger Pause wieder auf der Bühne steht, muß die Vorstellung im ›Admiralspalast‹ abgebrochen werden, bevor sie begonnen hat: Nazihorden randalieren gegen die Musik des jüdischen Komponisten. Kurz darauf richtet sich der antisemitische Mob auch direkt gegen Tauber: Nach einem Diner mit dem ›Stahlhelm‹-Gründer und Reichsarbeitsminister Franz Seldte wird der getaufte Katholik, der nach den Maßstäben der Nazis durch seinen Vater ›Halbjude‹ war, auf der Straße als ›Judenlümmel‹ angepöbelt und geschlagen. Tauber rettete sich ins ›Hotel Adlon‹ – und packt die Koffer.«

Das Ende bei der *»Berliner Secession«*

Auch Trier zog erste Konsequenzen: Vom 20. Februar 1933 datiert seine letzte Eintragung in die Präsenzliste der *Berliner Secession*. »Schon 1918 hat die Secession bewiesen, daß sie gesellschaftlichen Umwälzungen gegenüber relativ resistent ist«, schreibt Anke Matelowski über diese unheilvolle Zeit. Und weiter: »Ihre Mitglieder halten sich aus Fragen der alltäglichen Politik nicht nur weitgehend heraus, sondern legen ein geradezu programmatisch unpolitisches

Verhalten an den Tag. Ungeachtet der neuen gesellschaftlichen Bedingungen und gerade für Künstler geltenden Einschränkungen finden auch nach der Machtergreifung 1933 regelmäßig Vereinssitzungen statt, die akribisch protokolliert werden. Allgemein hoffen die Mitglieder, die Vereinigung könne auch ›durch die schweren Zeiten hindurchkommen‹ und weiterhin den Staat zur Unterstützung heranziehen. Den Künstlern in der Secession geht es eben darum, ihre Ausstellungen zu präsentieren und Kunstwerke zu verkaufen. Dabei ist es für sie zweitrangig, ob sie im Kaiserreich, in der Republik oder unter nationalsozialistischen Bedingungen leben. Dem Staat wird in jedem Fall Loyalität erwiesen, um sich mit seiner Billigung der Kunst widmen zu können. In den Vorstand wählt man im Februar 1933 u.a. Max Pechstein, Eugen Spiro, Magnus Zeller, Hans Purrmann, Bruno Krauskopf und Rudolf Belling. […] In der Sitzung vom 17. März 1933 erörtert der Vorstand die Möglichkeiten, die der Secession bei der Zusammenarbeit mit dem nationalsozialistischen Staat und dem ›Kampfbund für deutsche Kultur‹ gegeben sind.« Ab April 1933 erfolgen dann die ersten Austritte. Am 25. April 1933, in einer Besprechung über die Lage der *Secession*, »ist es (wieder) Max Pechstein, der eine Erklärung an die Regierung verliest, in der die ›Berliner Secession‹ sich verpflichtet, am Aufbau des neuen Deutschland tätig mitzuarbeiten. ›Ihrer Überzeugung getreu‹ will sie ›mit dem Einsatz ihrer besten Kräfte auch weiterhin der deutschen Kunst und dem deutschen Volk dienen‹. Danach offeriert Emil van Hauth, Mitglied der ›Secession‹ seit 1932, ein Programm, das er selbst im Sinne des ›Kampfbundes für deutsche Kultur‹ entworfen hat. Er verkündet, daß in Zukunft ›jüdische und bolschewistisch gesinnte‹ Künstler nicht mehr Mitglieder deutscher Künstlerverbände sein dürfen und fordert, daß die ›Secession‹ unbedingt sofort im Sinne des neuen Staates umgeformt werden müsse. Andernfalls stehe die weitere Existenz und Unterstützung in Frage. […] Bei der Abstimmung über das Programm van Hauths sprechen sich 27 gegen 2 Stimmen, bei einer Enthaltung, für das Exposé aus.«

Über das Ende der *Secession* heißt es lapidar: »Die Spuren der ›Berliner Secession‹ verlieren sich trotz gelegentlicher späterer Erwähnungen 1934 im Zuge der Gleichschaltung.« Ab dem 1. Juli 1933 durften Künstler, der besseren Kontrolle wegen, nur noch einer

Künstlerorganisation angehören. Wichtige Künstlerorganisationen wurden gleichgeschaltet, kleinere Vereinigungen einfach aufgelöst. Zur selben Zeit erfolgten die Selbstauflösungen der letzten Parteien, Parteineugründungen wurden verboten. Der Parteivorstand der SPD war noch vor dem Verbot am 22. Juni ins Exil nach Prag geflohen. Somit waren Künstler, Intellektuelle sowie die politische Opposition schon im Sommer 1933 wirkungsvoll erstickt. Am 4. Oktober schloss schließlich ein Paragraf des *Schriftleitergesetzes* Juden auch vom Journalismus aus.

Einschränkungen und Berufsverbot

Trotz der immer zahlreicher werdenden Einschränkungen und Berufsverbote konnte der gebürtige Prager Trier immer noch Illustrationen in Presse und Literatur platzieren, wenn auch im Inhalt deutlich eingeschränkt. Bis 1918 war er Österreicher gewesen, danach besaß er die tschechoslowakische Staatsangehörigkeit. Sie dürfte der Grund dafür sein, dass die erste Zeit der Hitler-Diktatur trotz einiger düsterer Ereignisse wohl noch verhältnismäßig glimpflich an ihm vorüberging. Aufgrund seiner Religionszugehörigkeit bekam dann jedoch auch er ab Herbst 1933 Schwierigkeiten seinen Beruf auszuüben. Dennoch begann Trier Mitte Oktober 1933 mit Erich Kästner und Curt Weller über ein neues Kinderbuch zu verhandeln. Es ging um *Das fliegende Klassenzimmer*, das das letzte gemeinsam von Erich Kästner und Walter Trier in Deutschland ganz offiziell produzierte und verlegte Buch werden sollte. Aufgrund der geschilderten Umstände kam es nicht mehr bei *Williams & Co.* in Berlin heraus, sondern bei der *Deutschen Verlags-Anstalt* in Stuttgart, wo Weller mittlerweile Lektor geworden war. Weil im Impressum des Buches der Namen des Verlegers *Friedrich Andreas Perthes* genannt wird und die *Deutsche Verlags-Anstalt* keine Erwähnung findet, geht die Kästner-Forschung davon aus, dass der Verlag es wohl Ende 1933 nicht mehr gewagt hatte, das Buch eines mit Publikationsverbot belegten Autors unter seinem Namen herauszugeben. Tatsächlich dürfte jedoch damals die Mitarbeit des jüdischen Zeichners das viel größere Problem gewesen sein. Von der steigenden Nervosität Triers und den insgesamt schwierigen Verhandlungen bekommt man eine Ahnung, wenn man Kästners Briefe aus dieser Zeit liest. Seiner Mutter schrieb er: »Mit Trier ist es nun doch nach zwei Stuttgarter Gesprächen perfekt geworden. Das war eine schwere Geburt. Weller hat sich wie ein Trottel benommen. Aber nun kann, glaub ich, nichts mehr dazwischenkommen. [...] Weller macht mich noch irrsinnig. Wenn Trier nicht bis zum 1. 11. liefert, käme das Buch für dieses Jahr nicht mehr in Frage, hat er mir sagen lassen. Daß es furchtbar spät wird, weiß ich doch von alleine! Und wenn er Trier noch ein bißchen nervös macht, schmeißt der den Kram hin. Na, ich werde Trier morgen noch einmal besuchen und ihn bitten, besonders schnell zu arbeiten.«

Die schlechte Verfassung des Zeichners war wohl begründet, denn zum ersten Mal bekam er die Härte des ihn betreffenden Berufsverbots zu spüren. Keine der Zeichnungen wurde mit seiner auffälligen und signifikanten Signatur veröffentlicht. Sein Name wurde nicht nur konsequent in allen Illustrationen getilgt, sondern buchstäblich in letzter Sekunde und für alle Beteiligten überraschend sogar auf dem Cover eliminiert. Kästner schrieb Ende November 1933: »Triers Namen hat man auf dem Umschlagbild entfernt. Gemein, was?«

Fluchtvorbereitungen

Auch wenn das Leben der Familie Trier zunächst noch äußerlich unverändert in gewohnten Bahnen zu verlaufen schien, begann sie sich doch ab 1934 neu zu orientieren. Ihre Auslandsaufenthalte nahmen zu, wobei die Ziele nicht mehr unter dem Aspekt der Erholung ausgesucht wurden, sondern es häufen sich die für Emigranten zweckmäßigen Orte in Europa. Wie etwa Ibiza. 1934 verbrachte die Familie Trier erstmals einige Zeit auf der spanischen Insel, die ein unter Emigranten vertrautes Ziel darstellte. Der Berliner Dadaist Raoul Hausmann war bereits 1933 dorthin geflohen. Auch in anderen Ländern und später auf anderen Stationen der Flucht quer durch Westeuropa traf die Familie Trier immer wieder ebenfalls betroffene und bedrohte Freunde und Kollegen aus Berlin.

Bei den Überlegungen nach einer neuen Bleibe kreisten Triers erste Gedanken um seine tschechische Heimat. Diese Idee war gar nicht so abwegig, denn nach Prag waren bereits zahlreiche

Zeichner sowie der Parteivorstand der SPD geflohen. 1934 und 1935 realisierte Trier mehrere Ausstellungen in Prag und Brünn. Außerdem arbeitete er wiederholt für das *Prager Tagblatt*. Doch gerade in den Jahren 1934 und 1935 hatte die Tschechoslowakei enorm unruhige Zeiten zu meistern, deren Ausgang ungewiss war. Eine friedliche Zukunft des Vielvölkerstaates war durch die vielen deutschen Einwohner, die nach 1933 durch die Unterstützung von Hitler-Deutschland neuen Auftrieb erhielten, bedroht, außerdem durch die Sudetendeutschen mit ihrem seit 1918 ungestillten Wunsch nach dem Anschluss an »Deutsch-Österreich«. Trotz des Münchner Abkommens war Vorsicht geboten. Zwischen 1938 und 1945 wurde der westliche Teil der Tschechoslowakischen Republik in das vom Deutschen Reich abhängige »Protektorat Böhmen und Mähren« umgebildet; die bisherige Staatsführung etablierte in London eine Exilregierung. Keine guten Aussichten für eine sichere Zufluchtsstätte.

In Berlin war im Juni 1934 der Zwangsverkauf der *Ullstein A.G.* an die anonyme *Cautio GmbH*, einer Auffanggesellschaft der NSDAP, erfolgt. Damit war Triers wichtigster Arbeitgeber in braune Hände gefallen, was sicher nicht ohne Konsequenzen für den jüdischen Zeichner blieb – egal ob nun Tscheche oder Deutscher. Auch immer mehr kleinere Buchverlage mussten unter Zwang an Verleger mit der richtigen Gesinnung und Abstammung verkaufen, sodass sich Triers Arbeitssituation von Tag zu Tag verdüsterte. Während die beruflichen Einschläge immer näher kamen und sich der sprichwörtliche Strick immer weiter zuzog, passierte obendrein Folgendes: Ende 1934 finden sich in der Bauakte »betreffend Grundstück Herwarthstr. Nr. 10, Ortsteil: Lichterfelde, Baupolizeiamt Steglitz, Rep. 212/ Acc. 2167/ Nr. 2453« einige, unter normalen Umständen recht harmlos klingende Notizen. Vom 6. Dezember 1934 datiert eine Meldung des Schornsteinfegers Salomon an das Baupolizeiamt Steglitz, dass im Haus Herwarthstr. Nr. 10 eine Warmwasserheizung ohne Genehmigung eingebaut worden war. Als betroffene Eigentümer werden genannt: Walter Trier und Wilhelm Venzke – der Installateur.

Am 21. Januar 1935 erfolgte eine nachträgliche Anmeldung der Umbauten, die eine Woche später in Form einer »Bescheinigung über Einbau der Warmwasseraufbereitungsanlage durch Wilhelm Venzke im Hause des Herrn Walter Trier am 15. Jan. 1935« genehmigt wurde. Ein halbes Jahr später – am 23. und 29. August – wurde der Vorgang wohl noch einmal amtlich überprüft, denn in der Bauakte finden sich die internen Vermerke: »Ist die Sache dort erledigt?« – »Ja!« Normalerweise könnte man sich über die akribische Dokumentation solch einer Lappalie nur amüsieren, doch in jener Zeit ist das ideologische Umfeld nicht zu unterschätzen. Zum Zeitpunkt der erneuten amtlichen Prüfung befand sich die Familie Trier aus berechtigter Angst vor Repressalien und Übergriffen längst außer Land. Denn in der Tat konnte sich solch eine harmlose Anzeige damals für die betroffenen Juden rasch zu einer ernsten Gefahr und existenziellen Bedrohung ausweiten. Im Übrigen kann man in dem gesamten Vorgang vielleicht auch den Beleg für einen grundlegenden Klimawandel im nachbarschaftlichen Zusammenleben erkennen. Die Gefahr wuchs, dass solch alltägliche Denunziationen zu offenen Angriffen benutzt wurden. Spätestens ab diesem Moment betrieb die Familie aktiv ihre Flucht, da klar geworden war, dass das Heim keine Sicherheit mehr bot.

Von vielem musste sich Walter Trier nun trennen, allem voran das liebevoll ausgebaute Haus mit prächtigem Garten sowie der Großteil seiner Bilder – von der beruflichen Karriere, dem gewohnten Umfeld und den Freunden ganz zu schweigen –, einzig Frau und Tochter sowie seine geliebte Spielzeugsammlung konnte er retten.

Auch beruflich verschärfte sich die Situation. Im März beschwerte sich Erich Kästner bei seiner Mutter: »Jetzt hat man alle Nichtarier aus dem ›Reichsverband der Schriftsteller‹ hinausgetan, und nun wissen sie gar nicht mehr, was sie machen sollen [...]« Am 24. April 1935 war dann auch die deutsche Presse gezwungen worden, sich der nationalsozialistischen Ideologie unterzuordnen. Konkret bedeutete dies, dass alle Pressemitarbeiter – Journalisten und Zeichner – ihre arische Herkunft nachweisen mussten, womit auch für Walter Trier das Ende seiner Arbeitsmöglichkeiten in Hitler-Deutschland gekommen war. Außerdem wurde im Mai 1935 offen über »Listen, was ins Schaufenster darf« diskutiert. Es kann davon ausgegangen werden, dass der indizierte Trier kaum darunter gewesen sein dürfte. So waren 1935 dem Buchillustrator, dem Pressezeichner und dem

Gebrauchsgrafiker nicht nur sämtliche Einkommensquellen versiegt, sondern tatsächlich jede weitere berufliche Zukunft in Berlin unmöglich geworden.

Endgültige Verdrängung

Am 5. Juli 1935 erschien seine letzte Pressezeichnung in Nazi-Deutschland: Auf dem Cover der *Lustigen Blätter* gab er seinen Kommentar *Zum Boxkampf Schmeling–Paolino*. Die vorletzte Arbeit war übrigens das Cover *Der neueste Witz* des Komiker-Duos Oliver Hardy und Stan Laurel gewesen. Eine Woche später legte Trier auch sein Engagement für das *Prager Tagblatt* auf Eis. Erst nach einer Zäsur von eineinhalb Jahren wird es dort wieder vereinzelte Karikaturen von ihm geben.

Hauptgrund für diese unfreiwillige Arbeitsniederlegung waren die verschiedenen Ausweichmanöver der Familie, die sie vor der endgültigen Flucht nach England quer durch Westeuropa führten: In die tschechische Heimat, in das damals liberal-fortschrittlich geltende Spanien, in die neutrale Schweiz, nach Frankreich, Österreich und an den Bodensee. Längere Aufenthalte in der Reichshauptstadt Berlin wurden so gut es ging vermieden. Es galt nicht nur grundsätzlich das von den braunen Horden verbreitete grauenvolle Klima zu meiden, sondern sich einer ganz konret drohenden Verhaftung durch die Gestapo zu entziehen.

Den Sommer 1935 verbrachten die Triers am Bodensee auf dem *Oberbühlhof* der befreundeten Familie Rukser. Mit einer einzigartigen Mappe, in der sich 14 ungewöhnliche Landschafts- und Personenporträts befanden, hat sich Walter Trier für die dort erlebte und genossene Gastfreundschaft in schwierigen Zeiten bedankt. Zeitweilig wohnte die Familie Trier auch in Herrliberg bei Zürich, in einem Haus, das ihnen das befreundete Ehepaar Salvisberg zur Verfügung gestellt hatte.

In die Schweiz hatte Walter Trier damals aber noch weitere Verbindungen: In Zürich lebte mittlerweile seine Verlegerin Edith Jacobsohn, vor allem aber einer seiner Brüder. Dr. Georg Trier war zwischen 1913 und 1930 Privatdozent an der *ETH Zürich*, und bis mindestens 1942 Mitarbeiter beim Pharmakonzern *Hoffmann-La Roche*; jener Betrieb

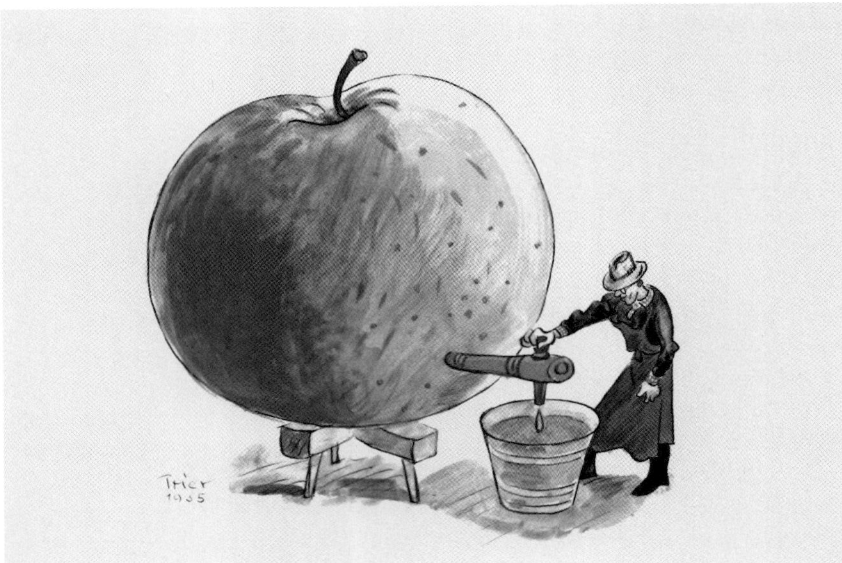

Porträt Otto Blumenthal. Gouache, 1935.

übrigens, der Salvisberg zu seinem Hausarchitekten erkoren hatte. Über die Besuche bei dem Bruder gibt es jedoch, wie überhaupt zu Triers familiären Kontakten, leider keine Unterlagen.

Zwischendurch reiste Walter Trier immer wieder zu kurzen Arbeitsbesprechungen nach Berlin, unter anderem Anfang Juli 1935 für Kästners neues Kinderbuch *Emil und die drei Zwillinge*. Da der »Arier-Nachweis« mittlerweile auch für Buchverlage galt, konnte die zweite Geschichte von *Emil und den Detektiven* nur noch im deutschsprachigen Ausland erscheinen, und zwar beim *Atrium Verlag*, der von Basel, Wien und Mährisch Ostrau aus sein Verlagsgeschäft betrieb.

Am 15. September waren auf dem Nürnberger Parteitag der Nationalsozialisten die »Rassegesetze« beschlossen worden. Kurze Zeit später wurden, wie weiter oben ausführlich beschrieben, pauschal alle Bücher mit Beteiligung »des Juden Walter Trier« verboten. Als wäre das nicht alles schon schlimm genug, hatten längst zahlreiche »arische« Grafiker damit begonnen, Triers populären Stil zu imitieren und ihn damit endgültig vom Markt zu verdrängen. Auch wenn es für Trier in Nazi-Deutschland nicht mehr viel zu verlieren gab, geschmerzt haben wird ihn dieser Verrat ehemaliger Kollegen enorm.

In genau diese Zeit fällt auch die Zerstörung von Walter Triers Wanddekorationen im Foyer des *KadeKo*. Ersetzt wurden sie durch die Malereien eines regimetreuen Künstlers. Wann genau die Aktion stattfand und wer der Künstler war, darüber schwieg Kästner leider, als er von dieser Schandtat berichtete. Es spricht jedoch einiges dafür, dass diese Vernichtungsaktion am Höhepunkt von Triers Verdrängung aus dem öffentlichen Leben im Sommer 1935 stattfand. Und da bekannt ist, dass Herbert Döblin unter den Nationalsozialisten für das Berliner *Kabarett der Komiker* zeichnete, ist es denkbar, dass von ihm jene als trostlos gescholtenen Übermalungen stammten. Er hatte, zusammen mit einer Reihe anderer Zeichner, Trier auch bei den *Lustigen Blättern* erfolgreich verdrängt. Im August 1935 tauchten auch bei anderen Kabaretts, etwa im Varieté *Wintergarten*, auf den Covern der Programmhefte für Trier typische Motive auf, die wohl Ferdinand Barlog oder Hermann Abeking zugeschrieben werden können – alte Kollegen aus dem *Ullstein*-Konzern, die unter anderem bei der Kinderzeitung *Der heitere Fridolin* Karriere gemacht hatten.

Zwar sind in den Programmheften der *Scala* noch bis Februar 1936 kleine Zeichnungen von Trier nachweisbar, doch waren dies keine neuen Beiträge, sondern Reprints alter Entwürfe. Hier war sorgfältig seine Signatur aus den Bildern wegretuschiert worden. Vermutlich weniger, weil jede Erinnerung an den beliebten jüdischen Zeichner vermieden werden sollte, sondern vielmehr, weil es allesamt Raubdrucke waren. Mit den Rechten anderer nahmen es die Rechten nämlich nicht so genau. Dennoch kann man diese illegalen Nachdrucke noch als eher harmlos bezeichnen. Viel gravierender waren für Trier das Berufsverbot sowie die vielen Zeichner, die während der Weimarer Jahre seinen einzigartigen Strich zu imitieren gelernt hatten. Tatsächlich war es nicht gerade wenigen jungen Kollegen gelungen, an Triers populärem Stil teilzuhaben. Auch deshalb konnten die Zeitungen nahezu nahtlos und vom Publikum kaum bemerkt die redaktionelle Lücke mit Nachfolgern – sogenannten Epigonen – schließen. Für die jüngere Zeichnergeneration, die stark von seinem Stil geprägt war, wären zu nennen: Hans Ewald

Kossatz, Horst von Möllendorff, Nils Stenbock, Fritz Eichenberg, Georg Kobbe und Herbert Döblin. Die andere Gruppe bildeten gleichaltrige Zeichner, vorrangig aus der qualitativ zweiten Reihe wie Hermann Abeking, Wladislaus (Ferdinand) Barlog, der Ungar Ernö (Erwin) Barta, die Wienerin Käthe Olshausen Schönberger und Fritz Wolff. Bei genauerer Betrachtung offenbaren viele Pressegrafiken, die ab 1931 von diesen Zeichnern in den *Lustigen Blättern* erschienen waren, schon im Titel ihre fehlende Menschenfreundlichkeit. Sie zeigen ganz offen zu schadenfrohen Fratzen verzogene Physiognomien und präsentieren ihre Gesinnung durch eine beim Betrachter evozierte Häme. Gerade daran wird deutlich, dass es eben nicht nur der individuelle Strich oder Pinselduktus ist, der über eine Zuschreibung an Trier entscheidet, sondern auch der vermittelte Bildinhalt. Dennoch verstanden die neuen Zeichner ihr technisches Handwerk mitunter so gut, dass es nachträglich nicht immer leicht ist, ihre Arbeiten von denen des großen Vorbilds zu unterscheiden. Oftmals hilft nur die von Trier zuverlässig platzierte Signatur für eine seriöse Zuschreibung.

Die Flucht aus Berlin

1935 hatte Walter Trier über die Redaktion des *Prager Tagblatts* mit der befreundeten Familie Meisl in London Kontakt aufgenommen. Der Sportjournalist Dr. Willy Meisl war nicht nur ein enger Freund der Familie, sondern auch ein ehemaliger Kollege aus dem *Ullstein*-Haus, der bereits in der Weimarer Zeit mit seiner Familie nach England ausgewandert war. Er kannte sich in den örtlichen Verhältnisse aus und wusste über die wichtigsten beruflichen Schaltstellen und Tücken der Einwanderung bestens Bescheid, denn zu diesem Zeitpunkt litten die Flüchtlinge bei der Einreise noch an einer oft recht willkürlichen Überprüfung. Vielen Emigranten war, in Folge der bereits seit Beginn des Jahrhunderts bestehenden und während der Weltwirtschaftskrise zunehmend verschärften britischen Einwanderungsgesetze, durch einen sozialen Numerus clausus der Zugang zum englischen Arbeitsmarkt noch nahezu verschlossen. »Nach Großbritannien durfte nur immigrieren, wer die Gewähr bot, daß er keine Sozialfürsorge in Anspruch nehmen würde.«

Anfang Februar 1936 war Trier für ein bis zwei Wochen wegen Verhandlungen allein nach London gefahren. Ob es dabei um die Auswanderung der Familie ging oder aber um seine berufliche Zukunft, konnte noch nicht geklärt werden. Kurz zuvor, am 4. Januar, war dort Edith Jacobsohn einem Schlaganfall erlegen – für Trier sicherlich ein weiterer Schicksalsschlag in ohnehin schlimmen Zeiten. Bereits einen Monat später, am 7. Februar verstarb Walter Triers Vater, Heinrich Trier, in Prag im Alter von achtzig Jahren. Trotz seiner England-Pläne hatte Walter Trier damals den Kontakt zu seiner Heimatstadt noch nicht ganz verloren. Neben dem Kinderbuch *Peter verliert nicht den Kopf* von Jolán Földes, das für den *Atrium Verlag* in Mährisch-Ostrau produziert wurde, hatte Trier 1936 erstmals auch für den Prager Verlag *Josef Hokr* zwei Kinderbücher illustriert. Doch mit dem Tod des Vaters war Prag als Fluchtziel wohl endgültig keine Option mehr.

1936 erlebte die Familie Trier auf Ruksers *Oberbühlhof* noch einmal »glückliche Tage« – wie Walter Trier auf der Vorderseite einer Sammelmappe, die er nach der Abreise dem Hausherrn geschenkt hat, dankbar vermerkte. Tatsächlich nutzte die Familie Trier nicht nur diesen Aufenthalt fern der Reichshauptstadt zu letzten Vorbereitungen ihrer Emigration. Von Anfang November 1935 datiert ein Brief Walter Triers, den er auf Ibiza gemalt und geschrieben hatte – und auch Anfang 1936 soll die Familie auf der Mittelmeerinsel wieder Zuflucht gesucht haben. Wie sie dorthin gelangte – ob per Bahn, Flugzeug, Bus oder mit einem eigenen Auto – und über welche Route – eventuell über die neutrale Schweiz – ist nicht bekannt. Jedenfalls war sie erst unmittelbar vor dem Ausbruch des Bürgerkriegs zwischen den Republikanern und den Nationalisten, im Juli 1936 nach Berlin zurückgekehrt, wo man gerade den bevorstehenden Olympischen Spielen entgegenfieberte. Anstatt aber – als sportbegeisterte Familie – dieses Ereignis mitzufeiern, nutzte sie den Schutz der internationalen Beobachtung dazu, den Haushalt in Lichterfelde aufzulösen. Wie dies genau vonstattenging, ob und was die Familie außer der Spielzeugsammlung von ihrem materiellen Besitz retten konnte, ist wie leider so vieles nicht bekannt.

Die letzte offizielle Meldeadresse der Familie Trier lautete Keithstraße 3, im Stadtteil Tiergarten. Die Wohnung war unmittelbar am

U-Bahnhof *Wittenbergplatz* gelegen, ebenso in strategisch günstiger Lage zwischen den beiden großen Fernbahnhöfen *Zoologischer Garten* und *Potsdamer Bahnhof*. Ob es sich bei der Adresse um die von Agnes Bernelle in ihrer Autobiografie geschilderte, einzige zuletzt in Berlin übrig gebliebene jüdische Pension gehandelt hat, ist noch unklar. Klar ist hingegen, dass die Triers dort eine Zeit lang zwischen lauter gepackten Koffern hausten. Und während sich Helene Trier um die letzten Abwicklungen in Deutschland kümmerte, sicherte Walter Trier bereits die Zukunft der Familie in England. Bis zu seiner vorzeitigen Abreise aus Berlin arbeitete er wie ein Besessener.

Seine Flucht nach England führte Walter Trier im Dezember 1936 über Bièvres bei Paris, wo er den Malerkollegen Lucien Adrion besuchte. Dort erreichte ihn vermutlich auch die traurige Nachricht vom Tod seiner Schwester Grethe, die am 21. Dezember in Prag verstorben war. Bei dem Versuch, die Zukunft der Familie in England zu sichern, halfen Trier seine aufgefrischten Prager Kontakte, denn er kam sofort in der Londoner Redaktion des *Prager Tagblatts* unter. Laut Recherche der *Art Gallery of Ontario* für den 1980 erschienenen kleinen Ausstellungskatalog *Humorist Walter Trier* sind Frau und Tochter später nachgefolgt, sodass die gesamte Familie Trier erst in London wieder aufeinandertraf: »Mrs. Trier joined the family later at 107 Charlotte Street.«

Erste Aufträge in England

Nach eineinhalb Jahren Unterbrechung erschien am 7. Januar 1937 wieder eine Karikatur im *Prager Tagblatt*; sie war anlässlich der Hochzeit im niederländischen Königshaus entstanden und zeigte *Julianas Fahrt ins Glück* auf einem Tandem. Doch nur gut ein Jahr später, am 20. April 1938, endete Triers Mitarbeit bei dieser Zeitung für immer. Zehn Tage zuvor hatte eine Volksabstimmung den »Anschluss« Österreichs an das Deutsche Reich bestätigt, und es sollte kein Jahr mehr dauern, bis die deutschen Truppen in Prag einmarschierten. Doch auch ohne das *Prager Tagblatt* ging es mit Walter Trier in London stetig bergauf. Rasch wurde er für Pressezeichnungen und Kinderbuchillustrationen engagiert.

Nachdem er seine Familie nach England geholt hatte, musste er auch mit seinem Werk fast ganz von vorn anfangen. Dennoch war Walter Trier bei den Briten bald genauso beliebt wie einst auf dem Kontinent. Zwar war ihm der Ruhm des *Emil* auch nach England vorausgeeilt und half ihm manche Türe zu öffnen, doch er beschränkte sich nicht darauf, in England das fortzusetzen, was ihn in Berlin erfolgreich werden ließ. Ohne seinen individuellen Stil und Strich aufzugeben, stellte er sich sensibel und höchst effizient auf sein neues Publikum mit zuweilen ganz anderen Sehgewohnheiten und Traditionen ein. Manchmal aber reichte es vollkommen aus, einem Berliner Schupo einfach die Uniform eines Londoner Bobby zu verpassen – wie sich Kästner erinnerte –, und die Engländer fanden den Humor Triers »typisch englisch« und bewunderten sein »für einen nichtenglischen Zeichner geradezu unheimliches Einfühlungsvermögen«.

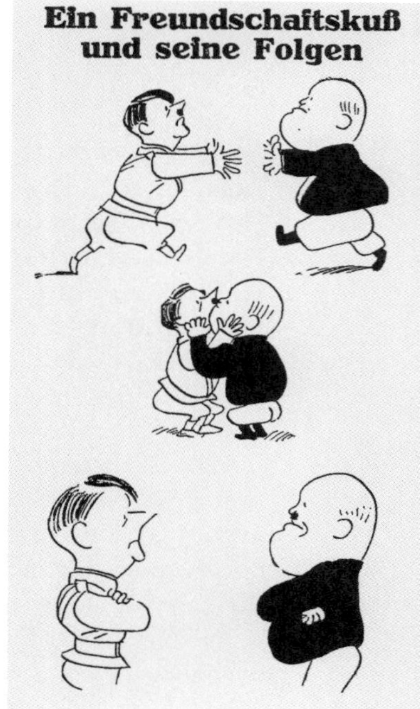

Hitler und Mussolini. Pressegrafik, 1937.

Arbeitstreffen in Salzburg

Nachdem sich die Familie Trier in England eingelebt hatte, wagte sich Walter Trier gerade einmal ein halbes Jahr später schon wieder auf den Kontinent. Die gemeinsame Arbeit mit Erich Kästner ging nämlich ungeachtet der räumlichen Distanz weiter, auch wenn sich nun die politischen Umstände um den in Berlin verbliebenen Autor als problematisch herauskristallisierten: Anfang 1936 hatte es das *Geheime Staatspolizeiamt* der *Reichsschrifttumskammer* für zweckmäßig gehalten, »wenn sämtliche Buchhandlungen nochmals auf das ›bestehende Verbot für sämtliche Druckschriften Kästners aufmerksam gemacht werden‹. Das ›Geheime Staatspolizeiamt‹ hatte seinerseits bereits ›sämtliche politischen Polizeien nochmals angewiesen, etwa noch auftauchende Druckschriften Kästners polizeilich zu beschlagnahmen und einzuziehen.‹ […] An den Verkaufserfolgen seiner Bücher änderte sich allerdings vorerst nichts. […] Genau an diesem Punkt wurde der ›Fall Kästner‹ im Juni 1937 von der staatlichen Schrifttumsbürokratie noch einmal neu aufgerollt. In der […] Stellungnahme wies der Kammerreferent Alfred Richard Meyer auf die Tatsache hin, daß die Werke Kästners ›für Deutschland nicht zugelassen‹ seien, ›jedoch im Ausland erhebliche Auflagen‹ erzielen würden. Dies führe zu der grundsätzlichen Frage, ob man sich auf Seiten der Kammer ›gegen oder für Kästner‹ entscheiden solle. […] Während er [Meyer] die Romane Kästners für ›durchweg nicht zu beanstanden‹ hielt, plädierte er hinsichtlich der Gedichte für eine Aufrechterhaltung des Verbots. Dieses Gesamturteil basierte auf ausführlichen Gutachten, zu den nach 1933 veröffentlichten Büchern Kästners, die Meyer seiner Stellungnahme beifügte. In dem Kinderroman ›Das fliegende Klassenzimmer‹ sah der Kammerreferent ›in sehr sympathischer und oft witziger Weise‹ den ›Wert junger Kameradschaft betont‹. Zu dem Kinderroman ›Emil und die drei Zwillinge‹ merkte er an, daß aus Kästner, ›wenn er diesen Stil weiter pflegte, etwas ähnliches wie ein Mark Twain in deutscher Sprache werden‹ könne.« Man sollte an dieser Stelle anmerken, dass jener erwähnte Kammerreferent Meyer – alias Munkepunke –, nicht nur eng mit Kurt Tucholsky befreundet gewesen war, sondern auch Walter Trier genau kannte und schätzte, zumindest in einem anderen Leben: denn 1920 hatte er seinen »kleinen Roman« *Die Reise in die Jugend* von ihm illustrieren lassen.

Im August 1937 trafen sich Kästner und Trier, trotz aller Unwägbarkeiten, für zwei Wochen während der Festspielzeit in Salzburg. Dieses Arbeitstreffen fand unter außergewöhnlichen Bedingungen statt: der frisch geflohene Walter Trier musste Deutschland meiden und logierte in Salzburg, Erich Kästner hingegen musste aus Devisengründen in Bad Reichenhall Quartier beziehen und täglich mit dem Omnibus nach Österreich pendeln. Über die Verwicklungen im Vorfeld der Reise berichtet Kästner in *Der kleine Grenzverkehr*. In der Person des Georg Rentmeister erkennt man Kästners erlebte Grenzgängersituation, und in dem geschilderten Zusammentreffen mit einem Maler namens Karl die damaligen

Begegnungen mit Walter Trier. Kästner schreibt: »Berlin, Ende Juli 1937. Karl [gemeint ist Walter Trier] hat mir aus London geschrieben und fragt, ob ich ihn Mitte August in Salzburg treffen will. Er ist von der Leitung der ›Salzburger Festspiele‹ eingeladen worden, da man ihn fürs nächste Jahr als Bühnenbildner gewinnen möchte. Diesmal wollen sie sich ihn und er soll sich einige Aufführungen anschauen. Man hat ihm für eine Reihe von Stücken je zwei Karten in Aussicht gestellt. Ich war lange nicht im Theater und werde fahren.«

In Kästners Roman heißt es: »Berlin, Mitte August. Karl ist schon seit Tagen in Salzburg und hat, ungeduldig, wie er ist, depeschiert. Er will wissen, warum ich noch nicht dort bin und wann ich wohl eintreffe. [...] Berlin, 19. August. Karl bombardiert mich mit Depeschen. Ob ich glaubte, daß die Festspiele meinetwegen verlängert würden, telegrafiert er, und er sei bereit, mit Toscanini wegen einer Prolongation zu verhandeln; ich müsse nur noch angeben, wann ich genauestens zu kommen gedächte; ob schon im November oder erst im Dezember. [...]« Drei Tage später war es dann endlich so weit. Kästner war in Salzburg beziehungsweise Reichenhall eingetroffen und schickte seinem Muttchen sofort eine Ansichtskarte: »Ich fahre also immer noch jeden Tag mit meinem Freßpaket über die Grenze, ohne Geld, und laß mich drüben zu einer Tasse Kaffee oder einem Glas Bier einladen. Ganz lustig. Nur das Wetter könnte einem glatt die Stiefel ausziehen. Ein Glück, daß ich mir den guten Regenmantel gekauft habe. Der ist wirklich Gold wert. Gestern hat's ein paar Stunden nicht geregnet. Das kam mir ganz komisch vor. Walter T. ist ganz wütend, weil er doch viel im Freien malen will und vor Regen kaum dazu kommt. [...] Heute geht's zu ›Jedermann‹, im Freien. Und übermorgen ›Rosenkavalier‹. S. ist ein bezauberndes Städtchen. Hoffentlich kann ich bald hinüberziehen. Da erlebt man's doch besser. [...] Trier zeichnet grade das Wappen eines Erzbischofs aus dem 17. Jahrh. ab. Es ist an einer Mauer vom ›Mirabellgarten‹ angebracht. Und ich sitze währenddem auf einer Bank im Park. Gestern hat uns ein Verwandter von ihm [d.i. Trier] im Auto schön in der Gegend herumkutschiert. Fuschlsee u. Wolfgangsee u. Geisberg usw. Es war sehr schön. Bis auf ein Gewitter am Abend mit viel Regen ... Dein oller Junge. Mill Gr u K Viele Gr auch an Papa Tr [d.i. Trier] grüßt auch vielmals.«

Im Roman berichtet Kästner weiter: »Vor sechs Jahren war ich zum letzten Mal in Salzburg. Doch als Karl und ich heute mittag im Garten des ›Stieglbräus‹, hinten in der ›Welt‹, saßen und auf die Stadt der streitbaren und kunstsinnigen Erzbischöfe hinabschauten, war ich von neuem überwältigt. Auch Anmut kann erschüttern. [...] Karl wohnt im ›Höllbräu‹, einem ebenso prächtigen wie alten Gemäuer. [...] Morgen mittag treffe ich Karl im Café ›Glockenspiel‹. Ich werde keinen Pfennig Geld, jedoch ein fürstliches Lunchpaket mitnehmen. Das darf man. Karl will früh im ›Mirabellengarten‹ zeichnen. Überhaupt, er aquarelliert, zeichnet, tuscht und rötelt wie ein Besessener.«

Doch es wurde nicht nur gearbeitet. Zwischendurch genossen die beiden Buchkünstler die Genüsse der österreichischen Gastronomie. Dabei saßen Trier und Kästner nicht immer allein am Tisch. 1937 nutzten eine ganze Reihe Emigranten die *Salzburger Festspiele* zu einem Gedanken- und Informationsaustausch, denn bei vielen hatten sich die Lebensumstände gravierend verändert. Aber leider verliert Kästner über diese anderen Gespräche und Treffen in Salzburg kaum ein Wort: »Er [gemeint ist Erich Kästner] traf damals nicht nur mit Walter Trier zusammen, sondern führte auch Gespräche mit dem im Exil tätigen Walter Mehring sowie dem emigrierten Dramatiker Ödon von Horváth, beides Schriftsteller, die das Bühnen- und Literaturleben Berlins entscheidend mitgeprägt hatten. Mehring war es am Tage nach dem Reichstagsbrand gelungen, durch einen Trick der Verhaftung in der Berliner Wohnung seiner Mutter zu entgehen. Er hielt sich wieder in Paris auf und kam in jenen Tagen nach Salzburg. Nach seiner Ankunft ließ er aus Besorgnis um Kästner über Trier bei diesem noch einmal anfragen, ob er bereit sei, sich mit ihm zu treffen. Er werde morgen nachmittag um drei Uhr unter den Arkaden vor dem Postamt warten. Er könne verstehen, wenn eine Begegnung aus politischen Gründen nicht erwünscht sein sollte.« Am letzten Abend soll sich Ödon von Horvath, »der mit am Tisch saß«, bei Kästner erkundigt haben, ob dieser wirklich nach Deutschland zurückwolle, er »hätte davor zuviel Angst«. Für Kästner aber war das, trotz aller Unsicherheiten, keine Frage.

Für viele Emigranten waren die Festspiele 1937 aufgrund dieser Treffen sicher ganz besondere Feiertage gewesen. Auch wenn sie damals noch nicht wissen konnten, dass dies die vorerst letzten sein sollten, da die *Salzburger Festspiele* den Nazis besonders verhasst waren, wie Bruno Walter berichtete. »Flugzeuge warfen Propagandazettel über Salzburg ab und man legte Bomben in Telefonzellen.« 1937 wurde von den Nazis sogar eine Bombe in der Halle von Max Reinhardts Schloss gezündet, als sich dieser mit seiner Frau zeitungslesend auf der Terrasse befand. Helene Thimig-Reinhardt erinnerte sich, dass ihr Mann damals nur den Kopf von der Zeitung hob, wartete, bis der Nachhall der Detonation verklungen war und dann weiterlas, ohne ein Wort zu sagen. 1938 wurden die *Jedermann*-Aufführungen abgeschafft, »die Bücher Hofmannsthals verboten und der Domplatz zum Parkplatz für Autobusse umgewidmet«.

Im selben Jahr kam Kästners *Kleiner Grenzverkehr* zum ersten Mal heraus, damals allerdings noch unter einem anderen Titel. Das vom *Atrium-Verlag* produzierte Buch hieß *Georg und die Zwischenfälle* und enthielt noch keine Illustrationen. Diese erschienen erstmals in der 1949 verlegten Ausgabe. Diese Lizenzausgabe von *Kiepenheuer & Witsch* in Köln und Hagen hieß *Das Salzburger Tagebuch des Georg Rentmeister oder Der kleine Grenzverkehr*. Zwischenzeitlich hatte man auch die Titel *Der kleine Grenzverkehr: oder Georg und die Zwischenfälle* und für die niederländische Ausgabe *Hier wohnt das Glück* ausprobiert. Heute beschränkt man sich auf die Minimallösung *Der kleine Grenzverkehr*. Aber nicht nur wegen der zahlreichen wechselnden Buchtitel hat es die Bibliografie zu diesem Buch in sich, auch die Ausstattung hat immer wieder gewechselt.

In dieser Konfusion darf man ruhig das Resultat der wechselvollen publizistischen Ausweichmanöver – aufgrund Kästners Publikationsverbot unter den Nationalsozialisten – und deren Nachwirkungen noch nach Kriegsende sehen. Insofern ist das Buch ein echtes Dokument seiner Zeit. Erich Kästner hat dies in seiner unnachahmlichen Art im Vorwort der Nachkriegsausgabe im Frühjahr 1948 so zusammengefasst: »Als ich dieses kleine Buch, während der Salzburger Festspiele Anno 1937, im Kopf vorbereitete, waren Österreich und Deutschland durch Grenzpfähle, Schlagbäume und unterschiedliche Briefmarken ›auf ewig‹ voneinander getrennt. Als das Büchlein im Jahre 1938 erschien, waren die beiden Länder gerade ›auf ewig‹ miteinander verbunden worden. Man hatte nun die gleichen Briefmarken und keinerlei Schranken mehr. Und das kleine Buch begab sich, um nicht beschlagnahmt zu werden, hastig außer Landes. Habent sua fata libelli, wahrhaftig, Bücher haben auch ihre Schicksale. Jetzt, da das Buch in einer neuen Auflage herauskommen soll, sind Deutschland und Österreich wieder voneinander getrennt. Wieder durch Grenzpfähle, Schlagbäume und unterschiedliche Briefmarken. Die neuere Geschichte steht, scheint mir, nicht nur auf Seiten der Schriftsteller, sondern der Briefmarkensammler. Soweit das ein sanfter Vorwurf sein soll, gilt er beileibe nicht der Philatelie, sondern allenfalls der neueren Geschichte. Der Verleger, der Autor und der Illustrator des Buches lebten früher einmal in derselben Stadt. In einer Stadt namens Berlin. Nun haust der eine in London, der andere in München und der dritte in Toronto. Sie haben, jeder auf seine Weise, mancherlei erlebt. Klio, die gefährliche alte Jungfer, hat sie aus ihren Häusern, Gewohnheiten und Träumen getrieben und zu Zigeunern gemacht. Wenn sie voneinander Briefe bekommen, mit seltsamen Marken und Stempeln, lächeln sie und schenken die Kuverts irgendwelchen kleinen Jungen. Denn ob in England, Deutschland oder Kanada – kleine Jungen, die Briefmarken sammeln, findet man immer.«

Flucht ohne Ende

So glücklich sich Walter Triers berufliche Karriere in England auch entwickelte, so sehr hatte ihn die Vertreibung doch geprägt. Obwohl er immer wieder neue Freundschaften aufbauen und auf alte, ebenfalls emigrierte Freunde zurückgreifen konnte, vermisste er doch sehr die alten Kontakte. Von dieser persönlichen Krise ist in seinem Spätwerk bei oberflächlicher Betrachtung kaum etwas zu spüren. Wer dagegen die geistreichen und an Fantasie überbordenden Arbeiten aus den glücklicheren Tagen in Berlin kennt, beginnt trotz aller Heiterkeit zu ahnen, was der Mensch Walter Trier durch die unfreiwillige Entwurzelung verloren hat. Anflüge von »Defätismus und ›fürchterlicher Nervosität‹« versuchte er durch Arbeitseifer zu kompensieren. Dabei war die viele Arbeit nicht nur dem materiellen Überleben geschuldet, sondern wurde sicher auch als wohltuende Ablenkung empfunden und diente einer permanenten Selbstvergewisserung.

Wie für viele Emigranten war das Exil nach dem Untergang von Nazi-Deutschland auch für die Triers noch nicht zu Ende. Eine Rückkehr in das Land der Täter erschien Trier nicht möglich, selbst wenn er eine große Sehnsucht nach der deutschen Kultur sowie Heimweh nach »der guten alten Zeit« und deutschen Landschaften verspürte.

Zweite Karriere

Trotz der vielen berechtigten Sorgen hatte Walter Trier alles in allem großes Glück. Sein beruflicher Neuanfang 1937 in England war weitaus weniger problematisch als befürchtet. »Mit Frau und Tochter erschien er in London und fand alle Türen offen. Man kannte ihn besser, als er es geahnt hatte – aus seinen Buchumschlägen für Kästners ›Emil und die Detektive‹ und aus der Fülle all seiner anderen originellen Ideen.« Rasch wurde er nicht nur für Pressezeichnungen und Buchillustrationen engagiert, sondern auch für außergewöhnliche Aufträge wie Wanddekorationen und Filmtitel. Wie viel der Umstand, dass er fast nahtlos seine geliebte Arbeit fortsetzen konnte, in jenen ungewissen Zeiten zur Stabilisierung seiner Psyche beitrug, kann gar nicht hoch genug eingeschätzt werden.

Der erste Auftrag in London kam von den legendären *Pinewood Studios* und betraf – laut Ausstellungskatalog der *Art Gallery of Ontario* von 1980 – sogenannte *Titel-Cartoons*, die bislang allerdings noch nicht aufgefunden werden konnten. Deutlich mehr Spuren haben seine ersten Arbeiten für die englische Presse hinterlassen. Sicher war es für ihn von großem Vorteil, dass er in London auf eine ganze Reihe alter Bekannter getroffen war: allesamt aus Deutschland vertriebene Redakteure, Schriftsteller und Künstler. So wie der ehemalige Chef der *Münchner Illustrierten Presse*, Stefan Lorant, der 1937 in London die Monatszeitschrift *Lilliput. The Pocket Magazine for Everyone* aus der Taufe hob. Ein Blatt für das englische Publikum, das sich »zu einem der wichtigsten Foren des deutschsprachigen Exils entwickelte«. Der in Ungarn geborene Lorant, der in den Zwanziger Jahren nach Berlin gekommen war und zunächst beim Film gearbeitet hatte, war schließlich auch die treibende Kraft bei der 1938 gegründeten *Picture Post*, einer weiteren Illustrierten, »die die britische Presselandschaft revolutionierte«.

Gleichfalls nicht zu gering zu schätzen ist die Tatsache, dass die Londoner Redaktion des *Prager Tagblatts*, für die Walter Trier arbeitete, im Gebäude von *The Times* untergebracht war. Der Journalist Peter de Mendelsohn erinnerte sich, dass allein dadurch »der Posten nicht nur ein zwar bescheidenes, aber regelmäßiges Einkommen ab[warf], sondern auch Kontakte mit britischen Kollegen«. So war es weitaus weniger dramatisch, als im April 1938 die Zusammenarbeit mit dem *Prager Tagblatt* endete, da Trier noch im selben Jahr den *Official Guide to Whipesnade Zoological Park* von Julian S. Huxley illustrierte und damit den Grundstein für seine Karriere als englischer Buchgrafiker legte.

»Lilliput«

Walter Trier hatte gleich in seinem ersten Jahr in London die Chance ergriffen, die sich ihm mit dem *Lilliput* bot, und so konnte er – fast auf den Tag genau zwei Jahre nach der letzten Zeichnung für die *Lustigen Blätter* in Deutschland – ab 1937 wieder regelmäßig für ein Printmedium arbeiten. Dieses neue englische Unterhaltungsmagazin erinnerte mit seinem literarischen Anspruch und Gehalt sowie seiner optischen Aufmachung – insbesondere die teilweise geniale Fotokunst – nicht zufällig an den Berliner *Uhu*. Dazu trugen viel die von Berlin nach London geflohenen Redakteure, Journalisten, Schriftsteller, Fotografen und Zeichner bei, die eine Menge Erfahrung und Kreativität im Gepäck hatten. Die Heftbeiträge stammten – abgesehen von englischen und internationalen Erfolgsautoren wie Karel Čapek, Colette, A. J. Cummings, Liam O'Flaherty, Louis Golding, Somerset Maugham, Upton Sinclair – etwa von Lion Feuchtwanger, John Heartfield, Arthur Koestler, Alfred Polgar, Roda Roda, Joseph Roth, Ernst Toller, Berthold Viertel und Arnold Zweig; einige Bildbeiträge unter anderem von den Fotografen Erwin Blumenfeld und Erich Salomon oder dem englischen Cartoonisten David Low. Walter Trier zählte zum festen Mitarbeiterstab, da er stets für Cover

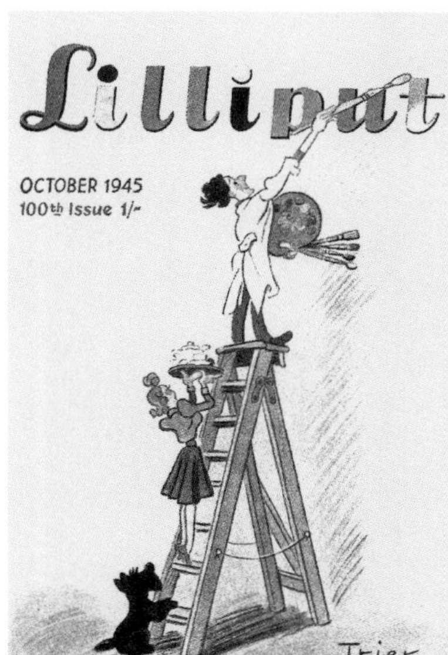

Malerarbeiten. Pressegrafik, 1945.

und Illustrationen zuständig war. Er war es, der dieser Zeitschrift mit seinen bunten Covern ihr unverwechselbares Erscheinungsbild gab und die Auflage in einem noch nie zuvor in England gekannten Tempo in die Höhe schnellen ließ. Aufgrund dieses Erfolges gehörte er nicht nur zu den ganz wenigen Emigranten, die in der neuen Heimat ihrem angestammten Beruf nachgehen konnten und über eine regelmäßige Einnahmequelle verfügten, sondern zu den ganz seltenen Künstlern, die mit ihrer speziellen Art von Humor in England positive Resonanz erzielten.

Obwohl man sich aus gemeinsamen Berliner Tagen kannte und schätzte, bedurfte es viel Überzeugungsarbeit und noch viel mehr Gespräche, bis Walter Trier den Initiator und Chefredakteur der Zeitschrift von seinem neuen radikalen Konzept für die Cover hatte begeistern können.

Walter Trier gestaltete über zwölf Jahre lang – von Juli 1937 bis September 1949 – regelmäßig jeden Monat das Titelblatt für dieses Magazin. An dieser Mitarbeit änderte auch die Auswanderung nach Kanada im August 1947 nichts. Bei zwölf Heften pro Jahr kamen so insgesamt 147 Farbcover zusammen. In dieser Rechnung nicht enthalten sind vom Künstler selbst verworfene oder von der Redaktion abgelehnte Vorschläge, von denen sich einige, wie das *Sektfrühstück* oder der *Umzug ins Museum*, im Nachlass erhalten haben. Wenn es nach Trier gegangen wäre, dann hätte wohl frühestens sein Tod dieses Arbeitsverhältnis beendet. Er hätte gerne noch länger diesem einzigartigen künstlerischen Experiment beigewohnt und zugeschaut, wie belastbar seine Kreativität ist, also: wann der Vorrat seiner Fantasie, immer neue Formen und Geschichten für das Paar mit Hund, das auf jedem Cover wiederkehrte, zu finden, wohl erschöpft gewesen wäre. Doch die Entscheidung lag nicht bei ihm. Ein neuer Herausgeber überbrachte ihm eines Tages die Nachricht, dass man künftig einen anderen Weg einschlagen wolle. Obwohl Trier sein Ende hatte kommen sehen, erholte er sich nur langsam von dieser Zurückweisung. Zu eng fühlte er sich mit diesem Blatt verbunden, als dass er es als ein bloßes Arbeitsverhältnis oder Mittel zum Geldverdienen ansehen konnte. Wie sehr der *Lilliput* seine Herzensangelegenheit geworden war, belegt die Redaktion des Blattes, die ganz offen lästerte: »Walter Trier brought his covers, protesting that they took too much time to paint, and to prove his point, went home and wrote us letters decorated with delightful, careful little drawings.« Bereits 1938 hatte man ihm im Impressum des *Lilliput* geschmeichelt: »Walter Trier, who draws our covers, is a great artist with the imagination of a child.« Gleichzeitig war sein Groll gefürchtet: »[...] woe betide us if we ask him to work on a day when his favourite team is playing a match in London.«

Für seine Cover hatte Trier übrigens ganz bewusst unpolitische Motive ausgewählt, auch und vor allem während des Krieges gegen Nazi-Deutschland. Abgesehen von ganz wenigen Titelblättern – wie etwa im Dezember 1942, als er die Teatime in die Rüstungsfabrik verlegt hatte, oder im Juni 1944, als er die Bomberformation der Alliierten beim Abflug zur Invasion in der Normandie zeigte – war der Krieg allenfalls durch entsprechende Requisiten und Uniformen präsent. Zu dieser Entscheidung schrieb er 1948 in einem Zeitungsbericht: »Ich habe diesen Umschlägen nie eine aktuelle politische Note gegeben. Selbst in den tollen Kriegsjahren blieb es bei dem puren ›Lob der Zweisamkeit‹. Aus vielen Soldatenbriefen erfuhren wir, wie dankbar man uns dafür war, dass wir so ›weit vom Krieg‹ in diesen Titelblättern waren.« Wobei es sehr bemerkenswert ist, wie genau Trier sein Publikum im Visier hatte: In einer Zeitschrift, die zur Aufheiterung des englischen Publikums gedacht war, schlug er milde, farbenfrohe, lebensbejahende – ja geradezu spielerische – Töne an, wohingegen er zur selben Zeit bei seinen politischen Kommentaren für die deutschsprachige *Zeitung* all seine Verachtung für den Nationalsozialismus in zynische, auffallend hart konturierte, schwarz-weiße Karikaturen goss.

Dass es sich bei diesem sensationellen Projekt um ein erstaunliches Beispiel von Konzeptkunst bzw. eine frühe Ausformung Serieller Kunst handelt, hat die traditionelle Kunstgeschichtsschreibung bisher leider nicht honoriert. So blieben Trier und dem *Lilliput* diese Lorbeeren bislang verwehrt. Kommerziell arbeitende Grafiker sprangen hingegen gern auf den Zug auf und schufen bewusst seriell angelegte Reklamegrafiken und inhaltlich aufeinander aufbauende Coverserien. Triers radikales Cover-Konzept hat übrigens sofort nach dem Krieg als »Re-Import« nach Deutschland zurückgefunden: Beim Ost-Berliner *Magazin* war es von Werner Klemke aufgegriffen und über viele Jahre fortgesetzt worden – leider ohne dass jemals der geistige Urheber genannt worden wäre.

Londoner Anfangsjahre

Doch zurück in die Londoner Anfangsjahre. Im Juli 1938 wurde Walter Trier von seinem alten Freund Salvisberg für einen ganz besonderen Auftrag gewonnen. Für den Konferenzraum der neuen Londoner Forschungs- und Fabrikationsstätte des Basler Pharmariesen *Hoffmann-La Roche* sollte ein Wandbild gestaltet werden. Salvisberg bat Walter Trier, seine Eindrücke von der neuen Heimat darzustellen. Heraus kam eine für einen nüchternen Tagungsraum eines Weltkonzerns erstaunlich amüsante Bestandsaufnahme aller Marotten und Klischees – eben *Very british*. Im Zuge dieses Auftrages sahen sich die eng befreundeten Familien Trier und Salvisberg zum letzten Mal. Gemeinsam besichtigte man zahlreiche architektonische Pilgerstätten, wie etwa die steinzeitliche Kultstätte von Stonehenge, das *Kings College* in Cambridge, die Kathedralen von Canterbury, Ely und Bath, diverse historische Gebäude am Ufer der Themse in London und zwei Wohnhäuser, die dort von Walter Gropius und Erich Mendelsohn entworfen worden waren.

Kurz darauf sahen die Triers übrigens auch Erich Kästner zum letzten Mal. Er war zu einem Arbeitstreffen in die Londoner Charlotte Street gekommen. In dem Bildband *Heiteres von Walter Trier* berichtete Erich Kästner, wie sie damals im *Regent's Park* Tennis spielten und sich mit neuen Plänen trugen. Doch bevor diese konkreter werden konnten, fuhr er Hals über Kopf zurück nach Berlin, denn es drohte Krieg. »Als das Boot in Hoek van Holland einlief, wurden Extrablätter verkauft. Die akute Kriegsgefahr war abgewendet. Chamberlain war auf dem Weg nach München. Sollte ich umkehren? Ich kehrte nicht um und habe Trier nicht wiedergesehen.«

Anerkennung als freier Künstler

1938 war auch ein Jahr, in dem Walter Trier viel Anerkennung als freiem Künstler zuteil wurde. Gemeinsam mit den wichtigsten Künstlern der deutschen Moderne – von Liebermann und Corinth über Klee, Kandinsky und Kirchner bis hin zu Grosz, Beckmann und Dix – und anderen London-Emigranten wie Benno Elkan, Ludwig Meidner, Kurt Schwitters, Fred Uhlmann und Oskar Kokoschka, präsentierte Walter Trier im Juli 1938 einige seiner Arbeiten in der Ausstellung *German Twentieth Century Art* in den Londoner *New Burlington Galleries.* Die Ausstellung war nicht nur aus Protest gegen die im Juni 1937 von Joseph Goebbels eingeleitete Kampagne gegen »entartete Kunst« und die Beschlagnahmung von Arbeiten dieser Künstler in deutschen Museen organisiert worden. Sie war auch als Antwort auf die von Adolf Hitler im Juli 1937 in München eröffnete *Große deutsche Kunstausstellung* mit Werken nationalsozialistischer Künstler gedacht – auch wenn es die Ausstellungsleitung wegen der damaligen englischen Appeasement-Politik streng vermieden hat, auf diesen unmittelbaren politischen Hintergrund hinzuweisen.

Im November folgte seine Teilnahme an der vom *Freien Künstlerbund* in Paris organisierten Ausstellung *Freie Deutsche Kunst.* Die von Paul Westheim mitorganisierte Ausstellung in der *Maison de la Culture* war Teil einer vom *Schutzverband Deutscher Schriftsteller* veranstalteten *Deutschen Kulturwoche* und versammelte geschätzte einhundertzwanzig Werke von ungefähr siebzig Künstlern; damit war sie mengenmäßig etwa halb so groß wie die vergleichbare Londoner Ausstellung. Zu den teilnehmenden Künstlern gehörten Max Beckmann, Max Ernst, George Grosz, Ernst Ludwig Kirchner, Paul Klee, Oskar Kokoschka, Hanns Kralik, Bruno Krauskopf, Heinz Lohmar, Felix Nussbaum, Max Oppenheimer, Anton Räderscheidt, Man Ray, Eugen Spiro, Walter Trier, Gert Wollheim, Johannes Wüsten und der Architekt Le Corbusier. Die Ausstellung fand in der deutschen Exilpresse und in der französischen Öffentlichkeit ein lebhaftes Echo und wurde mit großem Wohlwollen aufgenommen. Auch wenn sie keine für die Zeit besonders »modernen« Werke zeigte, sondern »mehr als eine Art Zustandsprotokoll der deutschen Kunst im Exil« fungierte, wurde die künstlerische Qualität der Werke ebenso gelobt wie der Versuch der Emigranten, sich im Exil ein Sprachrohr zu schaffen. »Die meisten Werke stammten aus dem Besitz der Künstler, die selbst eine oder zwei Arbeiten aussuchten. Auf dem zu diesem Zweck versandten Fragebogen sollten die Künstler angeben, ob sie in Deutschland Berufsverbot hätten und ob sie auf der ›Entarteten

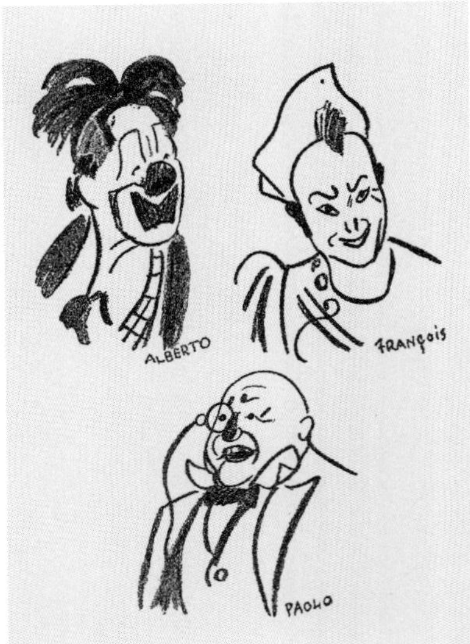

Die drei *»Fratelili«*. Buchillustration, 1928.

Kunst‹ ausgestellt waren. Diese Angaben wollte man an die Presse weiterleiten.« Über Walter Triers Beitrag ist leider nicht mehr als die Titel bekannt, es handelte sich um die zwei Gouachen *Die Fratellinis* und *Robinson*. Nähere Informationen dürften heute auch nur noch schwer zu erlangen sein, da das gesamte Ausstellungsarchiv bei einem Bombenangriff auf London zerstört worden ist und im Nachlass Triers dazu bisher nichts gefunden werden konnte.

Im Rahmen der Exilforschung wird Walter Trier bislang nicht zu den verfolgten Künstlern gerechnet, wohl weil er 1937 in München nicht auf der *Entartete Kunst*-Ausstellung präsent gewesen war und weil er nicht in das Beuteschema der nationalsozialistischen Kunst-Exorzisten gepasst hat. Dabei war er nicht erst im Rahmen von Goebbels' Beschlagnahmung moderner Kunstwerke in deutschen Museen betroffen, sondern schon deutlich früher, nämlich im Zusammenhang mit seinem Berufsverbot als Pressezeichner, spätestens jedoch seit der Aufnahme seines Namens in die *Liste der verbotenen Bücher und Autoren* im September 1935.

Ebenso wenig darf man Walter Trier zu jenem guten Dutzend deutscher Künstler zählen, die im englischen Exil arbeiteten und im Katalog der Ausstellung *Twentieth Century German Art* mit je einem Werk aufgeführt waren, damit »einigen Emigranten doch noch die Möglichkeit geboten [werden sollte], ihre Werke neben denen von Max Beckmann, Ernst Ludwig Kirchner und Franz Marc zum Verkauf anzubieten«. Denn über mangelnden Absatz oder fehlende Arbeit konnte sich Walter Trier in England nicht beklagen. Im Gegenteil: Er war schließlich »der einzige in unserem Kreis, der seinen alten Beruf ausübte«, wie eine ehemalige *Ullstein*-Mitarbeiterin respektvoll anerkannte.

Seinen Erfolg in England bestätigt die gleichzeitige Teilnahme an der Ausstellung *Pictures for the Grown-up Child* in der *Nicholson*

Gallery am Londoner St. James Place. Gezeigt wurden dort laut Bericht in *The Times* vom 14. Dezember 1938: »40 paintings in oil, tempera and water-colour, drawings, collages and small pieces of sculpture. Few of the works are humorous – ›Joys of Summer‹, which looks like a contemporary Jerome Bosch, by Mr. Walter Trier [...] – the intention being rather to encourage people to ›come off the perch‹ and enjoy their art as naturally as they might their dinner.«

Erfolgreiche Integration

Während sich zur selben Zeit andere aus Deutschland vertriebene Künstler etwa in der *Free German League of Culture* trafen, wo gezielt der Kontakt unter jenen Emigranten gefördert wurde, die sich auf eine Rückkehr nach Deutschland vorbereiteten, hatte sich Walter Trier, wie zu Berliner Zeiten, in sein Atelier zurückgezogen und arbeitete trotz Papierknappheit, so viel er konnte. Wie so oft war Walter Trier eben nicht nur Opfer. Irgendwie hielt er es wie der von ihm illustrierte *Münchhausen*, der sich aus eigener Kraft aus dem Sumpf befreien konnte. Das lag zu einem großen Teil auch an seiner Entscheidung für seine neue Heimat, denn im Gegensatz zu vielen fest in diversen Organisationen eingebundenen emigrierten Künstlern, die in Hampstead eine Art antifaschistische deutsche Künstlerkolonie gebildet hatten, pflegte Walter Trier persönliche Freundschaften zu den Einheimischen, knüpfte wichtige berufliche Kontakte und traf sich mit verschiedenen britischen Auftraggebern. Kurt Maschler erinnerte sich: »Trier and I emigrated to England, where we met daily and our friendship deepened. He began to work for illustrated journals such as ›Lilliput‹ and for a number of books or publishers, among them those of the ›Puffin‹ / ›Penguin ‹series. Yet we kept discussing projects for ›Williams‹, although its market was now very much restricted.« Und einem Freund berichtete Walter Trier über ein Treffen mit englischen Verlegern: »Ich traf die Herren in London und bin überzeugt wir werden nette Sachen zusammen machen – falls die Kriegsnöte es zulassen.«

Walter Trier war fest entschlossen, sich in die englische Gesellschaft zu integrieren. Obwohl er zur selben Zeit durchaus unter dem fehlenden Austausch mit deutschen Künstlerkollegen zu leiden begann. So war ihm trotz der zunehmenden Einbettung in die englische Gegenwart und Kulturszene beinahe jeder Bekannte aus der gemeinsamen Vergangenheit herzlich willkommen. Das erkennt man in der erhaltenen Korrespondenz, wo man immer wieder auf die Namen anderer Emigranten stößt: Emil Oprecht, Kurt Wolff, Curt Weller, Paul Westheim und Robert Freund. Der aus Böhmen stammende, promovierte Verlagsbuchhändler Freund war 1926 Teilhaber des Münchner *R. Piper & Co. Verlags* geworden und lernte vermutlich damals Trier kennen. Später wurde er berühmt als jener Kunstmäzen, von dem Oskar Kokoschka ein Porträt angefertigt hatte, dessen angebliche Schändung durch die Wiener Gestapo im November 1938 auf den kurze Zeit später folgenden Kunstausstellungen in Paris und London für große Aufregung gesorgt hatte. An diesen beiden Ausstellungen hatte ja auch Walter Trier teilgenommen. Nach dem Tod von Walter Trier war Freund nicht nur als Autor mehrerer Nachrufe, sondern auch als enger Vertrauter an die Öffentlichkeit getreten, was insofern überrascht, als er sich eigentlich in anderen Sphären zu bewegen schien. Doch postalisch wusste man genau über die privaten Lebensumstände des jeweils anderen während und nach dem Krieg bestens Bescheid.

1938 war in der bisher eng zusammenhaltenden Familie Trier eine sehr weitreichende Entscheidung getroffen worden: Tochter Margarethe hatte den elf Jahre älteren, aus Ungarn stammenden Ingenieur Nicholas Fodor geheiratet und war bereit, mit ihm nach Kanada zu gehen. So froh und zufrieden die Eltern mit ihrem neuen Schwiegersohn auch waren, sie ließen die einzige Tochter nur ungern ziehen. Andererseits wussten sie so ihren geliebten Nachwuchs sicher und weit genug von jeglicher drohenden Kriegsgefahr entfernt. Die Kinder zogen zunächst nach Montreal. Auch für das »verwaiste« Ehepaar Trier gab es einige Veränderungen, 1939 zog es innerhalb Londons um. Die neue Anschrift lautete 29 Fitzroy Square, London W1, und spätestens seit Weihnachten 1939 lautete Walter Triers neuer Absender 16 Aberdare Gardens, London NW6 – wobei es denkbar ist, dass es sich dabei nur um eine Büro- bzw. Verlagsadresse handelte.

Angebot von Walt Disney

1938 oder 1939 war Walter Trier schließlich ein Angebot der *Walt Disney Film Company* auf den Schreibtisch geflattert. Disney soll ihn darin aufgefordert haben, »sein Mitarbeiter zu werden, aber das lehnte er ab; die Betriebsamkeit Hollywoods lag ihm nicht«. Wer Walter Triers Humor kennt, liest aus der zitierten Formulierung den berechtigten Stolz und Hochmut des aus einer turbulenten Weltmetropole stammenden erfolgreichen Zeichners, den es nicht gerade in ein unkultiviertes Neubaugebiet kurz vor der Grenze zu Mexiko zog. 1950 schimpfte er in einem Brief: »Der weite Westen (California) mit seinen grossen Talenten in Hollywood und Umgegend ist verlegerisch vollkommen impotent – ein merkwürdiges Phänomenon. Ein Versuch so etwas wie den ›New Yorker‹ in Los Angeles herauszubringen scheiterte schon nach wenigen Monaten kläglichst.« Vor allem aber wollte er sich weder auf das Medium Film beschränken lassen, dazu war er ein viel zu kreativer und vielseitiger Künstler; noch wollte er anonym unter Verzicht auf den eigenen Namen arbeiten, dazu war dieser längst zu einem weltweit viel zu bekannten Markenzeichen geworden. Solche Knebelbedingungen waren für ihn, selbst zu Kriegszeiten, völlig inakzeptabel, und allein das Angebot war eine solche Zumutung, dass er darauf nur mit dem ihm eigenen Spott reagieren konnte. Zumal er sich in politischen Grundsatzfragen fern von den Idealen seines amerikanischen Kollegen fühlte, den er nicht wirklich schätzte. Ein paar Jahre später grollte der damals sechzigjährige Zeichner in einem Brief: »[…] und dann – wie bei allem was ich mache – That man: Disney, der Verwässerer meines Talents, Ruhmes – oder was hast Du. (Ich weiss nicht ob er schon den ›Münchhausen‹ gemacht hat – oder gerade dabei ist – und im allgemeinen die Menschheit mit einer solchen Überfülle von bunter Phantasie überschwemmt hat daß man sich ganz mickrig vorkommt wenn man so ein dünnes Büchlein mit ein paar bunten Bildchen herausbringt – und leider dauernd unter Disneys ›spell‹ steht. ›I have seen your fathers Mickey Mice!‹ ›I have seen your fathers Ferdinand!‹ sagen Freunde meiner Tochter wenn sie Plakate von mir sehen auf denen manchmal Mäuse oder ein schwarzer Stier zu sehen sind, wie ich sie schon zeichnete bevor jemand den Namen Disney hörte.« Denn in Triers Bildern tummelten sich viele »seltsame Tiere, die lange vor Walt Disney entstanden« waren.

Kriegsbeginn und erster Widerstand

Mitten in diese Aufbauphase Walter Triers platzten im September 1939 die ersten Bombenangriffe der Deutschen auf London. Gerade die aus Deutschland geflohenen Menschen litten unter der aggressiven Expansionspolitik Hitlers, nicht nur wegen des tiefen Misstrauens der englischen Bevölkerung, sondern vor allem, weil sich ihr Trauma der Lebensbedrohung durch die Nazis im sicher geglaubten Ausland wiederholte. Wieder sorgte Hitler für tiefe Unruhe und Angst, und ein Ende des Schreckens war nicht abzusehen. Selbst wenn damit gerechnet worden war, stellte der Ausbruch des Zweiten Weltkriegs für die Emigranten einen Schock dar. Abgesehen von der eigenen ungewissen Zukunft hatten die Flüchtlinge zahllose Angehörige und Freunde auf dem Kontinent zurücklassen müssen, um deren Überleben sie von nun an bangten.

Der Kriegsbeginn bedeutete für die nach England geflüchteten Emigranten insofern noch einen weiteren gravierenden Einschnitt, als die englischen Behörden nun sehr besorgt waren, ob sich alle Flüchtlinge aus Deutschland, Österreich, Italien und der Tschechoslowakei im Kriegsfall dem Vereinigten Königreich gegenüber loyal verhalten werden. Unmittelbar nach Kriegsbeginn wurden deshalb Tribunale eingerichtet, die diese Frage durch eine Klassifikation der »feindlichen Ausländer« beantworten sollten. *Enemy aliens* der *Kategorie A* galten als unzuverlässig und waren als Sicherheitsrisiko zu verhaften. *Enemy aliens* der *Kategorie B* waren sogenannte unentschiedene Fälle, denen gewisse, zumeist militärische Beschränkungen auferlegt wurden – darunter fiel zum Beispiel das Verbot des Besitzes von Waffen, Sprengstoff, Autos, Fotoapparaten, Ferngläsern oder Landkarten. *Enemy aliens* der *Kategorie C* war schließlich das Etikett für die als loyal eingestuften Ausländer, zu denen vermutlich Walter Trier gerechnet wurde. Schließlich wurde er im Laufe der Kriegsjahre vom britischen *Ministry of Information* mit Aufträgen betraut.

Trotz allem dauerte es verhältnismäßig lange, bis Trier sich wieder dazu durchringen konnte, politische Karikaturen anzufertigen.

Zunächst wollte er sich nach den üblen Erfahrungen als Propagandazeichner im Ersten Weltkrieg nur ungern erneut instrumentalisieren lassen. Ein weiterer entscheidender Unterschied war auch, dass er sein Feder- und Pinselarsenal nicht mehr als Angriffswaffe in fremdem Auftrag nutzen wollte, sondern nur noch als Mittel der Verteidigung seiner eigenen Werte, wie Satire, Geist und Bildung. Alles Werte, die den Nazis verhasst waren. Schließlich brauchte er als entwurzelter Emigrant einige Zeit, um die fürs kritische Zeichnen notwendige Sicherheit zu erlangen. Für seine satirischen Abrechnungen musste er genügend inneren Abstand zu dem Naziterror gewinnen, der ihm jedoch noch gehörig in den Knochen steckte. Zwar beginnt bekanntlich der Humor dort, wo der Spaß aufhört, doch das Grauen und die Todesangst, die ihm von Nazi-Horden und Gestapo beigebracht worden waren, waren schlicht zu groß gewesen, um sofort wieder lachend triumphieren zu können.

Diesen inneren Zwiespalt und die große Zerrissenheit Walter Triers dokumentieren einige im Charakter extrem unterschiedliche Arbeiten aus dem Jahr 1940. Damals entstand ein für Trier recht untypisches, fast unheimliches Buchcover. Irmgard Litten hatte das Buch *Die Hölle sieht dich an* verfasst, das die Erinnerungen an ihren Sohn Hans beinhaltete. Er war ein von den Nazis verfolgter Rechtsanwalt, der in der Nacht des Reichstagsbrandes verhaftet und nach den Misshandlungen in verschiedenen Konzentrationslagern am 5. Februar 1938 im Konzentrationslager Dachau in den Tod getrieben worden war. Das Vorwort hatte der Jurist und Journalist Rudolf Olden verfasst. Walter Trier beschränkte sich darauf, auf einem tiefschwarzen Grund zwei weit aufgerissene Augen zu zeigen, die in lodernde Flammen auslaufen. Der Grund für die Todesangst spiegelt sich in den Pupillen: ein blutrotes Hakenkreuz. Die Kalligrafie des Titels wirkt ebenso flüchtig wie nüchtern und entspricht ganz dem Buchinhalt. Auf dem Schutzumschlag heißt es dazu: »Frau Littens Buch ist ein neues ›J'accuse!‹, das die gesamte zivilisierte Welt auf den Plan bringen sollte, zum Kampf gegen all die Verbrechermethoden, die hier gegen ein ganzes Volk angewandt werden. Das Buch ist weit mehr als ein Bericht, es enthält eine Reihe von Dokumenten. [...] Was hier geschildert wird, ist mehr als ein Einzelschicksal; es ist ein Bild des Systems, das in Deutschland innerhalb und ausserhalb der Konzentrationslager herrscht. Es zeigt die Nazi-Führer (Hitler, Göring, Himmler u.a.) in ihrer erbärmlichen Kleinheit, Feigheit und Rachsucht, die sich an wehrlosen Gefangenen auslässt.«

Ungewohnt hässlich geriet auch Triers Blatt mit dem Titel *Antisemitismus*. Dabei handelt es sich um eine aquarellierte Tuschzeichnung, die in der *Art Gallery of Ontario* in Toronto aufbewahrt wird und um 1940 datiert werden kann. Sie zeigt ein missgestaltetes kleines gelbes Monster, von dem man kaum sagen könnte, ob es Tier oder Mensch darstellt.

1940 war Trier von Stefan Lorant für die Illustration eines englischen Buches angefragt worden; es ging um das Cover für *Chamberlain and the Beautiful Llama*. Triers fröhlich bunter Entwurf dazu hat sich im Nachlass erhalten. Und für die Weihnachtsausgabe der *World Review* zeichnete er zu der von Diana Morgan geschriebenen *World Christmas* Revue eine farbenfrohe Revue-Parodie auf Nazi-Deutschland. Bei dieser »12-page frolic in colours« könnte man glatt den lebensbedrohlichen Ernst und die Kriegsgefahr vergessen, die von den als lustige Männlein gezeigten Hauptfiguren der Revue ausgeht. Daran erinnert maximal der als brennender Globus verzierte Plumpudding, der auf dem knallrosa Cover von einem als Koch verkleideten Winston Churchill ganz vorsichtig serviert wird. In der Gestaltung des englischen Premierministers war sich Walter Trier übrigens treu geblieben. Beinahe ein Vierteljahrhundert nach seinen ersten Churchill-Karikaturen in den *Lustigen Blättern* brachte er fast dieselbe Physiognomie, nun nur um die markante Zigarre erweitert. Was einst von Trier als Feindpropaganda gezeichnet worden war, funktionierte ohne Weiteres auch im Feindesland als wohlwollende Satire. Ist das nun pure Ironie? Oder eher als »Versagen« des Kriegspropagandisten Trier zu bewerten?

Folgen der Luftangriffe

Irgendwann nach den ersten Luftangriffen der Deutschen auf Englands Metropole zog das Ehepaar Trier 1940 aus London fort, auch wenn Trier – laut der Bemerkung einer Freundin – während der Bombardements mehr um seine Spielzeugsammlung als um sein eigenes Leben besorgt gewesen war. Sie bezogen das *Cowper Arms*

Hotel in Cole Green, Hertfordshire. In einem Zeitungsartikel wurde beschrieben, dass man Walter Trier im örtlichen Pub getroffen hatte und anschließend zu dessen Wohnung samt »studio-bedroom« gefahren sei. Im Gegensatz zu dem vom Krieg gezeichneten London schien dieser Landstrich traumhaft still und friedlich zu sein. Ein alter Weggefährte, der ehemalige *Ullstein*-Reporter Egon Jacobsohn, nun Egon Jameson, erinnerte sich: »Ich besuchte Trier [...] in der Garage eines idyllisch versteckten Wirtshauses, eine Stunde vor London gelegen, die er sich zu seinem Atelier umgebaut hatte. Dort malte er wie einst vor den Toren von Berlin von sieben Uhr morgens bis elf Uhr nachts. London hatte er kaum gesehen, und genau wie einst als ›Ullstein‹-Star lagen die Aufträge zu Bergen. Er war ein wenig müde geworden. Wer ihn noch aus Berlin her im Gedächtnis hatte, würde ihn wohl nicht wieder erkannt haben.« Einem Freund schrieb Trier in dieser Zeit: »[...] wir gestehen ein wir schreiben schrecklich ungern und sehen es auch als einen schwachen Ersatz für persönliches Zusammensein an. Es geht uns nicht s o o o gut, aber es geht uns gut – doch arbeite ich täglich bis gegen Abend – to keep going – und abends habe ich entweder für den nächsten Tag vorzubereiten oder viel unangenehmere Schreibereien als Briefe an meine Freunde.« Zu einem Lichtblick des Ehepaars Trier entwickelten sich zu dieser Zeit die zwei kleinen Kinder der Wirtsleute – Donald und Jan. Nachdem die eigene Tochter weit fortgezogen war, knüpften sie vorsichtig enge, fast familiäre Bande.

Nazi-Karikaturen in der *»Zeitung«*

Vielleicht erst in dieser Abgeschiedenheit vor den Toren Londons sah sich Trier erstmals wieder imstande, tageskritische politische Karikaturen zu zeichnen. Neben den Illustrationen für das Kinderbuch *Blitz Kids* von Elionor Mordaunt, das die Kriegserfahrungen der englischen Kinder anschaulich machte, zeichnete Walter Trier ab September 1941 regelmäßig die politische Karikatur für *Die Zeitung*, das Blatt der deutschsprachigen Emigranten. Genau zu jener Zeit, als einerseits die eigene physische und psychische Bedrohung hinter ihm lag und andererseits die Katastrophe in Form eines Zweiten Weltkrieges unausweichlich war, übernahm er nun bis November

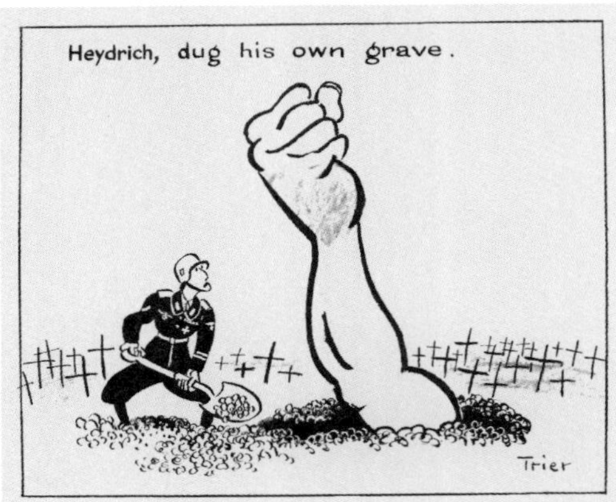

»Heydrich dug his own grave«. Pressegrafik, 1941.

1944 Woche für Woche die aktuelle politische Karikatur gegen Nazi-Deutschland. Insgesamt wurden es 174 Zeichnungen, in denen die Nazis und ihr Führer ins Komische gezogen und der Lächerlichkeit preisgegeben wurden.

Walter Triers antinazistische Arbeiten unterscheiden sich grundlegend von seiner Kriegspropaganda während des Ersten Weltkrieges, schon allein aufgrund des äußeren Rahmens: Die *Lustigen Blätter* waren ein von der deutschen Regierung unterstütztes Propaganda-Organ zur Aufrechterhaltung der Moral seiner Bürger und Soldaten. Die *Zeitung* hingegen war ein von den Briten produziertes Sprachrohr von und für deutsche Emigranten. Doch auch anhand dieser Karikaturen kann man die Kriegsentwicklung gut verfolgen: Der Wintereinbruch in Russland, der Rückzug von Moskau, die Katastrophe von Stalingrad, die Niederlage der deutschen Armee in Afrika, der japanische Angriff auf Pearl Harbour und die Angriffe auf London mit den *Vergeltungswaffen V1* und *V2*.

Vorwiegend rechnete Walter Trier in seinen Karikaturen mit den zentralen deutschen Führerfiguren ab – Hitler, Goebbels, Göring und Himmler, aber auch mit den anderen europäischen Faschisten, allen voran Benito Mussolini und Pierre Laval. Und er zeigte seine unverhohlene Verachtung gegenüber all jenen europäischen Kollaborateuren, die von ihm – nach dem norwegischen Faschistenführer – ganz allgemein nur abschätzig *Quislings* genannt wurden. Dabei blieb Walter Trier – anders als im Ersten Weltkrieg, als er sich deutlich von seinem Stil entfremdet hatte – diesmal seiner Bild- und Formensprache treu. Seine politischen Gegner tragen Narrenkappen oder mutieren zu lächerlichen *Mickymäusen*. Gerade in diesen harmlos erscheinenden Zeichnungen ist er ausgesprochen ernst und zeigt schon früh und unmissverständlich, dass die

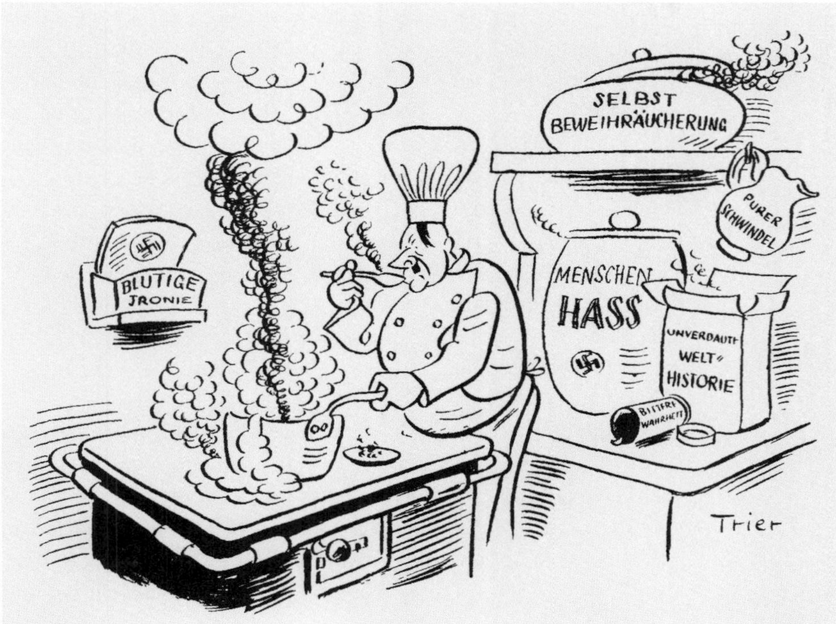

Bestandteile einer Hitlerrede. Pressegrafik, 1942.

führenden Köpfe der Nazis für ihre Gräueltaten zur Verantwortung gezogen werden müssen.

Die erste Karikatur in der *Zeitung* hatte *Des Führers Ahnengalerie* zum Thema. Wie in den allermeisten Zeichnungen beschäftigte sich Trier darin mit Adolf Hitler. Später widmete er sich den *Ingredientien [sic] einer Hitlerrede*, als da wären »Menschenhaß, Selbstbeweihräucherung, purer Schwindel, blutige Ironie, bittere Wahrheit und unverdaute Welthistorie«, oder er versuchte sich an einem *Querschnitt durch Hitlers Hirn*. Aber auch die anderen Nazi-Bonzen zeigte er immer wieder *schon im Teufelsrachen – noch rasch eine Teufelei* durchführend. Die Wehrmacht hatte bei Trier die Funktion der Machterhaltung Hitlers, selbst auf Kosten des eigenen Untergangs. Die einzelnen Soldaten waren für ihn zu gewissensfreien Erfüllungsgehilfen Hitlers mutiert, die mit ihm *Knietief in Blut und*

Schande waten und sich noch in aussichtsloser Lage aufhetzen lassen: »Schlappmachen wie 1918 gibts nicht – hier sind zehn Mark Führergeschenk – Vorwärts! Weiterbluten!« In einigen besonders wuchtigen Bildern schilderte Walter Trier jedoch nicht nur die tatsächliche Brutalität deutscher Soldaten, sondern beschreibt die Macht, mit der sich die Bösewichte Zugang zu seiner eigenen friedlichen Gegenwelt, zu seinem friedlichen Fantasieparadies verschafft haben. Das deutsche Volk beurteilte Trier dagegen recht milde. Im Juli 1942 zeichnete er es in *Hitlers Deutschland* als verirrtes Häuflein, das Hitler in Form eines Totempfahls als neuen Götzen anbetet. Sie wirken dabei wie arme Verirrte, die treuherzig den falschen Götzen anbeten, womit er ganz auf der redaktionellen Linie der Herausgeber der *Zeitung* lag.

Belachten die aus dem Nazireich geflohenen Emigranten aus tiefer Erleichterung die derart lächerlich gewordenen mächtigen Führer, so liebten das englische Publikum und seine Kunstkritiker vor allem Triers *Variationen Alter Meister*. Berühmte Gemälde von Velázquez, Leonardo da Vinci, Edouard Manet, Rembrandt, Raffael und Rubens waren von ihm aktualisiert und leicht verändert mit neuem Nazi-Personal ausgestattet worden. In diesen Karikaturen wurde die Diskrepanz zwischen der ehemaligen gebildeten Kulturnation und der Schreckensherrschaft der Nazis sowie der ungehobelten, »verlumpte[n] Sprache der [herrschenden] Lumpen« auch denen evident, die keine Detailkenntnis von der nationalsozialistischen Innenpolitik hatten. Dazu gehörte wohl auch das amerikanische Publikum, das einige Reprints in *Life* oder *The New York Times* zu Gesicht bekam.

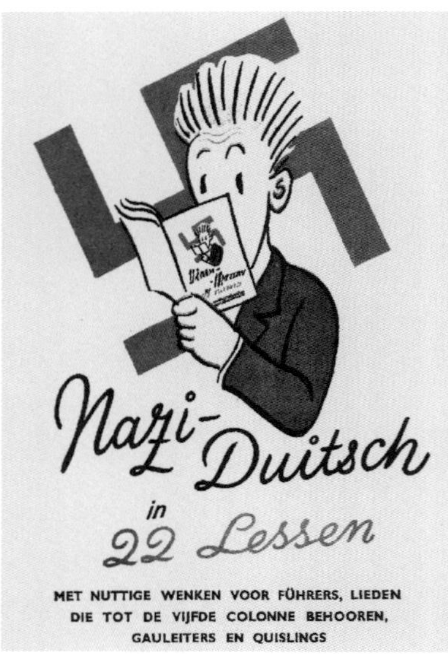

»Nazi-Duitsch in 22 Lessen«. Buchcover, 1942.

Zwischen 1941 und 1944 erhielt Walter Trier mehrere Aufträge in Folge vom britischen *Ministry of Information* für recht umfangreich ausgestattete Flugschriften, die von der *Royal Air Force* über den von den Deutschen besetzten Gebieten abgeworfen wurden: Die Heftchen *Nazi-German in 22 Lessons, Lexique Militaire Allemande* und *A Alemanha e a Terra* sowie das aufwendig gestaltete Leporello *V[ictory]*. Auffallend ist, dass Walter Trier diese Arbeiten nicht signiert hat, vielleicht zum Schutz jener Angehöriger, die auf dem Kontinent verblieben waren und sich eventuell sogar noch unter der Zuständigkeit der deutschen Behörden befanden. Ein Journalist schrieb im Rückblick dazu: »Als der Krieg erklärt wurde, beauftragte das ›Informations-Ministerium‹ Trier politische Heftchen zu illustrieren, in denen er seinen alten Feind Hitler und Mussolini verhöhnte. Trier tauchte seine Feder in sauren Humor und machte sich an die Arbeit. Die ›Royal Air Force‹ warf das Ergebnis über Deutschland und den von Deutschen besetzten Ländern ab, wo viele von Triers Anhängern seine Cartoons ausschnitten und aufbewahrten. Die Nazis verhängten die Todesstrafe für jeden, der mit einer Trier Zeichnung erwischt wurde. Als der Deutsch-Sowjetische Nichtangriffspakt unterzeichnet wurde, wurde Trier prophetisch und zeichnete Hitler, der Stalin die Hand schüttelt und schließlich von ihm aufgefressen wird. Nach dem Krieg wurden Triers Zeichnungen in Anthologien mit den besten Kriegs-Karikaturen aufgenommen.«

Der Triumpf des Zeichners

Für das englische Publikum gestaltete Walter Trier damals einige Farbdoppelseiten der Londoner Zeitschrift *Illustrated*; und auch für das *Austrian Centre, Free Austrian Books* in London wurde er tätig. Er zeichnete den Umschlag für das Buch *Viel Glück. Aus dem Tagebuch einer Soviet W.A.A.F.* (1943) von Jury Herman.

Am 23. September 1943 wurde in *The Czechoslovak Institute* am Grosvenor Place, London, die Ausstellung *Cartoons by Z.K., Hoffmeister, Pelc, Stephen, Trier* mit hoher politischer Prominenz feierlich eröffnet. In seiner Funktion als Außenminister der tschechischen Exilregierung hielt Jan Masaryk die Eröffnungsrede. Eine Auswahl der besten Blätter wurde 1944, mit einem Vorwort des britischen Karikaturisten David Low versehen, in dem Sammelband *Jesters in earnest* in London herausgebracht, der vierzehn Karikaturen von Walter Trier enthält, acht davon waren farbig gedruckt. Etwa: *The*

Painter and his Models*, ein Blatt, das Adolf Hitler in den Rollen und Gewändern zahlreicher großer Eroberer zeigt, in deren Tradition sich der angebliche *GröFaZ*, der Größte Feldherr aller Zeiten, gerne eingereiht hätte wie Alexander der Große, Julius Caesar, Ludwig XIV., Friedrich der Große, Admiral Nelson und Napoleon Bonaparte. Doch das allerletzte Bildnis zeigt die – nach Meinung des Karikaturisten – tatsächliche historische Bedeutung Hitlers, denn es ist als einziges signiert. Zu sehen ist ein schmächtiger Mann, der, weil ein banaler Anstreicher, neben sich einen großen Kübel brauner Farbe stehen hat. Oder es gibt die extrem launige Karikatur des eitlen und selbstherrlichen Hermann Göring mit dem Titel *For the Young*, das die »letzte Fettreserve Deutschlands«, wie kritische Geister ihn hinter vorgehaltener Hand zu titulieren wagten, in der Blattmitte in fleischfarbener Unterwäsche platzierte, darum herum gruppiert vier verschiedene Kleiderkombinationen, gemäß den verschiedenen Ämtern und erträumten Würden: Generalfeldmarschall, Reichsjägermeister sowie Admiral und sogar das Königsornat. Dank dieses Bastelbogens hätte nun der gehorsame Nazi seinem obersten »Pappkameraden« all die Orden und Blechsterne einzeln ausschneiden können, um sie anschließend liebevoll an eine der vier Uniformen anzuheften. So zog Trier die Machtgelüste der führenden Nazis auf das absolut lächerliche Niveau von Kinderspielchen und entlarvte für jeden verständlich das tatsächliche Format dieser Herren. Deutlich ernster hingegen porträtierte Trier Hitlers Propa-

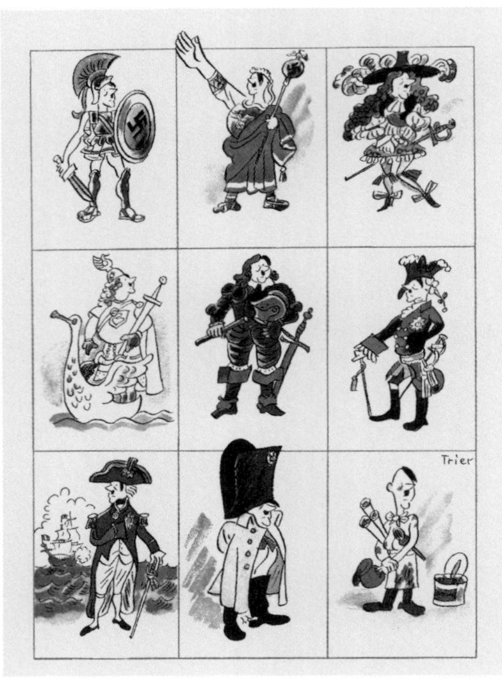

»The Painter and his Models«. Buchillustration, 1944.

gandaminister Joseph Goebbels. Vor ihm wähnte er sich wohl nur sicher, wenn er diese menschliche Abnormität in Spiritus einlegen kann: *Goebbels – in spirits* eben.

Auch in einem anderen Sammelband, der jedoch erst nach dem Krieg 1946 herauskam, erschienen einige Illustrationen von Walter Trier neben den Arbeiten anderer europäischer Karikaturisten von Rang: *The Pen is mightier. An Anthology of Allied War Cartoons*, The Story of the War in Cartoons, publiziert von Joachim Joe Lynx. Von eben jenem Herausgeber der Magazine *Time* und *Life* sollte Trier kurze Zeit später den Auftrag erhalten, verschiedene Delegierte der *United Nations Organization* als zerbrechliche Eierköpfe zu karikieren.

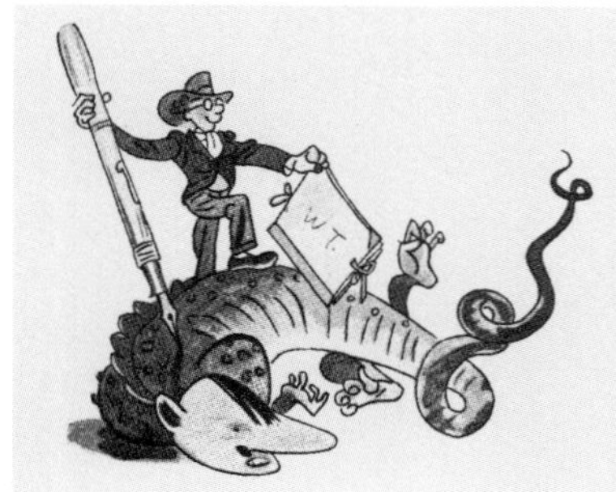

Walter Trier als Drachentöter. Buchillustration, 1946.

Britische Staatsangehörigkeit

Am 6. Juni 1944 begann mit dem *D-Day* die Invasion der westlichen alliierten Streitkräfte an den Stränden der Normandie, zwei Monate später marschierten ihre Truppen in Paris ein. Kurz darauf beendete Walter Trier seine regelmäßigen politischen Arbeiten in der *Zeitung* und konzentrierte sich wieder ganz auf zivile Themen, zum Beispiel die regelmäßig mittwochs in *The Daily Herald* erscheinende Bücherkolumne des englischen Schriftstellers John Betjeman.

Am 28. März 1945 endete die deutsche Offensive gegen England, und am 8. Mai 1945 schließlich bejubelten die Engländer die bedingungslose Kapitulation Deutschlands. Mitten unter den Feiernden befand sich auch Walter Trier. Am 28. Mai 1945 schrieb er erleichtert seinem Freund Paul Westheim: »Na die Nazis sind wir also glücklich los. Wir sind auf einem Victory Holiday. [...] Beiliegend eine Nummer von ›Illustrated‹ die genau am ›V.Day‹ herauskam, ich hoffe es wird Ihnen auch noch post festum Spass machen.« Eineinhalb Jahre später vermeldete er ihm: »Wir haben berechtigte Hoffnung in wenigen Wochen unsere britische Naturalisation zu haben, dann wird vieles für uns leichter sein.« Und er sollte Recht behalten: Im Februar 1947 erhielten Walter und Helene

Trier die britische Staatsbürgerschaft. Sie gehörten zu jenen Flüchtlingen, die von ehemals feindlichen Ausländern zu »friendly aliens of enemy nationality« geworden waren und denen der Erwerb der britischen Staatsbürgerschaft ermöglicht wurde. Walter Trier war fest in der englischen Gesellschaft angekommen, und zwar nicht erst, seit er das Cover für das Buch *10 Downing Street. The Romance of a House* gezeichnet hatte. Für die Gestaltung des Umschlags hatte der englische Verleger angeblich »den populärsten englischen Buchtitelzeichner« gesucht und nicht lange nachdenken müssen. »Er nahm Walter Trier. Und in allen späteren Kritiken bestätigte die englische Presse, mit welch tiefem Verständnis für britischen Geschmack der Maler seine Aufgabe gelöst hatte.«

Doch trotz dieses Erfolgs in England zog Walter Trier mit seiner Frau schon bald weiter nach Kanada, weil sie in der Nähe ihrer Tochter sein wollten. Nach einem traurigen Abschied von den englischen Freunden waren Walter und Lene Trier am 9. August 1947 »von England abgedampft«, aber voller Vorfreude auf die lange entbehrte Tochter. »Nur deshalb unterbrach er, 57 Jahre alt, seine zweite Karriere und begann, jenseits des Ozeans, die dritte.«

1947

/

TORONTO

/

1951

Dritte Karriere

Nach der Überfahrt auf der *Queen Elizabeth*, bei der die beiden Triers nach den kümmerlichen Kriegs- und Nachkriegsjahren das »Millionärsleben für 5 Tage« sichtlich genossen hatten, legte der Ozeandampfer am 14. August 1947 sicher im Hafen von New York an, wo er bereits sehnsüchtig erwartet wurde. Auch Walter und Lene waren überglücklich, Gretl und Nick Fodor wiederzusehen. Nach einer nur 24-stündigen Sightseeing-Tour in der damals brütend heißen nordamerikanischen Metropole waren alle froh, endlich mit dem Wagen ins rund 500 Kilometer entfernte Toronto aufbrechen zu können. Nach diesem Erlebnis war sich Trier nicht ganz sicher, ob er diese Stadt, die er auf jeden Fall noch gründlicher kennenlernen wollte, hassen oder lieben sollte. Spontan begeistert war er hingegen von der »wunderschönen Landschaft mit vielen reizenden Holzhäusern im Colonial Stile« auf dem Weg nach Toronto, wie er seinem Freund Westheim schrieb.

In Toronto bezogen sie sofort ihre Wohnung in der Roxboro Street East, im modernen »Dachmansarden Flat« des Hauses seiner Tochter. Da die Räume winzig waren, mietete er sich für seine Arbeit ein Studio in der Nähe und erwartete dort ungeduldig die Ankunft der Transportkisten mit der gesamten Habe, darunter die übervollen Mappen und seine geliebten Kunstbücher. Beides mag für sein Wohlbefinden gewiss dringend notwendig gewesen sein. Zum Überleben jedoch brauchte Walter Trier die alten Sachen zunächst nicht, denn er hatte durch die Vermittlung seines Schwiegersohns längst einen neuen, zuverlässigen Auftraggeber vor Ort – *Canada Packers* – in Aussicht und sogar selbst noch zwei wichtige Großprojekte aus der Alten Welt mitgebracht: die regelmäßigen Cover für *Lilliput* und die Illustrationen für ein neues Kinderbuch mit Erich Kästner, *Die Konferenz der Tiere*.

Gemeinsame Arbeit an der *»Konferenz der Tiere«*

Während des Zweiten Weltkrieges war eine ungehinderte Korrespondenz zwischen England und Deutschland nicht möglich gewesen, weshalb der Kontakt zwischen Trier und Kästner unmittelbar nach ihrem letzten Treffen in London 1938 abgebrochen war. Doch auch in der Nachkriegszeit war es ihnen nicht möglich, einfach dort weiterzumachen, wo man vor dem Krieg aufgehört hatte. Zu viel war inzwischen passiert und die eigene Zukunft noch auf längere Sicht unklar. Jeder war mit sich, mit den traumatischen Kriegserlebnissen, der sorgenvollen Gegenwart und der ungewissen Zukunft beschäftigt. Und man hatte viel zu lange nichts voneinander gehört. Zum Glück aber gab es, wie schon bei ihrem ersten Zusammentreffen in Berlin, wieder ein resolutes Frauenzimmer, das den Kontakt zwischen den beiden Buchkünstlern herzustellen vermochte. Ende der Zwanziger Jahre war es Edith Jacobsohn gewesen, diesmal war es Jella Lepman, eine aus Stuttgart stammende Journalistin, die aufgrund ihrer jüdischen Herkunft aus Nazi-Deutschland hatte fliehen müssen und 1945 als Oberst der amerikanischen Streitkräfte nach Deutschland zurückgekehrt war. In ihrer Militärbehörde in München arbeitete sie als »Advisor für die kulturellen und erzieherischen Belange der Frauen und Kinder in der amerikanischen Besatzungszone.«

1946 – in einem Jahr voller zerstrittener, vertagter, unterbrochener, geheimer und ergebnisloser Friedenskonferenzen und zu genau der Zeit, als der Kalte Krieg die politischen Spannungen verschärfte und erneut kriegerische Auseinandersetzungen drohten – war in Jella Lepman die Idee zu einem Kinderbuch gereift, das genau diese aktuell prekäre politische Gefahr zum Thema haben sollte. Für die literarische Umsetzung dieser Idee bat Lepman den Feuilletonchef der *Neuen Zeitung* um Mithilfe und Unterstützung. Und der hieß damals Erich Kästner.

Im Winter 1947/48 trafen sich die beiden in Lepmans Münchner Wohnung und formulierten ein erstes Konzept für das friedenspädagogische Kinderbuch. Nachdem man sich geeinigt hatte, dass es ein Bilderbuch werden sollte, war beiden von Anfang an klar, dass für die Illustrierung nur einer in Frage käme: Walter Trier.

Und so kam es, dass der Zeichner am 17. März 1947, neun Jahre nach ihrer letzten Begegnung, Post von Erich Kästner erhielt, in dem dieser berichtete, dass Jella Lepman einen »spontanen und nach rascher Verwirklichung drängenden Plan [...] einen Einfall von internationaler Tragweite« gehabt hatte: »Es handelt sich um ein Bilderbuch, das sehr schnell und möglichst in allen Sprachen erscheinen müsste. [...] Die entscheidende bildnerische Mitarbeit müssten unbedingt Sie übernehmen, es gibt keinen anderen und niemand weiß einen besseren. [...] Wir wären furchtbar froh, wenn Sie soviel Zeit und Laune hätten, uns [...] helfen zu wollen!«

Walter Trier sagte sofort zu. Gerade wegen seiner Erfahrungen während zweier Weltkriege und dem Erleben von Radikalisierung und Vertreibung sah er als erklärter Pazifist in dem Projekt eine wichtige Aufgabe. Dank des Engagements aller Beteiligten war schließlich ein modernes Märchen entstanden, in dem die Tiere um der Menschenkinder willen eine friedliche Lösung des drohenden Kalten Krieges zu erzwingen versuchen – und Erfolg damit haben. Für *Die Konferenz der Tiere* gestaltete Walter Trier einen prächtigen beidseitigen Farbeinband und über hundert, größtenteils sehr aufwendig kolorierte Federzeichnungen, die durchgehend im farbigen Offset gedruckt wurden. Nach diesem persönlichen Kraftakt – immerhin fiel die Arbeit genau in die Zeit der Auswanderung nach Kanada – war er natürlich besonders frustriert, dass der von allen angestrebte, weil politisch so dringend er-

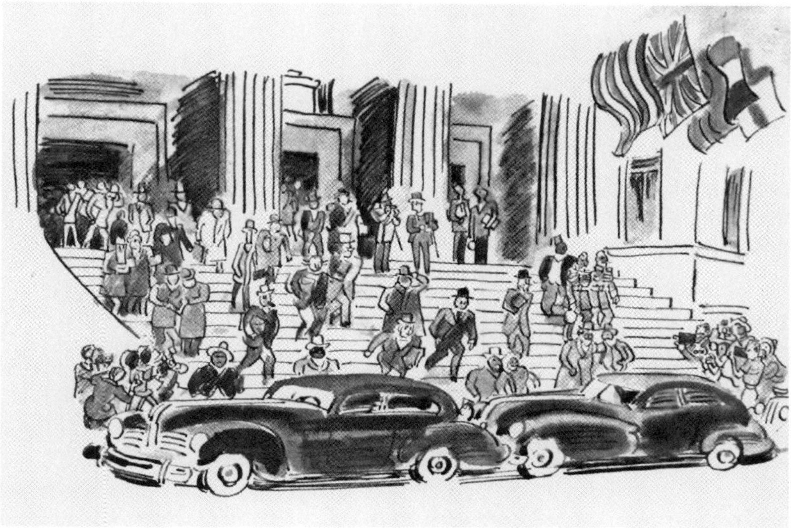

»Konferenz der Tiere«. Buchillustration, 1949.

wünschte Erscheinungstermin zu Weihnachten 1948 nicht eingehalten, sondern immer wieder hinausgeschoben wurde.
Am Ende waren alle mit dem Resultat zufrieden, und Kästner schrieb rückblickend: »Als ich ihm 1947 den Text zur ›Konferenz der Tiere‹ schickte, waren neun Jahre seit unserer letzten Begegnung vergangen. Meine dilettantischen Skizzen, die ich beilegte und die ihm andeuten sollten, wie das fertige Bilderbuch aussähe, das mir vorschwebte, konnten ihm ganz gewiß nur wenig helfen. Trotzdem entstand, dank seines Kunstverstandes und seiner unermüdlichen Fantasie, ein Buch aus einem Guß. Zwischen seinem und meinem Arbeitstisch lag der Atlantische Ozean. Und zwischen 1938 und 1947 lag sehr viel Weltgeschichte. Wir waren Nachbarn geblieben.«

Ein paar Monate später, im Dezember 1947, schrieb ein deutlich ruhiger gewordener Walter Trier: »Lieber Paule Westheim, Wir haben uns sehr mit Ihrem Brief v. 13.10. gefreut. Und besonders auch gefreut zu hören wie fleissig Sie an interessanten Dingen arbeiten. Ich fange auch so langsam an warm zu werden nachdem endlich – vor kurzem erst – meine Luft[fracht] ankam. Ich habe auch schon einen guten canadischen Auftrag für eine (oder mehrere) Serien von Plakaten. Leider habe ich nicht den ›Europa Almanach‹ und auch nicht ›Kunstblatt‹ Einzelhefte – dagegen besitze ich einen Band mit ›Kunstblatt‹ Heften u.a. das Heft mit Kinderzeichnungen. Falls Sie diesen Band gerne haben möchten will ich ihn Ihnen senden. Lassen Sie mich bitte wissen. Für heute nur viele herzliche Grüsse und hoffentlich kommt Ihr Wunsch in Erfüllung daß wir uns in nicht zu ferner Zeit in Mexico wiedersehen. Freundlichst grüssen die Triers und die Fodors.«

Den intensivsten Briefwechsel pflegte Walter Trier während seiner Zeit in Kanada mit Kurt Maschler, der ja schon in London vom Verleger und Arbeitsvermittler zum Berater und Freund mutiert war. Mit ihm konnte er bruchlos alte und neue Projekte diskutieren, aber auch ganz alltägliche, persönliche Probleme lösen. Und so freute er sich natürlich sehr, als Maschler für das Frühjahr 1948 sein Kommen ankündigte: »Lieber Maschler, Ich erhielt Ihren Brief v. 28. April und Sie haben inzwischen meinen mit den allerhand Wünschen erhalten. Da die Reise nun eine Woche verschoben ist dürfte wohl Rita [d.i. Maschlers Lebensgefährtin] Zeit haben mir den Aquarell-Malkasten zu besorgen. Thank you so much! Etwas Pillen, die ich bestellt habe dürften auch noch ankommen. […] Bitte sehen Sie zu, daß der Toronto Aufenthalt nicht zu kurz wird. Ein Weekend mit Ausflug zum Niagara wäre sehr schön doch wollen Sie doch sicher hier auch mindestens 2 Tage geschäftlich tätig sein?! Jetzt bleibt mir nur noch übrig Ihnen eine recht schöne Reise und pleasent days in New York zu wünschen. Aber bitte kommen Sie nicht vollständig erledigt und mit total verkorkstem Magen nach Toronto. New York hat es in sich. Bringen Sie alles was Sie an Unterlagen für vergangene und kommende Projekte haben – ich möchte sehr gerne wissen – wie ich mit Ihnen und Europa stehe und wie etwa die weiteren Pläne sind. […] Was ist aus meinen Plänen geworden schön bestaunt für mich zu malen – Ölbildchen und Aquarellchen?!! Ich glaub ich muss um dazu zu kommen auf Verlängerung meines Urlaubes auf dieser schönen Erde ersuchen.«

Maschlers Antwort kam prompt: »Lieber Trier, Da ich im Flugzeug reise, kann ich leider nur ein beschraenktes Gewicht mitnehmen. [...] Ich habe Ihren Brief mit diversen Wuenschen erhalten. Es wird leider sehr schwierig fuer mich sein, diese Dinge mitzunehmen, so gern wie ich es tun wuerde. Ich werde mir Muehe geben, wenigstens etwas zu bringen [...]; ich habe noch viel Arbeit, bevor ich abreise. Entschuldigen Sie daher die Kuerze.«

Doch nicht nur Maschler half tatkräftig mit, die in Übersee nicht erhältlichen europäischen Produkte nach Kanada zu liefern, auch der Schwiegersohn Nick war dabei eine große Unterstützung. Er nutzte jeden Geschäftstermin in England und Kontinentaleuropa zu Kurierzwecken für die Triers, wobei an erster Stelle ihrer Wunschlisten Arzneimittel und Malutensilien standen, an zweiter Fachbücher über Kunst, Kindermalereien und Spielzeug.

Der Traum von Kanada

Für einen reich bebilderten Artikel einer kanadischen Monatszeitschrift gab Trier einen ungewohnt tiefen Einblick in sein damaliges Privat- und Seelenleben. Unter der Überschrift »Trier discovers Canada« erfuhr der Leser beispielsweise von des Malers größter Enttäuschung. Bei seiner Ankunft im August 1947 hatte er nämlich zu seinem Bedauern erkennen müssen, dass sie unter völlig falschen Voraussetzungen gekommen waren. Voller Empörung stellte er fest, dass die Kanadier keineswegs dem Klischee entsprachen, das über sie verbreitete wurde. Zur Erläuterung dieser Enttäuschung holte er weit aus und berichtete, wie es überhaupt zu dem Entschluss kam, nach Kanada zu gehen. Als er mit seiner Frau gegen Ende des Krieges in einen Gasthof im ländlichen Hertfordshire gezogen war, hätten sie ernsthaft darüber nachgedacht, sich für immer in England niederzulassen. Dann aber hätte sie beide die Sehnsucht nach der Tochter Gretl überkommen. Keiner hätte es zunächst dem anderen eingestehen wollen, und so hätte jeder für sich heimlich damit begonnen, begierig alle Bücher über

Kanada zu lesen, die aufzutreiben waren, so lange, bis er endlich mit der Faust auf den Tisch des Hauses gehauen und ein Machtwort gesprochen hätte. Er hätte zu Lene gesagt, sie solle endlich packen. »Laß uns nach Kanada gehen und uns diese merkwürdigen ›Mounties‹ anschauen«, hätte er ihr mit seinem jungenhaften Grinsen in Gesicht befohlen. Gesagt, getan!

Und dann die traurige Feststellung, dass nicht alle Kanadier wie Kavalleristen gekleidet herumliefen! Selbst nach über einem Jahr in der Neuen Welt war er darüber noch untröstlich. Ja, er fühlte sich fast ein bisschen geprellt, denn in Europa, »erklärt er traurig, während seine braunen Augen schelmisch durch die blau getönten Brillengläser blitzen, ›wurde uns erzählt, daß Kanada ein Land der berittenen Polizisten, Biber, Elche, Indianer und Riesenfische sei. Daher erwartete ich natürlich, daß hier alle – Geschäftsleute, Ladeninhaber, Frauen, kleine Jungs und kleine Mädchen – Kavallerieanzüge tragen und ihre Biber an einer Leine spazieren führen. Oder vielleicht wenigstens, daß ein Elch mit imposantem Geweih um eine Hausecke herumlugen würde. Aber als ich ankam, war ich ganz trostlos. Ich schaute überall. Ich sah nur geschäftige, enorm ernsthaft aussehende Männer, die in blauen Anzügen herumliefen und Frauen, die schwarze Kleider trugen. Nicht eine leuchtend rote Uniform! Keine Kavallerie-Mützen! Keine Biber! Keine Elche! Keine Indianer! Ich war so enttäuscht. Aber, wie man sieht, habe ich den Schock überlebt.‹« Vermutlich, weil er es dann doch noch eines Tages geschafft hatte, einen Biber und einen Elch zu sehen – im Zoo! Und wie war er enttäuscht, weil der Biber keine enormen Backenzähne hatte, und was die Elche angeht, hatte er große Zweifel, da sie keine majestätischen Geweihe trugen. Nach diesem Zoobesuch lag er in der Nacht wach, »weil er sich über den Plural von ›moose‹, das englische Wort für ›Elch‹, den Kopf zerbrach. ›Die ganze Nacht überlegte ich, ob es mooses, meese, mise oder vielleicht nicht doch auch moosers sein könnte. Am nächsten Tag klärte mich ein Freund auf und sagte, daß der Plural von ›moose‹ ganz einfach ›moose‹ ist. Da hatte ich den ganzen Schlaf also völlig umsonst vergeudet. Ich war gerade wieder am Anfang meiner Überlegungen gelandet. Ein ›moose‹. Zwei ›moose‹. Oder hundert ›moose‹. Das fand ich sehr merkwürdig. Ich war sicher, daß ich mich an diesen Gedanken nicht würde gewöhnen können. Und ich entschied, daß ich künftig auf jeden Fall zwei ›mooses‹ sagen würde‹, lachte er.«

Seine tschechische Herkunft hatte seiner englischen Aussprache, wie der kanadische Reporter notierte, einen vornehm klingenden, wissbegierigen Akzent gegeben. Dieser Eindruck entstand, weil er in all seinen Sätzen stets die erste Silbe eines jeden wichtigen Wortes betonte und die Modulation zur letzten Silbe hin senkte. Seine Stimme wurde als weich und musikalisch empfunden, angefüllt mit unterdrücktem Lachen, das immer durchzubrechen drohte, und es oft genug auch tat. Wenn er redete, dann nicht nur mit Händen und Füßen, sondern mit seinen Armen, seinem Kopf und manchmal auch mit ganzem Körpereinsatz. Wenn er eine Geschichte erzählte, dann liebte er es sie vorzuspielen, wobei er alle Rollen gleich selbst zu übernehmen pflegte, Stimmen nachahmte, Grimassen schnitt, ja sogar durch den Raum tänzelte und dabei mit seinen langen Armen ruderte. Alles in allem sei es vollkommen unmöglich gewesen, sich als sein Zuhörer zu langweilen.

Wenn man der damaligen Beschreibung Glauben schenkt, dann war Walter Trier in Kanada zu einem eindrucksvollen Mann mit weichen Gesichtszügen geworden. Die wachsamen Augen wurden von buschigen, schwarzen Augenbrauen gerahmt, das ergraute lockige Haar war aus der hohen Stirn zurückgestrichen. Im Gesicht dominierte nach wie vor seine markante Hakennase. Die kräftigen Hände hatten lange und geschmeidige Finger. Und nicht nur in seinem lebhaften Wesen, auch in seinem Äußeren schien Trier den Figuren, die er erschuf, außerordentlich ähnlich gewesen zu sein. Wie diese, sein Spielzeug oder seine Puppen sei er stets farbenfroh gekleidet gewesen. Er mochte einfache Stoffe in kontrastierenden Farben, und anstelle von Krawatten bevorzugte er vielfarbige Halstücher, die er keck geknotet um seinen Hals trug. Ganz besonders schätzte er Pullover und Wanderschuhe – auch weil er lange Spaziergänge liebte.

Alltag in Toronto

Mit Argwohn beäugte er in Toronto die dortigen alten Straßenbahnwagen und vermisste desto mehr Londons moderne Untergrundbahn. In einigen Bildern zeigte Trier die kanadischen Straßenbahnpassagiere als einen nervösen, chronisch unruhigen Haufen. Einem Besucher beeilte er sich zu erklären, dass das aber gar nichts damit zu tun habe, dass sie gerade unter zwei seiner aktuellen Straßenbahn-Plakaten sitzen würden, sondern vielmehr an der blutrünstigen Lektüre läge, die sie während der Fahrt so gierig konsumierten.

Aber nicht nur wegen der klapprigen Wägen fuhr Trier in Kanada ohnehin nicht gern mit der Straßenbahn. »In Torontos Straßenbahnwagen«, erzählte Trier, »riecht es meist wie in einem Pub. Dort scheint immer mindestens ein betrunkener Passagier mitzufahren. Der Rest sitzt daneben oder hängt an den Gurten und schaut erschrocken und verstört. Und sie lesen Comics. Sie alle lesen diese Comics, die nur so strotzen vor Ärger, Mord und Totschlag. Wenn so etwas die Leute zum Lachen bringen kann, dann will ich nicht länger zeichnen. Anstatt so etwas ›Comics‹ zu nennen, sollte man sie ›Tragics‹ heißen. Aber vielleicht bin ich mittlerweile auch zu gallig.«

Als sein größter Auftraggeber *Canada Packers* erstmals seine »Straßenbahn-Wackel-Reklame« installiert hatte, verbrachte er aber dann doch einen ganzen Tag in den Bahnen. Diese wackelnden Plakate waren eine seiner raffiniertesten Reklameideen. Mit einem Stück Draht hatte er Märchenfiguren an einem Holzblock befestigt, der wiederum auf das Plakat geklebt war. Triers Idee war, die Leute dahinzubringen, an den Figuren zu ziehen, denn unter jeden Holzblock hatte er einen Gruß drucken lassen, wie der Folgende »Sie treffen mich bei Ihrem Lebensmittelhändler ... Relish«. Trier hatte Sorge, dass die »so zurückhaltenden, so vorsichtigen Kanadier« es nicht wagen würden, »ohne eine schriftliche Einladung« an den Figuren zu zupfen. Doch er hatte sich vollkommen unnötig darüber den Kopf zerbrochen, denn die Idee war ein durchschlagender Erfolg, und die Figuren begannen zu verschwinden, sobald die Straßenbahnwagen morgens aus dem Depot fuhren. Was Trier besonders überrascht und gefreut hat, war die Tatsache, dass die meisten der abgezupften Figuren von äußerlich ganz seriös wirkenden Geschäftsleuten mitgenommen worden waren.

Nicht nur die kanadischen Männer überraschten Trier, auch die dortigen Frauen verwirrten und entzückten ihn. »Die Frauen findet

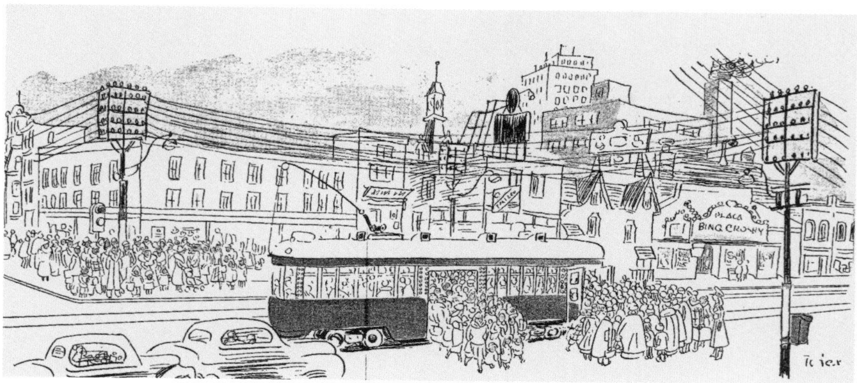

Ansicht von Toronto. Pressegrafik, 1949.

man überall und wenn man den Künstler erzählen hört, dann bekommt man einen Eindruck von den Räumen, die voller Frauen wimmeln, die schwarze Kleider tragen, Tee trinken und Schwätzchen halten. ›Sie sind so schön‹, sagte er. ›Aber die jungen Frauen, die nach Ehemännern Ausschau halten sollten, sind so schlampig angezogen mit den Pullovern ihrer großen Brüder, den Schuhen ohne Absätze, und Kaugummis, damit sehen sie aus wie Zoot suiters. Und die älteren Frauen, die verheirateten Frauen, sind genau das Gegenteil. Sie sehen aus wie Indianer mit voller Kriegsbemalung. Sie haben den New Look, den allerneuesten Haarschnitt und hunderte von Kosmetik-Fläschchen. Und sie sind überall. Frauen, Frauen überall. Sie gehen in Vereine – Bridge, Stricken, Soziales, sogar Politische Vereinigungen. Ich glaube, das alles ist nur ein Vorwand um zusammen zu kommen und eine Tasse Tee miteinander zu trinken und zu tratschen. Und in den Restaurants kannst du überall redende und trinkende Frauen sehen, die außerdem immer schwarze Kleider tragen. Wo, frage ich, sind die Ehemänner? Mir wurde gesagt, sie würden arbeiten. Aber manche, nehme ich an, besprechen wichtige Geschäfte in Hotelzimmern bei einem Glas Tee.‹«

Als Trier zu Ohren kam, dass man in einigen kanadischen Städten darüber nachgedacht hätte, den Aufenthalt in den Parkanlagen nach Mitternacht zu verbieten, ja sogar ernsthaft erwogen hätte, die Parks ohne buschige Liebeswinkel zu bauen, war er höchst beunruhigt. »Wozu gibt es Parks, wenn nicht für Liebespaare?«, fragte er entrüstet. »Sie würden wohl am liebsten Parks bauen, wie die vielen ach-so-schönen, aber so-vereinsamten Schluchten. Dabei gibt es in Kanada schon einen Haufen solcher Schluchten. Ich habe übrigens mein Atelier deshalb ausgewählt, weil ich von dort die ›Rosedale Schlucht‹ überblicke, und jeden Tag schaue ich voller Hoffnung hinaus. Und was sehe ich: Nicht ein kleines Picknick! Alles, was ich dort sehe, sind Polizisten, immer nur Polizisten. Aber vielleicht ist ja genau deshalb nie irgend ein Mensch dort.«

Nun gut, Walter Trier schien für kanadische Verhältnisse vielleicht etwas zu viel von seiner österreichischen Mentalität und kontinentalen Behaglichkeit in die neue Heimat hinübergerettet zu haben. Auch was seine eigene Arbeitsmoral anging. Denn so eifrig und arbeitsam er auch sein mochte, er war doch fest davon überzeugt, dass man besser ein später Wurm als ein früher Vogel sei. Nach diesem Motto betrat er sein »50-Dollar-Atelier« im *Wakunda Building* meist so »gegen zehn«, was manchmal auch »gegen elf« bedeutete. Da das Mittagessen im Hause Trier immer schon eine festliche Angelegenheit war, schneite Lene Trier dann stets gegen Mittag mit einem heiteren Gruß auf den Lippen in das Atelier. Über dem Arm einen großen Picknickkorb, den sie mit lauter guten Dingen vollgestopft hatte. Im Nu sei Triers Schreibtisch leer geräumt und mit gekühlten Bierflaschen, Schwarzbrot, Käse sowie kalter Schweinshaxe vollgestellt gewesen. Sogar cremige Windbeutel wurden als Nachtisch aufgefahren. Bald schon hätte ein elektrischer Wasserkessel gedampft, bereit, den obligatorischen Kaffee aufzubrühen. Als krönenden Abschluss des opulenten Mittagsmahls pflegte Trier schließlich die zweite seiner drei täglichen Zigaretten – ausschließlich Exportware – zu rauchen.

Triers Märchenwelt

Doch auch wer außerhalb der Essenzeiten Walter Triers Studio betrat, fühlte sich in eine andere Realität versetzt. Mancher Besucher konnte den Eindruck gewinnen, er befände sich in einer Märchenwelt. Die in diesem Klima entstandenen Bilder mussten fast zwangsläufig die Einfachheit und den Charme alter Kinderlieder atmen. Verständlich, dass in diesem Umfeld aus seiner Feder hauchdünne Feen huschten, lustige Clowns tanzten, bunte Soldaten paradierten und skurrile Männlein heraustaumelten. Alle mit einer luziden Zartheit und märchenhaften Grazie auf das Papier geworfen, scheinbar aus dem Nichts gekommen und jederzeit bereit, dorthin auch wieder zu verschwinden. Doch nicht nur ihre Flüchtigkeit war beeindruckend, die von Trier geschaffenen Figuren bezauberten – wie ein nüchterner Kanadier befand – vor allem durch ihre Schlichtheit. Auch waren seine kleinen Männer weder streitsüchtig, noch habgierig oder zerbrachen an ihrem Unglück. Und »Triers kleine Frauen sind entzückend, selbst wenn man sie eigentlich für ziemlich schusselig hält. Ihre Anmut ist geziert, aber vor ihrer Zerbrechlichkeit schrecken die meisten kühnen Verehrer zurück, und ihre Frechheiten werden voller Unschuld vorgetragen. Triers hübsche Mädels werden ihre Locken nie zerzausen oder ihre eleganten Kleider zerknittern. Nie wird sich ein Arm um ihre Taillen legen und ihr Lippenstift wird auch noch morgen tadellos sitzen. Sie sind die Schönen aus dem Kinderzimmer, nicht aus dem Heuhaufen.«

Von all dieser zerbrechlichen Zierlichkeit und gemalten Anmut darf man sich aber auch nicht täuschen lassen. Wie ein anderer Kritiker schrieb, konnte Trier, wenn es um seine Arbeit ging, auch sehr pedantisch sein. »Nie war er nur mit irgendwelchen Färbungen zufrieden, was er verlangte, war Farbe. Er wollte ganz bestimmte Effekte erzielen und nicht irgendeine Tinte, die bei den Druckern ihr Dasein fristet. Er erarbeitete seine eigentümlich faszinierenden Schattierungen, ein ice-cream pink (Bonbonrosa), das Grün der ersten Birkenblätter, ein schimmerndes Violett, das Blau wie das, mit dem die französischen Fischer rund um das Mittelmeer ihre Boote streichen. Er mischt Weiß unter, damit die Farben mehr Volumen bekommen, dann setzt er sie direkt nebeneinander in geraden Strichen, wie Hutschachteln, in gedrehten Streifen, wie Zuckerbonbons, in Rhomben, im Schachbrettmuster, in Schnitzeln, wie bei Mandarinen. Gewiß, diese fordern die Endproduktion heraus – aber selbst das Beinahe-Fehlresultat ist köstlich. Wenn man wissen will, was es heißt ein echtes und ursprüngliches Farbempfinden zu haben, dann sollte man irgendein Titelblatt von Trier nehmen und es mit den alptraumartigen Seiten in den Sonderbeilagen zu Weihnachten vergleichen.«

Bei dieser Form von Perfektionismus ist es nicht verwunderlich, dass der Großteil von Triers besten Arbeiten lange unvollendet blieb. Er selbst wusste sehr wohl um seinen enormen Anspruch, aber auch über seine Schwächen Bescheid. »Ich fange an und denke, daß ich der größte Maler der Welt bin«, sagte er. »Aber nach zwei Stunden weiß ich, daß ich der schlechteste bin. Dann lege ich die angefangene Arbeit beiseite.« Früher oder später machte er sich dennoch daran, das Bild zu beenden, und wenn er schließlich damit zufrieden und fertig war, konnte man sicher sein, dass es weder mürrische Gesichter noch trübsinnige Geschichten enthielt. Triers Zeichnungen mögen witzig und spöttisch sein, doch niemals verbittert oder boshaft. Seine »Kunst ist feinfühlig und anmutig. Sie hat kein Sendungsbewußtsein und ist nicht anmaßend. Sie ist reines Vergnügen.« Das fanden Publikum und zahlreiche Kritiker nicht nur in der Alten, sondern auch in der Neuen Welt. Triers Gemälde wurden ausgestellt, und »seine Verehrer rissen sich darum, sie zu kaufen«.

Ein einzigartiges Tondokument

Zu Weihnachten 1948 hatte Walter Trier Erich Kästner einen ungewöhnlichen Gruß zukommen lassen und ihn mittels einer bei *CBC Radio Canada* aufgezeichneten Schallplatte nach Kanada eingeladen: »Lieber Erich Kästner, also vor allem: Frohe Weihnachten und ein glückliches, erfolgreiches Neues Jahr. Wenn ich von Glück und Erfolg rede, so ist das nicht ganz selbstlos. Sollen doch im 9ten 49 zwei der Bücher erscheinen, welche in gemeinsamer Arbeit entstanden sind, unser ›Salzburgbuch‹ und unser politisches Kinderbilderbuch unter dem Titel ›Der Kongreß [sic] der Tiere‹. Und hoffentlich sehen wir Sie bald hier im noch immer etwas fernen Kanada. Sie werden auch hier als alter Freund begrüßt werden, denn zu meinem freudigen Erstaunen sagte mir die Leiterin der Jugendabteilung der Torontoer Stadtbibliothek, daß ›Emil und die Detektive‹ immer noch das meist verlangte Jugendbuch sei. – Wenn ich die Memoiren bedeutender Menschen vergangener Tage lese, so beneide ich immer diejenigen, die etwa Beethoven und Goethe, Heinrich Heine und Bettina von Arnim persönlich gekannt haben. Wieder andere hatten Brahms und Brenton und Wilhelm Busch und Anselm Feuerbach zu Freunden. Blick ich auf mein Leben zurück, wen könnte ich nennen? Mit einigen recht amüsanten Malerkollegen wie Zille und Paul Simmel ist es doch immer wieder Erich, der Kästner, der herausragt. – Da wir jetzt bald an unsere gesammelten Werke herangehen müssen, lieber Erich, will ich mit dem berühmten Satz der Mae West enden: ›Please come and see me sometimes‹, auf gut deutsch: ›Kleiner, komm' mal auf meine Bude‹. In alter Treue und leicht ramponierter Frische Dein Walter Trier«.

Das mit der »Bude« war leicht untertrieben. Denn hatten sich die Triers in Hertfordshire noch mit einem Gasthaus und Garagen-Atelier arrangieren müssen, so lebten sie in Toronto von Anfang an in »gesitteten« Verhältnissen im Hause der Tochter mit einem angemieteten Atelier um die Ecke. Dort empfing er Anfang Mai 1948 Jella Lepman, die nach dem Besuch schwärmte: »Hier sitze ich wirklich in Walter Triers Atelier und vergesse beinahe, daß ich in Canada u. Toronto bin – Ateliers haben ihre eigene und unzerstörbare Atmosphäre.«

Erneuter beruflicher Erfolg

Seine Arbeit gab Walter Trier einen enormen und kaum abschätzbaren Halt. Schon 1947 lieferte er seine ersten kanadischen Auftragsarbeiten ab. Hauptauftraggeber für Werbeplakate, Etiketten, Verpackungen und Löschblätter waren bis zu seinem Tod der Lebensmittelkonzern *Canada Packers* und eine kanadische Versicherungsgesellschaft. Später kamen Aufträge für Titelblätter des Schweizer Magazins *Annabelle* dazu, sowie ab 1948 für die in Toronto erscheinenden kanadischen Blätter *New Liberty* – eine, wie Trier befand, recht »volkstümliche Monatsschrift« – und *Saturday Night*, eine seit 1887 bis heute erscheinende Wochenzeitschrift.

Wohl auf eine Verwechslung der bekannten Tageszeitung *The New York Times* mit dem für seine Cartoons gefeierten Magazin *The New Yorker* geht die immer wieder zu lesende Behauptung zurück, Trier hätte eine ganze Reihe Cover dieses populärsten

Intellektuellen-Magazins von Amerika gestaltet. Dafür gibt es aber weder in Triers Akten einen Beleg noch bei der Zeitschrift, denn zum Jubiläum des achtzigjährigen Bestehens hatte die Redaktion beschlossen, alle bis dato erschienen 68 647 Cartoons auf zwei CD-ROMs zu veröffentlichen. In dem beigefügten Künstlerindex taucht der Name Walter Trier leider nicht ein einziges Mal auf. Schade! Als Zeichner hätte Trier hervorragend zur Ideologie des Blattes, zum künstlerischen Anspruch seiner Macher und zu seinen Lesern gepasst.

Über die Wirkung seines einzigartigen, unkonventionellen Stils schrieb das Fachmagazin *Graphis* 1952: »Walter Trier lebte und arbeitete in Kanada während kurzer vier Jahre. Bei seiner Ankunft war sein Name nur wenigen Graphikern bekannt, jedoch keinem einzigen der Auftraggeber. Vier Jahre später, bei seinem Tode, wurde seine Werbegraphik von zahllosen Leuten in allen Teilen Kanadas bewundert. Dreimal in seinem Leben hatte Trier gänzlich neu anfangen müssen und immer hat er rasch Anerkennung gefunden: das erste Mal in Deutschland, dann in England und schließlich in Kanada. In den Nachkriegsjahren übersiedelten viele Künstler und Gebrauchsgraphiker aus England und dem Kontinent nach Kanada. Nur wenige von ihnen besaßen bei ihrer Ankunft Walter Triers unmittelbare Begeisterung und sein warmes Interesse für Land und Leute. Seine Einstellung gewann ihm sogleich zahlreiche Freunde und trug dazu bei, seiner Werbegraphik Durchschlagskraft bei der kanadischen Bevölkerung zu verleihen. Ein bedeutender Teil der Aufträge stammte von einer der größten Lebensmittelfirmen Kanadas, wobei ihm ein weiter Spielraum zur Werbung für alle ihre verschiedenartigen Produkte geboten war. Auf diese Weise hatte Trier Gelegenheit, Aufgaben zu lösen, die für ihn völlig neu waren. In einer gewissen Beziehung verband sich sein Werbestil so eng mit den Erzeugnissen dieses Auftraggebers, daß andere Firmen es nicht gewagt hätten, ihn für die Werbung ihrer Produkte beizuziehen.« So war Walter Trier auch in Kanada wieder sofort und ohne große Rückschläge zu »dem Trier« geworden, einem Künstler also, dessen Ruhm den Vornamen ersetzt – wie Erich Kästner einmal neidvoll zugab.

Das eigene Haus in Collingwood

Aufgrund seiner Einnahmen als Werbegrafiker konnte es Trier schon bald wieder wagen, an ein eigenes Häuschen zu denken. Als richtigen Platz dafür hatten sich Walter und Lene Trier die *Blue Mountains* bei Collingwood ausgesucht. An die befreundete Familie Meisl in London schrieben sie damals: »Wir haben lange nichts von einander gehört. [...] Uns geht es gut und sind vollauf beschäftigt unser großes Projekt für 1949 zu finanzieren – nämlich ein Häuschen für uns zu bauen abseits (90 Meilen) vom hässlichen Toronto – in einer sehr schönen Ski- und Wasser [sic] (Lake Huron – Georgian Bay). Wir haben 4 ½ Monate in einer reizenden Log-Cabin in dieser Gegend gelebt und haben uns ein sehr schönes Stückchen Land gekauft. So kann man richtig sagen: we are looking forward. Aber es wird noch viel Aufregung geben bevor wir endlich wieder ein eigenes Heim haben.« Damit das Haus ganz ihrer beider Wünsche und Bedürfnisse

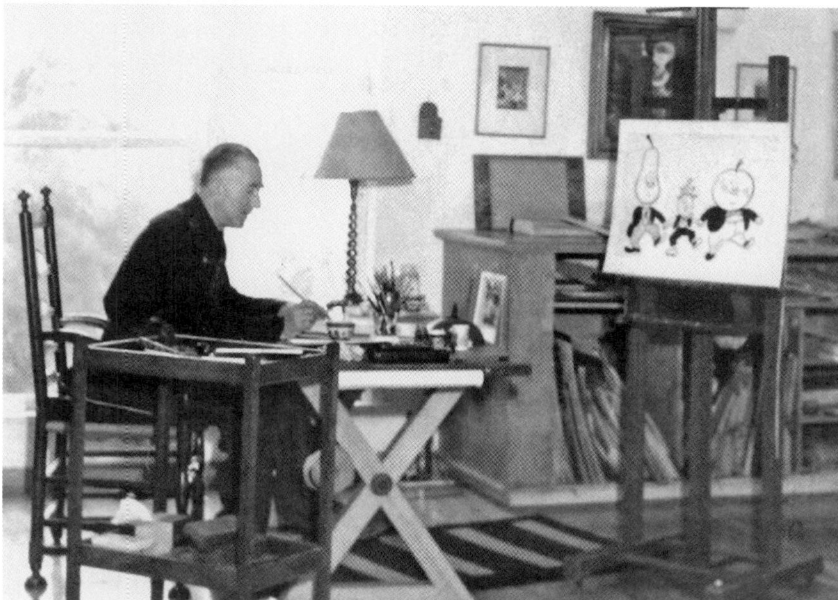

Walter Trier im neuen Atelier. Foto, 1950.

entsprach, hatte Trier Skizzen und Entwürfe geliefert; die konkrete Planung und den Bau übernahm dann ein »lieber famoser Freund« vor Ort: Georg Weider, ein aus Žilina in der Slowakei stammender Architekt. Bereits im Mai 1949 waren Walter und Lene Trier ständig auf ihrem *Blue Mountain Cottage*, um den Bau voranzutreiben. Anfang November war er bezugsfertig, die neue Anschrift lautete »Blue Mountain Lodge, R.R. 3 Collingwood, Ontario«.

Nach über zehn Jahren der Flucht, Not, Enge und provisorischen Unterkünfte konnte das Ehepaar Trier endlich wieder gemäß den persönlichen Vorstellungen und dem eigenen Geschmack wohnen. Trotz zahlreicher Neuerungen waren sie dabei sehr darum bemüht, die gewohnten europäischen Maßstäbe beizubehalten. In einem Aerogramm an Erich Kästner meldete John Envers – ein ebenfalls deutschstämmiger Emigrant – nach einem Besuch im Jahre 1950: »Eben mal für ein Wochenende in ›Europa‹, die blauen Berge sind trotz Schneeschmelze recht nervenberuhigend.«

Im Obergeschoss des kleinen, sehr sachlich arrangierten Hauses hatte sich Walter Trier ein geräumiges Atelier eingerichtet: hell und fast nüchtern, mit den schlichten, puritanischen Möbeln der Shaker. Dort arbeitete er, »fast sechzigjährig, sehr gross und schlank und grau meliert vom Alter und Sorgen«, wie eine Reporterin der *Annabelle* berichtete. Sie hatte Trier 1949 besucht und schrieb anschließend: »Hoch am Berg über der ›Georgian Bay‹ hat er sich ein Haus gebaut, das an die schönen Häuser des Wallis erinnert und von dem aus er eine Aussicht geniesst, wie etwa von Herrliberg aus über den Zürichsee.« Damit griff sie auf eine Formulierung Triers zurück, die dieser selbst zuvor in einem Brief verwandt hatte. Wie wir wissen, war Herrliberg für Trier mehr als nur der Name einer exklusiven Wohngegend am Zürichsee; dieser Ort war ihm zur Chiffre für jene selbstverständliche nachbarschaftliche Hilfe geworden, die seiner Familie auf der Flucht aus Nazi-Deutschland zuteil geworden war.

Der Ausblick aus dem Fenster seines Ateliers in Collingwood war, nach einhelliger Meinung zahlreicher kanadischer Besucher, »breathtaking«. Enge Freunde, die ihn besuchen kamen, hatten schon früh prognostiziert, dass er, anstatt zu arbeiten, den ganzen Tag wohl nur aus dem Fenster sehen würde. Eine Prophezeiung, die Walter Trier sicherlich immer dann wieder in Erinnerung kam, wenn er sich nicht auf seinen Zeichen- oder Malblock konzentrieren konnte und den Blick über die *Georgian Bay* schweifen ließ. Eine Umgebung, die ihm – nach eigenen Worten – eigentlich keine Ausrede ermöglichte, gute Arbeit zu leisten. Umso mehr quälte es ihn, dass er in dieser perfekten Umgebung nicht die gewünschte Ruhe fand, endlich das zu malen, wovon er schon immer geträumt hatte. Vermutlich gerade inmitten dieser friedlichen Landschaft und aufgeräumten äußeren Leere fühlte er den Verlust des inneren Friedens besonders intensiv. So einfach und schnell die äußere Umsiedlung in ein neues, freundliches, helles Atelier gelungen war, wollte ihm die ersehnte innere Verarbeitung der zahlreichen unheimlichen und düsteren Erfahrungen leider nicht gelingen.

Beruflicher Rückschlag

Dazu kam ein harter Schlag, der ihm im Herbst 1949 aus England versetzt worden war. In einem sehr langen Brief berichtete er Kurt Maschler, dass es nach einem Wechsel in der Geschäftsführung des *Lilliput* zu dem für ihn wenig erfreulichen Ende der guten und langjährigen Arbeitsbeziehung gekommen war. »Lieber Maschler, [...] Eine traurige Nachricht erhielt ich vor kurzem von ›Lilliput‹. Unsere 12jährige Ehe wird im November geschieden. Da war im Abschiedsbrief viel davon die Rede daß das Gouvernement darauf dringe daß man möglichst viel Pfunde einspart und das Budget für Foreign-Mitarbeiter stark herunterschraubt. Aber ich spürte auch seit einiger Zeit daß neue Besen bei ›Hudson Press‹ fegen. Neue Leute wollen immer zeigen, daß sie Ihr Geld wert sind und man sieht dann häufig – daß an absolut unwichtigen Sachen – wie: Inhaltsverzeichnis vorn statt hinten – oder hinten statt vorn – geändert wird. Nachdem es kaum ein Jahr her ist daß mein EDITOR (Richard Bennett) schrieb: ›Your February and March Covers are enchanting. You go from strength to strength. They almost make me look forward to the, no doubt, appalling Winter that lies ahead.‹ Kamen dann mehr und mehr Briefe in welchen erwähnt wurde daß der neue Circulations Manager dies und jenes vorschlägt – dies und jenes ihm nicht gefiel – und da merkte ich schon seit einiger Zeit das mein Stand irgendwie unterminiert wird. Trotzdem dauerte es eine Zeit um mich von

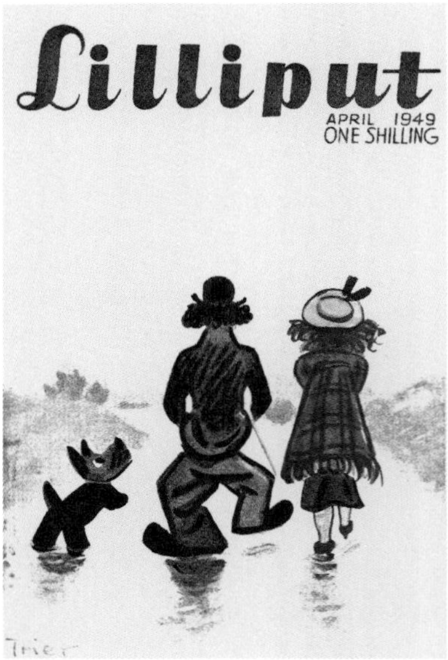

Charlie Chaplin. Pressegrafik, 1949.

diesem Schlag zu erholen.« Abgelöst wurde Trier von Zeichnern wie James Boswell und Ronald Searle, die die Cover im November und Dezember 1949 lieferten. Zwar hatten sich die Nachfolger von der ursprünglich konstanten Bildidee Triers gelöst, hielten aber an dem Konzept der farblich plakativ gestalteten Kompositionen mit klar erkennbaren Figuren fest.

Gegen Ende des Jahres 1949 resümierte ein entmutigter, leicht verbitterter Trier: »Der Sommer welcher einer der schönsten meines Lebens hätte sein können – die Fertigstellung unseres schönen Hauses – das herrlichste Wetter (wenn auch sehr heiss wie wir es noch nie erlebten) – dieser Sommer war auch recht pechös – so habe ich seit Wochen einen schmerzenden Rücken (rheumatisch) der mir in einem Moment da ich noch einmal besonders stark sein sollte (Fertigstellung und Übersiedlung) ganz besonders ungelegen kommt. Wie jeder Mensch zusieht ob man aus einer bösen Geschichte nicht doch Werte herausziehen soll, so trachte auch ich mich mit der ›Lilliput‹ Angelegenheit dahin zu trösten – daß es mich vielleicht zwingen kann meinem grössten Wunsch näher zu kommen: Für den Rest meines Lebens zum grossen Teil vom Bildermalen zu existieren.* (*Selbstredend werde ich aber immer bereit sein besonders hübsche Sachen für Sie [d.i. Maschler] und andere auszudenken.) Ich bin so überzeugt davon, daß ich im neuen Studio angeregt sein werde – das Allerbeste zu arbeiten dessen ich fähig bin, daß ich hoffe auch vom Bilderchen malen werde existieren zu können.«

Rückkehr ausgeschlossen

Trotz solcher Rückschläge und einer noch nicht zu seiner Zufriedenheit wiederhergestellten Arbeitsmoral hatte er ausreichend Arbeit, abwechslungsreiche Aufträge und gute Kritiken. 1950 bestritt er »im amerikanischen Fernsehen Sendungen mit seinen selbstgebastelten Kasperlepuppen«, und im Fachblatt *Graphis* erschien ein reich bebilderter Artikel über seine »Christmas Cards«. *Dandy in the Circus*, der zweite Band seiner *Dandy*-Bücher, kam in London heraus. Er bemalte die Türfüllungen in seinem Haus in Collingwood und gestaltete in einer Lodge im benachbarten Skiort Craigleith eine Wandmalerei. Schließlich nahm er an der *77th Annual Spring Exhibition der Ontario Society of Artists* und der *Art Gallery of Ontario* in Toronto teil, und im Frühsommer 1951 folgte eine eigene *Walter Trier-Ausstellung* im *Hart House*, dem kulturellen und gesellschaftlichen Mittelpunkt der Universität von Toronto. Sie bot, wie die Torontoer Tageszeitungen berichteten, »die Gelegenheit, sich einen umfassenden Überblick über die vielfaltige Gestaltungskraft dieses freundlichen Künstlers zu verschaffen. Da hingen herrliche Aquarelle, die Landschaften aus dem Lebensweg dieses Kosmopoliten zeigten, aus der Schweiz, aus England, da hingen neben den ergötzlichen Karikaturen Buchillustrationen von liebevoller Einfühlung, da standen Trier'sche Marionetten, gefüllt mit praller Köstlichkeit, und Bühnendekorationen, die den typischen Trier'schen Pastellhintergrund zeigten, der nicht ablenken, sondern einrahmen sollte, was davor vor sich ging.«

Wie damals in England, so hatte sich Trier auch in Kanada schnell integriert. In verschiedenen Briefen träumte er zwar gerne von alten Zeiten, schloss eine Rückkehr aber definitiv aus. So schrieb er am 18. April 1951 an Kurt Maschler: »Ich gehe natürlich nicht nach Deutschland zurück, aber wie wohl würde ich mich fühlen – wenn ich z. B. wieder mal – unter deutschsprachigen Menschen in einer romantischen Stadt – sagen wir z. B. in der schönen Schweiz – in Bern war immer mein Wunsch zu leben – sein könnte.« Nur eine Woche später erhielt auch Erich Kästner einen Brief mit ähnlichem Inhalt: »Aus Deutschland bekomme ich viele Briefe und Ausschnitte die mir zeigen wie geschätzt ich da war. Man hat mir dieser Tage angeboten die Leitung eines Kinderbuchverlages zu übertragen falls ich gewillt wäre nach Deutschland zurückzukehren. Das kommt aber nicht in Frage – ich verliess England wo ich mir etwas Schönes aufgebaut hatte um meiner Tochter nahe zu sein – jetzt haben wir die Tochter ein Enkelkind und das Haus und sind müde vom Neugründen und bleiben ein Weilchen sesshaft.«

Lebensende im Exil

Zu seinem sechzigsten Geburtstag erreichte Walter Trier in Collingwood ein ungewohnt persönliches Schreiben von Erich Kästner, das heute im *Deutschen Literaturarchiv* in Marbach aufbewahrt wird. Kästner schrieb dem Zeichner, den er damals schon seit 21 Jahren kannte: »Wenn ich mir überlege, wie lange wir uns schon kennen und wie manche gemeinsame Arbeit wir zu Erfolgen geführt haben, so bin ich immer wieder erstaunt, wenn ich mir nachzurechnen versuche, wie wenig und wie selten wir beide eigentlich beisammen waren. Ein paar Mal bei Edith Jacobsohn, ein paarmal in Ihrem hübschen Haus in Lichterfelde, ein paarmal in Salzburg und einmal in London. Wollte man die Stunden und Tage zusammenrechnen, so kämen, sich über mehr als 20 Jahre erstreckende, kaum vier Wochen heraus. Aber da sieht man wieder, wie wenig es auf die sogenannte ›objektive‹ Zeit ankommt und wie entscheidend deren Gegenteil ist, nämlich das Gemeinsame, die trotz aller Verschiedenheit zusammenklingenden Charaktere und deren Resultat: die Sympathie. Weiß der Teufel, wann und ob wir einander wiedersehen werden. Womöglich wird es nicht der Fall sein. Wir werden dann einander bereits 25 Jahre kennen oder 30 Jahre und 35 Jahre, und trotz dieser geographischen Getrenntheit wird die Sympathie eher wachsen als nachlassen. Das ist schon eine recht merkwürdige und geheimnisvolle Sache, noch dazu in einer Welt, die echt Geheimnisvolles kaum noch kennt. […] Im übrigen wäre noch darauf zu verweisen, daß unsere Herren Großväter, ja Väter mit 40 Jahren nicht nur älter aussahen sondern auch älter waren als die Menschen heutzutage mit 60. Wir sehen nicht nur länger jung aus, sondern wir sind's auch. Ich merk's an mir selber am besten und könnte Ihnen diesbezüglich Geschichten erzählen, – aber solche Geschichten gehören nicht in einen Gratulationsbrief. Also empfangen Sie meine aufrichtigsten und herzlichsten Glückwünsche verbunden mit den Wünschen für eine höchst haltbare Gesundheit und unverwüstliche Schaffenslust. Immer Ihr EK.«

Korrespondenz Trier - Kästner

Wie fast alle Briefe Kästners ist auch dieser in der maschinenschriftlichen Fassung der Sekretärin erhalten geblieben. Doch im Gegensatz zu anderen Abschriften enthält dieses Dokument noch einige nachträglich hinzugefügte handschriftliche Notizen des Schriftstellers, die ein befremdlich distanziertes, aber vielleicht auch nur rein professionelles Verhältnis dokumentieren. Anstatt irgendwelcher sentimentaler Gefühlsduseleien notierte Kästner unmittelbar nach dem Tod des Zeichners am Blattrand: »ca. 25 Zeilen. eventuell anhängen: Vor einem Jahr zum 60. Geburtstag geschrieben«. Diese nüchterne Notiz am breit angestrichenen Mittelteil des Briefes war für den Redakteur der *SZ im Bild* gedacht, der an einem Nachruf auf Trier bastelte.

Triers Korrespondenz hingegen gewährt stets einen offenen Blick auf die Tagesform und seine seelische Verfassung. Mal hat er mehrere kleine Zettel in kleinster Schrift bis zu den Rändern vorne und hinten bekritzelt, mal ist eine liebevoll kolorierte Postkarte entstanden, die auf ein aktuelles Ereignis oder eine persönliche Begebenheit Bezug nimmt. Man gewinnt den Eindruck, dass er in Briefen ein Stück seiner kulturellen Einsamkeit als Emigrant zu verarbeiten suchte und ihn dabei manchmal die Erinnerungen an bessere Tage überwältigten.

Auch wenn Kästners private Schriftstücke pro Brief selten mehr als 1½ Seiten umfassen und stets penibel mit Datum, Aktenzeichen und Unterschriftenkürzel versehen sind, zählte er für Trier zu den wenigen guten und ins neue Leben hinüber geretteten Erinnerungen an Deutschland und stellte im fernen Kanada eine ganz wichtige Brücke in die Berliner Vergangenheit dar. Von wenigen Ausnahmen abgesehen, berichten beide leider nur sehr wenig von sich selbst, denn die erhaltene Korrespondenz aus den letzten Lebensjahren Triers überliefert fast ausschließlich professionelle Diskussionen über gemeinsame Projekte, Buchgestaltungen und nützliche Kontakte. Wie etwa im Sommer 1950. Damals schrieb Trier nach München: »Dieser fantastische Gedanke bringt mich zum letzten Kapitel meines Briefes: = ›Münchhausen‹. Ich erhielt vor wenigen Tagen Ihr Manuskript mit Ihrem Begleitschreiben. Ich gehe mit grosser Freude an diese Aufgabe: einzige Beschränkung meiner Begeisterung: daß ich so viele talentierte Vorgänger hatte, besonders ein gewisser Herr Doré hat es wundervoll illustriert. [...] Ich will mich ganz auf diese Arbeit concentrieren und habe daher einen Vorschlag Maschlers – Habberton für den ›Droemer Verlag‹ zu illustrieren abgelehnt. Ich habe die Erfahrung gemacht daß es weder ein gutes Verdienen ist noch der Qualität der Zeichnungen gut tut, wenn man 2 – oder mehrere Bücher gleichzeitig illustriert. Dem Vorschlag ›Schildbürger‹ als nächstes zu illustrieren würde ich sehr gerne beistimmen – ich glaube es liegt mir glänzend – die einzige Frage wäre ob wir mit ›Eulenspiegel‹ ›Münchhausen‹ ›Schildbürger‹ nicht zu deutsch sind und ob die Auslandsausgaben so gut ›gehn‹ würden zum Unterschied von den mehr internationalen Bänden – wie ›Gestiefelter Kater‹ = ›Puss in Boots‹ und Andersens ›Feuerzeug‹ = ›Tinder Box‹ – das überlasse ich aber Maschler zu entscheiden – ich bin sehr für die ›Schildbürger‹.«

Es wurden aber auch nachträglich alte Wunden geleckt, wie im Fall der *Konferenz der Tiere*. Da schrieb ein ob des verlegerischen Stillstandes immer noch sehr frustrierter Walter Trier Ende April 1950 an Kästner: »Ich hatte mich sehr über Ihren Brief vom 28.1. gefreut – ganz besonders mit [sic] der Nachricht, das sich Kurt Wolff für U.S.A. entschieden hat. Dieser Tage erhielt ich ein Exemplar der schwedischen Ausgabe und ich sah schon im Geiste eine lange Serie der Auslandsausgaben so wie ich sie einst vom ›Emil‹ besass. Da kam gestern die Hiobspost von Oprecht [d.i. der Verleger] daß Kurt Wolff an den Herstellungskosten scheitert. Ich bin tiefbetrübt! Soll das wirklich das letzte Wort sein? Haben Sie darüber von Oprecht gehört und können Sie einen Vorschlag machen? Durch diese Absage und das Nichtvorhandensein einer Übersetzung ins Englische dürfte wohl auch sehr schwer sein die ›Konferenz‹ in England herauszubringen. Ich habe eine Heidenangst das unser Buch trotz der wundervollen Aufnahme an vielen Stellen – verpuffen könnte. Sie haben mich ja allerdings in Ihrem Brief sehr aufgemuntert und auf einen ähnlichen Erfolg gehofft den Ihr unsterblicher ›Emil‹ hatte – aber ›Emil‹ war ja doch wohl ein spontaner Erfolg und wurde durch den guten erfolgreichen Film noch bedeutend verstärkt – während unsere ›Konferenz‹ schon im Kindbett etwas rauh behandelt wurde – zu spätes Erscheinen. Ich hatte mir viel von der

Ausgabe in Englischer Sprache versprochen – es hätte viele Freunde als Counteract gegen die neue Kriegs-Hysterie. Das ich auch den finanziellen neben dem moralischen Erfolg sehr erwünscht hätte werden Sie wohl verstehen.«

Fünf Monate später klagte Trier immer noch: »Wie interessant wäre es z. B. uns über unsere ›Konferenz der Tiere‹ gründlich auszusprechen. Wir haben pompös begeisterte Kritiken – aber wir haben keine Ausgabe in englischer Sprache. Wie würden wir heute in Amerika wirken? Sie erinnern sich wohl daß ich Ihnen in den Vorstadien meiner Arbeit an diesem Buch einige Bedenken schrieb. Sind wir nicht heute – nachdem 3 Jahre vergangen sind viel mehr denn damals – die unverbesserlichen leftish literats – mit Ihren schönen pacifistischen Ideen in einer harten auf: zeuge – zerstörte – zeuge – zerstöre aufgebauten Welt? Wie würde heute z.B. die Motten-Episode in unserer ›Konferenz‹ in den U.S.A. (und Canada) aufgenommen werden? Nach den neuesten Nachrichten werde ich wohl im nächsten Jahr eine für mein Budget gefährliche – Erhöhung der Steuern schlucken müssen – nur um alles schön glänzend poliert und explosionsbereit gelagert zu sehen was man zur Verteidigung des Landes braucht – jedenfalls wird es genügen um sich gegen Ratten – Motten – niesende Eisbären und pazifistische Löwen Aloise zu schützen. Das schreibe ich nicht um uns zu verteidigen, – rechtfertigen in unseren Anschauungen – sondern nur um unsere Chancen für eine weitere Verbreitung unseres hübschen Buches abzuwägen. Und ich nehme an Sie würden nichts dagegen haben wenn wir endlich in England – Amerika und anderen Ländern herauskämen. Ich höre wenig über meinen finanziellen Erfolg an diesem Buche da Oprecht es herausschiebt näher abzurechnen und ich z. B. noch nicht weiss ob die von ihm versprochene Umrechnung und Überweisung meines eingefrorenen Honorars für den *Neue Zeitung* Nachdruck – in schweizer Franken sich jemals realisieren wird.«

Alltag in Collingwood

Trier war zu dieser Zeit insofern sehr an diesen Einnahmen und generell »gutem Verdienen« interessiert, als nicht nur der Bau des eigenen Hauses viel Geld verschlungen hatte, sondern weil er

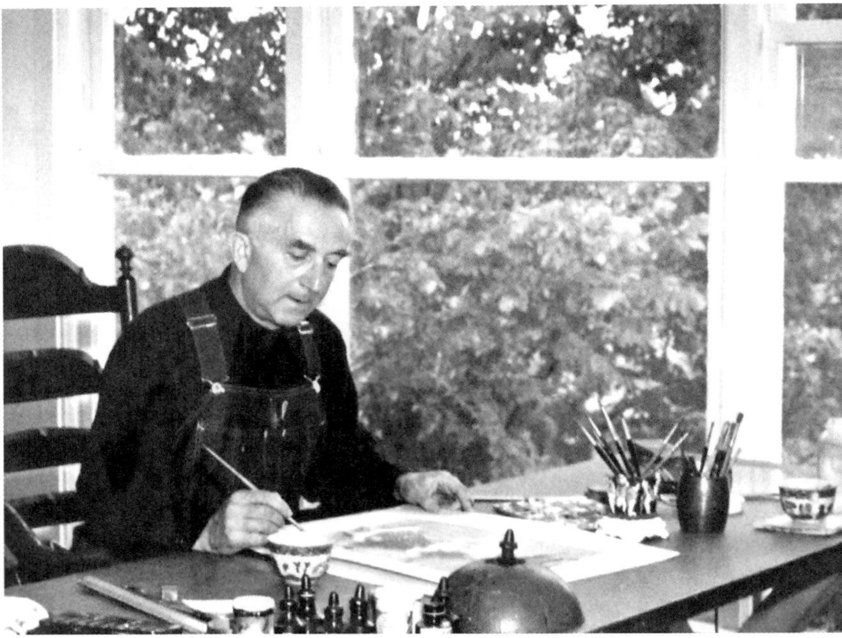

Walter Trier bei der Arbeit. Foto, 1950.

zusätzlich mit unerwartet stark erhöhten Steuern kämpfte. Dennoch war er mit dem Entschluss, sich mit Lene in die Bergeinsamkeit der *Blue Mountains* bei Collingwood zurückzuziehen, sehr glücklich. Auch weil sich das schlicht gebaute und bescheiden dimensionierte Haus in dem ersten strengen und den Europäern schier endlos erscheinenden kanadischen Winter wundervoll bewährte. Allerdings war Collingwood nur die »postalische Adresse; leben tun wir auf einem sehr reizvollen Hügel mit ewig weitem Blick auf die Georgian Bay – 10 Meilen entfernt von Collingwood und nur 1/2 Minute von nächsten Ski Tour [sic]. Unser schönes Haus – in prächtiger Lage – mein grosses Studio – [...] das ist alles recht beneidenswert.« Doch nicht nur das Atelier, auch die von Trier buntbemalten Haus- und Zimmertüren hatten sich herumgesprochen. Vor allem in den Sommermonaten kamen zahlreiche Besucher von weither, um sie zu sehen. Zum Leidwesen des schüchternen, aber ansonsten stolzen Hausbesitzers kamen viele von ihnen unangemeldet.

Auch Lene freute sich sehr an all dem, was sie sich dort aufgebaut hatten, wie Trier zufrieden berichtete: »Sie ist immer fleissig ›around‹ und ›in‹ the house. Sie gärtnert auf unserem Hügelland und kocht in der schönen ›living kitchen‹ und ist schön müde am Abend auch ohne der gesellschaftlichen Pflichten die wir hier am Lande kaum haben.« Und in einem anderen Brief hieß es: »Wir haben im Grund ein beneidenswertes Dasein – aber während ich sogar nicht darum stehe, hier neue Bekanntschaften zu machen – wir sind geradezu unangenehm berührt wenn wir nur irgend jemanden erblicken der scheinbar die Absicht hat, an unsere Tür zu klopfen – so fehlen mir sehr einige wenige Menschen – dazu gehören Sie [d.i. Kurt Maschler] mit Ihren Anregungen und mit einer Art Interesse für mein Können das ich doch höchst selten unter Angelsachsen gefunden habe. Mit Lene lebe ich in einer wunderbaren Kameradschaft und Liebe – aber sie ist auch nicht unbedingt der Resonanzboden, wenn ich an Aussprache über künstlerische Dinge im allgemeinen und meine Arbeit im Besonderen denke. Dazu ist sie zu sehr (!) Partei. Sie wird wenn ich irgend einen Rebuff bei irgendeinem Auftrag habe – zu sehr meine Partei ergreifen und sagen: ›Mach Dir nichts daraus was dieses blöde Schwein gesagt hat!‹«

Obwohl sich Walter und Lene Trier in ihrem Blockhaus sehr wohl fühlten, verbrachten sie immer wieder ein paar Tage bei Tochter und Schwiegersohn im rund 100 Meilen entfernten Toronto. Im Dezember 1949 hatten sie einen gerade erst zwei Wochen alten Säugling adoptiert: Joseph, genannt Little Joe. Von Eltern und Großeltern heißgeliebt und verwöhnt, wuchs er schnell zu einem »gesunden, glückstrahlenden Buberl« heran; bereits Ende 1950 folgte ein zweites Kind: Emily. Selbstverständlich waren die Tochter Gretl und ihr adoptierter Nachwuchs für das Ehepaar Trier die größte Attraktion der insgesamt doch »recht lebendigen Stadt« Toronto. Das war sicher noch harmlos formuliert, denn auch wenn Walter Trier dort vor allem Musikevents und das Eishockey schätzte, so war das nach dem turbulenten Treiben in Berlin oder dem kulturellen Angebot in London natürlich überhaupt kein Vergleich. Noch schwieriger sah Trier sein Verhältnis zu potenziellen Arbeitgebern, denn es gab dort – wie er Kästner schrieb – »kaum einen Kinderbuchverleger jedenfalls kaum einen der für uns in Betracht kommt. Mit Amerika ist es auch schwierig – die grossen Verlage bringen ausgezeichnet ausgestattete und vorzüglich gedruckte Kinderbücher schon für 75 Cent heraus.«

Schriftwechsel mit Maschler

So kam die Suche nach einem passenden Verlag in Übersee nur schwer in Gang. Verglichen etwa mit den kanadischen oder auch großen amerikanischen Verlegern war Trier von der »Vitalität«, dem enormen Engagement sowie dem großen »Verlegermut« all seiner bisherigen Agenten namens Eylser, Ullstein, Jacobsohn und Maschler sehr verwöhnt – was ihm sehr wohl bewusst war. Voll Bewunderung und Dankbarkeit schrieb Trier 1950 an Kurt Maschler nach London: »Ja – auch ich habe unbedingt das Gefühl, dass Sie lieber Maschler schon seit vielen Jahren nicht nur ein tüchtiger fairer, ideenreicher, unternehmender Auftraggeber und Geschäftspartner waren – sondern dass es zwischen uns zu einer erfreulichen Freundschaft kam – und ich vermisse Sie sehr. Es war Frau Salvisberg, die uns vor einigen Jahren sagte ›Eigentlich haben wir seitdem wir von Euch Abschied – sie verstand unter Abschied – als Salvisbergs vor vielen Jahren – lange vor Hitler – von Berlin nach Zürich gingen – nahmen – nie wieder richtige (!) Freunde gemacht.‹ Vielleicht hätten wir antworten können ›Und vice versa‹. Aber eigentlich hatten wir ja in England noch recht nette Freunde – aber es waren doch entweder die aus altvergangener Zeit – zu denen ja auch Sie lieber Maschler gehören – oder ›unsere‹ englischen Kinder [gemeint sind die zwei Kleinkinder der Wirtsleute in Cole Green]. Richtige neue (!) Freunde gab es schon in England kaum und hier ist es auch nur soso. Weider unser lieber famoser Freund, der uns unser Haus baute, der aber auch aus unserem Kulturkreis stammt – er ist in Žilina in der Slovakei geboren – wir haben ihn allerdings erst hier kennen und lieben gelernt. Dagegen haben wir unter waschechten Canadiern – falls es so etwas gibt – kaum Freunde, mit denen wir wirklich gerne zusammenkommen. Natürlich sind auch wir ›schuld‹ daran. Aber ich glaube nunmal fest daran, dass die Emigration die Menschen doch entwurzelt;

allein die Sprache ist doch so eine starke Bindung. […] Wenn Sie fragen: ›Sind Sie zufrieden mit der Wahl Ihrer Heimat und ist es eine Heimat für Sie‹ so kann man das – wie oft im Leben – nicht auf so eine einfache Formel bringen. Aber vielleicht ist eine simplifiete Antwort etwa so: ›Meine‹ Heimat – definitely not! Die Heimat meines einzigen Kindes – yes. Fodors haben viele Freunde – sie haben sich hier sehr eingelebt – sie sind diesem Land hoch dankbar – sie haben einen kleinen Canadier adoptiert – den sie ganz als ihr Kind betrachten und abgöttisch lieben. Wir – Lene und ich – wollten nicht länger von unserer Einzigen getrennt sein – sie ist trotz der 100 Meilen Entfernung von Collingwood – leicht erreichbar und ich glaube nicht, dass wir uns noch einmal von unser Gretl trennen möchten. Daher unser Grundstückkauf und folgender Hausbau auf canadischer Scholle. Aber – was die Canadier mir schwer übel nehmen möchten, wenn sie das lesen würden – es müsste für uns absolut nicht Canada sein – wenn wir uns wünschen und wählen könnten, wo wir in Gretls Nähe leben möchten. […] Meine Aussichten nach Europa zu rutschen – wie es viele Gutverdiener […] wohl alljährlich (!) machen sind gering. Hoffentlich sind Sie geschäftlich zufrieden. Wir staunen immer wieder, wie rege Sie in dieser Beziehung sind, man weiss nie, wo Sie die letzte Woche waren und wohin Sie die kommende Woche gehn. Ich bin dagegen – vielleicht etwas durch Physische Handicaps (Verdauung z. B.) bedingt – recht zufrieden sesshaft auf unserem schönen Haus zu sein – in der Nähe einer schönen Küche – ›Trier denkt schon wieder ans Fressen‹ – eines schönen Locus ›Trier denkt auch an die Verdauung‹ – und eines herrlichen Ateliers. Ich hasse mehr und mehr Koffer packen – Schlafwagen amerikanischen Stils – Seasickness – dagegen haben wir viel Freude an unseren Autotouren. […] Wie geht es Ihnen gesundheitlich – sind Sie immer noch so schlaflos? Ich schlafe zu viel.«

Neben dem regen Schriftwechsel mit Maschler gab es auch mit Kästner zunehmend Augenblicke enger Vertrautheit. Gerade in den letzten beiden Lebensjahren finden sich in seinen Briefen wiederholt Sätze wie: »Jemanden den wir zu gerne mal hier ›vorbeikommen‹ sehen würden wären Sie lieber Kästner», oder: »Was mir fehlt ist etwas sichtbare – hörbare Resonanz und so etwas wie – sagen wir z. B. – eine einmal monatliche Aussprache mit Erich Kästner.«

Im September 1950 antwortete ein sichtlich geknickter Trier endlich auf Kästners Glückwunsch zu seinem sechzigsten Geburtstag im Juni: »Lieber Erich Kästner, vor einigen Tagen schrieb mir Maschler über den grossen Erfolg den Sie mit Ihrer Vorlesung in London hatten. Wir freuen uns sehr mit Ihnen und hoffen dass Sie amüsante und interessante Tage in Schottland, England, Holland verlebten. Wie schön wäre es wenn wir uns persönlich darüber unterhalten könnten. Mir fehlen solche Aussprachen hier sehr, in unserer schönen Einsamkeit. Briefe sind für mich kein Ersatz. Ich bin ein begeisterter Brief-Empfänger und ein untalentierter Brief-Schreiber. Es geht mir mit Schreiben etwa umgekehrt wie mit Zeichnen (malen). Während meine Gedanken und Ideen mir erst zukommen wenn ich Bleistift oder Pinsel in Händen habe, verfliegen die schönsten Gedanken, Conversationen, die ich auf ruhigen Spaziergängen – denke und führe – im Moment da ich die Schreibfeder aufs Papier setze. Maschler wirft mir vor – meine Freunde in Europa hören zu selten von mir und dem Kästner hätte ich nicht einmal auf seine Geburtstagszeilen geantwortet. Da frage ich mich: Ist denn das die Möglichkeit!? – mir liegen die Worte noch auf der Zunge die ich, – siehe oben, – auf einsamen Waldwegen – als Antwort an Sie concipierte; sollte auch da wieder die Feder zu faul gewesen sein dem eifrigen Geist Geburtshilfe zu leisten?! Shame on me! Jedenfalls bat ich Maschler * (* der einzige Mensch mit dem ich – beinahe wöchentlich correspondiere.) – bevor er nach Österreich fuhr – Sie allerherzlichst von uns zu grüssen und dann gab ich ihm einen ähnlich papierenen Auftrag als ich erfuhr daß Sie nach London kommen. Hoffentlich hat er sich als Postillion d'amour bewährt. Natürlich hatte ich mich sehr mit Ihrem schönen lieben Geburtstagsbrief gefreut! Ich dachte ich hätte Ihnen daraufhin geschrieben wie erfreut ich war, daß jemand so tröstlich schöne Worte zu einem so peinlich traurigen Anlass finden kann. Ja – auch ich fühle mich noch nicht so alt und auch ich könnte Ihnen ›Geschichten‹ erzählen die nicht in einen Gratulationsbeantwortungsbrief hereingehören – trotzdem komme ich von dem Fact nicht los, daß ich mich dem Datum nähere, da die Welt zusehen muss wie sie ohne mich auskommt. Ich lebe so gerne – trotz allem peinlichen und ruchlosen – daß nur die Aussicht auf ›Urlaub vom Leidentum‹ mich trösten könnte. Auch die Aussicht, das ich noch so lange leben kann – besänftigt mich nicht. 10 – 20 – etwas weniger, etwas mehr, – ich habe manchmal das Gefühl wenn ich vor einem grösseren Projekt stehe – hat es noch Sinn anzufangen? ›Defaitist‹ werden Sie sagen lieber Kästner und das ist der Übergang zu einigen Zeilen über unsere gemeinsamen Arbeiten. Ja mir geht es genau wie Ihnen wenn ich an unsere vielen gemeinsamen Arbeiten denke: wie seltsam, daß wir so selten persönlich zusammenkamen! Sind wir vielleicht beide solche Blümchen ›Rührmichnichtan‹ daß wir irgend welche Furcht hatten persönlicher Schwatz und Tratsch – wie es unter Künstlern vorkommen soll – könnte uns in unserer gemeinsamen Wertschätzung und Sympathie – entfernen anstatt noch näher zu bringen? Ich glaube nicht daran. Ich glaube eher, das wir beide etwas Blei im A… haben, denn wir habens doch hoffentlich nicht im sogenannten – Herzen. Das sagt jemand der zum dritten Male in seinem Leben im fernen Lande vom scratch gestartet hat – aber offen gesagt der bleierene A.... hätte sich zusammen mit dem leichteren Geist und fröhlichem Herzen auch ganz wohl gefühlt wenn er ständig sagen wir in Salzburg oder Bern gesessen hätte – sogar Lichterfelde war ganz hübsch da es für, diesem unverbesserlichen Europaer nicht ganz so weit von Würzburg, Brügge, Edinburg ist – als Toronto und gar – Collingwood.«

Und in einem Brief an Maschler schreibt er: »Ich denke auch oft daran, wie nett es doch war, wenn ich Sie lieber Maschler einmal in der Woche in London sehn konnte – wenn es auch fressender Weise war – und wenn wir auch meistens in Eile waren. Viele Sorgen können ausgebügelt werden – viele Probleme können besprochen und manchmal gelöst werden – wenn man sich mit jemandem regelmäßig aussprechen kann. Ich denke so oft daran wenn immer ich von einem der so vielen Selbstmorde von Menschen aus unserem Kulturkreis höre, ob dem Menschen nicht durch eine Aussprache neuer Mut zugeflößt werden konnte.« In diesen ernsten Zeilen klingt zaghaft etwas von dem eigenen, tief in seinem Innern versenkten Trauma der Vertreibung und Emigration an. Für eine Aufarbeitung war es gewiss noch viel zu früh. Auch war es damals für ihn einfach, unangenehme Gedanken und Erinnerungen wegzuschieben, da er voll mit dem neuen Haus und neuen Aufträgen, etwa Cover für das Magazin *New Liberty*, ausgelastet war. Denn zum Glück konnte er sich auch in der Abgeschiedenheit von Collingwood kaum über mangelndes Interesse beklagen. Trier war endlich wieder voller neuer Pläne. Auch wollte er sich endlich etwas mehr Zeit für freie Arbeiten in Form von Aquarellen und Ölgemälden nehmen. Denn im September 1950 räumte Trier, angesichts einiger Zeichnungen zu *Das doppelte Lottchen* Kästner gegenüber ein, »ein paar recht schwache Illustrationen« abgeliefert zu haben, »besonders die süsslichen«; und fügte hinzu: »Rückschauend – habe ich leider zu oft Schwaches mit Besserem gemischt und zu wenig wirklich Gutes. Ist noch Zeit das zu ändern?« Diese Frage trieb ihn zusehends um, ihm schien die Zeit davonzulaufen. Immer wieder liest man in seinem letzten Lebensjahr bei ihm Sätze wie diesen: »Was die Kunst betrifft plagt mich der Ehrgeiz; ich möchte noch etwas recht gutes machen bevor es zum grossen Abschied kommt.«

Kunst im Exil

Mann unter Bücherturm. Buchillustration, 1950.

Seit seinem unfreiwilligen Aufbruch aus Berlin hatte er viel zu selten die nötige Zeit und Muße gehabt, um an seinem anspruchsvollen, eigenwilligen Stil weiterzufeilen. Dazu hätte es unbedingt eines hoffnungsvollen Lebensgefühls und gefestigter äußerer Rahmenbedingungen bedurft – das eine war bereits 1933 grundlegend zerstört worden, das andere seit 1936 in seinen Grundfesten erschüttert. An dieser Tatsache änderte auch nichts, dass er in den neuen Ländern recht schnell Fuß gefasst hatte.

Künstlerisch gesehen führte das Wegbrechen des vertrauten kulturellen Umfelds bei Trier zu dem Bemühen, im Exil sich den eigenen Kosmos immer wieder selbst zu erschaffen, also zu einer Art seriellen Arbeitens, und durch ein Festhalten an alten Formen und Motiven wieder die zum Leben notwendige Sicherheit zu erlangen. Insofern ist es nicht überraschend, dass sich in England und Kanada die Wiederholungen einiger besonders wichtiger Motive häufen. Im Vordergrund stand das Bemühen, ein durch die Emigration verlorenes und besonders vermisstes Original wiederzuerlangen und so die alte private Ordnung wieder herzustellen. Darüber hinaus hatte dieses Arbeiten den ganz praktischen Nutzen, dass er einige seiner alten Ideen seinen neuen Vertragspartnern bei *New Liberty* oder *Annabelle* verkaufen konnte. Allerdings bedurfte es für seinen Erfolg, den er nachweislich sowohl in England wie auch in Kanada erzielte, mehr als nur eines bloßen Aufwärmens einer alten Idee. Sie musste formal, farblich und inhaltlich auf das neue Umfeld zurechtgeschnitten sein, was wiederum ein besonderes Einfühlungsvermögen in die neue Heimat zur Voraussetzung hatte. Hier zahlten sich Walter Triers persönliche Bescheidenheit und Zurückhaltung aus, was ihm als selbstsüchtigem Künstler oder narzisstisch veranlagtem Mensch nie gelungen wäre.

Gedanken an den Tod

Von gesundheitlichen Problemen geplagt, betonte er zwar immer wieder, dass er begann sich wieder wohlzufühlen, dennoch kam er nicht von dem Gedanken los, dass seine Tage gezählt waren. An Maschler schrieb er bereits im April 1950: »I wonder – ob Sie – der Sie ja doch wohl ein paar Jahre jünger sind als ich – auch so viel an den Tod denken. Ich tue das aus purer Lebensfreude – aus dem Bedauern, dass es doch bald zum Abschiednehmen kommt. Wenn ich sage bald – kokettiere ich nicht mit einem frühen Tod – aber ist man 60 so ist ja jede Spanne die noch zu erwarten ist bald; und obzwar ich gerade jetzt – seitdem wir dieses wundervoll gesunde Leben am Hügel führen – mich besonders gesund fühle, erwarte ich doch nicht Shaws Alter zu erreichen und nur 20 weitere Jahre nenne ich bald.«

Ein Jahr später quälte ihn anscheinend wieder ein altes Leiden: Asthma. Noch Anfang Juni hatte er seinem Verleger Kurt Desch erleichtert gemeldet, dass er sich gesundheitlich endlich besser fühle. Zur selben Zeit steckte Trier auch mit dem Verleger Ernst Rowohlt mitten in Verhandlungen für dessen neue *RoRoRo*-Buchreihe, zu der er ein entzückendes Signet entworfen und hoffnungsvoll nach

München geschickt hatte. Er war also mit gewohntem Feuereifer bei der Sache. Dabei muss es passiert sein: Am Sonntag, den 8. Juli 1951 erlag Walter Trier völlig überraschend in seinem Atelier einem Herzschlag – kurz und schmerzlos wurde er während seiner liebsten Beschäftigung inmitten seiner Bilder sowie Spielzeugsammlung und ganz in der Nähe der geliebten Frau im vertrauten Atelier mit der atemberaubend schönen Aussicht aus dem Leben gerissen.

Einige Zeit zuvor hatte Trier Überlegungen zu seiner Beerdigung formuliert, die zeigen, wie konkret damals seine Gedanken um den eigenen Tod kreisten: »Concerning my obituery – I've already got my ›last words‹; they are: ›What a pity, just when I wanted to start!‹ Or what about the exclamation of our Swiss ski guide every time we arrived, panting and sweating, at the mountain peek: ›What a pity we're already here!‹«

Auch Kästner erinnerte sich an eine ähnliche Formulierung. Demnach wünschte sich Trier mit einem Lächeln auf den Lippen für seinen Grabstein die Worte: »Grad als ich beginnen wollte …« Doch eine Grabstätte oder eine Tafel, auf der diese von ihm selbst formulierten letzten Worte Platz gefunden hätten und an der wir heute noch den Verlust dieses außerordentlichen Menschenfreundes und einzigartigen Künstlers betrauern könnten, gibt es leider nicht. Die verbrannten Überreste wurden in der weiten Landschaft der *Blue Mountains* an der *Georgian Bay* nördlich von Toronto verstreut. Das ist dennoch insofern ein tröstliches Bild, als der große Träumer somit auf seine ganz pragmatische und selbstlos bescheidene Weise dazu beigetragen hat, die »Blaue Blume der Romantik« für immer in den Weiten Kanadas am Leben zu erhalten.

Drei Tage nach seinem Tod vermeldeten die *Toronto Daily News*: »FAMOUS ILLUSTRATOR W. TRIER, 61, BURIED. Funeral services were held Tuesday for Walter Trier, 61, former leading illustrator in Europe. He died Sunday at his home in Blue Mountains, near Collingwood of coronary thrombosis. Born on Czechoslovakia, he studied art in Germany and was noted for his painting on covers of Lilliput magazine in England, where he spent many years. His illustrations also appeared in more than 100 children's books. He was also noted as a cartoonist and at the age of 19 his cartoons were appearing in Simplicissimus. In 1949 he was named the Man of the Month in Switzerland. Besides his widow, Helen Trier, he is survived by one daughter, Mrs. Gretl Fodor, of Toronto.«

Triers Umfeld war von der Todesmeldung total überrascht worden. Verzweifelt und unter Hochdruck suchte der »verwaiste« Autor mit seinem Verleger nach einem adäquaten Nachfolger. »Es wird nicht ganz leicht sein«, schrieb Kästner an Maschler, »einen gleichwertigen und ebenso populären Illustrator zu finden.« Ein halbes Jahr und einige Zeichner-Vorschläge später war noch immer kein Ersatz gefunden, und Kästner klagte erneut: »Es hat gar keinen Zweck, mit jemandem für die Zukunft anzubandeln, der nicht wenigstens halb so groß ist wie Trier es war.« Zu jener Zeit war der Verleger außerdem damit beschäftigt, Helene Trier bei ihrem Vorhaben einer Gedächtnisausstellung zu unterstützen, die ab November unter dem Titel *Walter Trier in Memoriam* zunächst in der *Internationalen Jugendbibliothek* in München stattfand und später nach Berlin in die dortige *Galerie Archivarion* wanderte.

Nachrufe

Warmherzige Nachrufe konnte man damals zuhauf nicht nur in der deutschen Presse finden, auch in den kanadischen und US-amerikanischen Medien wurde um den deutsch-tschechischen Maler getrauert. Robert Freund hatte im Juli 1951 im New Yorker Aufbau geschrieben: »Es ist wohl das erste Mal, daß wir nicht lächeln, wenn wir den Namen Walter Trier lesen.« In den sich anschließenden Beschreibungen vermischt sich stets die Bewunderung für Triers Kunstfertigkeit mit der Hochachtung vor dessen absolut integren Persönlichkeit. So etwa, wenn Freund schreibt: »Wieviel Freude hat er Hunderttausenden bereitet mit seinem gütigen Humor! Was immer Trier ansah, es bekam eine komische Seite, man verstand dann gar nicht, daß man dieselben Dinge ernst und sachlich hatte sehen können. Trier war einer der stillsten und gütigsten Menschen, die ich kannte; er liebte alle und haßte niemanden. Und das kam in seinen Zeichnungen immer heraus: ein großer Künstler und ein noch größeres Kind. […] Trier hat unzählige Kinderbücher gezeichnet für deutsche, englische und Schweizer Verlage. Die Kinder waren glücklich mit einem Künstler, der ihre Kindlichkeit besaß, und er freute sich ebenso an seinen Schöpfungen wie sie. Hunde, Elefanten, Löwen, Katzen, Giraffen hat er zu Tausenden gezeichnet und doch ist jede kleineste Zeichnung etwas Besonderes und lebt ihr eigenes Leben. Sein Heim war voll von Kinderspielzeug, und immer wieder bat er, ihm Werke über Spielzeug zu senden. Er hatte eine Sammlung von Eiern, und aus jedem hatte er einen charakteristischen Menschenkopf gemacht. Wenn er nicht spielte, dann gelangen ihm wirklich monumentale Würfe, die in ihrer Wucht und tragischen Komik Daumier ganz nahe kommen. Da gibt es Klageweiber von ihm, an die wir denken sollten, wenn wir nun um ihn klagen und in unserer Klage ein leichtes Lächeln nicht unterdrücken können – weil wir an das denken, was Trier uns immer gab: Liebe und Lächeln.« Nach einem Rundblick auf Triers Herkunft, seine Arbeitsfelder und das künstlerische Umfeld endete Freund schließlich mit der Bemerkung: »Meine letzte Weihnachtskarte ist von Trier für mich gezeichnet, und als mein Bilderverlag vor zwei Monaten umzog, sandte ich die hier abgebildete Umzugskarte aus, die alles zeigt, was wir an Trier liebten.«

Über die *CBC Radio Canada* konnte man auf Kurzwelle am 26. Oktober 1951 in Deutschland folgenden Nachruf hören, der vermutlich von dem deutschstämmigen Journalisten Gerd Peter Pick stammte: »Meine erste Begegnung mit Trier war eine sehr lukrative, damals, noch in Deutschland, wo der aus Prag gebürtige seine Lebensgefährtin Helene fand, zeichnete er eine prägnante Zigarettenbilder-Serie. Neben den Geschichten von den ›10 kleinen Negerlein‹ kam bald eine Film- und Sportgrößen-Serie – und ich habe nie über das lebhafte Tauschen der Zigarettenbilder vergessen, meine stolzen Schätze sehr genau anzusehen. Trier's Zeichenstift war prägnant, sein Humor nett, und eher schmeichelnd als verletzend – ich habe die ›10 kleine[n] Negerlein‹ auch heute noch nur in der Trier'schen Darstellung im Gedächtnis – na und Erich Kästners Jungensgeschichte Emil und die Detektive ohne Walter Triers Bilder ist für mich undenkbar. Meine Zeichenlehrerin hat meinen Hang für Trier nie recht in Noten gewürdigt und ein großer Skiläufer, den ich persönlich in den Alpen kennenlernte, hat sicher meine Enttäuschung nicht verstanden – aber ich fand, daß Trier sein wahres Äußere besser getroffen hatte als die Natur. [...] Sein eigenes persönliches Wesen, charmant, humorvoll, hat sich trotz vieler Sorgen und ungewollter Veränderungen genau so wenig geändert, wie sein Zeichenstil – und das ist wahrscheinlich der Schlüssel zu seinem Erfolg gewesen, der ihn von Deutschland 1935 nach England und 1947 nach Kanada begleitete. Sein Zeichenstift redete eine Sprache, die keine Grenzen kannte, die sich überall den jungen und junggebliebenen mitteilte, plastisch in prallen Farben und mit der Sicherheit eines, der wußte, wovon er zeichnete.«

Und in der kanadische Fachpresse urteilte ein Kritiker: »Largely self-taught, this painter, through the individual qualities of his graphic art, won the hearts and highest praise not only of critics but of all those who, in both the old world and the new, followed with delight the drawings and illustrations he did in books and magazines. An artist whose work found equal response in such culturally diverse countries as Switzerland, Germany, England and Canada belongs not to any nation but to posterity. The Trier art and the Trier personality have glowed with equal warmth from the rate, sophisticated pages of ›Graphis‹, the popular covers of ›Lilliput‹ (which he did regularly for 12 years) and the numerous story-books treasured by children. Wherever they appeared, the brightly coloured Trier figures, moving across the mellow Trier-gray backgrounds of ›blue-white and umber‹, carried the Trier commentary on our times. [...] I can think of no book that would be more enjoyable to find in the art department of any library than a biography of Trier, well illustrated with all the Trier art. When such a book comes to be written, it will tell how Helen modelled for many of the Trier characters; how Trier always carried a red ball in his pocket ›in case we meet children‹; and above all it would have space to show Trier's numerous pencil sketches. For like Lincoln, who left a lonely place against the sky, the end of Walter Trier has left a hollow space in our hearts.«

Glaubt man einigen deutschen Autoren, so verteidigte Trier sein Leben lang sein »Land des Lächelns«, obwohl es nicht immer für ihn leicht war, denn er war »von den schlimmen Zumutungen des 20. Jahrhunderts umzingelt und umzüngelt«. Und an anderer Stelle heißt es: »Sein Anliegen als Künstler galt seinem und unserem stillen und unstillbaren Verlangen nach ein wenig Glück. Er hütete die Heiterkeit und das Lächeln, als seien es ewige Flämmchen. Und er tat es ernsten Gesichts. Er wußte ja zur Genüge, wie schwer sein Amt war. Nichts von allem, was ihm und der Welt an Traurigem und Widerwärtigem begegnete, trieb ihn zur Anklage oder zum Weheruf. Er behielt es ›für sich‹. Ich glaube, dass er auch deshalb so früh gestorben ist. Denn sich in unserem Jahrhundert zur zweiten Naivität zu erziehen und die anderen zum Lächeln, das ist eine Aufgabe, die sich nur noch mit der Arbeit des Sisyphus vergleichen läßt.«

Unvollendete Projekte

Durch den Tod von Walter Trier blieb eine ganze Reihe begonnener Projekte in den verschiedensten Stadien ihrer Fertigstellung unvollendet. Bei einigen Buchprojekten waren die Vorarbeiten von Trier noch abgeschlossen worden, einzig die Autoren- oder Verlegeranteile standen noch aus; in anderen Fällen, die sich im Künstlernachlass dokumentieren lassen, war Walter Trier mit dem Bildanteil nicht fertig geworden beziehungsweise befand sich damit noch im Stadium der groben Skizze. Damit diese Buchprojekte im Planungsstadium, für die Trier querformatige Schulhefte zu benutzen pflegte, sinnvoll zum Gegenstand ausführlicher Betrachtung werden können, müssen sie allerdings erst von der Forschung aufbereitet und für die Allgemeinheit überhaupt zugänglich gemacht werden – ebenso wie die im Nachlass befindlichen Notizbücher, Skizzenblätter, Entwürfe und originalen Zeichnungen und Gemälde.

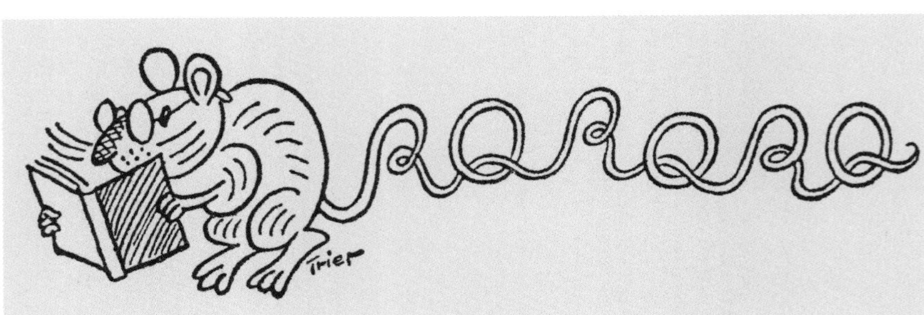

»rororo«-Signet. Gebrauchsgrafik, 1951.

Die letzten europäischen Spuren von Walter Trier verloren sich im September 1994, als im Abstand von nur drei Wochen die Witwe Helene Trier, am 1. September 1994 im einhundertzweiten Lebensjahr in Collingwood, und die Tochter Gretl, am 23. September 1994 mit achtzig Jahren in Toronto verstarben. Die *Toronto Daily News* vermeldete dazu, dass Helene »after a long and fulfilling life, peacefully« und Gretl »suddenly, of a heart attack, while at home in her garden« verstorben seien. Gretl hinterließ zwei Kinder, Joseph und Emily, sowie fünf Enkelkinder: Matthew, Michael, Andrew, Christopher und Nicholas. Anders als ihre aus Europa geflohenen Vorfahren sind diese längst »waschechte Canadier«, die nicht nur wegen der großen Sprachbarriere leider kaum mehr etwas mit der turbulenten Lebensgeschichte ihres kontinentaleuropäischen Großvaters und Urgroßvaters verbindet.

Schlusswort

Letztlich ist es wohl nicht verkehrt, wenn man die Aufgabe des Kunsthistorikers vorrangig als doppelte Übersetzungsleistung definiert: Die Übersetzung vom Bild ins Wort und von der Geschichte in die Gegenwart. Das wird in Monografien normalerweise durch die ausführliche Analyse einzelner Kunstwerke oder mithilfe von Künstlerbiografien geleistet. Doch darüber hinaus gilt es das Erfahrene in eine Gesamtentwicklung einzuordnen. Auch dafür gibt es die Kunsthistoriker damit sie dem geneigten Publikum dazu sinnvolle, im Idealfall sogar fundierte Vorschläge unterbreiten.

Nachdem also in dieser Monografie Walter Triers Leben in groben Zügen nacherzählt und sein Werk teilweise wieder aufgeblättert worden ist, soll auch hier das Gesehene bewertet und in die abendländische Kunstgeschichte eingeordnet werden. Dabei sollte sich der Kunsthistoriker jedoch nicht wie ein Preisrichter aufführen – gar den Daumen begeistert heben oder voll Verachtung senken, je nach Gusto –, sondern versuchen, die Sache möglichst wertneutral zu begutachten. Selbstverständlich ist ein gewisses Maß an Einfühlungsvermögen und Verständnis für den Gegenstand der Betrachtung immer von Vorteil, doch sollte beides den Blick beziehungsweise die Urteilskraft nicht völlig trüben.

Nach dieser selbstreflexiven Vorrede lässt sich festhalten: Walter Triers Œuvre ist nicht nur per se oder etwa wegen seines Umfangs bedeutsam, sondern auch, weil er konstant über einen relativ langen Zeitraum – zwischen 1910 und 1950 – politische und gesellschaftskritische Karikaturen angefertigt hat, die sowohl beim Publikum eine enorme Popularität genossen, als auch bei seinen Zeichnerkollegen eine beachtliche Wirkung erlangt haben. Da Trier »als Zeichner [...] für eine ganze Karikaturisten-Generation Vorbild« war, formulierte er weit über seine 25 Schaffensjahre in Deutschland hinaus die Prinzipien für qualitätvolle politische Karikatur und Bildsatire. Archäologen nennen solch nachhaltige Phänomene ehrfurchtsvoll Leitfossilien. Trier erreichte diesen bemerkenswerten Status schon als ganz junger Mann, denn nicht wenige Zeitgenossen waren – wie wir erfahren haben – bereits von seinen ersten Zeichnungen »so beeindruckt, daß [sie] selbst zur Zeichenfeder griff[en]« und in dessen »Kielwasser [...] auf Erfolgskurs schwammen«; selbst die nachfolgende Zeichnergeneration war »völlich vertriert«, wie etwa der Berliner Karikaturist Hans Kossatz beteuerte.

Aber auch für einen anderen, bislang vernachlässigten Aspekt der Kunstgeschichte eignet sich Triers Werk. Gerade bei den wenig ernstgenommenen Karikaturisten fehlt es an seriös angelegten biografischen Abhandlungen, und auch bei den Karikaturen bleiben die Bildbetrachtungen oftmals bei der Bildunterzeile oder maximal bei der Erklärung der Pointe stecken. Der persönliche Anteil des Zeichners an einer komischen Zeichnung oder gar die Beurteilung einer eventuellen Entwicklung blieben bisher völlig unbeachtet. Walter Triers Zeichnungen aber können die Augen öffnen für den Stellenwert, den nicht nur die karikierten Personen oder Ereignisse besitzen, sondern auch die Biografie und Persönlichkeit des zeichnenden Angreifers beziehungsweise für die eventuell aufgrund veränderter äußerer Rahmenbedingungen wechselnden Stoßrichtungen der gezeichneten Attacken.

Die bisher über Walter Trier erschienene Fachliteratur wurde in den letzten vierzig Jahren dominiert von Lothar Lang, ein hochdekorierter Ost-Berliner Kunsthistoriker, Museumsdirektor, Herausgeber der *Marginalien – Zeitschrift für Buchkunst und Bibliophilie* und Autor diverser Fachbücher zum Thema Buchgrafik, darunter sein 1972 erschienenes Werk *Das große Trier-Buch*. Dafür will er – laut eigenem Bekunden – »alle Zeitschriften durchgesehen [haben], an denen Walter Trier mitgearbeitet hat« und »auch [...] sämtliche von Trier illustrierten Bücher für den Bildteil ausgewertet«, was ihn dann zu der höchst erstaunlichen Einschätzung gebracht hat, dass bei Trier die politischen und sozialkritischen Blätter »vereinzelt« und die »Ausnahme« blieben: »ein paar Arbeiten vor dem ersten Weltkrieg und unter dem Eindruck der deutschen Novemberrevolution«. Vielleicht hätte Lang bei der Formulierung seines Anspruches etwas vorsichtiger sein sollen, denn tatsächlich reichen die von ihm genannten sechs Zeitschriftentitel für eine umfassende Einschätzung bei Weitem nicht aus – auch wenn es die Blätter mit den meisten Pressezeichnungen Triers gewesen waren. Grob geschätzt dürfte es sich nämlich gerade einmal um zehn Prozent aller von Trier belieferten Periodika handeln. Auch die von Lang gelisteten 64 Buchtitel stellen gerade einmal ein knappes Fünftel aller von Trier illustrierten Bücher dar. Bislang wurden 333 Bücher recherchiert, für die Walter Trier Illustrationen beigesteuert hat. Oder er hätte einfach nur bei der historischen Wahrheit bleiben sollen. Die hat Horst Künnemann, der damalige westdeutsche Professorenkollege und Herausgeber von *Bulletin Jugend + Literatur. Nachrichten, Beiträge und Kritiken für Erzieher, Lehrer, Sozialpädagogen, Bibliothekare und Buchhändler, Kritiker, Studenten, Verleger, Autoren, Illustratoren und Redakteure* – in diesem monströsen Untertitel lassen die Achtundsechziger fröhlich grüßen – ein Jahr später so formuliert: »Über die Jahrzehnte hin hat sich der deutsche Verleger W.T.s, Kurt L. Maschler in London, um die Arbeiten von W.T. sehr verdient gemacht. Auch er dachte daran, eine größere Studie über den Zeichner und Illustrator zu veröffentlichen. Die Zeit reichte nicht aus. So überließ er Lothar Lang den Plan. Der brachte 1972 im ›Atrium Verlag‹, Zürich, eine sehr schöne und umfangreiche Studie heraus: ›Das große Walter-Trier-Buch‹ das wieder im ›Eulenspiegel Verlag‹, Berlin, DDR, herauskam und endlich auch wieder in der BRD über eine Lizenzausgabe der ›Büchergilde Gutenberg‹ den Interessenten erreichte.«

Lang hatte also, wie wir nun wissen, gar nicht selbst recherchiert, sondern sich das unsystematisch zusammengetragene Material von dem Verlegerfreund Kurt Maschler übereignen lassen. Äußerte er – der die gesamte Kriegspropaganda Triers in den *Lustigen Blättern* unter den Tisch fallen ließ; die übrigens mit wenig Rechercheaufwand in den Beständen großer Ost-Berliner Bibliotheken hätten von ihm eingesehen werden können – sich dann doch einmal zu einigen wenigen politischen Zeichnungen Triers, dann kam er zu ideologisch eingefärbten und einseitig politisierten Fehlschlüssen. In anderen Fällen hingegen hatte Lang selbst die augenfälligsten politischen Bildinhalte nicht erkannt und lieferte zumal für einen Beinahe-Zeitgenossen Triers völlig unbegreifliche, geradezu eklatante Fehleinschätzungen und Fehldatierungen. So verloren durch Langs Bearbeitung die für die Bildkritik entscheidenden Grundlagen jede Bedeutung und Triers kritische Kernaussagen ihr Fundament.

Da war die Einschätzung des Pädagogen Horst Künnemann deutlich differenzierter. 1973 befand er: »W.T. war in vielen Sätteln gerecht. Er zeichnete nicht allein für Kinder, sondern gehörte in den zwanziger Jahren zu den vielseitigsten Berliner Presse-Zeichnern, der für ›Uhu‹, die ›Lustigen Blätter‹, ›Die Dame‹, ›Pinguin‹ [sic!] zahlreiche Umschläge schuf und auch im Innern dieser Mode- und Unterhaltungsblätter für den nötigen Spaß sorgte. Im Ersten Weltkrieg schuf er Bilderbogen; im Zweiten Weltkrieg zeichnete er Karikaturen gegen die faschistische Gewaltherrschaft. […] W.T. pflegte von Beginn seiner Arbeit an einen schmissigen, journalistisch geprägten und humorvollen Zeichenstil, in dem sich Einflüsse seiner tschechischen Heimat, der dortigen bäuerlichen Folklore, der Strich von Josef Lada mit der Tradition der Bilderbogenkünstler des 19. Jahrhunderts, u.a. auch Wilhelm Buschs, verbanden. Hinzu kam eine weitere Richtung, die als ›Berliner Schule‹ den Zeichenstrich der Jahrhundertwende beeinflußte, in zeitkritischer Ausprägung bei Heinrich Zille und in lockerer, kindernaher Form in den ›Vater und Sohn‹-Geschichten von ›e.o.plauen‹ Beziehungen zu W.T.s Stil ergeben. Darüber hinaus hat der Künstler einen durchaus eigenständigen Strich und eine für ihn charakteristische Farbgebung entwickelt, die unverwechselbar geblieben ist. Das gilt bis heute für seine sämtlichen Arbeiten, die zusammen mit Erich Kästner entstanden, für eigene Themen und für Zeitschriften-Aufträge.«

Obwohl die nach dem Zweiten Weltkrieg nachgewachsene Grafiker-Generation Walter Trier nicht mehr selbst durch die täglich in den Zeitschriften publizierten Bilder kennengelernt hatte, sondern ihn nur noch von den wenigen stets unverändert neu aufgelegten Kinderbüchern her kannte, scheint er dennoch einen bleibenden Eindruck hinterlassen zu haben. Wie sonst ist es zu erklären, dass Heinz Edelmann, damals Grafiker des *WDR* und vielbeschäftigter »Trendzeichner«, in den frühen 1970er Jahren für das ungewöhnliche Kinderbuch *Alle freut was alle freut* mit Versen von Ernst Jandl zu Bildern Triers gewonnen werden konnte – kurz nachdem er 1967/68 als *Art Director* den ersten abendfüllenden Trickfilm für Erwachsene fertiggestellt hatte: *Yellow Submarine* von und mit den *Beatles*.

Welche Wertschätzung Walter Trier bei Illustratoren bis heute genießt, konnte man bislang leider nur sehr vereinzelten Künstlerbekenntnissen entnehmen, etwa von der aus Stuttgart stammenden, vielfach ausgezeichneten Grafikerin Rotraud Susanne Berner oder der Illustratorin Inge Sauer. Für sie, »wie für die meisten Illustratoren, gehört Walter Trier neben Wilhelm Busch zu den großen Vorbildern. Das legendäre Titelbild für ›Emil und die Detektive‹ [...] begeistert sie noch heute als ein wirklich kühnes Bild.« Anlässlich der Trier-Retrospektive im Bilderbuchmuseum von Troisdorf schwärmte sie Anfang 2007 in einem Radio-Interview über »den großen Könner« Walter Trier: »Das ist so ein Strich, der ein bisschen von Matisse hat, hat eine große Leichtigkeit, man merkt den großartigen Zeichner. Das ist auch nie zeitgebunden bei ihm. [...] Die Leute haben früher sehr viel gezeichnet, und das merkt man einfach einem Zeichenstrich auch an, weil da die Sicherheit drin steckt. [...] Eine gelbe Fläche, und dann setzt er ganz harte Schatten darein, und die Figuren sind ganz klein. Das ist unglaublich eindrucksvoll, gerade durch diese Einfachheit. Das Merkwürdige ist ja, man sieht einen ganzen Platz. Wenn man genauer hinguckt, sieht man, die Häuser sind im Rand so angeschnitten, eine Plakatsäule in der Mitte. Es ist auch diese große Einsamkeit, es ist dieses Surreale. Es ist eine ganz starke atmosphärische Wirkung, die von den Bildern ausgeht.«

Doch selbst wenn Trier ganze Kataloge gewidmet wurden, fiel die darin formulierte Anerkennung merkwürdig kurz und allgemeingültig aus. Sicher weniger aus Mangel an ehrlicher Begeisterung, denn viel mehr aus Mangel an bewusster Reflexion und in Unkenntnis des Künstlers. Direkt auf dieses krasse Missverhältnis angesprochen, reagierte einer der großen gegenwärtigen Künstler auf seine ihm eigene Weise. Unmittelbar vor seinem Tod Ende Juni 2006 widmete Robert Gernhardt dem von ihm schon seit Kindesbeinen an verehrten, bewunderten und geliebten Zeichner eine brillante Liebeserklärung unter dem Titel *Frau Lene tanzt mit Bananen*. Darin zu lesen waren gleich »Sechs gute Gründe, den komischen Künstler Walter Trier zu schätzen und zu lieben«, denn auch er konnte sich die fehlenden Auszeichnungen und Würdigungen Triers nicht wirklich erklären. Der wortgewaltige Literat fand endlich die richtigen Worte für eine passende Würdigung Triers und formulierte glasklare Sätze, wo andere Künstler bislang nur stille Bewunderung pflegten.

Zu ihnen zählen der Ost-Berliner Buchkünstler Werner Klemke, der sich allerdings nie explizit zu Trier geäußert hat, der West-Berliner Karikaturist Paul Labowsky, eine Reihe aktueller kanadischer Illustratoren, aber auch die feministische Karikaturistin Franziska Becker und einige Zeichner der *Neuen Frankfurter Schule* wie Hans Traxler und Bernd Pfarr. Und es werden vermutlich noch mehr Zeichner wie unlängst Isabel Kreitz, »eine von Deutschlands besten Comic-Zeichnerinnen«, Walter Triers Stil kongenial für moderne Graphic Novels adaptieren und in die nächste Generation weitertragen.

Unter den aktuellen Comic-Zeichnern und -Konsumenten gilt es mittlerweile als ausgemacht, dass Trier nicht nur locker den Vergleich mit einem der wichtigsten Protagonisten der europäischen Comic-Kultur aufnehmen kann, mit Hergés *Tintin*, sondern dass Trier bereits vor Hergé seine eigene klare Linie gefunden hatte, deutlich eleganter und mit viel weniger Strichen ganze Charaktere ausdrückend, mit klar definierten Konturen und einer flächigen Kolorierung. »Sein Strich ist einem Stil verwandt, der mit den Arbeiten des belgischen Zeichners Hergé und dessen Abenteuer-Serie um ›Tim und Struppi‹ unter dem Begriff der ›Ligne Claire‹ berühmt geworden ist«, befand jüngst ein Rezensent im Feuilleton der *Süddeutschen Zeitung*. Doch »im Gegensatz zu Hergés überperfektioniertem Zeichenstil, der mit seinem Alter zunehmend steriler und steifer wird, zeichnet Triers Illustrationen eine immerwährend faszinierend spielerische Leichtigkeit aus. Die ›Ligne Trier‹ scheint zu leben, mit ihren dynamischen Schwüngen und Rundungen, ihren liebenswerten Schrägen und Schlängelungen. Im direkten Vergleich mit Triers Arbeiten erinnern Hergés Bilder an die kontrollierte Fantasie eines Erwachsenen, wie sie Kindern gerne als ›pädagogisch wertvoll‹ aufgebürdet werden. Dagegen hat sich Trier seinen verspielten und kindlichen Charakter stets bewahrt. Sogar als er für die englische Presse Karikaturen über Hitler und die Nazigefolgschaft anfertigt, wird sein Zeichenstil nicht härter.«

In einem langen Interview über Kinderliteratur, das er gemeinsam mit dem Schriftsteller Peter Härtling für die *Frankfurter Rundschau* bestritt, äußerte Hans Traxler 2006 auf die Frage nach künstlerischen Vorbildern: »Ich will keine unziemlichen Vergleiche anstellen, was mich anlangt, aber es gibt da schon große Vorbilder:

Kästner hat ebenfalls für Erwachsene wie für Kinder geschrieben, und er hatte in Walter Trier einen genialen Illustrator, der die Maßstäbe für die nächsten 100 Jahre setzte.«

Für solche Feststellungen wurde es höchste Zeit – auch wenn sie noch zu kurz greifen. Aber grundsätzlich kann man sagen, dass Walter Trier in den letzten Jahren vermehrt Gegenstand von Forschungs- und Zeitschriftenbeiträgen geworden ist. Und dass seither wohl auch Grafikforscher langsam zu ahnen beginnen, welch enormes Potenzial sein Stil birgt. Bislang ist es zwar vor allem der studentische Nachwuchs, der sich in Abschlussarbeiten mit Walter Trier beschäftigt, doch bald wird diese Generation die Verantwortung in den Feuilletons, Museen und auf den Lehrstühlen übernehmen – und dann brechen hoffentlich fröhlichere Zeiten an.

Übrigens interessierten sich in den letzten Jahren nicht nur erste Nachwuchsforscher für Walter Trier, sondern auch einige Lehrstuhlinhaber und Museumsdirektoren haben mit zuweilen höchst unlauteren Mitteln ungeniert fremdes Wissen und Bildmaterial für ihre letzten Ausstellungen und Publikationen abgefischt. Der unbekannte Sidekick eines weltberühmten Schriftstellers hatte bei ihnen – unmittelbar vor der Pensionierung stehend – augenscheinlich unbeherrschbare Begehrlichkeiten hervorgerufen.

Auch wenn man es nach dieser Lektüre kaum glauben mag: Der Autorin ist grundsätzlich herzlich wenig an der Errichtung von Denkmälern gelegen, und »Heldenverehrung« ist ihr höchst suspekt. Die Kunst war ihr generell schon immer wichtiger als einzelne Künstler. Doch seit sie auf Walter Trier gestoßen war, begann diese Haltung Risse zu bekommen. Zunächst ob des während der letzten Jahrzehnte vertauschten Ruhmes: der Name des ehemals berühmten Zeichners war total in Vergessenheit geraten und der des einstigen Kinderbuchneulings gleichzeitig in schwindelerregende Höhen gewachsen; und dann aufgrund einer heute bevorzugten Fokussierung auf die skandalträchtigen und damit höhere Auflagen versprechenden Themen. Mehr als einmal wurden Buchvorschläge zu Walter Trier von großen Verlagen mit dem Argument abgelehnt, das Leben und Werk dieses bezaubernden, aber leider unbekannten Künstlers aus dieser Zeit würde auf zu geringes Käuferinteresse stoßen – um dann zur selben Zeit dicke und aufwendig produzierte

Schinken zum Leben von Leni Riefenstahl oder Joseph Goebbels auf den Markt zu werfen. Sollten tatsächlich die damaligen Schurken und Übeltäter ein zweites Mal als Sieger hervorgehen? Nun auch noch in den Regalen der Bibliotheken und damit im kollektiven Gedächtnis? Das konnte und durfte ja wohl nicht wahr sein!

Das sprichwörtliche Fass zum Überlaufen aber brachten die Ablehnungen mehrerer deutscher kunsthistorischer Institute, eine Habilitationsschrift über Walter Trier anzunehmen. Sofern dieses Ansinnen überhaupt einer Antwort für würdig befunden worden war, hieß es darin stets ausdrücklich, dass das Thema (und nicht etwa die Kandidatin) an akademischer Seriosität zu wünschen übrig lasse. So viel Hochmut, der schon an Dummheit zu grenzen schien, durfte gleichfalls nicht das letzte Wort in Sachen »Trier« gewesen sein!

Insofern mussten persönliche Vorlieben und Überzeugungen einmal hintangestellt werden. Schließlich war ein Trost, dass einigermaßen ordentlich errichtete »Denkmäler« durchaus sinnvoll sein können – und wenn sie nachfolgenden Generationen nur als Treffpunkt oder Postkartenmotiv dienen oder einigen aktuell verachteten Zeichnern als Zuspruch nicht aufzugeben. In diesem Ansinnen bestärkt wurde die Autorin durch die letzten Worte eines leider viel zu früh verstorbenen komischen Zeichners, brillanten Schriftstellers und scharfen Kritikers, die stets Leitlinie und Ansporn zugleich waren: »Schade, ich hätte Originale und Sie gern gesehen. So bleibt mir nur zu sagen: Dank. Und: Möge jeder Künstler im Laufe seines Nachlebens jemanden finden wie Sie!« – Ich hoffe sehr, lieber Robert Gernhardt, diesem Anspruch gerecht geworden zu sein.

ANHANG

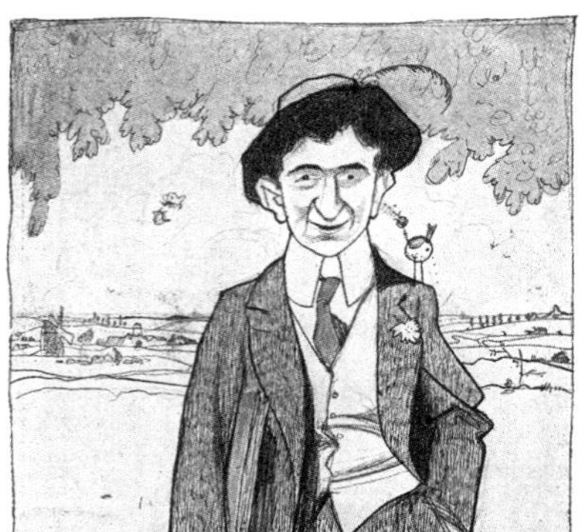

Kurzbiografie

1890 Am 25. Juni wird Walter Trier als jüngstes von sieben Geschwistern in Prag geboren.

1900–1904 Besuch der *k. u. k. deutsche[n] Nikolander-Realschule* in Prag, der ältesten Realschule Österreich-Ungarns.

1905–1906 Besuch der Prager *Kunstgewerbeschule*, zunächst in der Klasse von Prof. Alexander Jakesch. Zusätzlicher Unterricht bei dem Porträtmaler Alois Wierer. Anschließend Studium an der Prager *Kunstakademie* bei Prof. Bohumír Roubalík.

1907 Am 3. Oktober Umzug nach München. Besuch der renommierten *Privatmalschule [Heinrich] Knirr*.

1908 Am 14. Oktober Immatrikulation an der *Münchner Akademie der Bildenden Künste*, in der Klasse des Franz von Stuck.

1909 Am 13. Mai Teilnahme an der Jubiläumsfeier der *Königlich Bayerischen Akademie der Bildenden Künste* anlässlich ihres hundertjährigen Bestehens. 16 spitzfindige Karikaturen von Akademielehrern und -schülern für eine Spezialnummer der *Kneip-Zeitung D.St.A.D.B.K.* Im Sommer Abschluss des Studiums. Im August erste Zeichnung im *Simplicissimus*.

1910 Im Februar erste Zeichnung in der *Jugend*. Umzug nach Berlin am 1. April. Ende September erstmalige Teilnahme an einer öffentlichen Ausstellung. Erste buchgrafische Arbeit: Einband für Harold Morrés Buch *Allgemeine Heiterkeit. Der Reichstag im Lichte der Karikatur*.

1911 Ab Frühjahr 1911 (bis 1932) regelmäßige Teilnahme an der jährlichen *Grossen Berliner Kunstausstellung*. In *Dresslers Kunstjahrbuch* wird Trier als »Illustrator« geführt. Mitgliedschaft im *VDI* (d. i. *Verband deutscher Illustratoren*).

1912 Walter Trier lernt die aus Polen stammende Berlinerin Helene Mathews kennen. Erste Reklameplakate.

1913 Heirat mit Helene Mathews. Das *Extrablatt der Berliner Karikaturisten* erscheint. Weitere Arbeiten für Bücher und Presse, etwa für den *Ulk* und die Festschrift *Zwanzig Jahre Café des Westens*.

1914 Geburt der Tochter Margarete, genannt Gretl. Ab Januar regelmäßig Arbeit für *Die Dame*, *Berliner Illustrirte Zeitung* sowie *Zeitbilder. Beilage zur Vossischen Zeitung*. Während des Ersten Weltkriegs zahlreiche humoristische Kriegsbilderbogen und Feldpostkarten.

1915 Illustration für ein Sonderheft des Kunstkritikers Paul Westheim *Das Plakat. Mitteilungen des Vereins der Plakatfreunde* und für die Kriegsanleihe mit dem Titel *Der Weg des Geldes*.

1916 Im April Teilnahme an einer Ausstellung in Berlin, ab Mai auch auf der *Grossen Berliner Kunstausstellung* im Saal 14b für *Politische Karikatur und Kriegshumor*.

1917 Im Frühjahr erstmals Teilnahme an einer Ausstellung der *Berliner Secession*. Zugleich erste Zeichnungen für ein Kinderbuch, ein friedliches *A-B-C* im *Kränzchen Bilderbuch*.

1919 Am 10. Juni Vorführung des bislang frühesten Zeichentrickfilms von Walter Trier: *Ein Abend im Varieté*. Zur Eröffnung des Kabaretts *Schall und Rauch* wird Walter Triers *Karikaturenfilm: Ein Tag des Reichspräsidenten* gezeigt. Erfolgreiche Werbekampagne für *Ullstein*-Schnittmuster.

1920 Erste Privataufnahmen von Lene, Gretl und Walter Trier in der *Berliner Illustrirten Zeitung*.

1921 In *Dresslers Kunstjahrbuch* lautet Triers Berufsbezeichnung nun »Zeichner«. Vom *Deutschen Bund Heimatschutz* erhält er den Auftrag, heimisches historisches Spielzeug zu dokumentieren. Im Dezember erscheint ein ausführlicher Artikel über *Eine Spielzeugsammlung. Im Besitz des Malers Walter Trier*.

1922 Erster nachweislicher Urlaub der Familie Trier in Kloster auf Hiddensee. In der Vorweihnachtszeit erscheinen die Bücher *Triers Panoptikum* mit der launigen Autobiografie *Ich* und das hochgelobte Bilderbuch *Spielzeug* (gemeinsam mit Oskar Seyffert, dem Direktor des *Landesmuseums für Sächsische Volkskunst* in Dresden).

1923 Die Familie Trier verbringt den ersten von vielen Winterurlauben in Andermatt/Schweiz. Die Freundschaft der Familien von Walter Trier, Karl Geyer und Otto Rudolf Salvisberg ist erstmals dokumentarisch fassbar. Lobende Erwähnung des Plakates *Die Heißgeliebte!* für die Zigarettenfirma *Manoli*. Bilder-Serien im Rahmen umfangreicher Werbekampagnen für die *Papierfabrik Max Krause* sowie die Zeitschriften *Die Dame* und *Lustige Blätter*. In den *Lustigen Blättern* nehmen Zeichnungen von Trier, die die Gefahr, die von der politischen Rechten droht, thematisieren, erkennbar zu.

1924 Teilnahme an einer Plakatkunstausstellung über Filmreklame im *Berliner Club der Filmindustrie*. Erste umfangreiche Würdigung von Walter Triers Reklamearbeiten in dem Fachorgan *Gebrauchsgraphik*. Im September Start von Walter Triers aufsehenerregender Werbekampagne für den *Uhu*, an die sich eine regelmäßige Mitarbeit für das Blatt anschließt.

1925 Ab 1. April Mitglied der *Berliner Secession*. Bühnenausstattung für die Ausstattungsrevue *Für Dich!* (gemeinsam mit Ernst Stern). Erwerb eines Hauses in Lichterfelde. Aufnahme in die *Große Jüdische National-Biographie* als »Karikaturenmaler [...] tätig in Berlin, leistet im Plakat, Bühnenbild und in der Illustration Meisterhaftes. Wir haben von ihm entzückende Kinderbücher, Witzblätter und Einzelblätter. Besonders als Theatermaler hat er sich durch ebenso amüsante, wie künstlerisch bedeutsame Entwürfe hervorgetan.«

1926 Im Februar Teilnahme an einer Ausstellung von Zeichnungen, Aquarellen und Pastellen in der *Neuen Kunsthandlung*, Berlin. Erste Teilnahme an einer Ausstellung der *Berliner Secession*. Triers Beitrag ist noch vor der Ausstellungseröffnung verkauft.

1927 Beginn der Freundschaft zu den drei Clown-Brüdern Alberto, Paolo und François Fratellini – vermutlich in Vorbereitung zu dem Buch *Artisten*. Studienreise mit dem elsässischen Künstlerkollegen Lucien Adrion und Sigbert Marzinsky nach Frankreich, Spanien und Nordafrika. Im Dezember geben Walter und Lene Trier Leihgaben für eine *Spielzeug-Ausstellung* im *Märkischen Museum*, Berlin.

1928 Im Mai Teilnahme an der *Grossen Berliner Kunstausstellung*, für den *Verein Berliner Künstler* und ab September einer der Hauptaussteller von *Humor in der Malerei* der *Berliner Secession*. Wandmalereien für das Foyer des *Kabaretts der Komiker*.

1929 Zweiter Vorsitzender des *Verbandes der Pressezeichner*. Gestaltung der Einladungskarte für den Ball dieses Verbandes (gemeinsam mit Fritz Koch-Gotha). Teilnahme an der Ausstellung *Berliner Humor: Trier / Simmel / Zille* in der *Modernen Galerie Wertheim*, die später auch in Breslau gezeigt wurde. Die Verlegerin Edith Jacobsohn stellt die Bekanntschaft zwischen Erich Kästner und Walter Trier her, im Spätherbst erscheint das Kinderbuch *Emil und die Detektive*.

1930 Mitglied der Jury zur Wahl der *Miss Germany 1930*. Auftrag von der Berliner Polizeiverwaltung, die Geburtstagsglückwunschkarte für den populären Polizeipräsidenten Karl Zörgiebel anzufertigen.

1931 Entwürfe für Bühnenbild und Kostüme für die Oper *Die verkaufte Braut* von Friedrich Smetana am Kölner Opernhaus.

1932 Ende November wird die gesamte Familie Trier für ihre sportlichen Leistungen ausgezeichnet. Walter und Lene erhalten das *Goldene*, Gretl das *Bronzene Sportabzeichen*.

1933 Am 20. Februar letzte Eintragung Walter Triers in der Präsenzliste der *Berliner Secession*. Mitte März 1933 veröffentlicht das *Börsenblatt des deutschen Buchhandels* die *erste offizielle schwarze Liste für die bildenden Künste*. Trotz der immer zahlreicher werdenden Berufsverbote weitere Illustrationen in Presse und Literatur. Im Dezember erscheint *Das fliegende*

Klassenzimmer bei *Friedrich Andreas Perthes* in Stuttgart. Es ist das letzte gemeinsam von Erich Kästner und Walter Trier in Deutschland ganz offiziell produzierte und verlegte Buch.

1934 Aufenthalt auf der spanischen Insel Ibiza. Ab 7. November erste Zeichnungen im *Prager Tagblatt*, am 18. November Eröffnung einer selbstorganisierten Einzelausstellung in der Prager *Galerie André*. Teilnahme an der *I. Internationalen Karikaturisten Ausstellung* in Prag.

1935 Im April Eröffnung der Ausstellung *Humor in der Malerei und Keramik: Walter Trier* in Brünn. Letzte Zeichnungen sowie die letzten zwei Bücher erscheinen in Hitler-Deutschland. In der *Jugendschriftenwarte* wird darauf hingewiesen, »daß grundsätzlich alle von Trier bebilderten Bücher abgelehnt werden, auch wenn sie inhaltlich einwandfrei sind«. Im Foyer des *Kabarett der Komiker* werden die Wandmalereien Triers entfernt und durch die Arbeiten eines »arischen« Kollegen ersetzt. Im Sommer zweimonatiger Aufenthalt bei der befreundeten Familie Rukser auf dem *Oberbühlhof* unmittelbar an der Schweizer Grenze.

1936 Illustration der Kinderbücher *Prázdniny na mori* von Arthur Ransome und *Nezbeda Béda* von Booth Tarkington. Anfang Februar ein- bis zweiwöchiger Aufenthalt in London. Im Sommer erneuter Aufenthalt der Familie Trier auf dem *Oberbühlhof*. Aufgabe des Hauses in Lichterfelde; die Familie wohnt vorübergehend in der Keithstraße 3. Ende des Jahres Flucht nach England über Bièvres bei Paris, wo Trier seinen Malerkollegen Lucien Adrion besucht.

1937 Ab Juli erscheint monatlich ein von Trier gestaltetes Cover für *Lilliput. The Pocket Magazine for Everyone* in London. Im August und September Arbeitstreffen mit Erich Kästner in Salzburg zur Planung und Vorbereitung diverser Buchprojekte.

1938 Im April letzte Illustration für das *Prager Tagblatt*. Letztes persönliches Treffen mit Erich Kästner in London. Im Juli Besuch des befreundeten Ehepaars Salvisberg. Tochter Margarete heiratet den ungarischen Ingenieur Nicholas Fodor. Im Juli und August Teilnahme an der international beachteten Kunstschau *Twentieth Century German Art* in den *New Burlington Galleries* in London gemeinsam mit allen anderen seit 1937 in Deutschland als »entartet« verfehmten Künstlern. Im November Teilnahme an der vom *Freien Künstlerbund* in Paris organisierten Ausstellung *Freie Deutsche Kunst* in der *Maison de la Culture*. Außerdem Beteiligung an der Ausstellung *Grown up Children* in der *Nicholson Gallery*, London.

1939 Tochter Gretl wandert mit ihrem Ehemann nach Kanada aus. Angebot von Walt Disney, das Walter Trier ablehnt.

1940 Das britische *Ministry of Information* beauftragt Walter Trier mit Zeichnungen für verschiedene Flugblätter gegen Nazi-Deutschland. Parallel dazu romantische Illustrationen für Werbeschriften der Londoner Firma *Ladybird Kiddies Wear*.

1941 Das Ehepaar Trier zieht ins Umland von London, nach Hertfordshire. Ab September regelmäßige Zeichnung der Karikatur für *Die Zeitung*, das Blatt der deutschsprachigen Emigranten. Illustrationen für das Kinderbuch *Blitz Kids* von Elionore Mordaunt.

1942 Politische Zeichnungen in der amerikanischen Zeitschrift *Life*, vereinzelt auch in *The New York Times*.

1943 Am 23. September Eröffnung der Ausstellung *Cartoons by Z.K., Hoffmeister, Pelc, Stephen, Trier* in *The Czechoslovak Institute* am Grosvenor Place, London.

1944 Regelmäßige Illustrationen für die Bücherkolumne des englischen Schriftstellers John Betjeman im *The Daily Herald*. Am 10. November letzte Karikatur in der *Zeitung*. Kinderbuch *Ten Little Negroes: A New Version* bei *Nicholson & Watson*, London.

1945 Bucheinband für Egon Jamesons Buch *10 Downing Street* und einige Farbdoppelseiten für *Illustrated*, London. Kurz darauf Auftrag für plastische Karikaturen verschiedener Delegierter der *United Nations Organization*.

1946 Auftrag von Kurt Maschler über zahlreiche Weihnachts- und Glückwunschmotive für seinen Postkartenverlag *Fama Ltd. Publishers*, London. Das erste von drei textlosen Verwandlungsbüchern erscheint bei *Atrium Press Ltd.* in London unter dem Titel *Crazy Books*.

1947 Das Ost-Berliner Satireblatt *Ulenspiegel* widmet Walter Trier die Titelseite des Januarheftes. Im Februar erhalten Walter und Helene Trier die britische Staatsbürgerschaft. Im März eineinhalbwöchiger Aufenthalt in der Schweiz. Am 9. August Auswanderung nach Kanada.

1948 Teilnahme an einer Ausstellung bei *Canada Packers*.

1949 Ab Januar Planungen für das eigene Haus in Collingwood. Teilnahme an der *77th Annual Spring Exhibition* der *Ontario Society of Artist* und der *Art Gallery of Ontario*, Toronto. »Mann des Monats« der Schweizer Zeitschrift *Annabelle*. *Die Konferenz der Tiere* erscheint im *Europa-Verlag*, Zürich/Wien/Konstanz. Warenzeichen *York Peanut Butter-Cow* und weitere Plakate für *Canada Packers Ltd.*

1950 Auftritte im amerikanischen Fernsehen mit seinen selbstgebastelten Kasperlepuppen. *Dandy in the Circus*, der zweite Band der *Dandy*-Bücher, erscheint in London.

1951 Im April erste Ausstellung von Walter Triers Ölbildern und Aquarellen im *Hart House* der Universität von Toronto. Illustrationen für *New Liberty*. Am 8. Juli völlig überraschender Tod durch Herzschlag.

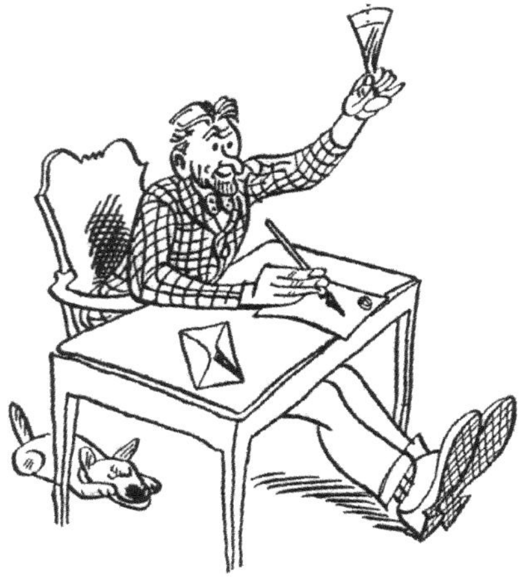

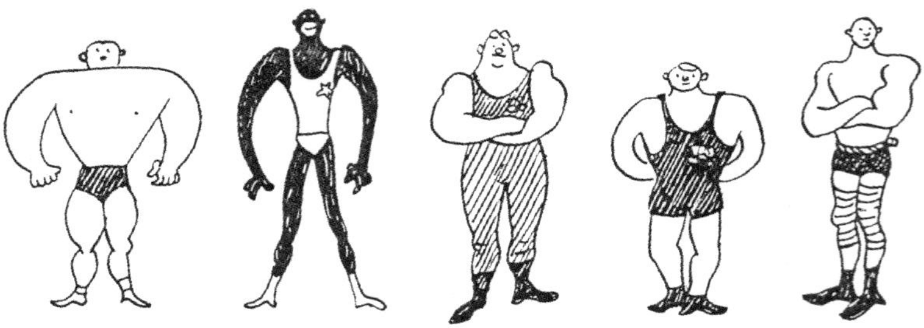

Personenregister

Trier

Literaturverzeichnis

Einleitung

Brod, Max: *Streitbares Leben. 1884–1968*, München/Berlin/Wien 1969.
Diehl, Kathrin: *Emil, Lottchen und die Nazis*, in: Jüdische Allgemeine, 18. Jan. 2007.
Kästner, Erich: *Heiteres von Walter Trier*, Hannover 1959.
Sailer, Anton: *Zeichner mit der Wunderlampe*, in: Die Neue Zeitung, 17. Dez. 1951.
Scholz, Martin: *kinder brauchen kein happy end*, in: Frankfurter Rundschau Magazin, 15. Apr. 2006, S. 4–5.
Trier, Walter: *Triers Panoptikum*, Berlin 1922.
Westheim, Paul (Hg.): *Künstlerbekenntnisse. Briefe, Tagebuchblätter, Betrachtungen heutiger Künstler*, Berlin 1924.
Windhöfel, Lutz: *Paul Westheim und das Kunstblatt*, Köln 1995.

Kindheit und Schule

Brod, Max 1969.
Brod, Max: *Der Sommer, den man zurückwünscht*, München 1973.
Freund, Robert: *Der Dichter mit dem Zeichenstift*, in: Aufbau New York, 20. Juli 1951.
Griebens Reiseführer, Bd. 26: Prag und Umgebung, Berlin 1911, 15. Aufl.
Neuner-Warthorst, Antje: *Walter Trier: Politik, Kunst, Reklame*, Zürich 2006.
Pollak, Ernst (Hg.): *Die Nikolander-Realschule 1833–1933*, Prag 1933.
Reimann, Hans: *Walter Trier*, in: Das Stachelschwein, 1928, Märzheft, S. 25–31.
Trier, Walter: *Helden der Jugend*, in: Colman, Fred A., Walter Trier, Max Ehrlich (Mitarbeit): *Bergmanns bunte Bücher*, Buch 2, Dresden 1932.

Künstlerlische Ausbildung

ah: *Prof. Heinrich Knirr 70 Jahre alt*, in: Münchner Neueste Nachrichten, 2. Sept. 1932.
Bauer, Helmut und Elisabeth Tworek (Hg.): *Schwabing. Kunst und Leben um 1900*, München 1998.
Budzinski, Klaus und Reinhard Hippen: *Metzler Kabarett Lexikon*, Stuttgart/Weimar 1996.
Eaglesmith, George: *Walter Trier – In Memoriam*, in: Canadian Art Ottawa, 1951, Okt., S. 14–16.
Freund, Robert 1951.
Reimann, Hans 1928.
Roth, Eugen: *Simplicissimus. Ein Rückblick auf die satirische Zeitschrift*, Hannover 1955.
Sailer, Anton: *Unvergessen: Walter Trier*, in: graphik, Heft 3, 1984, S. 47–48.

Familie und Alltag

Gruber, L. Fritz: *Walter Trier. Besuch bei Deutschlands größten Zeichnerhumoristen*, in: Das Elegante Köln, 1929, S. 4 f.
Keun, Irmgard: *Das kunstseidene Mädchen*, München 1997. (EA: 1932).
Lichtenstein, Claude und Angela Schönberger: *Otto Rudolf Salvisberg. Die andere Moderne*, Zürich 1995.
Reimann, Hans 1928.
Rother, Michael: *Walter Trier: Bestände in der Sammlung M.I.R.*, Privatdruck Hannover 2006.
Trier, Walter 1922.
Ulmar: *Berliner die uns Vergnügen machen IX. Walter Trier*, in: [unbekannte Zeitung], 1929.
Wirth, Joachim und Walter Trier: *Kleines Trier-Paradies*, Zürich 1955.
Jameson, Egon: *Mein Freund Trier*, in: Neue Zeitung, 14./15. Jul. 1951.

Freunde und Bekannte

Barbian, Jan-Pieter: *... nur passiv geblieben? Zur Rolle von Erich Kästner im Dritten Reich*, in: Manfred Wegner (Hg.): *Die Zeit fährt Auto. Erich Kästner zum 100. Geburtstag*, Berlin 1999, S. 119–142.
Cieslik, Jürgen und Marianne: *Knopf im Ohr. Die Geschichte des Teddybären und seiner Freunde*, Jülich 1989.
Colman, Fred A. und Walter Trier: *Artisten. Ernstes und heiteres Varieté*, Dresden 1928.
Görtz, Franz Josef und Hans Sarkowicz: *Erich Kästner. Eine Biographie*, München/Zürich 1998.
Grosz, George: *Ein kleines Ja und ein großes Nein*, Reinbek bei Hamburg 1995 (EA: 1955).

Harbusch, Ute: *Emil, Lottchen und der kleine Mann. Erich Kästners Kinderwelt*, in: Marbacher Magazin 86/1999, Marbach 1999.
Kästner, Erich 1959.
Kästner, Erich: *Trier. Zum Tode eines großen Illustrators*, in: Schweizer Illustrierte Zeitung, Juli 1951.
Kästner, Erich: *Vermischte Beiträge*, in: Erich Kästner: *Gesammelte Werke, Band 8*, [Erscheinungsort] 1998.
Lichtenstein, Claude und Angela Schönberger 1995.
Neuner-Warthorst, Antje: *Adolf mit dem langen Arm. Die Zusammenarbeit von Erich Kästner und Walter Trier nach 1933*, in: Ruairi O'Brien und Bernhard Meier (Hg.), *Das trojanische Pferd (Erich Kästner Jahrbuch Band 6)*, Würzburg 2010, S. 118–135.
NN: *Moderne Galerie Wertheim*, in: Kreuz-Zeitung, 17. Februar 1929.
NN: in: *Das Reichbanner*, 23. Nov. 1929.
Ofczarek-Späth, Beate: *Jahrgang 1899. Zum 100 Geburtstags Erich Kästners*, in: Aus dem Antiquariat, 31. Aug. 1999, S. A 474 und A 478.
Schikorsky, Isa: *Erich Kästner*, München 1999.
Simmel, Paul: *Der Karikaturist als Objekt des Karikaturisten*, in: Berliner Illustrirte Zeitung, 1927, Heft 9, S. 359.
Weinkauff, Gina: *Die Großstadt als Labyrinth und Bewährungsraum: Emil und die Detektive von Erich Kästner*, in: Bernhard Rank (Hg.), *Erfolgreiche Kinder- und Jugendbücher*, Hohengehren 1999, S. 151–172.

Spielzeugsammlung

Adrion, Irma: *Walter Trier. 1890–1951*, in: Weltkunst, 15. Juni 1965.
Bredt, Ernst Willy: *Künstlerische Holzspielsachen*, in: Dekorative Kunst, Bd. 6, 1903, S. 454–460.
Castonier, Elisabeth: *Stürmisch bis heiter. Memoiren einer Außenseiterin*, München 1964.
Coster, Ian: *Impression: Walter Trier – Artist*, in: Lilliput, Vol. 8, No. 5, 1941, S. 422–424.
Freund, Robert 1951.
Gruber, L. Fritz 1929.
h.p.: *Walter Trier gestorben*, in: Tagesspiegel, 12. Juli 1951.
Hamilton, Frank: *Trier discovers Canada*, in: National Home Monthly, Febr. 1949.
Hopkinson, Tom: *Trier and his toys*, in: Picture Post, 20. Dez. 1947, S. 17–20.
Jameson, Egon 1951.
Kästner, Erich 1959.
Leisching, Julius: *Künstlerisches Spielzeug*, in: Kind und Kunst, 1904, S. 225 f.
Neuner-Warthorst, Antje: *Illustrierte Spielzeug-Literatur im frühen 20. Jahrhundert*, in: Aus dem Antiquariat, 2004, 3, S. 163–176.
NN: *Eine Spielzeugsammlung*, in: Die Dame, 1921/22, Heft 6, S. 9 f.
NN: *You can make yours like this*, in: Weekly Illustrated, 16. April 1938.
NN: *Millionen schmunzelten über Walter Trier*, in: Weltbild, 14. Mai 1950, 10/10.
Sailer, Anton 1951.
Seyffert, Oskar in: *Mitteilungen des Vereins für Sächsische Volkskunde*, Bd. VIII, 1922.
Seyffert, Oskar und Walter Trier: *Spielzeug*, Dresden 1922.
Trier, Walter: *Altes Spielzeug*, in: Colman, Fred A. und Walter Trier: *Bergmanns bunte Bücher*, Buch 3, Dresden 1933.
Trier, Walter: *Ein Kindertraum*, in: Die Dame, 1924/25, Heft 6, S. 9–12.
Ulmar 1929.
W.F.: *Witz ohne Bosheit. Zum Tode von Walter Trier*, in: Der Tag, 12. Juli 1951.

Künstlerleben

Frenzel, Hermann Karl: *Walter Trier*, in: Gebrauchsgraphik. International Advertising Art, 1931, Heft 2, S. 2–16.
Gruber, L. Fritz 1929.
Hamilton, Frank 1949.
Jameson, Egon 1951.
Kästner, Erich 1959.
Kästner, Erich: *Der kleine Grenzverkehr oder Georg und die Zwischenfälle*, München 1990 (EA: 1938).
Lang, Lothar: *Das große Trier-Buch*, München/Zürich 1986 (EA: 1972).
Matelowski, Anke: *Kunstgeschichte im Protokoll. Neue Aktenfunde zur Berliner Secession*, in: MuseumsJournal, 1998, Heft 3, S. 42–45.

Neuner-Warthorst, Antje: *Da bin ich wieder – Walter Trier. Die Berliner Jahre*, Berlin 1999.
Pollak, Ernst 1933.
Reimann, Hans 1928.
Reimann, Hans: *Die schwarze Liste. Ein heikles Bilderbuch*, Leipzig 1916.
Ulmar 1929.

Grotesker Realismus

Brandler, Gotthard und Dieter Steinmann (Hg.): *Triennale der Staatlichen Bücher- und Kupferstichsammlung Greiz*, Greiz 1997.
Budzinski, Klaus: *Pfeffer ins Getriebe. Ein Streifzug durch 100 Jahre Kabarett*, München 1984.
Eaglesmith, George 1951.
Frenzel, Hermann Karl 1931.
Gernhardt, Robert: *10 Sätze betr. Komik*, in: ders.: *Was gibt's denn da zu lachen*, München/Zürich 2001, S. 419–423.
Gernhardt, Robert: *Hier spricht der Zeichner*, Stuttgart 1996.
Gombrich, Ernst H.: *Das Arsenal der Karikaturisten*, in: Gerhard Langemeyer u.a. (Hg.): *Bild als Waffe*, München 1984, S. 384–401.
Gruber, L. Fritz 1929.
Haftmann, Werner: *Malerei im 20. Jahrhundert*, Band 1, München 1973 (4. Aufl.).
Kästner, Erich 1959.
Kästner, Erich 1990.
Konrad Elert, in: *Sport im Bild*, 1926, Heft 19, S. 843.
Luft, Friedrich: *Berliner Illustrirte*, in: Joachim W. Freyberg/Hans Wallenberg (Hg.), *100 Jahre Ullstein 1877–1977*, Berlin 1977, S. 87–117.
Muche Georg: *Blickpunkt. Sturm, Dada, Bauhaus, Gegenwart*, Tübingen 1965.
Neuner-Warthorst, Antje 2006.
NN: in: *Lustige Blätter*, 1923, Heft 38, S. 14.
NN: in: *Kunst und Künstler*, 1925/26, S. 250 f.
NN: in: *Berliner Tagblatt*, 11.2.1926.
NN: in: *Das Kunstblatt*, 1926, S. 496.
NN: in: *Zeitbilder, Beilage zur Vossischen Zeitung*, 14.2.1926.
NN: in: *Berliner Börsen-Zeitung*, 12.2.1929.
NN: in: *Kreuz-Zeitung*, 17. Februar 1929.
NN: in: *Breslauer Zeitung*, 28.3.1929.
Roda Roda, Alexander: *Walter Trier*, in: Emil Escher (Hg.), *Humor um uns*, Berlin 1931, S. 310–321.
Schäfer, Susanne: *Komik in Kultur und Kontext*, München, 1996.
Stenzel, Hans Joachim: *Strichweise heiter. 170 Jahre Humor im Blätterwald*, Berlin [1998].
Ulmar 1929.
Herbert Ihering, in: *Vossische Zeitung*, 8.12.1919
Hugo Kubsch, in: *Deutsche Tageszeitung*, 13.2.1926.
Ruth Morold, in: *Jüdische Rundschau*, 26.2.1926.
Dr. Paul F. Schmidt, in: *Vorwärts*, 20.2.1929.

Presse- und Buchgrafik

Barbian, Jan-Pieter 1999.
Bernelle, Agnes: *Schöneberg – West End. Das Theater meines Lebens*, Reinbek bei Hamburg 1999.
Brüggemann, Theodor: *Kinderbuch und Zeitgeschichte: Der Verlag Williams & Co*, in: Aus dem Antiquariat, 4/2003, S. 247–274.
Enderle, Luiselotte: *Erich Kästner. Mein liebes, gutes Muttchen, Du! Briefe und Postkarten aus 30 Jahren*, Hamburg 1981.
Fischer, Ernst: *Buchgestaltung im Exil 1933–1950*, Wiesbaden 2003.
Gernhardt, Robert: *Frau Lene tanzt mit Bananen*, in: Weltkunst, 2006, Nr. 7, S. 61.
Görtz, Franz Josef und Hans Sarkowicz 1998.
Harbusch, Ute 1999.
Hopster, Norbert, Petra Josting, Joachim Neuhaus: *Kinder- und Jugendliteratur 1933–1945, Band 1: Bibliographischer Teil mit Registern*, Stuttgart/Weimar 2001, Nr. 2638, Sp. 588.
Jameson, Egon 1951.
Kaminski, Winfred: *Weimarer Republik*, in: Reiner Wild (Hg.), *Geschichte der Deutschen Kinder- und Jugendliteratur*, 2. ergänzte Auflage, Stuttgart/Weimar 2002, S. 251–265 und 285.
Kästner, Erich 1962.
Neuner-Warthorst, Antje 2006.
Neuner-Warthorst, Antje: *Es geht um die Kinder! Ein Beitrag zur Geschichte der Kinderbuchillustration*, in: Beiträge Jugendliteratur und Medien, 2001, Heft 4, S. 266 ff.
Neuner-Warthorst, Antje: *Meschuggenes von Walter Trier*, in: Eckart Sackmann (Hg.): Deutsche Comic-

forschung 2008, Hildesheim 2007, S. 48–61.
Neuner-Warthorst, Antje: *Please come and see me sometimes – Kommentierte Bibliographie zu Walter Trier*, in: Ruairi O'Brien und Bernhard Meier 2010, S. 137–193.
Noack-Mosse, Eva: *Uhu*, in: Joachim W. Freyberg / Hans Wallenberg (Hg.) 1977, S. 177–207.
NN: *Walter Trier*, in: Almanach der Lustigen Blätter, Berlin 1912.
NN: in: *Jüdische Rundschau*, 23.12.1926.
NN: in: *Das Reichbanner*, 23. Nov. 1929, S. 384.
Oeri, Georgine: *Walter Trier. Einige seiner Lilliput-Umschläge*, in: Graphis, Nr. 22, 1948, S. 128–131 und 196.
Ramseger, Georg: *Walter Trier*, in: Wilhelm-Busch-Gesellschaft (Hg.): *Wilhelm-Busch-Jahrbuch*, Hannover 1984, S. 98–105.
Roda-Roda, Alexander 1931.
S. [Margrit Schürmann]: *Der Mann des Monats: Walter Trier*, in: Annabelle, 1949, Nr. 141, S. 21.

Theater, Reklame, Trickfilm

Antiquariat Hatry: *Erich Kästner und Walter Trier*, Antiquariatskatalog Nr. 5, Heidelberg 1994.
Breuhaus de Groot, F. A. (Hg.): *Der Ozeanexpress Bremen*, München [1929].
Budzinski, Klaus 1984.
Colman, Fred A. und Walter Trier 1928.
Enderle, Luiselotte 1981.
Frenzel, Hermann Karl 1931.
H.P.: *Lustiges von der Reklame*, in: Uhu. Das neue Ullstein-Magazin, 1926, Heft 6, S. 77 ff.
Herbert Ihering zitiert nach: Jeanpaul Goergen: *Von der Filmgeschichte bisher nicht beachtet*, in: Tagesspiegel, 20. Januar 1991.
Herzfelde, Wieland: *Auf dem Heimweg von Schall und Rauch*, in: Kurt Waffner: *Einfach klassisch! und noch mehr*, Berlin [Ost] 1985
Jameson, Egon 1951.
Kästner, Erich 1959.
Luft, Friedrich 1977.
Marlow, Franz, zitiert nach einer Besprechung in: *Funk Stunde*, 1926, Nr. 2 (10. Jan.), S. 43.
Noack-Mosse, Eva 1977.
NN: *Besprechung des Trickfilms Ein Tag des Reichspräsidenten*, in: Vossische Zeitung, 8. Dez. 1919.
NN: *Humor und Reklame*, in: Manoli-Post, 1921, S. 9 f.
NN: *Besprechung des Films Der neue Napoleon*, in: Der Kinematograph, Juli 1923, S. 1.
NN: *Besprechung des Films Der neue Napoleon*, in: Reichsfilmblatt, Nr. 30, 1923, S. 24.
NN: *Besprechung der Charell-Revue Von Mund zu Mund*, in: Elegante Welt, 1926, Nr. 20, S. 28.
NN: *Ein Ferienzug*, in: Berliner Illustrirte Zeitung, 1926, 28/895 (11. Jul.).
NN: *Aufmarsch der kleinen Köche*, in: Die Dame, 1926/27, Heft 13, S. 8.
NN: *Der Film in der Karikatur*, in: Berliner Illustrirte Zeitung, 1927, Nr. 42, S. 1669.
NN: *Überraschung auf der Bremen*, in: Berliner Illustrirte Zeitung, 1929, Nr. 30, S. 1323.
NN: in: *Koblenzer General-Anzeiger*, 12. Sept. 1932, zitiert nach: Fred A. Colman u.a. 1933.
NN: in: *Dresdner Nachrichten*, 17. Sept. 1932, zitiert nach: Fred A. Colman u.a. 1933.
Oeri, Georgine 1948.
Pinthus, Kurt in: *8 Uhr Abendblatt*, zitiert nach: Fred A. Colman u.a. 1933.
Reimann, Hans 1928.
Schrader, Bärbel und Jürgen Schebera: *Die Goldenen Zwanziger Jahre. Kunst und Kultur der Weimarer Republik*, Wien/Köln/Graz 1987.
Schubert, Walter: *Die deutsche Werbegraphik*, Berlin 1927.
Stewart, Clair: *Trier. Letzte Arbeiten*, in: Graphis, 1952, S. 232– 235 und 269.
Ullstein, Hermann: *Wirb und Werde*, Berlin 1935.
Zörgiebel, Karl in: Almanach *Das Fest der Polizei im Zoo am Sonnabend, 7. Dezember 1929*, Berlin 1929.

Vertreibung

Barbian, Jan-Pieter 1999.
Bemmann, Helga: *Erich Kästner. Leben und Werk.* Aktualisierte Neuausgabe, Frankfurt/Berlin 1994.
Bernelle, Agnes 1999.
Dachs, Robert: *Sag beim Abschied ...*, Wien 1997.
Enderle, Luiselotte 1981.
Hurdalek, Marta H. u. a.: *Humorist Walter Trier*, Toronto 1980.
Kästner, Erich 1959.
Kästner, Erich 1990 (EA: 1938).
Matelowski, Anke 1998.

Pross, Steffen: In *London treffen wir uns wieder*, Frankfurt/M. 2000.

Zweite Karriere

Adkins, Helen: *Exhibition of 20th Century German Art*, in: Michael Bollé (Bearb.): *Stationen der Moderne*, Berlin 1988, S. 314–326.
Adrion, Irma 1965.
Castonier, Elisabeth 1964.
Freund, Robert 1951.
Graeve, Inka: *Freie Deutsche Kunst*, in: Michael Bollé 1988, S. 339–344.
Hamilton, Frank 1949.
Hurdalek, Marta H. u. a. 1980.
Jameson, Egon 1951.
Kästner, Erich 1959.
Litten, Irmgard: *Die Hölle sieht dich an: Der Fall Litten*, Paris 1940.
NN: *The contributors to this issue*, in: Lilliput, 1938, Vol. 2, H. 6 (Juni), S. 661.
NN: *Besprechung der Ausstellung in der Nicholson Gallery*, in: The Times, 14. Dez. 1938.
Oeri, Georgine 1948.
Pross, Steffen 2000.
Rother, Michael 2006.
Shaw, Elizabeth: *Wie ich nach Berlin kam*, Berlin 2000.

Dritte Karriere

Bode, Andreas: *Erich Kästner, Jella Lepmann und die Internationale Jugendbibliothek München*, in: Harbusch, Ute 1999, S. 59–66.
Hamilton, Frank 1949.
Hopkinson, Tom 1947.
Kästner, Erich 1959.
NN: *Millionen schmunzelten über Walter Trier – er wird 60 Jahre alt*, in: Weltbild, Nr. 10, 14. Mai 1950, S. 10.
NN: *Christmas Cards*, in: Graphis, 1950, S. 336 f.
Pick, Gerd Peter: *Nachruf auf Walter Trier*, in: CBC Radio Canada, Kurzwelle nach Deutschland, 26. Oktober 1951.
S. [Margrit Schürmann] 1949.
Schnorbach, Hermann: *Jella Lepman oder: deutsche Vergesslichkeiten. 50 Jahre Konferenz der Tiere*, in: Beiträge Jugendliteratur und Medien, 2001, Heft 4, S. 252–258.
Stewart, Clair 1952.

Lebensende im Exil

Eaglesmith, George 1951.
Freund, Robert 1951.
Kästner, Erich 1959.
Pick, Gerd Peter 1951.
Todesanzeige Helen Trier, in: *Toronto Daily News*, 1.9.1994.
Todesanzeige Margaret Fodor, in: *Toronto Daily News*, 26.9.1994.
Todesanzeige Walter Trier, in: *Toronto Daily News*, 11.7.1951.
Wirth, Joachim und Walter Trier 1955.

Schlusswort

Dallach, Christoph: *Luft holen und lächeln*, in: Spiegel online, 12.10.2009.
Dänzer-Vanotti, Irene: *Der Maulwurf muss noch dicker werden*, in: WDR 5, Scala – Aktuelles aus der Kultur, 12.2.2007.
Dettmann, Ines: *Kinder lieben Kästner. Der 35. Mai als Comic*, in: Büchermarkt: Bücher für junge Leser, Deutschlandfunk, 26. 05.2007.
Gernhardt, Robert 2006.
Künnemann, Horst: *Hinweis auf Walter Trier*, in: Bulletin Jugend + Literatur, S. 64–67.
Künnemann, Horst: *Profil: Walter Trier*, in: Bulletin Jugend + Literatur. Nachrichten, Beiträge und Kritiken für Erzieher, Lehrer, Sozialpädagogen, Bibliothekare und Buchhändler, Kritiker, Studenten, Verleger, Autoren, Illustratoren und Redakteure, 1973, 6. Beiheft, S. 23–25.
Lang, Lothar 1972.
Lang, Lothar: *Klassiker der Karikatur, Band 4: Walter Trier*, München 1971.
Lang, Lothar: *Walter Trier als Illustrator*, in: Marginalien. Zeitschrift für Buchkunst und Bibliophile, 1970, Heft 40, S. 6–21.
Schneider, Matthias: *Die Ligne Trier des Walter Trier*, in: www.strapazin.ch, Februar 2010.
Scholz, Martin 2006.
Stenzel, Hans Joachim [1998].

Nachweise

Archivmaterial

Archiv der Akademie der Künste, Berlin
(P. Westheim-Archiv Nr. 126)
Postkarte von W. Trier an P. Westheim, 28.5.1945.
Postkarte von W. Trier an P. Westheim, 20.12.1946.
Brief von W. Trier an P. Westheim, 6.10.1947.
Postkarte von W. Trier an P. Westheim, 15.12.1947.

Deutsche Nationalbibiothek,
Deutsches Exilarchiv 1933-1945,
Frankfurt am Main
Brief und Postkarte von W. Trier an Ehepaar Meisl, 8.12.1948.

Deutsches Literaturarchiv, Marbach
(Nachlass Erich Kästner)
Brief von W. Trier an E. Kästner, 26.4.1950.
Brief von E. Kästner an W. Trier, 12.6.1950.
Brief von W. Trier an E. Kästner, 10.9.1950.
Aerogramm von W. Trier an E. Kästner, 3.12.1950. (auf der Rückseite Brief von John Envers an E. Kästner)
Brief von E. Kästner an K. Maschler, 11.7.1951.
Brief von E. Kästner an K. Maschler, 7.12.1951.

Walter Trier-Archiv, Konstanz
Abschrift aus dem Matrikelbuch der Akademie der Künste, München.
Abschriften amtlicher Unterlagen aus dem Melderegister der Stadt Prag, dem Prager Polizeiarchiv sowie dem Archiv der Jüdischen Gemeinde in Prag.
Aerogramm von W. Trier an K. Maschler, 7.5.1948.
Brief von W. Trier an L. und G. Trier, Juli 1923. (Nachdruck)
Brief von Friedrich Emil Krauss an Wendt & Kühn, Grünhainichen, 1.8.1927. (Kopie)
Brief von E. Kästner an W. Trier, 19.6.1947. (Kopie)
Brief von K. Maschler an W. Trier, 10.5.1948.
Brief von W. Trier an K. Maschler, 6.3.1949.
Brief von W. Trier an K. L. Maschler, März/April 1949.
Brief von W. Trier an K. Maschler, 5.5.1949.
Brief von W. Trier an K. Maschler, 24.5.1949.
Brief von W. Trier an K. Maschler, 14.9.1949.
Brief von W. Trier an K. L. Maschler, 19.9.1949.
Brief von W. Trier an K. Maschler, 18.4.1950. (Abschrift)
Brief von W. Trier an K. Maschler, 18.4.1951.
Brief von R. Gernhardt an A. Neuner-Warthorst, 24.6.2006.
Schallplatte mit Weihnachtsgruss von W. Trier an E. Kästner, Jahreswechsel 1948/49. (Kopie)
Typoskript Maschler, Kurt Leo: Walter Trier, in: [unbekannte Zeitung].
Vermählungsanzeige von W. und H. Trier geb. Mathews. (Kopie)

Bildnachweis

Alle Abbildungen entstammen dem Walter-Trier-Archiv, Konstanz.

Danksagung

Ein besonderer Dank geht zu allererst an Siegfried Eckert, jener Privatsammler, mit dem mich nun eine schon zwei Jahrzehnte währende gemeinsame Trier-Begeisterung verbindet und der mir bei der Beschaffung von Bildmaterial zu manch seltenem Originaldruck von Walter Trier stets behilflich war und immer wieder ist. Mindestens ebenso dankbar bin ich für das jahrelange Entgegenkommen von Renate Reichstein, Hamburg, als juristische Vertretung von Walter Triers Erben in Europa. Eine von gegenseitiger Wertschätzung getragene Beziehung hat sich in den letzten Jahren darüber hinaus zu Peter Beisler entwickelt, der nicht nur juristisch »letzten Instanz« in Sachen Erich Kästner, wofür ich sehr dankbar bin.

Leider hat sich die Reihe meiner bisherigen Kontakte zu ehemaligen Weggefährten, Berufskollegen, den Verantwortlichen in Verlag, Museen und Archiven sowie zu langjährigen Privatsammlern in den vergangenen Jahren enorm gelichtet, einerseits durch die Erlangung des jeweils verdienten Ruhestands, andererseits aufgrund der Endlichkeit allen Lebens. Ich gedenke an dieser Stelle den Verstorbenen Thomas Bick (Toronto), Lili Cassel-Wronker (New Jersey), Robert Gernhardt (Frankfurt am Main), Marion Herzog-Hoinkis (Frankfurt am Main), Erich Holthausen (Bergisch Gladbach), Paul Labowsky (Berlin) und Harry Rowohlt (Hamburg). Für all ihre langjährigen Freundschaften, die Weitergabe ihrer unschätzbaren Erinnerungen und Informationen danke ich herzlich. Das gewährte Vertrauen ist mir Verpflichtung geworden und Ansporn, trotz manch heftiger Rückschläge bzw. immer wieder versuchter und zuweilen erfolgter »feindlicher Übernahmen« in Sachen Walter Trier nicht aufzugeben, sondern das Rad seiner Komischen Kunst immer weiter zu drehen. Auf daß – gleich aller täglichen und menschlichen Mühsal – die Leichtigkeit und Schwerelosigkeit seiner ganz besonderen Kunst nie versiegen möge.

Abschließend müssen wir alle Bodo von Hodenberg von der Favoritenpresse (Berlin) danken, ohne dessen verlegerischen Optimismus, literarischen Weitblick und kaufmännischen Sachverstand es diese erneute Kraftanstrengung gar nicht gegeben hätte.

Schließlich danke ich Karl-Wilhelm Warthorst, für seinen jahrelangen Zuspruch, sein stets in mich gesetztes Vertrauen sowie die unzähligen, zum Glück bis heute ungebrochen in gewohnter Intensität und Leidenschaft geführten Fachgespräche.

Mehr über Walter Trier
finden Sie im Walter-Trier Archiv.
www.walter-trier.de

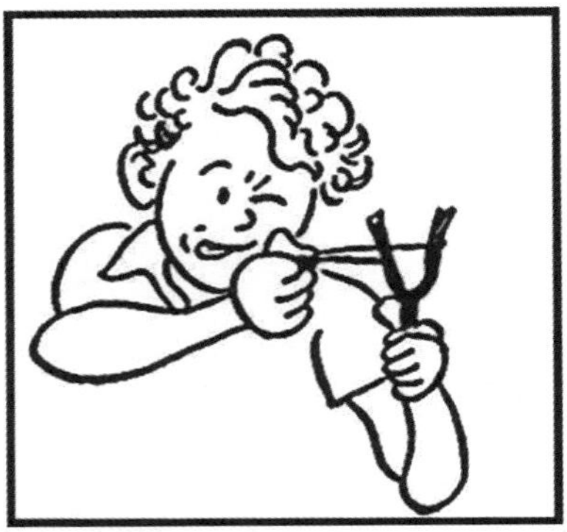

WALTER TRIER - ARCHIV

Das Walter Trier-Archiv ist Anfang 2007 in Konstanz gegründet worden und umfasst alle bisherigen Forschungs-Ergebnisse zu Walter Trier. Sämtliches Recherchematerial ist digitalisiert und systematisch geordnet worden, so daß es zukünftig der Erforschung dieses Künstlerlebens und des vielfältigen Werks zur Verfügung steht. Das Walter Trier-Archiv fungierte schon rasch als willkommene Anlaufstelle für Forscher und Sammler des In- und Auslandes. In diesem Kontext konnten schon diverse regionale und internationale Projekte mit Rat und Tat unterstützt werden, zuletzt etwa das von der deutschen Bundesregierung initiierte und finanzierte Online-Portal „Europeana Collections 1914-18“ oder die Wanderausstellung zum Thema „Jüdischer Humor“ des Jüdischen Museums in Wien.

Über die Beschäftigung mit dem Werk dieses einen Künstlers hinaus liegt ein weiterer Schwerpunkt dieses Archivs in dem Anliegen, der Karikatur im deutschsprachigen Raum generell eine größere Bedeutung als Kunstform entgegen zu bringen. Außerdem soll langfristig das Phänomen und der Stilbegriff des „Grotesken Realismus“ erforscht und in der Kunstgeschichte der Moderne etabliert werden.

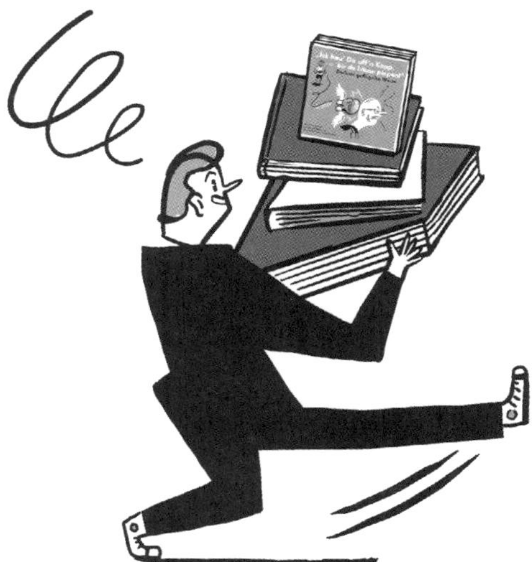

Impressum

ISBN 978-3-96849-127-1

Gestaltung:
Christin Albert | calbert.de

Druck vermittelt durch:
Couleurs Print & More GmbH | couleurs-print.com

Information zum Verlagsprogramm:
favoritenpresse.de